谨以此书献给我亲爱的父亲母亲

维尼老师 著

顺应心理，孩子更合作

—— 和孩子一同幸福成长的心理魔法

青岛出版社
QINGDAO PUBLISHING HOUSE

图书在版编目（CIP）数据

顺应心理，孩子更合作：和孩子一同幸福成长的心理魔法 / 维尼老师著.
-- 青岛：青岛出版社, 2014.10
ISBN 978-7-5552-1194-5
Ⅰ.①顺… Ⅱ.①维… Ⅲ.①儿童心理学②儿童教育－家庭教育
Ⅳ.①B844.1②G78

中国版本图书馆CIP数据核字(2014)第250435号

书　　名 顺应心理，孩子更合作——和孩子一同幸福成长的心理魔法
著　　者 维尼老师
出版发行 青岛出版社
社　　址 青岛市海尔路182号（266061）
本社网址 http：//www.qdpub.com
邮购电话 13335059110　　0532-68068026
责任编辑 尹红侠
装帧设计 祝玉华
制　　版 青岛乐喜力科技发展有限公司
印　　刷 青岛国彩印刷有限公司
出版日期 2015年4月第2版　2019年5月第2版第23次印刷
开　　本 16开（710 mm × 1000 mm）
印　　张 26
字　　数 340千字
印　　数 165801-175800
书　　号 ISBN 978-7-5552-1194-5
定　　价 42.00元

编校质量、盗版监督服务电话 4006532017　0532-68068638

推荐序

之前答应维尼老师给他的书写篇序言，然而欣欣然拿到他寄来的书稿后，却迟迟没有下笔，自认为并不善于拖延的我患上了“拖延症”。面对这本沉甸甸的书，我一直不敢轻易下笔，唯恐这篇序言写不好会给维尼老师的书“抹黑”。于是便把书稿读了又读，才下定决心写这些话：

几年前，我在北京做一个家庭教育讲座。讲座结束后一位家长找我咨询一些问题，说着说着，她便问：“您知道维尼老师吗？”我说：“知道啊，怎么了？”她便讲了她是如何从维尼老师的博客中了解到ABC理论，并通过该理论逐步调整自己的认知，从而改善了亲子关系，等等等等。看得出来，那位家长对维尼老师满怀感激之情。

有一段时间，我跟南方某个城市的广播电台连线做育儿节目，后来跟主持人熟悉了，节目之余便聊到在他们那里连线的老师们，那位主持人也提到了维尼老师，夸赞维尼老师的话有点石成金的魔力。

曾经有位青岛的家长打电话跟我咨询孩子的问题，我便把他推荐给了在青岛工作的维尼老师。后来那位家长反馈从维尼老师那里获得了极大的帮助。

同样的事情还遇到过几次，中国这么大，能三番五次地在不同的城市听到不同的人说起一个人，感觉维尼老师是无处不在的。

在维尼老师的书里，他把心理学流派中的认知疗法、人本主义心理学和行为主义心理学等几种理论都专门拿出来作为独立的篇章来讲了。然而读他的这些篇章你却不觉得枯燥，而是感觉引人入胜，因为他没有长篇累牍地讲理论，而是用一个个实际操作的故事解读了理论，而那些故事正是在他的帮助下解决了的问题，这让人明白心理学并不艰深，而是隐藏在日常生活的每一个当下。

他因为自己受益于心理学，所以对心理学有几十年的学习和研究，有深厚的理论基础。从事相关工作多年来，他接触了大量的个案，帮助许多家庭走出教育的困惑和亲子关系的泥泞。书里，他呈现的很多典型个案，毫无保留地把自己帮助这些家庭时的具体流程都用文字表达了出来。所以，读来画面感很强，非常易于理解和接受。书中的个案，几乎涵盖了家庭教育中所有的问题，家长在阅读的过程中时不时就会找到自己和自家孩子的影子，问题自然会迎刃而解了。作为过来人，我深深觉得跟维尼老师的这本书相见恨晚，否则我会少走很多弯路。

我最最欣赏的是维尼老师给出的那些“维尼名言”，每一条寥寥数语，却道出了教育的真谛，比如那句“很正常，没什么”，听上去就会长舒一口气。再比如“做好我能做的事情，结果顺其自然”，一句话就厘清了怎么做和怎么想的界限。还有许多朗朗上口的“箴言”，虽然简洁，却寓意深刻。

读维尼老师的书，你会感觉维尼老师不仅是个会讲“大道理”的人，而且还是个用深厚的理论武装起来的实战派，同时他还会在你的育儿路上安装许多指路的明灯，让你清晰而理智地前行。

我知道维尼老师是位爸爸，他的家其实就是他的试验田，他的女儿便是他培育的庄稼，因此你在他的书里可以看到他和女儿的许多小故事。因为他把自己学习和体悟到的理念和方法首先用在女儿身上，所以维尼老师书里的内容是通过自己亲身实践总结出来的经验和教训，怎么说他都是一个和我们大家站在同一条战壕里的战友。

不清楚维尼老师为什么把他的昵称叫作维尼，我只知道他就像那只可爱的小熊一样深受广大家长的喜爱。

把深深地祝福送给维尼老师，也祝福朋友们读了维尼老师的书以后可以从容淡定地做家长！

刘称莲

家庭教育专家

畅销书《陪孩子走过小学六年》作者

读者序

不知道从什么时候开始接触维尼老师的文字，但却从看到的第一眼，就开始喜欢。随后认真阅读了他的大部分文字，读后似乎没有大彻大悟的感觉，但却是整个身心无比的放松。

以前从没有听育儿专家说过：孩子发脾气很正常，给孩子喂点饭也没什么，孩子成绩暂时不好没什么，有时不会写作业也没什么，偶尔不遵守约定不守规则也没什么。在维尼老师这里，很多都没什么，很多都不重要。

在老师看来，只有搞好亲子关系，才是养育孩子最基本的前提，亲子关系好了，一切都好说；亲子关系不好了，再好的育儿理论也无济于事。而这，恰恰是我们最容易忽略的东西。

我们总希望寻求一招制胜的法宝，总希望别人能告诉我们，具体该说什么，做什么，才能让我们的宝贝既听话安静，又懂事优秀，既能按照我们的指令，又同时具有创造性思维；既能照顾好自己，又能体贴父母、关心他人。我们嘴上说并不要求孩子完美，但心底里又是多么希望孩子能样样都好、完美无缺。

但哪里有压迫，哪里就有反抗。我们的孩子就在我们无比殷切的爱与无比细致的养育中，与我们的期望越来越远。于是我们郁闷、痛苦、沮丧，甚至绝望，为什么，我们付出了汗水，却收获了跳蚤？

读了维尼老师的文字，我们才明白，养育孩子，应该顺应孩子的心理，尊重孩子自己成长的规律，而不是要求孩子顺应我们的要求，符合我们的期望。

老师告诉我们：面对孩子看似不合理的要求：可以先说好，再说不。可以适当满足，适当拒绝，先理顺关系，再寻求改变。对孩子的要求，可以先宽松，再逐渐严格……

老师告诉我们：规矩是可以有弹性的，可以与孩子约定，可以偶尔有例外，可以随时与孩子商量变更。

老师告诉我们：家庭教育上不要那么是非分明，不要太坚持某一方面的观点，一切都要根据自己孩子的情况，做出自己的调整，孩子写作业要不要辅导，要不要陪，电脑电视让不让看，垃圾食品让不让吃，等等，似乎在老师这里，什么都没有标准答案，向左可以，向右亦可以，一切都以孩子的实际情况为考量依据。

读老师的文字，我们首先会感到宽慰：原来让自己焦虑、担心、恐慌的所有问题，在老师这里都不是问题。然后按着老师教给的方法，站在孩子的位置去思考，或许，只是换个角度，问题已经迎刃而解。

许多时候，老师似乎只是告诉我们如何接受现实，在接受现实的基础上寻求改变。曾经不太理解老师助人的方式，似乎更多的是大原则，实际可操作的方法却没有我们希望的那么多。现在却慢慢理解：面对实际问题，每个人都希望别人告诉我们该怎么办，而老师每次都是让我们先学着接受现实，改变认识，然后再去思考该怎么办。老师很少告诉我们什么是最好的，最佳的，似乎我们养育孩子的每个问题他都能从正反两方面去阐释，引导我们发现问题，寻找最适合自己的答案。这样过程虽然曲折了一点，但只有通过这样的方法找到的答案，我们才愿意去实践。

其实也希望维尼老师能告诉我们：什么情况下该对孩子说什么话，讲什么故事，听什么音乐，甚至做什么动作。但最终发现，现实情况无比复杂，就算他真这样给出来了，自己也一定会觉得一点也不可行。就算可行，在具体实践过程中，也会因随时遇见问题而一脸茫然：人家放音乐放得好好的，我怎么一放就出问题？同样一句话人家说效果很好，为什么我们说就完全没有用？老师总是先告诉我们处理家庭问题的基本原则，只有明白这些基本原则，才能以不变应万变，而这些原则，说起来深奥，但总结起来，也不外乎尊重、共情、理解等简单词汇。

每天太忙，在家时刻被俩孩子黏着分不开身，还得忙他们的衣食住行吃喝拉撒。但依然每天抽空读老师的文字，感觉老师的文字既能解决孩子的问题，又能帮助我们安抚自己的情绪！让我们在阅读之中，慢慢放下焦虑，放下着急，放下要求，放下对孩子的各种期望，从而发自肺腑地接纳孩子，理解孩子，以一颗温暖平和的心关注着孩子的成长，必要时给予帮助。

当我被两个曾经是魔鬼，现在是天使的孩子拥簇着，坐在舒适的家里，感悟着为人母亲的幸福时，不禁在心中真诚地感谢老师，是他的文字，提醒我拥有的幸福；是他的从容宽厚，让我学会了欣赏和接纳孩子；是他的智慧，让我不仅收获育儿的方法，还学会了更多做人做事的道理。

读者　葱蒜妈（网名生如夏花）

作者序

我与心理学的缘分始于1990年，那时，虽然高考成绩达到市里前几名，考入国防科技大学，但是由于追求完美，过于执着，不知顺其自然，让我收获了“肌肉紧张性头痛”。这种头痛与我的情绪、行为等心理相关问题有很大的关系，对学习生活影响很大。不过，坏事变好事，我因此花了很多时间去研究心理学，以期解决这些心理相关的问题。那时看了不少心理学的书，但是却总觉得没有效果，直到我看到了一句话：直接决定你情绪和行为的并不是事情，而是你对事情的认知。这让我醍醐灌顶，恍然大悟，找到了改变自己的方法：想改变我的情绪和行为，首先要改变我对事情的认知。从此之后，豁然开朗，找到了心理成长的钥匙。几年后我才知道这是认知疗法的核心原理。

运用认知疗法，我逐渐学会了调节自己的情绪，改进自己的行为，性格逐渐完善，也解决了不少心理问题，头痛问题也随之逐渐好转，所以，坏事变好事，心理得到了实实在在的成长。这是一个长达十多年潜心坚持的过程。我去阅读心理学名著，直接向大师们学习。但是心理学界对于普通人情绪和行为等方面的心理成长研究极少，没有现成的具体方法，所以只能靠自己实践、思考、反省，每天思考的时间经常长达三四个小时以上……我也大量吸收了传统文化的精髓，包括儒家的中庸之道、道家的顺其自然、禅宗的去除执着等，这些对于心理成长都是很有益处的。

在这个浮躁的时代，我没有论文或课题的压力，也放下了对于名利的执着，静下心来慢慢地做研究，所有的研究直指实用有效，也经过了我自身实践的反复检验。十几年坚持在同一方向努力，收获的是厚实的心理成长体验.后来，我获得了二级心理咨询师资格，开始做心理咨询，获得了丰富的实践经验。

2004年女儿出生之后，我花了很多精力陪伴她成长，虽然育儿的路并不平坦，但付出都是值得的，我收获了一位幸福快乐、像樱桃一样甜美可爱的女儿，获得了宝贵的亲身体验，也更能理解很多父母苦于自己无法调节好情绪，也不知道如何去调节孩子的情绪，改善孩子的行为，培养好的性格，不知道如何去沟通……而这些正好是我多年所专注的领域，所以，我尝试把心理学的积累和教育学结合起来，进行家庭教育的思考、研究、实践。我把自己的理念毫无保留地撰写成博文，得到了读者广泛的认可和喜爱。评价是实用、可操作性强、接地气。

逐渐地，很多父母找我做咨询，长期的咨询让我积累了几百个有效案例。丰富的实践，让我能够充分发展、检验我的理念和方法。很多父母只是看我的博文，应用我的理念方法，自己和孩子就都得到了成长，她们感觉受益匪浅，所以又把亲身体会反馈给我；我在QQ空间说说中常常发一些事例和理念方法，每天访问量达到三四万次，不少读者热烈参与讨论，让我的观点更完善，也提供了大量可以验证我理念方法的生动事例。我无私地把我的观点奉献给读者，换来了读者无私地把生动的事例提供给我，这是爱的循环吧。

这些生动的案例、体会、事例很多已经收入本书，所以，这是一本只有网络时代才能出现的书，在出版之前，我的理念、方法、观点已经接受了成千上万读者的反复实践检验。

简单来说，我的理念是：有一个亲密的、不逆反的亲子关系是“管”孩子有效的前提。父母学会用认知疗法调节好自己的情绪，去考虑孩子的心理、感受，顺应孩子的心理去养育，这样建立起良好的亲子关系，孩子对我们有了信任之后，孩子自然合作，我们再去适时适当帮助孩子，顺其自然、慢慢等待孩子的成长。

本书适合于家有婴幼儿、小学生、中学生、大学生的父母，对于养育遇到困难、困惑的父母来说，可以找到突破困境的钥匙；对于育儿暂时顺利、成功的父母来说，可以消除隐患，防止落入育儿的陷阱；养育中大部分常见的问题，在这里都可以找到启示。

这也是个人心理成长的自助读本。育儿不是简单的事情，它考量的是父母的心理、智慧。很多人也许在职场上成功，但是在家里动辄发火、打骂孩子，心态不平和；育儿方法简单、粗暴、生硬、不灵活，缺乏智慧。所以，家庭教育就是一场修行，看起是为了教育孩子，实则首先需要提升的是自己。

“成功的路上，并不拥挤，因为太多的人坚持不下来。”

维尼老师

Contents 目录

第一篇 调节心理的魔法——认知疗法

读懂孩子的心理，秘诀就在于“想想你自己”。

养育，我们会有很多与心理相关的困惑，比如：如何调节好自己的情绪，少对孩子发火？如何减少育儿焦虑、压力？如何能做到淡定、平和？如何培养孩子的抗挫折能力？这些问题都可以运用认知疗法来有效解决。

第二篇　改变家庭教育的理念

家庭教育秉持什么样的理念，就会有什么样的行为。所以，如果想改变养育中不合理的行为，首先就要改变不合理的理念、认知，学习家庭教育的智慧。

第一章　您在压抑孩子吗？

我们以为自己都是为了孩子好，所以不去考虑孩子的感受，对孩子严厉或过于严格，这实际是在压抑孩子，暂时看起来效果不错，但“出来混早晚要还的”，播下压抑的种子，收获的将会是苦涩。

第二章　理解、尊重、接纳的中庸之道

压抑会给孩子带来痛苦，理解、尊重、接纳则会给孩子带来幸福。相信孩子有自我成长的力量，给孩子适当的自主和自由，顺应心理地去引导、帮助，孩子会更好地成长。

第三章　放下对优秀和成绩的过度执着

家庭教育的最大障碍就是过于执着。我们容易过度执着于孩子的优秀和成绩,忘了我们的初心:让孩子幸福。让我们放低期望,降低要求,以幸福为出发点期待孩子优秀,即使平凡也顺其自然,这样没有内耗、阻碍,孩子也许会更好地成长。

第四章　家庭教育是一场修行

家庭教育是一门很深的学问,需要吸收传统文化的精髓,学习教育学、哲学、心理学等精华,还会考验我们的心理。如果能把家庭教育做好,智慧就提高了,心理也成长了。所以,家庭教育就是一场修行。

第五章　良好的关系是家庭教育的基础

亲子关系是家庭教育中首先要考虑的问题，先理顺关系，再寻求改变，良好的亲子关系是教育有效的前提；和谐的夫妻关系会为孩子提供一个幸福的成长环境；与长辈的关系对家庭教育也有影响。

第三篇　家庭教育的常见困惑

家庭教育不能只谈高端大气上档次的理论，我们需要解决很多具体的困惑。比如孩子的“不合理”要求怎么应对？规则应该如何执行？生活习惯如何培养？自理能力和独立性如何培养？很多常见问题怎么理解、怎么解决？应不应该惩罚孩子？让我们一一道来。

第一章　是坚持规则还是顺应孩子？

孩子总是有这样那样的要求，“不合理”的要求满足还是不满足？如何满足？孩子得寸进尺怎么办？制定了规则是不是要坚决执行？规则能不能灵活、变通、有弹性？育儿是按照书本来还是跟随内心？

第二章　放下对生活习惯的执着

很多父母执着于培养孩子好习惯，如按时刷牙、吃饭、洗澡、入睡、自理能力，等等，为了好习惯不惜忽略孩子感受，仿佛习惯不好孩子就不能优秀了。习惯真的那么重要吗？培养好习惯需要那么着急吗？为了习惯而打骂孩子值得吗？

第三章　理解、理解、再理解

如果我们能去理解孩子，会发现孩子的所谓“问题”表现可能很正常，没什么，也可能有内在的原因，还可能是父母造成的。所以，为什么要惩罚孩子呢？理解孩子非常重要，理解之后才能宽容孩子，才能接纳孩子，才能改变我们的认知，从而少对孩子发火；找到原因之后才能想办法去帮助孩子。

第四章　放下对溺爱和娇惯的恐惧

很多父母心头有一个魔咒：不能溺爱、娇惯孩子。所以，会对孩子严厉、过于严格，不敢满足孩子正常的要求，不敢让孩子撒娇，结果却压抑了孩子。如果能按照顺应心理的方式去养育，就可以大胆地去宠爱我们的宝贝，而且不用担心会溺爱和娇惯了孩子。

家庭教育，是一门与心理紧密相关的学问，如果能处理好父母和孩子的情绪、行为、性格等心理相关因素，教育就成功了一半。让我们来探讨一些很有效的心理学方法和常见的与心理相关的问题。

第一章　人本主义心理学方法

人本主义相信孩子有自我成长的力量，提倡接纳、共情。

第二章　行为主义心理学方法

行为主义心理学有一个方法：通过结果影响人的行为。看起来很简单，但在养育中却有广泛的应用。借助它，可以理解孩子行为形成的原因，也可以用结果来说服孩子，也可以用鼓励、批评、奖励来改善孩子的行为。特别是对于幼儿，对于倔强、逆反的孩子，讲道理可能不如让孩子自己体验行为结果的效果好。

第三章　父母如何调节好自己的情绪

人在情绪失去控制时大都是不理智的，谈不上智慧，甚至是愚蠢的。所以佛家语：“灵台清静，静能生慧，慧能生智”；道家也说“静能生定，定能生慧”；儒家亦认为“静能生慧”。可见，教育孩子，心静有多么重要！如果我们能经常反省自己，放下执着，去理解孩子，改变我们的认知，就会慢慢平和。心静了，父母本身具有的智慧自然显现；情绪调节好了，局面就不会失控了。

第四章　如何讲道理、沟通

有人说，讲道理是中国父母最没用的方法，真的是这样吗？非也！其实是因为我们不会讲道理；沟通的秘诀在于先理解和肯定对方；我们还需要理解心理问题的“不由自主性”，这样就会少些苛求了。

第五章　如何帮助孩子管理情绪

很多家长头痛孩子常发脾气，爱哭闹。怎么办？情绪是有规律的，了解其中的奥妙，掌握方法有利于帮助孩子管理好情绪。

第六章　如何调适孩子的性格

孩子的性格有天生的成分，但是受后天环境的影响也很大，其中父母的影响是最重要的原因。解铃还须系铃人，所以，孩子的性格改善首先要从父母的自身改变做起。如果掌握了改善性格的方法，就可以事半功倍。

第五篇　心理问题早知道

家庭教育中可能会遇到一些心理问题，轻微的如害怕、多动、抽动，严重的如强迫症、抑郁症，如果能够及早预防、及时识别、合理应对，会更顺利地渡过难关。

第一章　孩子常见的心理问题

由于压力比较大，家长的教育方式不合乎自然，因此，现在的孩子更容易产生一些心理问题。我们需要了解相关的知识，懂得如何预防和应对，越早越好！

第二章　孩子貌似“多动症”怎么办

有些孩子貌似多动的症状其实并不是注意力缺陷障碍，而是因为没有规则意识、太自我随性、或者学习没有兴趣。所以，采取相应的措施去改善多动的行为，不需要治疗就能改善。

第三章　抽动症的治疗

抽动症状的本质是对内心紧张焦虑的一种习惯性宣泄，所以我们需要改变自己的教育方式，不去压抑孩子；可能还需要改变孩子过于追求完美、争强好胜的性格，减少孩子自身的紧张焦虑。我的家庭教育的理念和方法会让孩子放松快乐，恰好适合于抽动症。

第六篇　孩子学习需要我们的帮助

如果孩子学习的能力、兴趣、信心都一般，那么就需要我们调节好自己的情绪去帮助他，等各方面越来越好时再逐渐放手。进步和成就感是兴趣最好的老师，信心来自成功或进步的体验。

第七篇　陪孩子安然走过青春期

如果我们一直采用理解、尊重、接纳的养育模式，孩子的青春期会安然度过。如果孩子已经逆反，就需要先不去管，更多地顺应孩子的心理，等关系好转了，再慢慢去影响孩子。

第八篇　顺应学生心理，教育更顺利

顺应心理的理念同样适合于学校老师。如果老师能去理解孩子，从而调节好自己的情绪，学会顺应学生的心理，注重建立良好的师生关系，那么，亲其师信其道，学生会合作，反过来也会促进教学。

第一篇
调节心理的魔法——认知疗法

读懂孩子的心理，秘诀就在于“想想你自己”。

养育，我们会有很多与心理相关的困惑，比如：如何调节好自己的情绪，少对孩子发火？如何减少育儿焦虑、压力？如何能做到淡定、平和？如何培养孩子的抗挫折能力？这些问题都可以运用认知疗法来有效解决。

维尼老师谈《顺应心理，孩子更合作》

第一章　读懂孩子心理的秘诀

一位妈妈这样说："当我为孩子着想,站在孩子角度去理解他、能读懂他的心理的时候,3 岁半的儿子经常能感受到我对他的爱,他也经常会对我说:妈妈我爱你。能够读懂孩子之后,我才发现以前不是孩子跟我过不去,是我自己跟自己过不去。"

父母们大概都希望了解孩子的心理吧，但看了儿童心理学的书好像帮助不大，所以盼望有什么读心术就好了。呵呵，我这里就有，还很简单：

想想你自己，你是什么样的心理、感受，孩子也基本就是这样，己所不欲，勿施于人。这就是读懂孩子的秘诀。

女儿有一次兴致勃勃地朗读新课文，我连续指出五六次错误之后她不高兴了：哼，不读了！这可以理解，想想自己做事时，别人总是指正，虽然明知是好意，但多次后也会有些不悦啊。这不过是人之常情。

和孩子约定好看电视半个小时，到了时间，动画片还没结束，孩子还想看，父母很恼火，责怪孩子说话不算数。其实想想自己，如果电视剧看到一半就不让看了，是否也不情愿呢？这很正常，没什么。

孩子反感父母啰唆唠叨，父母不解："我是为了你好啊！你为什么不领情？"其实谁也不喜欢听唠叨。

一位妈妈说："我婆婆管得太多,包办太多,只要听到她说话,都是在啰唆、埋怨,真的好烦人的。我知道她是善意的,所以等她心情好时,我就会和她说:老妈你就放心好了,我们都这么大了,知道什么应该,什么不应该。但她啰唆得特别烦时,我也难免会顶撞一下。"

人的心理何其相似啊！心理的基本规律其实是不分国界、不分男女老幼的。

一般来说，人都是喜欢被鼓励，不大喜欢被指责；成功则喜，失败则不爽；被尊重则欣然，被轻视则不悦；喜欢自由自在，不愿意被束缚；被压抑就想反抗，顺着来则会合作；有情绪时容易不理性，平和时就好商量；关系好了，什么都好办，关系糟了，怎么做都是矛盾；平和的批评容易接受，严厉的训斥都难以接受……

基本的规律都是如此，只不过成人经过磨炼，在某些情况下能够有所克制忍耐，通过自我修养会变得淡定些。所以，如果想读懂孩子，就先想想自己是什么样的感受和反应，这样就容易理解孩子了。

孩子有时会有“邀赏”的现象，比如球拍得不错，会问：“妈妈，我棒不棒？”拼图完成得很好，孩子向妈妈炫耀：“我很厉害吧？”

有的妈妈对这个现象很警觉，认为孩子需要别人的表扬才自信，心理脆弱。其实这种表现可能是正常的。想想我自己，当我做得好的时候，也会忍不住和朋友分享我的快乐。

有一个流行的观点：“若你想让孩子有一颗感恩的心，就该经常让他经历等待和渴望的过程。如今的情况是，很多孩子刚学会走路，大人已经迫不及待地给他买好自行车了，孩子会认为他得到这些都是理所当然的。孩子经历不到内心长久渴望被满足的那份喜悦，因此很难被满足，跟他一起生活的人会很辛苦。”

这个观点有一定的道理，但也有些莫名其妙。想想你自己，你该得到的东西，如果领导耍手腕压着不给，你会感恩吗？如果朋友能帮你的忙，却一直拖着，让你求爷爷告奶奶才帮你办，你还觉得他够朋友吗？

大家可以体验一下，当孩子发脾气的时候，我们内心是不是烦躁，也想发火？那么，我们发火的时候，孩子的感觉也是如此。

成人没有多少人能坦然接受惩罚，大都喜欢自由自在，但一位妈妈却总认为孩子不是这样。她说：孩子如果内在秩序没有被破坏，他们是规则的坚决维护者和执行者，当他们违反了，对处罚也能坦然接受。但是实际并非如此。

看了《超级保姆》后，当孩子违反规则时我试图温和而坚定地惩罚孩子，每次惩罚孩子都是撕心裂肺地哭，最终孩子不但没有听话，反而学会了犟嘴。[1]

现在成人很少被严厉批评了，所以忘记了那种感觉，不过通过考驾照有可能体验到。

① 本书中楷体段落，没有特别注明，都是引用读者的观点、事例。

我学车的时候总被教练吼，教练越吼我越不知道怎么办。现在想想我的小孩，我吼时他不知所措的样子真可怜，以后不吼了！

有些方面孩子看起来和成人不同。

比如，孩子把什么东西弄坏了，没当回事，大人却会很生气，这是因为这些东西在孩子心中和在大人心中的价值是不一样的；反之，孩子认为很重要、很值得珍惜的东西，如一只玩具小鸭子、一只玩具熊，甚至一颗玻璃珠子，这些在大人看来，却微不足道。这就是价值感的不同，不要用成人的思维考量孩子的价值观，你认为很重要的东西在孩子眼中也许还不如一颗玻璃珠子。

不过，孩子和我们看似不同，从另外一个角度来看又是相同的。比如孩子会为一些我们看起来“微不足道”的小事情而大做文章，大哭大闹、不依不饶，也会害怕一些成人觉得“没什么可怕”的事情。这是因为孩子把很多事情放大了。其实我们不也是如此吗？不也会因为孩子偶尔不刷牙、偶尔睡得晚这样的小事而大发雷霆吗？孩子和我们不过是一样的。

当然，一方面我提倡“想想你自己”，去理解孩子，“己所不欲，勿施于人”；另一方面，又不要“以己度人”。比如，看到孩子不会做题，心想：那么简单都不会做？！再如，让孩子做什么事情，孩子没有马上按照自己的要求来，就生气了，怎么那样磨蹭？其实每个人都有自己的节奏，只不过孩子的节奏可能和我们不同而已。

此时，还是需要想想你自己，想想你还是孩子那么大的时候！

在孩子1岁多时，他喜欢撕卫生纸玩，撕得满床都是。我不停地收拾卫生，真的是有点恼火，想发脾气了，但是看着孩子玩得那么高兴，又于心不忍。突然想起我小时候捡树叶玩的情景，其实不论捡树叶还是撕卫生纸，在现在的我看来都是很幼稚的东西，但是小时候的我却感觉那么快乐，所以我也就理解了孩子。我把自己变成了一个小孩子，去理解了儿子的行为，火气也就消散了。其实孩子只是一个阶段这么干而已，之后就不再玩这样的游戏了。

维尼小语：如果想读懂孩子，就想想你自己，己所不欲，勿施于人！

第二章　调节父母和孩子心理的魔法——认知疗法

二十多年前，我对于如何调适自己的情绪、行为百思不得其解，花了很大力气但还是不能调节好自己的心理，那时常常感叹“朝闻道，夕死可矣”。是心理学的认知疗法让我豁然开朗，从此打开了调适心理的自由之门。

这是一把打开心理之门的钥匙，也是开启家庭教育幸福之门的钥匙。我把认知疗法用于家庭教育，是一项开创性的工作，目前，我通过丰富的实践已经证实了这种方法的有效性。

家庭教育，很多人最困惑的就是父母如何调适自己的情绪和行为，不去发火打骂孩子；如何改善孩子的情绪、行为和性格，而认知疗法最适合解决这些问题。

另外，我们不合理的养育行为是由不合理养育理念（认知）决定的，本书试图讨论合理的养育理念（认知），认知合理了，养育行为也就合理了。

本章先简单讨论一下认知疗法的原理和应用，在后续章节会更深入探讨。

什么是认知疗法?

认知疗法的原理

认知疗法的原理非常简单：直接决定我们情绪和行为的不是事情本身，而是对事情的认知（看法）。所以，改变了对于事情的认知（看法），就可能改变情绪和行为。这里的“认知”与看法、认识的意思是相似的。

认知疗法在家庭教育中应用非常广泛，可以帮助父母调节好自己的情绪，减少火气；可以帮助孩子少发脾气，增强抗挫折能力，改变有问题的性格；还可以减少压力，促进心理健康。其实阅读本书就是一个改变自己的认知、理念，从而调节好情绪、行为，进而改变养育方式的自助过程。

先详细介绍一下认知疗法。套用一下埃利斯 ABC 理论的表述方式。A 是指事件，B 是指对事件 A 的认知或看法，C 是指相应的情绪和行为。

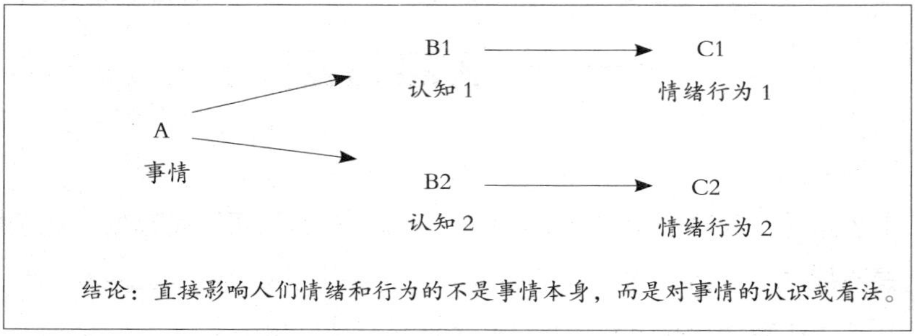

图 1

很多父母经常会为孩子写作业磨蹭而生气、发火。很多人会认为是孩子磨蹭造成了父母发火。没错，如果孩子不磨蹭，父母生什么气，发什么火呢？但是为什么有的父母面对孩子磨蹭，就能不生气，不发火呢？区别就在于对事情的看法。

如果父母认为孩子在捣乱、不懂事、不求上进，那么自然会生气发火。如果父母理解孩子磨蹭是有原因的，可能是因为没有兴趣、觉得困难、还没有养成习惯、没有意识到作业是自己的事情；也可能是父母造成的，比如父母的高标准严要求败坏了他学习的兴趣，父母的吼叫、干扰破坏了孩子写作业的心情……孩子并不是无理取闹，而是不由自主。有了这样的认知，父母的情绪会平静得多，发火的行为也会少得多了。事情没有变，改变了认知，就改变了情绪和行为。

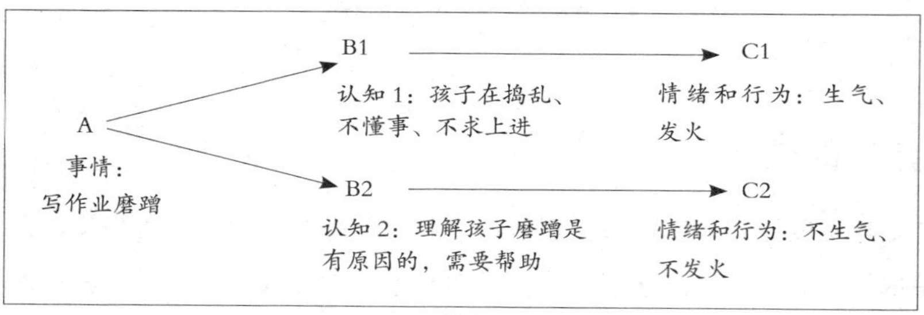

图 2

再举一个例子。同一个事情：孩子游戏或比赛输了。

如果孩子对于输的认知是：我无能，我失败，我不行，我丢人，输了不得了……

那么自然会伤心（情绪）和哭泣（行为）。

如果孩子对于输的认知是：输了很正常，没什么，谁能不输啊！有什么大不了的！输就输吧，以后继续努力就可以了，那么自然会心情平静，表现也很淡定。

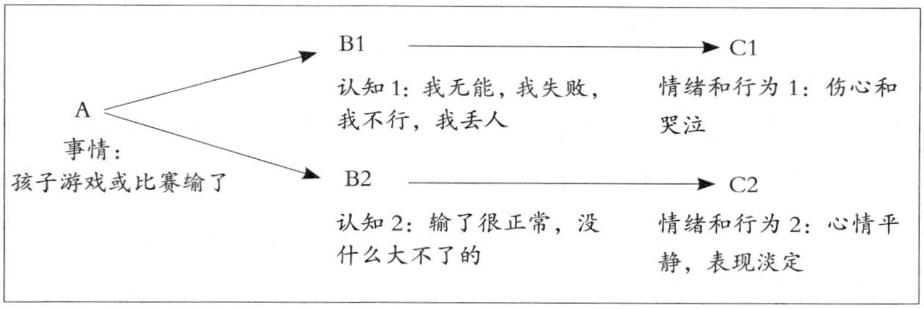

图 3

同样的一件事情，不同的认知会有完全不同的情绪行为表现。所以，在家庭教育中，认知疗法的核心就是通过改变父母和孩子的不合理认知，从而去改变他们不合理的情绪和行为。

从我的孩子上小学以来，我就不自觉地有了100分情结。每次无论孩子大考小考，考前我就给孩子很大的压力。分数出来前，我很紧张。如果孩子考了100分，我就很满意也很高兴，对孩子也和颜悦色；如果孩子丢了几分，我就很抓狂，甚至很崩溃，所以孩子也受到了伤害。

学习了认知疗法，我开始反思我的100分情结。孩子没考到100分，我便生气郁闷甚至指责，是因为我的认知是不合理的想法：我不娱乐，不打牌，天天陪孩子学习，用心辅导，孩子还不能拿优秀的成绩，况且题目也不难，连二年级都不能拿满分，以后岂不更难拿好成绩？因此我的情绪沮丧、失落、焦虑。

我尝试改变自己的认知。现在孩子没拿满分，我表现平淡和理解，因为孩子虽然这次没拿满分，但是以前我强调的错误这次没有再犯，说明有进步，而且告诉自己和孩子，分数是检验一段时间学习情况的方式，通过考试，我们能查漏补缺，可能比纠结于是否得满分更重要，所以鼓励孩子下次考试继续加油。

认知变，情绪变，世界变。

当然，事情也是重要的。比如孩子如果写作业一直磨蹭，那么父母想不生气、不发火也难。同样，如果孩子的脾气很大，叛逆，父母想做到不生气也不容易。所以，实实在在地解决孩子的问题对消除我们的火气很重要。再如，虽然孩子可以形成应对挫折的合理认知，但如果学习一直不好，那么他也难免会有挫败感的。

父母先改变自己的认知，减少自己的火气，再想办法去改变孩子写作业磨蹭的习惯，去改变孩子的脾气，以期孩子变得合作……这也就是先接纳孩子的现状，力争情绪平静，再逐渐寻求改变。

认知是重要的，它直接影响了心理；事情本身当然也是重要的，它是情绪和行为的起源，事情改善了，自然容易有积极的认知，不用认知疗法，情绪也不错。

如果想在家庭教育中有个好心态，既需要改变认知，也需要实在地解决问题。这是家庭教育的中庸之道。所以，本书不仅仅探讨心理，也花了很大篇幅来讨论如何改变孩子的现状，提供了一些实用可操作的方法来解决很多困扰父母的问题。

家庭教育是一门系统工程，是心理、现实等多方面的结合。

习惯性思维

不过很多父母可能心存疑惑：我每次都是“想也没想就发火了”，您说的事件和情绪行为之间的认知，我怎么没有觉察啊？之所以如此，是因为习惯性思维（自动思维）的存在。

大家如果有意识地思考问题，自己是可以觉察到的，比如琢磨一下这个事情怎么办、反省一下自己、琢磨晚上吃啥等。

但是很多情况下我们是即时反应的，**在某一事件刺激之下自动出现的一个想法、认知，这就是自动思维**。和孩子、家人相处，会有很多这样的情况。比如看到孩子写作业磨蹭，马上会有一个反应：怎么又这样，又在捣乱，真不懂事！这个反应不是深入思考的，而是直接根据你的经验、理念等在零点几秒之内产生。此时，许多判断、推理和思维是模糊、跳跃的，很像一些自动进行的反应，人们常常因不加注意而忽略了其中认知过程。可想而知，这样瞬间得出的认知，自然难以做到全面、适度，可能是想当然的，所以可能不合理。

我们还存在着很多的习惯性思维——已经形成习惯，在某种情况下自动出现的认知和想法。比如看到孩子犯了错，习惯性地想到不能娇惯，要严惩；看到孩子哭了，习惯性地觉得他怎么这样脆弱呢？看到孩子考试成绩不好，习惯性地想到孩子将来可怎么办；看到孩子磨蹭，习惯性地认为他不懂事、在捣乱；看到孩子粗心，习惯性地想到他怎么这么不听劝告呢？

父母生气发火了，这种情绪和行为背后通常可以找到习惯性思维或自动思维，这也是人进化形成的一种机能，试想人们如果什么都要有意考虑一下，该有多累！

因为这些认知会自动出现，习惯性出现，所以如果不加以内省，几乎察觉不到它们的存在，觉察不到就更不能反省和怀疑它们是否合理了。

家庭教育中不合理的习惯性思维，有些是想当然形成的，没有经过深入的思考，自然可能不合理；有些来自经历，有些来自某些育儿书不合理的理念；有些是对于育儿理念片面的理解。但是这些认知都逐渐固化在各种行为之中，形成了习惯，从而影响着我们的心理。

妈妈：我知道要好好控制情绪，不能对女儿发火，但好难呀！每每看到她超过 10 点睡觉我就开始生气着急，甚至发火。

维尼：是你的认知在作怪。你认为睡觉晚会影响女儿的身高、健康和学习，一旦形成恶性循环，女儿白天无精打采，没有食欲，更容易生病，上课也不能集中精力听课，听不懂，做作业会更慢，睡觉会更晚。你这样想，把一个习惯的影响看得那么严重，自然容易生气发火了。这个认知合理吗？能不能改变一下？

妈妈：我愿意改变。

维尼：我有一篇关于睡眠的博文你看看。简单来说，孩子何时睡觉可以顺其自然（**参考第三篇第二章《按时入睡还是顺其自然？》，第 130 页**）。

……

妈妈：这篇文章就像在说我，如果我这样想应该就不会发火了。那晚睡真的没有影响吗？我自己睡晚了第二天会很没精神，所以认为她会跟我一样。

维尼：小孩子不一样，精力充沛，很多人能熬夜。当然晚睡对身体会有一些影响，但是不像想象的那么大。你原来的认知是怎么形成的？

妈妈：睡觉晚的不好影响是我从网上看来的；另外，"早上起不来会导致孩子早餐只能随便吃点，可能对身体有大的影响"，也是我从网上看来的。现在看来影响不像想象中的那么大。

维尼：这种看来的东西，没有经过深入思考，想当然觉得对，慢慢就成了习惯性思维。因为它每次自动出现，你都意识不到它的存在，所以自然不会怀疑它是否合理，由于存在这种认知，每当孩子睡得晚了，你就会生气发火。

妈妈：对的。

一个星期后。

妈妈：改变了我的认知之后，看到孩子睡得晚，我基本不再生气着急了，亲子关系也好些了，谢谢。

核心信念

在家庭教育中，核心信念是指教育孩子最核心的理念。每个家长的核心信念各有不同，比如：孩子不能娇惯，要严格要求；一定要让孩子优秀，这样才是对他负责；家长是天，孩子一定要服从；我是为了孩子好，所以怎么做都是应该的……这些信念都有不合理的地方。

有了这样不尽合理的核心信念，自然会被“贯彻落实”到教育孩子的方方面面，形成相应不合理的习惯性思维，出现不合理的情绪和行为。所以，核心信念是非常重要的，要从根本上改变不合理的情绪和行为，首先要改变的就是核心信念。

但是，不是改变了核心信念，问题就能解决。因为相应的习惯性思维已经生根发芽，而且你还意识不到它们的存在，所以还需要逐一去找到这些习惯性思维，并说服自己，慢慢改变。

如果家长经常发火，就需要每天反省，找到自己不合理的认知，去理解孩子，改变自己的认知，合理的认知就逐渐成为新的习惯性思维，这样火气就少了。

如果孩子有过于追求完美、争强好胜的性格，经常发脾气、生气，此时就需要结合具体事情改变孩子的习惯性思维。逐渐地，“三种思维”成为习惯，孩子就淡定多了（**注：三种思维的内容参考本章第 16 页**）。

维尼小语： 很多人说，“道理都明白，但就是做不好。”其实是因为道理没有真明白，真明白了，做起来就简单了。正如王阳明所说：“未有知而不行者，知而不行，只是未知。”做不好，是我们的认知有问题。

实例：认知疗法改变了我的不合理情绪

常常，我会为孩子的一个行为、老公的一句话，或者周围发生的一件事情而生气，总觉得孩子不够乖，老公总会惹我生气，麻烦事就喜欢跟着我……永远是往外找原因，指责别人，认为如果不是你，或者不出这件事，我的心情就不会变糟，我也不会发火、失控。

后来看了维尼老师讲解的认知疗法，被深深地触动了，开始反省我对于生气原因的看法，重新审视自己习以为常的认知，并决心开始尝试改变。

对孩子我不发火了

某天晚饭后，我陪女儿和同学小雪去一家游乐场，那里规定身高 1.05 米以上的小朋友才可以进去玩。女儿以前每次路过这里都走不动，我知道女儿很想去玩那里的海洋球，但她身高不符合规定，当符合条件的小雪进去玩的时候，女儿更是受不了这个“刺激”，一个劲儿吵着也想进去玩。

我好言相劝了半天，可女儿就是不依不饶，进而又发展为哭闹，嘴里不停地说：“我想玩海洋球，为什么小雪可以进去，不让我进去啊？”小雪妈妈站在一旁见此情景也觉得有点尴尬，准备示意小雪出来别玩了。

类似的事情以前也有发生过，要是放在以前，我一定会被女儿的哭闹激怒：都和你解释过了，怎么还这么不懂事，哭什么哭，原本的好心情都被你搅乱了！尤其又是当着别的家长的面，这该是一件多么丢脸和难堪的事情啊！

但是现在，虽然我的心里多少还会有点急，但至少不再因女儿的行为而令自己动怒。因为我知道这不是女儿的问题，女儿本身的表现不是影响我心情的直接原因，是我对这件事情的看法让我着急。

我开始理解女儿的感受：本来一直都很向往的事情，以前因为没有别的小朋友在，没有比较，不让玩也就不玩了；可现在觉得和自己一样的同班小同学，为什么人家可以进去，我却不行？况且妈妈今晚带我出来就是和小朋友一起玩的，可是现在我只能看着人家玩，多难受啊！

我在心里理解了女儿的感受，所以面对她用哭闹来表达自己的情感时，一点也没有生气，反而还有点同情女儿，如果换成是我，可能心里也不好受吧。于是我蹲下身，把女儿搂在怀里，轻拍她的后背，一边安慰她，一边指着旁边的规定，逐一解释给她听，告诉她：“不是妈妈不让你去玩，而是我们要遵守游戏规则，不让像你一样小的小朋友进去，主要是考虑安全方面的因素，等再过几个月，就可以和小雪一起进去玩了。”

女儿在我的耐心解释和温柔劝说下，早已不再哭泣，后来一路上都和我说：“妈妈，等到 9 月份我就能进去玩啦！”一副期待和自豪的样子。

和老公意见不统一时，我也积极尝试调整认知

昨晚，天气有些闷热，家里客厅开了空调。我让老公睡觉后把空调关了，因为开一宿费电，而且对身体可能不好。老公怕热，不乐意，争了一会儿依然固守己见，我知道说不过他，有些生气地回了卧室。

躺下也没有睡着，我开始反思自己的认知：真的为了省那几度电而伤了和气吗？物重要，还是人重要？最主要的一点，我认为晚上不开不太热，可老公认为不开很热睡不好。每个人对冷热的感受不同，我为什么就认为自己的感受一定对呢？为什么非要把自己的感受强加在他人身上呢？我自己想着想着都不禁笑了起来。转个弯，替别人想想，天下太平了。这要在以前，我肯定又是气呼呼地不理他，生一夜的气，何必呢？

工作上也需要调整认知

我的部分工作是培训，我并不是很喜欢，但是大家却认可我的培训。前几天领导又另加了一个销售培训课让我去讲。当时我的心里就感觉“一阵反胃”，那个不情愿啊，但又没法回绝，真是心烦意乱，郁闷极了。

后来我觉察到这样不妥，开始反思，到底为什么周围人认可我，我却讨厌培训呢？狠狠地、毫不掩饰地剖析自己后，我看清我真实的内心：其实这项工作本身我并不排斥，我顾虑担心的问题是害怕自己万一哪一次讲不好，让人笑话，或是遭人指责。可以说别人越是认可、赞扬你，你的压力就越大，就越害怕哪一天做不好而辜负了这些“盛名”。

终于认识清楚到底是什么困扰我之后，我重新说服自己：正如维尼老师说的，努力去做，对结果顺其自然。我也不是神仙，偶尔讲不好也是很正常的，有什么了不起的呢？

认知上调整过来，再加上行动上积极改变，我终于领悟到工作不是一种负担。爱上工作，从改变我的认知开始。

现在我知道直接影响自己情绪的不是每一件事情本身，而是自己对当下这件事情的认识和理解，认知改变了，情绪和状态就会平稳、愉悦很多。

生活是幸福还是痛苦，就在你的一念之间。

实例：运用认知疗法，我两周改掉了坏脾气

维尼小贴士：更多关于父母如何减少自己火气的方法在第四篇第三章第222页详细的说明。

我曾经看了很多育儿书，但是无法改变自己的坏脾气，看了维尼老师的博文，学习了认知疗法，让我醍醐灌顶，只用了两个星期，坏脾气就改了很多！

说说最近发生的几件事情。

有一天上学的路上，儿子的面包吃完了，女儿的没有吃完。当我看不到的时候，他就在女儿的面包上掰一块下来，赶紧放到嘴里。我看到了，就说他："怎么这么好吃呀！没给你吗？跟你说过多少次了，下次不买给你吃了！"儿子听了不说话了，肯定很生气，到学校门口的时候，他就在那一堆很脏的沙子上踩几脚，这里搞一下，那里搞一下，然后快步跑到教室去了，也不等一下我。

我当时真的很生气。不过想想维尼老师说的"很正常，没什么"，告诉自己先冷静下来，去理解他，突然发现是我批评了他之后，让他产生了负面情绪，才会有这些行为。孩子的表现其实"很正常，没什么"，是我处理事情不妥当在先！我一下恍然大悟，以前从来没这样去想问题，今天真的想通透了。

晚上，我接儿子的时候跟他说："妈妈早上让你不开心了，你喜欢吃这种面包，妈妈下次多买点，好吧？"儿子说："真的？下次我不吃妹妹的了。"孩子真是给点阳光就灿烂啊！我是个有不少缺点的人，但以前跟小孩相处没想过自己会做错什么……

星期五，儿子说今天要睡懒觉，不想上学，叫了三次，没起来。以前我早发火了，今天我冷静一下，先不去叫他了，因为平常不是这样的，今天肯定有原因。过了一会儿，儿子睁开眼睛，我说："你不想上学呀！那今天就不去了，但下次不可以这样了。"儿子刷地起来了，开心着呢！我说："有一个条件，请你告诉我在学校有什么不开心的事。"儿子说："有一个很凶的老师昨天来给我们上课了，我很怕他。"我说："老师再凶，也不会随便骂人的，宝宝是有什么事让老师不开心了吗？"儿子说："上课不听话了，跟小朋友讲话了。""哦！是这样。跟小朋友讲话要选择在下课的时候，上课的时候讲话会影响小朋友听话和老师讲课，

老师会不高兴的，但是没有关系，我们下回记住了，改正不就可以了吗？没什么大不了的，妈妈也经常犯错误。”

后来我想了个办法：“要不我请你到外面吃早餐，挑你喜欢吃的，吃完我们上学去吧。”儿子同意了（**维尼：平静下来，每位父母都有智慧**）。想想以前的我，如果听到儿子说不去上学，我都没什么好商量的，马上讲一些大道理，非得去不可，不去考虑孩子的感受，没想过问题的原因所在。

我现在喜欢用“先说好，再说不”，小孩心情好了，然后再讲道理，他就能听得进去了，这样亲子关系会改善好多，小孩也不那么喜欢发脾气了。就像维尼老师说的，小孩是讲道理的，你答应了他之后，他不会总提无礼要求的，他会理解大人。这样，矛盾少了，我的脾气更好了（**维尼：想办法使孩子有实际的进步**）。

以前我很郁闷，老师一告状，我就会骂儿子，自己也会经常晚上睡不着，有的时候想着就哭。小孩的事让我很痛苦，很没面子，不知该怎么办好。自从看了维尼老师的博文后，自己的坏脾气真的改了很多，不太容易发火了，很多朋友看着会发火的事，我好像也能泰然处之了。

我现在知道，要先让小孩情绪好了，再去想办法和他一起去解决问题。接纳自己，接纳小孩，只有改变认知才能改变情绪和行为。什么事情都别慌，慢慢来，一定会有办法的。

认知疗法应用：学会三种思维，坦然面对挫折

维尼育儿经：女儿和同学玩多米诺骨牌。没找到某个骨牌，她说了一句：找不到就找不到吧（顺其自然）；摆的骨牌不小心被碰了一下，局部一下子全倒了，她说：没关系，没关系，说明我这部分摆得挺好的（很正常，没什么；坏事变好事）。三种思维已经渗透到她的心里，可以脱口而出，自如地运用啦！

应用认知疗法，我们可以帮助孩子坦然经受挫折。

一位妈妈的疑惑和担心：如果我们在家里理解尊重孩子，顺应孩子的心理，不去打骂孩子，少发火，让孩子幸福快乐，顺心如意，那么孩子到了学校和社会，别人会一直尊重孩子吗？会顺着孩子吗？遇到同学或同事之间责怪、批评、挖苦，孩子能适应吗？在幸福顺利环境中长大的孩子，能承受挫折吗？

这个担心不能说没有道理，因为在蜜罐里长大，没大受过挫折、苦难锻炼的

孩子，到了外界环境中抗挫折能力可能会差些。

你看，现在很多孩子敏感脆弱，稍不如意就会生气、苦恼、焦虑。参加比赛，一个小失误，当场就哭了；被老师批评一句，马上就哭了；和父母玩游戏，只能赢不能输；字写得不好，课文背不下来都会生气、发脾气……

这让父母很担心：目前引起孩子焦虑、烦恼的都是一些小事、小挫折，孩子就这么脆弱，以后遇到了大的失败和挫折可怎么办？这些年也发生了不少中小学生因为被批评、写检查而跳楼的事件，让人怎能不担心呢？

那么如何提高抗挫折能力和承受能力呢？

一般人的做法是去锻炼孩子，让孩子去经历挫折，经历多了，承受力可能会强一些。这种方法有一些效果。不过，这也成了不少父母发脾气的借口："我在家里给你气受，你到社会上才能受得了气！"如果实在忍不住发脾气还情有可原，但不去控制自己的情绪，生气了就发脾气，甚至故意发脾气，经常去打骂、训斥、讽刺挖苦、打击孩子，让孩子生活在痛苦之中，就不太合理了，这样做不仅不见得能提高孩子的抗挫折能力，还可能让孩子留下影响一生的心理创伤。所以，这种过度的挫折教育我坚决反对。经历挫折可能会提高抗挫折能力，但是见效慢，而且效果不确定。

那怎么办？怎样能让孩子坚强些？

如何做到真正的坚强

一般人认为，所谓坚强，就是面对苦难、挫折、失败、打压和批评时，虽然痛苦、难过、气愤、压力大、内心煎熬，但是也能忍耐。不过这样虽然"悲壮"，但是既痛苦又难以坚持。我有一个方法，可以轻松做到面对挫折时内心坦然淡定，这样不大痛苦，自然就能坦然面对了。达到"不管风吹浪打，胜似闲庭信步"的境界，就能做到真正的坚强。

真有这样神奇的方法吗？

回顾一下认知疗法的原理：不是事情本身，而是对事情的认知直接导致了我们的情绪和行为。所以，改变了对事情的认知，就改变了我们的情绪和行为。所以，面对挫折和失败，如果我们觉得这个事情很糟糕、了不得，严重到让人无法接受，那么沮丧、痛苦、煎熬、气愤等负面情绪自然接踵而来，会觉得难以承受，甚至会被击垮；但是如果能改变自己的认知——**发现这件坏事也有好的方面，或**

经过努力可能会变成好事；或者事情不像想象的那样糟糕，可能很正常，没什么；或者虽然有些糟糕，但应该接受现实，努力之后可以顺其自然，那么，自然会淡定平和些，也就更容易承受了。如果这样的思维模式成为习惯性思维，挫折失败引起的情绪波动就会少得多，我们就会变得坚强了。

这就是"学会三种思维，坦然面对挫折"，对于小事和大事同样适用，对于孩子、成人的自我心理调节都有效。上面所说的三句话就是三种思维。

坏事变好事：发现这个坏事也有好的方面，或经过努力可能会变成好事。

很正常，没什么：事情不像想象的那样糟糕，可能很正常，没什么。

顺其自然：虽然事情有些糟糕，但是只能接受现实，顺其自然。

那么如何使这三种思维成为孩子的习惯性思维呢？首先，父母要能理解、运用这三种思维，争取成为自己的习惯性思维。然后当孩子遇到不顺利、失败、意外时，结合具体事情向他渗透这三种思维，逐渐地，三种思维会成为孩子的习惯性思维，变成口头禅，他就会淡定平和地应对挫折，变得坚强了。

三种思维 1：坏事变好事

我们遇到的挫折、不顺利看起来是坏事，但"塞翁失马，焉知非福"，坏事本来就有好的方面，或者经过努力可以变成好事。其实，这是一个很普通、平常的道理，人人都知道，但是很少有人把它变成自己的习惯性思维，所以在遇到事情时就想不到从这个角度去思考，这个道理就没有用了。

我在遇到"坏事"的时候，会习惯于先去想想事情有无好的方面，或者有无可能变成好事，如果能找到，心情自然就轻松多了。比如有一段时间我的腿受伤了，虽然是件坏事，但是想到可以在家里安心地写作，就不沮丧了。

关键是"习惯于"啊！这个思维并不新鲜，但需要多次有意识地去培养、联系，从而形成习惯，才会在遇到挫折时自然想到。

孩子遇到挫折、失败、不顺利时，都是一个渗透积极思维的好机会，善于引导，孩子这时体验到的道理比我们平常唠叨时磨破了嘴皮子还管用。

在女儿遇到类似的事情时，我会借机和她探讨，用这样的思维方式帮助她分析，或者只是简单说一句：这也是好事儿啊！

一个小朋友常常骗女儿，她不高兴，我告诉她：这也是好事儿，让你这么小就学会识别谎言了。

东西坏了，她有些伤心，我告诉她：坏事变好事啊，可以再买个新的呀！

测验错得较多，我说：没关系啊，不出错怎么能找到问题呢？找到问题才能改进啊。

学习暂时落后了，我说，没关系啊，从后面追比被别人追压力要小，成绩越来越好的感觉其实不错啊！

……

在不断地渗透之下，“坏事变好事”就成了女儿的习惯性思维，有时也会冒出一句口头禅：这也是好事啊。自然，面对挫折的时候，就不那么愁眉苦脸，或者过一会儿就高兴了。

有一次，女儿不小心把一个气球搞破了，嘭的一声，她吓了一跳。不过，她接着说：这样也不错，我可以把这块皮当作小娃娃们的地图。

这就是习惯于从负面的事情中看到积极的方面。

三种思维 2：很正常，没什么

这是我的六字真言，看似平凡之极，没有任何神奇之处，但却能帮助人淡定。

为什么有些事情让人很难受呢？其实有时不是事情本身严重，而是人们夸大了这个事情的影响，把它看得严重，这自然会感觉很受挫了。这是一种放大的思维模式。

很多父母就是这样。比如一位妈妈，看到孩子上课不举手，或者不肯上台表演，就认为孩子不自信，而想到如果孩子不自信，一生该有多失败！这样放大之后自然焦虑、受挫。家长可能会把这种夸大的思维模式“传染”到孩子身上，即使家长不打不骂，什么也不说，孩子也会从家长紧张的表情和沮丧的态度中体验到。时间久了，孩子也会习惯于夸大事情的后果，心态如何，可想而知了。

其实不举手、不敢表演这些现象都是很正常，没什么的，可能随着成长自然解决了。父母面对孩子的问题时，如果能够去理解孩子，想想孩子的表现也许是“很正常，没什么”的，就会淡定一些，就不那么容易焦虑、生气了。比如，孩子有时不按时入睡，其实也没什么很大的影响，很正常。

生活中有些挫折、失败的确关系重大，比如中考、高考，但是绝大部分挫折、失败不是那么重要，不像想象中的那样糟糕，只是生命长河的一个小波澜而已，很正常，没什么。

如果知道很多事情很正常，没什么，就会淡定很多。我的一句口头禅就是：多大的事儿啊，有什么了不起的啊！大部分事情其实都可以这样想，有这样的认知自然会有淡定的情绪和行为。

同样，也可以给孩子渗透这样的思维方式。在孩子遇到一些不顺心的事情时，可以告诉孩子这件事情没那么糟糕，很正常，没什么。慢慢渗透，会逐渐成为孩子的习惯性思维，成为他的口头禅。

考试成绩有波动是很正常的。题目的难度和临场发挥有偶然性，所以成绩起伏是自然的事情。

有的作业不会做，很正常，没什么啊。

同学中有人捉弄你、骗你也是正常的，也不可能遇到的都是性格那么好的、品质那么好的人。

比赛输，是很正常的。一直赢那才奇怪呢，尽力就可以了。

被批评，是很正常的，有什么了不起的？谁也可能会被批评啊。

老师不是自己喜欢的，或者老师不喜欢自己，这是很正常啊。谁也不能保证自己遇到的人都是招人喜欢的，也不能期望人人都喜欢自己。

东西会损害，会丢，偶尔摔一跤，磕破点皮都是正常的，不可能万事如意。

……

因为经常渗透，“很正常，没什么”就成了女儿的习惯性思维。她有了这样的口头禅：很正常啊，没什么啊，这又怎么样？所以，有时她也能表现得淡定些。

一位妈妈告诉我这六个字的确管用。上二年级的孩子开始遇到不会写的题目，会很着急烦躁，妈妈告诉他：有不会的题目是正常的，谁也不可能都会啊！逐渐孩子遇到不会做的题目时就平静多了。

三种思维 3：顺其自然

我有一个核心思维：努力去做，对结果顺其自然。这和“尽人事，听天命”的意思是相似的。

遇到“坏事”，应该去努力，争取把坏事变成好事。但是自然会有不好的方面，而且可能还有些糟糕，不是“没什么”的。所以，此时需要顺其自然。顺其自然之后，心就静下来了，不把精力花在懊悔、自责上，而是面向未来，去做实在的努力，这反而是积极的。

很多大人和孩子有这样的想法，我一定要赢，一定要考好，一定不能做不好……但是谁能保证一定呢？做不到的时候就会沮丧懊恼，显得脆弱。所以，如果想坚强，就要学会在努力之后，顺其自然，只要尽力了就好。

我会在孩子遇到一些事情的时候，慢慢渗透顺其自然的思想。

原计划去玩儿，但下雨去不了。我会和女儿说，不去就不去呗——顺其自然。

单词听写，她开始错得比较多，我告诉她：错就错了，我们想办法改进就是了——顺其自然。

东西，我们好好爱护，如果损坏了，孩子会说，坏就坏了吧，也没办法——顺其自然。

老师批评她，她会说：批评就批评吧，我改正就是了。

朋友呢，我们好好相处，但有时小朋友闹点矛盾，会“威胁”女儿不跟她玩儿了，女儿会说：不跟我玩儿就算了——顺其自然。

润物细无声，逐渐地，顺其自然会成为孩子的习惯性思维，那么在做好自己的事情之后，即使失败，也就可以安心地顺其自然了。

三种思维是阿Q精神吗？

三种思维有一个顺序，面对挫折，先想想有无可能变成好事。如果有好的方面或能变成好事，自然平静些了；如果变不成好事，再看看这件坏事是否很正常，没什么，不像想象的那样糟糕，这样可能会进一步淡定；如果确实是件较大的坏事，顺其自然就是了。

三种思维看似平淡无奇，但是按照这个顺序去思考我们遇到的事情，大部分都会淡然处之。三种思维，也就是放下过度的执着，学会淡定。

儿子同学昨天不跟他玩了，他不高兴。我用三种思维给他分析了一下：妈妈知道同学不和你玩很难过（理解），不过，你自己也想想是不是哪些地方做得不太好，比如：想玩小朋友的玩具，先要征得别人同意再玩；如果你的玩具别的小朋友上来就抢，你愿意吗（换位思考）？

你觉得这是坏事，我反倒认为是好事，这样你可以想想怎么样能更好地和小朋友交往（坏事变好事）。如果小朋友还不想和你玩，那就不玩呗，有什么大不了的呢？也许过几天他又主动来找你了。实在不想玩就算了，我们做好自己就行了，我们不可能喜欢所有的人，也不可能让所有人都喜欢我们（很正常，没什么；顺其自然）。这样一说，他高兴了。

几点质疑：

Q：三种思维是否是一种自欺欺人的阿Q精神呢?

A：阿Q精神与认知疗法的道理是一样的，也是通过改变对事情的认知而调节情绪。不过阿Q精神是自欺欺人的，分明挨了打，他却想：这是儿子打老子。这是用虚假的胜利在精神上实行自我安慰。

而三种思维则是实事求是的：坏事本来就有好的方面，或者经过努力可以变成好事；人容易夸大事情的负面影响，其实事情本身并不见得像想象的那样糟糕；有时也只能面对现实，顺其自然。这里饱含了我国传统文化的智慧！

一位妈妈这样讲：维尼老师说得对！记得我小时候，遇到困难和不顺，我爸总对我说："没关系，找到问题的原因，努力解决就好！客观因素改变不了，也只能顺其自然。"现在我爸也经常在我女儿遇到小困难时对她说"没关系"，这句"没关系"也成了我对女儿的口头禅。正巧前天在班上我给孩子们讲鲁滨逊漂流记的故事，当讲到鲁滨逊死里逃生流落荒岛时，我同样引用了"塞翁失马，焉知非福"的故事。结合孩子们身边小事，讲述了"塞翁失马，焉知非福"的道理。有了乐观向上、积极健康的生活态度，将使孩子们受用终身！

Q：三种思维会让孩子淡定，但是否也会让孩子没了上进心，不思进取?

A：孩子自身的上进心是很蓬勃的，谁不希望自己好啊? 而且这是一种平衡的上进心，是要"努力去做，对结果顺其自然"。这是一种适度的执着。

有的孩子过于执着，考不好就痛哭，被老师批评了就难过得要命，试卷少了一分也非要争回来……这是一种病态的上进心。长此以往，心理容易出问题，性格也会变得脆弱，小挫折对他来说也是打击，这会阻碍孩子前进。比如，有的人给孩子灌输：你一定要考上名牌大学！说得多了，孩子也真心想一定要考上名牌，认为考不上糟糕至极。这样的上进心应该说是很强的，但有的孩子因此考试会紧张得手发抖，有的孩子因此压力很大，从而直接影响了学习，甚至厌学。

维尼育儿经：我用三种思维影响女儿，所以遇到老师批评、考得不理想等事情她都能平静对待，不会影响学习兴趣、信心和动力。当女儿考得好、被表扬时还是很高兴的，她向往在各方面做得好，那份上进心不但没有减少，反而更蓬勃了。

越早"渗透"越好！

在孩子还小的时候，改变认知相对容易。如果孩子大了，不合理的习惯性思维已经根深蒂固，改变就难了。所以越早向孩子渗透三种思维越好，当然这需要父母改变在先。如果父母对孩子的成绩紧张焦虑，就没办法让孩子相信成绩波动也是好事，没什么，就没法做到顺其自然。

Q：有的专家说我们不要用自己的观念去影响孩子，您怎么看?

A：孩子总会接触各种各样外来的观念，有的来自老师、同学，有的来自网络、书籍、报刊。所以，我们不必害怕用自己的观念去影响孩子。如果我们有好的人生经验和智慧，有好的理念，可以向孩子渗透。只是要保持谦虚，不要认为自己就是对的，知道自己的观念也有不合理的地方，也不强迫他接受，让他自己去思考和体验、检验，也鼓励孩子有自己的想法，这样还能提高孩子鉴别理念的能力，培养独立思考的习惯。

三种思维的应用：如何应对批评、输赢、压力和焦虑

向孩子渗透三种思维，会帮助孩子更好地应对批评、输赢、压力。父母学会三种思维，能减少育儿的焦虑。

如何让孩子坦然面对批评

维尼育儿经：孩子小时候大都想争第一，不愿被批评。我女儿就是如此，小时候说她几句就要掉泪。我没有通过多批评的方法来提高她的承受能力，而是去改变她看待批评的习惯性思维。

其实很多孩子之所以受不了批评，是因为觉得“被批评”是个大事情，好像天塌下来了，会夸大为：“老师不喜欢我了”，“是不是说明我不行啊”，这样想，自然承受不了，落泪、痛苦是自然的。

所以，我通过平常和女儿聊天，逐步改变她对于批评的认知。那时我经常和她说：“被批评没什么啊，谁能保证自己不被批评呢？你看爸爸妈妈、伯父伯母在单位都会受批评，有时你妈还会批评我呢(很正常，没什么)。批评就批评呗，又怎么样呢(顺其自然)？这只说明这件事我们可能做得不太好，改进就是了，没什么大不了的。”如果习惯这样想，用一个合理的认知来应对批评，就不会那么难过，就容易承受了。

我也设计了一个游戏：一家三口互相批评。有段时间我们经常玩，女儿掐

着小腰，找些理由来批评我们，或者我和妈妈互相批评。我们都会说：批评就批评吧，没什么了不起的，很正常。这给孩子做了直接生动的示范。逐渐地，我们也去批评她。玩这个游戏她常常乐得哈哈大笑。孩子就逐渐体会到，被批评确实不算什么，而我们说的话也成了她的口头禅，形成了合理的习惯性思维。

逐渐把游戏扩展到实际生活中。我不会故意找茬批评女儿，只是利用自然出现的需要批评指正的事情。即使批评她，一般也是态度平和、就事论事，不上纲上线，只是指出这个事应该注意，以商量的口气让她知道如何做。虽然态度比较严肃，但更像探讨。这样，孩子自然容易接受。所以她也进一步从这样被批评的实践中体验到原来"被批评"不代表什么，只是这个事情需要改进而已。

许多父母出于严格要求的理念，喜欢挖掘事情深层次的意义。孩子出了点所谓的错儿，就上纲上线，提升到影响一生的高度。此时家长批评孩子的表情、态度，自然会让孩子觉得被批评是个很严重的事情，时间久了，就会对批评过度反应了，这还会"传染"，其他人批评他时也会习惯性地反应过度。至于父母那些声色俱厉甚至打骂的批评，对孩子影响更大了。虽然这种批评可能会使孩子习惯于批评，但是结果要么是压抑孩子，要么是表面服从，内心抵触，怎么能做到轻松地承受呢?

Q：孩子能坦然面对批评当然是好事，但是如果每次批评都太无所谓，孩子会不会因为批评"皮"了，不在乎了，错的事情也不改了呢? 我有点这个担心。

A：孩子能够淡定地对待批评，并不是让孩子对批评无所谓，而是不要把精力用到沮丧、难过或者反驳上，知道被批评很正常，这样容易接受批评，会更好地去改进。

如何让孩子能够输得起

林志颖反思自己对 Kimi 的教育有误区："因为我是一个赛车手，追求的目标是赢得比赛，所以我刚开始教育 Kimi 的时候也是不断强调一定要赢，但当他发现自己赢不了的时候，会发脾气大闹，那时我才发现我之前的教育失败了。"

孩子天生都是要强的，胜则喜，败则悲。女儿三四岁的时候，玩游戏或者参加比赛也是非要"赢"，输了就不痛快，撇着小嘴就想哭。所以有时和她一起玩游戏时，我会故意输，很放松、无所谓地跟她说：我输了，输了又怎么样！表情也确实是无所谓的。这种体验式的认知改变很有威力，不久她输的时候也很坦然了，“输了没什么”也成了她的口头禅。很多读者采用了这种方式之后告诉我挺管用，以前怕输的孩子，现在会说，输就输呗，有什么啊！这样自然对“输”不敏感了。

维尼小贴士：有的父母在与孩子玩游戏时也是故意输，但目的是为了哄孩子高兴，结果会给孩子造成一种假象，他就该赢，不该输，结果反而输不得。所以，看似同样的方法，结果完全不同。

如果孩子大一些，只是简单地这样说就可能不管用了。因为他已经认为输“有什么”了：或者觉得丢人；或者认为这说明自己不行；或者觉得事儿很大，失去很多。此时就需要很详细地告诉孩子，为什么输了也不丢人，为什么输了不说明自己不行；为什么输了没什么损失……有个六岁的孩子总是输不起，在我这里咨询，爸爸刚开始向孩子渗透输了没什么，没有效果，后来我建议爸爸很具体地告诉他为什么“没什么”，不久就有了转变。

这种方法还可以用于改善孩子对失败的恐惧。

我的女儿5岁，有一天我和女儿用积木摆高楼。开始，她自己摆了几次，都不是很高就倒掉了，所以就不肯再摆了，而是要求我来摆。这时我想到维尼老师的一个教育理念：赢了很高兴，输了没什么。于是我摆的时候，也故意摆得不是很高就让它倒了。然后表情很轻松地对她说：“倒了没关系，再摆的时候要轻轻地哦！”几次下来，她受我的感染不再那么抗拒“高楼倒塌”了，又开始自己摆，倒了之后还不忘说句“轻轻地哦”，学得还真快呢！

Q：这样一来，会不会对赢和成功也觉得无所谓了呢？

A：赢和成功自然会让人高兴，所以即使孩子感觉输和失败没什么，也不大会影响对于赢和成功的追求和喜欢，淡定的心态更有利于赢和成功。而过于想赢和期盼成功，会陷入执着，自加过多压力，反而对前进产生障碍。所以，理想的状态：赢了很高兴，输了没什么。

如何应对压力：做你能做的事情，其他的顺其自然

现在成人的工作压力都很大，孩子的考试、学习压力也很大，怎么应对？

前些年我和同事去北京出差，单位领导来给我们做动员，对我们需要完成的工作提出了很高的期望。年轻小伙子感到压力很大，因为任务艰巨，不知结果如何，完不成领导交给的任务怎么办？

我作为负责人却很轻松，心里没有什么压力。难道我是个不负责任、玩世不恭的人吗？非也，我做事很认真，而且重要的事都力求最好。难道我有超能力，对工作任务胸有成竹吗？也不是，我没那个本事，当时也不知道能不能圆满完成。难道我无欲则刚，对个人发展无所求了？那更不是。

为什么没有压力？因为我秉持一个合理的认知：做好我能做的事，其他的顺其自然。所以，我认真去筹划，按照科学合理的方法去组织，然后努力地去工作，这样就可以了。至于结果，顺其自然。如此一想，自然没有压力。

孩子也是如此。如果孩子太希望考好，压力太大，会紧张，遇到不顺利时很容易慌乱，甚至崩溃，反而会影响考试成绩。所以，当孩子面临升学、工作的压力时，告诉他：做好你能做的事，其他的顺其自然就可以了。这样，孩子会淡定许多，心情放松平静，反而容易发挥得好。能做到这一点就很不错了！

“运用维尼老师的理念，不但能帮孩子越来越阳光自信，也能帮助大人拥有一颗平常心，积极进取，不断进步。我现在工作上也是努力做好应该做的，结果顺其自然，往往能做得比较好；有的实在没有做好，就老实向领导交代，领导一般也能包涵。这样，日子就过得开心啦！学习老师的理念，就能拥有一颗平常心，凡事不再患得患失，反而更能敢想敢做，因为哪怕失败了也没什么，没什么大不了的，只是辛苦一点儿，又没失去什么东西。于是就能获得更多锻炼、成长的机会，收获更多的生活体验，让自己的人生更加多姿多彩！”

“我以前在山区的初中学校工作，在二线。离家也很远，住校，周末才能回家，照顾不了孩子，但我一直没有勇气调离那里，一是能力的确不够，二是缺乏自信。去年五月初，我报名参加外区公开招聘的考试，是家附近的小学，感觉考得不好，又另外找了一所高中学校试讲，因为紧张讲得不太好。但我没有灰心，因为维尼老师的‘努力做好你能做的，其他的顺其自然’的理念鼓舞着我。后

来通过多方努力,如愿调到家附近的学校了,要是以前,我想都不敢想。"

我们都期望孩子能快乐幸福地生活，然而他们总会遇到大大小小的挫折，如能一一化解，幸福与快乐将继续，否则就会陷入痛苦纠结。如果从小就渗透坦然面对挫折的理念，教给他们化解压力的方法，无论将来他们走多远，我们都不用担心，因为三种思维会让他们"不管风吹浪打，胜似闲庭信步"。

如何减少育儿焦虑

"育儿焦虑不但自己痛苦,还会无形中影响孩子,也会影响夫妻关系的和谐。我就曾过度焦虑。每当孩子出现一丝一毫不正常,我就会去网上搜索是什么病症,从而和孩子的情况对号入座。因为儿子不愿与别的小朋友一起玩而怀疑孩子自闭;因为孩子爱低头看人,我就怀疑儿子斜视;因为孩子过了三岁还在尿床,就怀疑孩子得了遗尿症;因为孩子咳嗽严重,喉咙里面发出咝咝的声音,就怀疑儿子得了抽动症…… 我常常陷入极度的恐慌和忧虑中。伴随着我的焦虑心情,孩子的身体状况也确实不尽如人意,时好时坏。

后来我意识到,我必须改变自己,克服自己凡事总往坏处想的不合理思维,从盲目焦虑的泥潭中走出来。我反复去阅读维尼老师的博文并实践运用,我学着用认知疗法调整自己的心情,遇到孩子那些所谓不正常的行为时,想到'很正常,没什么',心情顿时豁然开朗,遇到不如意的事情也主动用三种思维分析,马上就淡定多了。就这样慢慢从育儿过度焦虑的不良情绪中解脱出来,逐步使自己在育儿道路上越走越轻松。"

"遇到维尼老师之前,我非常迷茫焦虑。孩子的初中很严,孩子回家愁眉苦脸的,因为数学基础有点差,成绩靠后,学习积极性和自信心很受打击,有些厌学。当时,我的愿望是孩子能够上重点高中,而现在的成绩无疑是无法实现这个愿望的。我很焦虑,也可以说有点抓狂,想了不少办法,但是效果基本没有。

就在最迷茫的时候,我一一读完了维尼老师的博文,才明白我的一些想法非常想当然和偏颇,非常执着,恍然明白了一些事情应该怎么做。就像维尼老师说的,孩子现在的成绩好坏,与将来他的生活幸福度并没有太大的关联,这时我才明白原来考不上重点高中,人生不等于就没有了希望。认知改变了,我的焦虑慢慢减少了,冷静下来思考,反省自己,开始对孩子的要求一点点降低了

（放下执着）。

初二开学时，我把辅导老师辞了，对孩子说：一定要学会自己学习，一对一的老师不可能一直跟着你。也不再一味强调一定要考上重点高中，否则人生就大打折扣之类的话，而只是让他尽力而为，从学习中找到成就感就行。我也想了些办法去激发孩子学习的兴趣，比如学会在孩子面前示弱，让孩子敢于表达和探索，找到成就感。而以前我们经常去打击孩子：这么简单的题你也不会！我也学会了先理解肯定孩子，再提出自己意见的沟通方法，孩子愿意和我说话，家庭更温馨了。”

第二篇
改变家庭教育的理念

家庭教育秉持什么样的理念，就会有什么样的行为。所以，如果想改变养育中不合理的行为，首先就要改变不合理的理念、认知，学习家庭教育的智慧。

第一章　您在压抑孩子吗?

我们以为自己都是为了孩子好，所以不去考虑孩子的感受，对孩子严厉或过于严格，这实际是在压抑孩子，暂时看起来效果不错，但“出来混早晚要还的”，播下压抑的种子，收获的将会是苦涩。

看似爱孩子，实则在压抑孩子

有一对新婚夫妻，妻子在家精心熬了一锅美味的营养粥，怕粥凉了，还一直用小火炖着，期待着丈夫的归来。当丈夫满头大汗地回来时，妻子立马兴高采烈地盛了一碗热粥给丈夫端过来，丈夫看了一眼没有立马去吃，而是去找水喝。妻子心情一下就不好了，心想：真是不懂人心啊！我费心为你熬粥，你却这样对待？顿时委屈满满。丈夫想：我这么热这么渴，你竟然让我喝这么热的粥！不懂得对方的需求，只以自己的方式爱着对方，这种爱其实是一种负担。这同样适用于亲子关系。

父母都是爱孩子的，本意是为了孩子好，但是如果按照不合理的方式去养育的话，就可能是在压抑孩子，让孩子痛苦，甚至带来伤害。

下面是一些父母醒悟后的反思，让人看了心情沉重，有的父母醒悟的时候孩子已经大了，也有些晚了。

“我儿子八岁了，痛定思痛，以前我打着爱的旗帜，在生活上、思想上包办儿子的一切；处处控制、监督、管制他；不理解尊重他，只是一味地要求他；给他定的规矩太多，这也不准那也不准；喜欢说教，语气总带有命令和责备；控制不住自己的情绪，常常河东狮吼……”

“儿子九岁了，我总拿他身上的缺点跟其他孩子的优点比，这让儿子有些反感，而我又是个追求完美的人，希望儿子每件事情都能精益求精，希望他优秀，如果儿子达不到要求，我就会发脾气，我们的母子关系慢慢变得紧张起来。老公曾经说过如果三天听不到你们娘俩‘战斗’都新鲜。”

“女儿进入青春逆反期了，我一直按照所谓‘不溺爱’的方式去教育孩子，回头看看却发现，从来没有考虑过顺应孩子的心理。表面上的尊重，其实是骨子里的专制，用所谓爱的名义做了很多伤害孩子心理的事。欠的债都是要还的，我现在越来越意识到问题的严重性了。”

“我从前对待儿子就是呼来唤去，用粗暴、强势的方式去爱，从来没有放下过高高在上的家长架子，也没有静下心来倾听孩子的话语，不会去反省自己的教育方式方法是否正确，不会考虑孩子的感受，也没有反思自己能给孩子带来什么样的帮助，等等。只是一味地认为我是家长，我所做的都是为了孩子好，孩子就该听我的。所以当青春期来临，孩子各方面发生了巨大的变化与波动时，我无所适从，可当时还觉得这是对孩子还不够严格要求的结果……”

“以前总是让女儿无条件服从自己的意愿，无论做什么我都用命令的口吻，以为这样能让女儿守规矩，做一个乖乖女，但是女儿反而越来越不听话，四年级就已经很逆反了。”

“维尼老师，儿子六年级，在未认识您之前，我认为自己所做的一切都是为了孩子好，是为了让孩子能在以后激烈的社会竞争中立足，为了纠正孩子的坏习惯，帮助孩子各方面养成良好的习惯，严格要求孩子，怕太娇惯孩子，怕把孩子宠坏。我还以为自己是民主的家长，认为所定的规矩是事先同孩子商量过的，就应该说话算数，必须严格执行，一心想着如何才能将孩子的缺点坏习惯纠正过来。凡事太执着，忽略了孩子的心理发展规律，从而把孩子当成了‘假想敌’，搞得亲子关系紧张不说，孩子也更加逆反。”

从这些反思中能看到您的影子吗?

关键词：以爱的名义、一切都是为了孩子好；为了优秀、好习惯、成绩；执着、不满足、急于求成、追求完美；怕娇惯，盯着缺点，和别人的孩子比较；家长的架子、控制、严格管束、严格执行规矩；责备、逼迫、打骂、不理睬；情绪：焦虑、生气、着急、担忧、抓狂；导致的结果：逆反、亲子关系紧张、无法沟通、争吵、厌学。

这些都是压抑的教育模式，孩子痛苦，父母也痛苦。

维尼小语： 孔子说，己所不欲，勿施于人。如果自己不喜欢别人这样对待自己的话，就不要这样养育孩子。

播下压抑的种子，收获苦涩的果实

压抑的教育模式，自然容易结出苦涩的果子。有的孩子会发脾气、哭闹、逆反、倔强、暴力；有的孩子虽然看起来听话，表现得比较顺从，但是会惧怕父母，心理、性格也被压抑，甚至扭曲，平静的表面也有暗流在汹涌。

解铃还须系铃人，父母不合理的教育模式会给孩子带来一些问题，那么改变首先要从父母自身的改变开始。当然，还要学会养育的方法。

实例：孩子从天使、仇人到宝贝的改变

在妈妈的暴躁、打骂的压抑之下，一个女孩从活泼开朗变得暴躁叛逆；在我这里咨询之后，妈妈改变了，孩子又逐渐变得可爱平和了。救赎，就是从妈妈的改变开始。

妈妈的第一次来信：

我女儿在上幼儿园时真是一个好宝宝，懂事、不自私、不霸道。每天自己背着小书包，"太阳当空照，花儿对我笑……"一路唱着歌去幼儿园，惹得路人纷纷夸奖，她就更开心了。在我们小区，她是出了名的有礼貌的孩子，特别爱跟人打招呼，一路上会"阿姨好、婆婆好、叔叔好"喊着出去。即使在菜市场，那些卖菜的人也都跟她很熟，老夸她聪明有礼貌。

她热情大方，碰上小朋友时她最爱说"去我家玩呀"，她也很乐意跟小朋友分享，也讲卫生、爱读书，她说："爱读书的孩子最聪明。"有了书，爱吃的东西也忘记了。她活泼好动，自己说："我眼珠一转就能想出一个好主意。"

但是这样一个好孩子，在我的打骂之下逐渐变了。

维尼老师说吃饭、睡觉的习惯没那么重要，而我以前总觉得很重要，所以因为这些事情开始打骂。只要不肯睡觉，我不是把她打一顿，就是把她推到门外，哭累了很快就睡着了，不知多少次她在门外拍着门哭得声嘶力竭……

以前一直是我喂饭给她吃的，四岁时认为不能喂了，盛好饭限她三十分钟吃完，到时间没吃完就倒掉。孩子常常没吃完一半我就把饭倒掉，而且开始恐吓，再不好好吃就打，打完我也很后悔，但自己就是控制不住。

当时打完，孩子痛哭完后玩一阵儿好像什么事也没有了，继续叽叽喳喳说个不停。

她主动要求学钢琴，她很喜欢，也热情高涨。后来因为她把钢琴的谱架弄断了，我火冒三丈，又忍不住打了孩子…… 整个下午她一个人跪在窗前的沙发上凄楚地望着窗外一动不动。不久后我就发现她的嘴巴鼻子老是不停地动，后来医生诊断得了抽动症。因为平时不好好练琴挨了不少打，结果从寒假到现在一个多月了，她连琴也没摸过。

上一年级，第一天上学老师就让她当班长，因为老师说她有礼貌、懂事，一年级表现非常优秀。

后来她有了一个小妹妹，妹妹爱哭闹不肯睡，我不能休息所以脾气更暴躁，她稍一顶嘴我便吼叫："以后不要你，只带妹妹！"她对人说："妈妈只爱妹妹，不爱我。"

不知从哪一天起，她动不动就发脾气摔东西，一不顺心就在地上滚。一开口就抱怨，怒气冲冲地对谁都吼，把地板跺得咚咚响。经常为一点小事好几天不理我。我有时耐着性子跟她讲道理，她把头一扭，翘起下巴，双手捂住耳朵，嘴里"啊啊……"地晃着脑袋。除了还爱跟人打招呼外，幼儿园时期的好品性现在一样都没有了，变得自私、蛮不讲理、爱发脾气、不讲卫生、不刷牙洗脸、不爱洗澡、不做作业、不看书，除了吃零食和玩以外，对什么都没兴趣，看见手机和电脑就像猫看见小鱼那样扑上去。天天玩到天黑才回家，磨蹭到 8 点多才做作业，边做边玩差不多 11 点才睡觉。说她时那一副刀枪不入的表情气得我只想去撞墙。我慢慢地连理她的心也没有了，自己都能感觉到内心冷冰冰的，没有一点热量。由她去吧，放任自流，管她以后是一条虫还是一根草。上了二年级后成绩下降，跌到班级第二十三名，也没再当班长。

维尼老师，希望您能帮到我，我不看重她能考多少名，我只想让她快乐健康。我知道问题肯定出在我身上，但我不知道该怎样去调整，她现在对我像对仇人一样，再这样下去她就真的会被毁了。

妈妈已经认识到自己有问题，只是无法调节好自己的情绪，有些事情不知如何处理。

所以，情绪调节是第一步。发火，靠忍是忍不住的，要去理解孩子，从而改变自己的认知（看法）。我们具体地讨论了在吃饭、睡觉、钢琴等方面如何放下执着，如何去理解孩子。她恍然大悟：孩子的表现原来不是故意捣乱，而是正常的或者有内在的原因啊。理解了孩子，情绪就好多了，发脾气也越来越少了。所以，“不要你，只要妹妹”这样的气话自然不说了。调节好情绪，也就稳定住了局面。

以前妈妈担心网瘾，对玩电脑十分严格，孩子想多玩一会儿游戏，她就会强行关机，所以经常因此大吵大闹。我建议可以每天看一个小时的电影、动画片或新闻，这样既满足了玩电脑的要求，又不至于游戏上瘾，同时执行约定时有些弹性。孩子很高兴，这方面的冲突少多了。

孩子很喜欢在外边玩，妈妈很纠结。我建议顺应孩子的心理，和孩子约定，只要能完成作业、学习不耽搁，玩就玩吧，开心就好。

十天之后妈妈说，这个星期好了很多，不大发生冲突了，妈妈也尽量去鼓励孩子。

顺应了心理，适当地满足孩子的要求，不再打骂，孩子发脾气自然越来越少了。即使有时发脾气，由于妈妈能够理解，平静对待，发完脾气很快就好了，抽动的症状也越来越少。逐渐地，孩子开始依恋妈妈，会缠着她撒娇，不再叛逆了。

后来妈妈告诉我，孩子虽然还是很贪玩，但是作业能自觉完成，期中考试班上排第一名。妈妈改变了，那个宝贝又回来了。

维尼小语： 从这个例子来看，性格有先天的因素，但是家庭环境会极大地改变孩子的性格。

实例：孩子很乖，却是因为被压抑

孩子乖巧，合作，不顶撞父母，一般人都喜欢，但是如果因为被压抑、害怕父母而显得乖、顺从、不敢顶嘴，那就糟糕了！

我小时候就是那样的乖孩子，但其中的压抑、自卑、痛苦只有自己知道。我从小就是被压大的，父母、姐姐、哥哥都很强势，很多时候我都是在委曲求全。

在成长的过程中，白白丢失了好多可以更好选择和发展的机会。心里有想法，但不敢跟大人说。人生过了几十年，才慢慢从乖孩子的阴影中走出来，找到自信，做到自强、有主见，敢于做回真实的自己。所以，现在我并不希望女儿太乖。

在妈妈的压抑之下，下面这个孩子很听话、乖，但是却让人那么揪心。

我的儿子属于那种天生被动型，从出生开始就相对安静，饿了也不会大哭，给吃就疯狂大吃一顿，不给吃就接着睡，很好养。长大了也是比较听话的，从来不会调皮捣蛋。尽管如此，我还是会限制他很多的行动，只要是我认为不好的，不该做的，我都会让他不要做，而孩子也是比较配合我的，即使他很想、很喜欢，在听到我说“不”之后他也不会再去做，但从眼神中还是能够看出他的渴望，可当时我选择了忽视。

孩子慢慢地长大，基本上我还是会坚持我的决定，可孩子开始对我的决定反抗了。出现这种情况，我会先劝说，在劝说无果的情况下，就会果断采取批评或者打几下小屁股的方法，当然最终的“胜利者”肯定还是我。而且我们家有两个孩子，在第二个孩子出生后我对他的关注度有所降低，批评基本用大声制止的方式。另外，也是觉得他已经长大了，应该懂事了，可我忘了在弟弟出生时哥哥也只有三周岁。

孩子逐渐出现了撒谎的苗头，怕我，也从不主动跟我说幼儿园里发生的事情。我批评他，他也不会有太多的表情，只是眼睛一眨不眨地看着我，不说话，更没有什么表示，看得我火蹭蹭地直往上冒。

幸好此时我看到了维尼老师的博文，并且有机会向维尼老师咨询。维尼老师一针见血，说我压抑孩子太久了，他才会变成这样的。是啊，在我的各种限制要求下，孩子一直被压抑，他虽然不满，但是没有像其他孩子那样哭闹、反抗，而是像以前一样不太哭闹，不太发脾气，凡是我的决定也不会有太大的反抗，他只是很怕我，做任何事情前都会用眼神先征求我的意见，做错了事情也从不告诉我，能瞒多久就多久，哪怕是他不小心受伤了，也会选择不告诉我。虽然我从来没有拿他跟其他小朋友比较，可是我却一直在拿他跟我的要求进行比较。维尼老师说张狂、撒娇和淘气是不压抑的表现，我们更是一条边也没有沾上。

维尼老师的建议很简单，不再压抑孩子，多和孩子商量，多让孩子自己做决定，给他适当的自由，不是按自己的标准要求孩子，而是理解他的想法，允许孩子犯错误，不去惩罚他，温和地对待他。

我觉得老师说得很有道理，我开始有意识地改变自己。首先改变的是自己的态度，不再过多限制他，遇事我会跟他商量着来，得到他的认可后才开始实施。也不再那么追求完美，给他足够的关注。拉琴的时候我注意去培养他的兴趣，不再总是指手画脚，不硬性要求练习时间，只是要求认真点，多去鼓励他，这样他不再反感拉琴，而且练习得比较认真。孩子很开心，现在他回来会跟我说许多幼儿园发生的事，偶尔遇到他不愿意、不高兴做的事也会大哭，情绪偏激动，这在以前是没有的，以前即使哭也不发出声音只是含着泪。虽然在他刚发脾气时我会比较震惊，生气，可是就像维尼老师说的，这说明孩子压抑的性格在改变，知道释放出来自己内心的感受了，这是好事。所以我还是很开心他能够这样，接受他的脾气，尽量试着去理解他，站在孩子的角度去看待问题。前不久他甚至会跟我交流几点他对于即将要读小学的担忧，虽然不是他主动跟我说的，但还是让我小激动了一把。

看来只要我改变了，孩子就会朝好的方向前进。我很庆幸及早醒悟，真不敢想象如果一直如此压抑下去，等到孩子青春期时会是如何不可挽回的局面，就如维尼老师所说，出来混的，早晚要还的。

现在我的孩子不能说非常优秀，但是在我的眼里他满满的都是优点，老师也在夸奖，看来以前是我的要求太高了。虽然现在孩子还是有点怕我，有时做事前还是会用眼神无声地征求我的意见，但我想只要按照维尼老师的理念做下去，孩子慢慢就不再压抑了。

维尼小语： 孩子淘气是很多父母所头疼的，因为不好管教。但是如果一个孩子不敢淘气，就要考虑是否压抑了他。

对于被压抑的孩子来说，如果他开始变得淘气了、学会撒娇了，学会指使父母干事了，就说明他不是那么惧怕父母了，是心灵得到解放的开始。

最近感觉女儿心情不错，开始指使我干这干那；现在也会撒娇：妈妈，又欺负我…… 嗲得我都倒了；也许以前是不敢吧，孩子真可怜，我要记住，宽容宽容再宽容。

为什么感觉写的是自己?

有的父母到我的育儿 QQ 群讨论之后，才知道原来自己的问题是普遍存在的。还有不少读者说，看维尼老师的博文，感觉写的就是自己，很多错误就曾经发生在自己身上……

为什么这些问题这样普遍呢？为什么千差万别的家庭，却在压抑孩子方面那么相似呢？这是因为人毕竟难以摆脱时代的影响，会形成集体性习惯性思维。

比如很多人曾被《哈佛女孩刘亦婷》所鼓舞，执着于孩子当尖子生、读重点、上名牌。看过《夏令营中的较量》的人会认为不能让孩子做温室的花朵，不能宠爱孩子，要让孩子吃苦，所以不敢让孩子愉快，不敢满足孩子。上世纪八九十年代反对溺爱的宣传，让家长都害怕溺爱孩子，所以会严厉、过于严格地管教。很多人受“要从小事做起，养成好习惯，生活上不认真，学习工作上怎么认真？”的影响，过于纠结于生活上的习惯。不少人受“挫折教育”思想的影响，觉得可以人为给孩子制造挫折，不惜打骂、训斥……有相似的认知，自然有相似的行为。

这些理念合理吗？如果不是，那么合理适度的理念和方法又是什么？这些都是本书讨论的重点。

最常见的压抑方式：严厉或过于严格

在孩子很小的时候，我就信奉“不打不成才”、“严师出高徒”的理念，所以对孩子要求严厉苛刻，希望孩子从小能养成一个好习惯。而且我总是固执地认为孩子什么都不懂，所以一切都要听家长的，我们家长再严厉也是为了孩子好。殊不知我打压的结果就像弹簧反弹一样，孩子非但没有养成好习惯，没有爱上学习，反而厌恶学习，爱着急，闹情绪，没有耐心，学会了为自己的错误狡辩，想想这些正是我这个家长身上的毛病，孩子一不听话我就着急，大喊大嚷，对孩子没有耐心，不理解孩子，更别说站在孩子的角度想问题了。其实我也付出了不少，但是得到了相反的效果。现在我再回想一下自己对孩子的所作所为，感觉真的惭愧。

严厉或过于严格也是溺爱和包办

我们先讨论一种很常见的理念：应该对孩子严厉些。上世纪 80 年代以来，媒体铺天盖地宣传溺爱、娇惯的危害，所以很多人害怕溺爱孩子，转而对孩子严厉或过于严格。这样的确不娇惯孩子了，却不小心成为一种新型的包办和溺爱。

什么叫包办、溺爱？包办式抚养是指该由孩子决定的事由父母代替，孩子能做的事不让孩子做，由父母包办的现象。溺爱是照顾者和儿童之间的关系的一种特征。此时照顾者庇护孩子，同时也妨碍孩子试图做出独立行动的任何努力，同"过分爱护"。

再看看严厉或过于严格的表现：过多控制孩子，什么都干涉孩子，较少让孩子自己做判断和选择；孩子必须严格按照父母的要求、规矩、计划、安排来；如果觉得孩子的要求不合理就坚决拒绝；逼迫孩子做父母觉得应该做的事情……这样看，严厉或过于严格与溺爱包办还真有些神似呢。

有人误以为严厉的育儿方式是我国传统文化所提倡的，其实不然。弟子规的宗旨就是：将加人，先问己，己不欲，即速已。也就是论语所说的"己所不欲，勿施于人"。我想每个人都不喜欢被别人严厉地对待吧，那为什么会认为该严厉对待孩子呢？

实例：严厉，给孩子带来了几十年的痛苦

严厉有关系吗？对孩子发火，孩子转眼就忘记了。何况，这也是锻炼孩子的抗挫折能力啊，你看，过去的父母很多都是严厉的，孩子不也挺好的吗？

家庭教育是不能拿自己孩子做实验的，所幸有已经发生的事情可以作为借鉴。一位妈妈讲述了自己的成长故事。

在外人眼里，我无论是学习、考学，工作，还是婚姻，都一帆风顺，觉得我应该很幸福。在父母眼里我也是个乖乖女，从小到大也没怎么让他们操心地管教过，所以他们自认为自己的教育是成功的，但其中的痛苦只有我知道。

我母亲对我很严厉。也许是爱之深责之切吧，只要有她认为不应该的错题，我就会受到严厉的责罚，妈妈会用食指在我脑门上重重地戳一下，同时声色俱厉地责骂道："怎么这道题都会错的?! 这么粗心！"当时是非常非常惧怕。学习上不敢马虎，所以小学阶段成绩一直不错。

上了中学住校后，妈妈不在身边，学习放松了，结果成绩下降得很厉害。父母开始向我施压，他们经常用反面的话来刺激我：假如你考不上的话，那你就在家种田喽，烧灶火啊，挑粪桶啊，都得干！当他们说这些话的时候，我特别地想哭，可又不敢哭。

在这样的压力下，我开始用功学习，成绩也提高很明显，爸妈也肯定了我。到了初三，随着中考的临近，压力也在增加，心里经常会想：考不上怎么办？怎么面对父母的指责？真的要烧灶火、挑粪担吗？要么死掉算了，甚至想好了给哪些人写遗书。家里二楼有一个晒谷子的平台，好几次在旁边徘徊，想象如果我跳下去该会怎样。幸运的是我最终考上了中专。

上了中专以后，远离父母，如同小鸟脱离笼牢，获得了期盼已久的自由，学习又开始松懈，成绩在班里成了倒数几名。

工作后为了学历也学习过不少，但到这两年，在育儿过程中遇到了许多困惑和迷茫，边学习教育学和心理学，边反思自己的历程，在学习上才唤醒内心的力量，而不是像以前需要依靠外力的推动。

因为惧怕母亲的严厉，所以我敏感又自卑，小时候是畏惧多于敬爱，现在是客气又疏远。对于父亲，小时候见到他就像老鼠见猫一样，能避则避，避不了则大气不敢出一下。记忆中，和父母在一起就基本没有感到温情的时候。

维尼：看了真让人心酸。无疑父母是爱孩子的，但孩子却感受不到爱。

父母很少打我们，但经常对我们冷暴力。在生活中，如果惹老妈生气会被戳脑门，挨批，然后也不知老妈有意还是无意，对我们不理不睬，神情举止中显示出强烈的不满，对我们冷若冰霜，至少要一两天才能缓和。在这段时间内，我们心惊胆战，说话做事都小心翼翼，生怕再次惹她不高兴。也许这种惩罚是非常有杀伤力的，远远超过责骂。

蛀牙了不敢说，疼得厉害就自己乱吃药；正在用枕头当娃娃，玩过家家的游戏时，老妈来了戛然而止，心里惶恐不安…… 平时老妈说话喜欢拐弯抹角，我们得小心翼翼地去揣摩。无意间什么话冒犯了她，她也不直说，就生气，开始冷暴力，我们却不知她为啥生气，我们学会了看脸色，内心很压抑。长大后，不自信，在乎别人的眼光，面对领导会有诚惶诚恐的感觉，和陌生人说话怕遭到拒绝，有时产生无由来的抑郁无法排遣，这是不是和童年的经历有关？在这样的家庭环境中，我们在恐惧和压抑中艰难地成长，好渴望自己快快长大，能够逃离这个家。

维尼：您想让孩子经历这样的磨难吗？

维尼小贴士：这两位妈妈的经历是个案吗？我曾经做过一次调查（217人参与），已经成为父母的70后、80后，23%的人成长过程中因为父母的原因而较痛苦，更有26%的人不但痛苦，而且有父母造成的创伤。

压抑，可能给孩子带来痛苦，甚至是创伤。

不严厉就教育不好孩子吗？

宝宝刚出生的时候，父母也是想让孩子健康、幸福、快乐，但是为什么不知不觉之中又严厉地对待孩子呢？其实这也是父母的无奈之举。

一是不采用这种方式，不知道如何做才能让孩子合作。

一位爸爸认为：不对孩子严厉严格，管不住孩子，镇不住孩子，孩子就不会听话，可能会好逸恶劳，还可能会变坏，以后就会后悔和吃亏的。

二是调节不好自己的情绪，忍不住要发火打骂。

我真的是控制不住，心里有时候在告诉自己忍一下忍一下，冷静想想，可还是发火。

所以，要想避免悲剧，不采用严厉的养育模式，一是要学会用认知疗法减少自己的火气；二是学会合理的养育方法，态度不严厉，孩子也会合作。这就是本书阐述的重点。

实例：严厉就像抗生素

当孩子的行为让家长没有办法的时候，只好采取打骂等严厉的方式，开始也有效果，所以就依赖这种棍棒教育。但严厉就像抗生素，开始见效很快，当孩子慢慢有了“抗药性”，就只能加大剂量，越来越严厉，才会有效果。但这就像埋下了一颗不定时的炸弹，不知道什么时候就会爆炸。

我的女儿目前上小学三年级，在未上小学之前，我从来没有动手打过孩子，孩子也很依恋我。

自从上了小学，孩子在课堂上坐不住，老师再三强调课堂纪律、学校的规章制度，她却置若罔闻。我心里焦急万分，每天老师定时定点地打电话数落孩子在学校的问题，最后说我的孩子是班级里最差的。这击垮了我自尊心，第一次动手打了孩子。孩子伤心地向我保证一定会改的，孩子慢慢有了些许的变化，成绩上升了，课堂纪律也能遵守了，但是孩子不愿意和我交流了，这么危险的信号当时我却忽略了。我当时还暗自窃喜，以为棍棒教育还是有效果的。

二年级以后，女儿的成绩开始忽高忽低地不稳定起来。通过和其他家长的交流，很多在班级排前五名的学生家长在家里关起门来都是棍棒教育。这令我吃惊不小，更坚定地认为，好孩子还是要严加管教的。在一次数学考了 85 分之后，我毫不犹豫地狠狠教训了女儿一顿，等待着她的改变。

结果适得其反，孩子的成绩并没有起色，在学校里也越发自卑，不爱和同学做游戏，害怕同学由于成绩而看不起她。回到家里，我只要张口和她说话，就遭到她不分青红皂白地抢白，之后摔门而去。这样过了一个月，女儿郑重地对我说，以后再也不去学校了，上学太累了，厌学，如果再逼她，她会离家出走的。

女儿的一番话让我不得不重新审视自己，我的内心也极度不安和恐慌，基本不知道该怎么处理此事才好。我只好答应孩子，以后不再逼她学习，不再动手打人。我开始寻找好的方法，此时偶然看到了维尼老师的博客，其中有好几篇对我触动很大，一口气拜读了维尼老师的所有文章，看完后才发现一切问题的始作俑者是我自己。

我迫不及待地开始调整心态，改变自己的认知，慢慢地试着和孩子沟通，不再盯着孩子的成绩，试着站在孩子的角度考虑问题，认同她的观点和看法，慢慢地欣赏她，由衷地表扬她每一个细小的进步。就这样，孩子一天一天地在变化，慢慢地又变回了上小学前的状态，性格也开朗阳光了。现在我已经不再纠结于成绩，孩子也轻松了许多，家庭氛围变好了，和孩子更亲近了。

压抑孩子：出来混的，早晚要还的

压抑孩子，也许暂时孩子还听话，效果不错，但是出来混，早晚要还的。

“出来混迟早要还的！我对大女儿一直都是打着为她好的名义，强迫她做着各种违背她意愿的事情，现在到了叛逆期她开始各种反抗，每次冲突之后，我心里又很后悔。其实在她状态不对的时候强迫她学习没有效果；其实强迫她吃不喜欢的东西对她也未必是好事；其实多吃一块冰激凌又能怎样？其实我自己也会因为一集电视没看完就被迫打断而抓狂…… 太多太多的事情回头想想真的没有什么，可是就因为当时自己控制不了情绪而伤害了孩子，也伤害了自己。”

即使孩子开始是很好的，但是教育方式有问题，终究会酿成苦酒的。

家传的是幸福还是痛苦?

严厉的方式（比如打骂）也能培养出学业优秀的孩子，而且在小学阶段效果很明显。但是，严厉会让孩子一直感到痛苦，而且到了初中孩子会逆反，此时严厉就难以实施了，继续严厉下去则可能导致情况变得糟糕，有的孩子不要说优秀，就连普通也是奢望了。即使一直优秀下去，部分也会出现心理、性格问题；即使没有心理问题，这么多年也是不太幸福的。

我一个朋友的外甥女从小在妈妈的严厉管教下长大，小学阶段都表现得很听话和顺从，也很优秀。可到了初中一年级就开始逆反，上课迟到，晚归，周末整天上网，外出不准问去向。妈妈朝她吼，她就狠狠地说：“别再管我，我现在只想做我自己，你少管闲事，否则我不回家……”如今妈妈只能暗自流泪。这怪谁呢？

严厉的教育不但会使自己的孩子痛苦，还会使痛苦代代相传。

朝夕相处的时光就像复印机，父母是原件，不知不觉把自己的育儿理念复印给孩子。孩子曾经因为这些理念而痛苦，当时一点儿也不认同父母的行为，当孩子长大成人做了父母，有的会吸取教训，但有的则会不知不觉模仿那些曾经让自己痛苦的做法，接着去压抑自己的孩子，因为这一切已经深深地印在脑海里了。

“父亲当年对我要求很高，非常严厉，稍不满意就又打又骂，或者去罚跪。我非常讨厌父亲的这种方式，但是现在发现我几乎在复制父亲的方式来对待孩子，要求很高，很严，孩子必须按照我的要求来。”

“深有同感，我现在就是夹在其中的中间一代，心中发誓不要重复母亲对我的教育方式，但不少做法居然与母亲惊人地相似。”

家传的是痛苦还是幸福，需要好好考虑啊！

第二章 理解、尊重、接纳的中庸之道

压抑会给孩子带来痛苦，理解、尊重、接纳则会给孩子带来幸福。相信孩子有自我成长的力量，给孩子适当的自主和自由，顺应心理地去引导、帮助，孩子会更好地成长。

理解、尊重、接纳的教育模式

人本主义心理学大师罗杰斯说过：不再想控制孩子的一切，用自己的标准要求孩子，而是把他当作一个人，来尊重他，会激发他的能量。相信他会成为他自己，不需要伪装，不需要压抑。他会成为一个负责任的、自我主导的人，一个拥有个人目标和价值观的人。而且他会从这样的家庭关系得到很大的满足，会爱家人，爱交流。

简单来说，就是尊重孩子的想法和感受，给孩子一定的自由，多给孩子自己做决定的机会，无条件地接纳孩子，这样孩子会更好地成长。

尊重孩子的想法和感受，我正在努力中。以前孩子拉小提琴的时候，我总是用自己的标准要求他，孩子特别逆反。有一天，我开始按他的要求来，不再总是在旁边不停地告诉他哪里错了，而是让他自己拉，也不再指定非要拉老师要求的曲子，我只是多去鼓励他，为他喝彩，孩子拉完后反而会过来征求我的意见。过了几天，上学时儿子跟我说：妈妈，今天还按昨天那样练琴。我同意了，就这样孩子对练琴的叛逆和厌烦慢慢改变了。

不过，理解、尊重、接纳说起来简单，做起来并不容易。如何理解孩子，是一个很大的课题，理解之后才能接纳；而尊重孩子，不等于什么都听孩子的，而是要把孩子当作和我们一样的人，多商量，有些事情多让他自主决定，给他建议，也听取他的意见。

维尼育儿经：我和女儿说：“刘备之所以能成就大业，是因为他能听取诸葛亮的意见。所以，能够利用别人的智慧也是大智慧。所以，你可以当好刘备，多听取我这个诸葛亮的建议。”

其实很多父母本来只想当诸葛亮，给孩子好的建议，但是往往不知不觉就篡权了，去命令、指手画脚，这样孩子自然不太喜欢。

孩子是他自己的主公，我们当好诸葛亮就行了，要提建议，但是要考虑如何能让他愿意听取。

实例：理解、尊重，魔术般改变了孩子的性格

我儿子从小是奶奶带，奶奶对孩子很用心，爱护备至，但是保护过分了，对孩子限制太多，不让干这也不让干那，孩子想做什么，奶奶经常说不行，结果孩子急得又哭又闹，又蹦又跳，动不动就哭闹。而且他学会了倔强，因为好好说奶奶是不会听的，只有倔强哭闹，奶奶才不得不答应……

后来，看了维尼老师的博文，我劝说奶奶不要再这样限制孩子，我自己也多花时间来管孩子，去适当满足孩子的要求，尊重孩子的意见，多让孩子自己决定。

现在很多事按照儿子的想法来，孩子逐渐很少哭了，因为愿望满足了，还哭什么呢？

凡事跟他商量，这样他也学会了好商量。所以，就不那么倔强了，因为通过商量就能满足他的要求，他何必要哭闹呢？那样他也不舒服啊。因为不再被压抑，得到充分的尊重和自由，性格自然逐渐变得越来越好了。这就像神奇的魔术一样，孩子现在性格变得很好，别人都问他：你怎么那么爱笑？是啊，得到充分满足和尊重的孩子自然爱笑！因为经常让他做决定，他也有主见；另外，由于好商量，他的人缘挺好，别的孩子都愿意和他玩。

男孩和女孩教育方式需要不同吗？

男孩和女孩的性格、爱好、能力都有些不同，但是，孩子的心理、教育的规律是相通的，并没有男女、中外之分。就连大人和小孩也是相似的：都喜欢被鼓励，不喜欢被责骂；喜欢被尊重，不喜欢被践踏；喜欢有进步、成就感，不喜欢落后；喜欢被宽容对待，不喜欢被苛求；喜欢自己做主，不喜欢被操纵；喜欢自由的感觉，不喜欢被限制太多；希望比别人做得好，不希望比别人差；希望在爱的氛围中成长，不喜欢没有温情的家庭……所以，理解、尊重、接纳的养育方式是普遍适合于男

孩女孩的。

理解、尊重、接纳的中庸之道

养育要学会理解、尊重、接纳，但又不能无所作为，所以需要秉持养育的中庸之道：**不偏不倚，恰如其分，既不能“过”，也不要“不及”**。

不过多地用自己的标准去要求孩子，养育要宽松些，但是宽松并不等于没有要求，或者要求一直低。我们对孩子有要求，要求也可以高，只是可以像热水洗脚，开始要求（水的温度）低一些，等孩子适应了，再逐步提高要求（温度），这样孩子不会觉得难受，所以更容易接受。

不去控制孩子的一切，但孩子还需要我们的“管”和帮助。我们也制定规则，不过是和孩子一起商量形成的，执行时也要灵活、有弹性；在学习、练琴等方面，我们也可以去推动孩子，但是要考虑孩子感受，尊重孩子的想法，讲究方式、方法，注重培养孩子的兴趣、信心；对孩子的要求不是完全满足，而是适当满足、适当拒绝；接纳孩子的“问题”，不是接受孩子一直如此，而是接纳孩子的现在，着眼未来再慢慢改变；我们也重视习惯的培养，只是用孩子容易接受的方式，而不是强迫……

这样的方式，既有利于孩子的成长进步，又会让孩子感到宽松自在，从而愿意合作。

我提倡给孩子更多的自由，但并不是给孩子完全的自由。即使在以“自由”闻名于世的英国夏山学校，也只是相对的自由。尼尔校长说：“许多父母不能了解自由和放纵的区别。在一个严格的家庭里，孩子没有任何权利；在一个放纵的家庭里，孩子拥有所有的权利；而在合理的家庭里，孩子与父母有平等的权利。健康的家长会适当妥协；不健康的家长不是管得太严，就是宠坏孩子，给他们所有的权利。”

为什么要遵循中庸之道呢？这是因为孩子具有两面性。

孩子的第一面：有自我成长的力量

这么多年来，我对孩子担心太多，以前一直以为孩子的成长要靠规矩、约定和家长约束，一直忽视了人性向善、向上的本性，以为孩子靠管才向上向善。这么多年和孩子较真，对孩子各种担忧导致孩子逆反，自己焦虑。现在慢慢改变吧，孩子也有积极反馈，至少能听进一些话，也有了笑脸！

我的家庭教育理念有两个重要的基石，一个是相信孩子都是向上的，或者说都有上进心；另一个是相信孩子都是想和父母好的，都希望和父母相亲相爱。前者是孩子能够进步改变的基础，后者是亲子关系可以改善的基础。

理念1：孩子都是向上的

其实每个人都是想向上的，这是人的本能。也许我们看到孩子不用功，表现很糟糕，就以为他什么都无所谓。其实即使是最后一名的学生，也不愿意被别人嘲笑，不愿意被人叫作差生；考好了、被表扬也是高兴的。有时，只是孩子没有兴趣，没有信心，或者感觉困难较大，就放弃了。每个孩子都有向上的心，谁也不希望比别人差，谁都希望得到尊重和认可，也都喜欢进步和成就感，这是天性。

所以，去帮助孩子、鼓励孩子，去培养孩子的兴趣和信心，激发前进的动力，孩子自然上进。

家庭教育的最高境界就是善于利用孩子自身的能量，激发出孩子向善向上、自立自主、自我实现的潜能，帮助孩子走上自我发展的道路。

正所谓：管教是为了放手！

理念2：孩子都希望和父母相亲相爱

我破解过不少家庭青春期逆反的僵局，我的建议说起来很简单，就是父母多去理解和尊重孩子，多顺应孩子的心理。结果只要父母真正改变了，即使原来关系很僵，孩子原来骂父母，过两三个星期亲子关系就能转变。这是因为孩子也不想和父母很僵，也希望相亲相爱。想想我们自己，成人后大都是爱父母的，即使当年父母又打又骂很严厉，现在提起父母话里话外也都是柔软的。

孩子本来都是爱父母的，如果你发现孩子逆反，不尊重父母，往往可以找到父母自身的原因。

这是孩子积极的一面。

孩子的第二面：需要我们的帮助

不过，并不是有了爱和自由，孩子就一定能自律自强。比如，暑假给孩子看电视的自由，靠他自己抵御那些连续剧的诱惑是吃力的。话说回来，我们有时也会被那些肥皂剧迷住啊。

所以，孩子还有另外一面。

孩子更愿意做他“喜欢”的事情，不喜欢的事情就积极性不高。所以，有些本身不好玩的事情，比如学习和弹琴，需要我们适当的坚持和推动，需要去帮助孩子培养兴趣。其实这不过是人之常情，有时我们也需要外界压力才有动力去做某些事。

现在娱乐的诱惑太多，比如手机、电视、电脑，靠孩子自己难以抵御。我们有时也难以自控，何况孩子呢？所以要和孩子约定，去适时督促提醒，这是在帮助孩子。

孩子的能力有时还不足。在学习方面，现在学校的要求高、超前，孩子一般都需要家长的帮助；虽然孩子也有智慧，但毕竟阅历和经验较少，难免有目光短浅或偏颇、错误的时候，需要我们的建议；孩子有自我成长的能力，但有些问题自己难以解决，比如，孩子爱发脾气，很多成人都不懂得如何调节自己的情绪，那么孩子无法自控就正常了。

维尼育儿经：“我女儿有一篇作文作业，题目是朋友，要写体现友情的一件事。这让她犯了愁，因为生活中确实没有一件事情饱含友谊足够写一篇作文，只有一些零星友情的片段。我告诉她：文章来源于生活但高于生活，可以把你经历的一些友谊的片段组合成一件事写一篇作文。这样一指点，她很快写了一篇不错的作文。让孩子自己悟出这种写作技巧还是困难的。”

“我从小没有安全感，父母对我是真的‘不管’。我人生当中的几次重大决定都是自己做的，那时候那么小，感觉自己做决定真的很痛苦无助，我也不具备那个能力。现在回头看，这么多的决定只有成年后择偶这件事做对了，其他的决定感觉都是错的。父母不管我，对我的成长坏处不少。”

“我的父母对我生活上照顾得无微不至，但是在学习习惯以及重大决策上都没能起到关键性的作用。我也理解父母，但是现在想起来，还是很希望在当时有一个明智的长者给予我适时的指导，那样也许我的人生会不一样。”

当然，重大事情的决定权在孩子自己那里，孩子是他自己的主公，我们只是军师，适时提出自己的建议。而且我们也不要自以为是，认为自己所做的就是对孩子好的，自己的做法、方法就是正确的。回头看看，我们在育儿上曾经犯过多少错误啊！

孩子的成长有随意性，有时需要我们保持观察，适时纠偏。比如三年级时，我发现女儿验算开始潦草了，就及时帮助她纠正了。孩子自己并不明白验算潦草的坏处，如果养成习惯，再纠正就费劲多了。

有时需要孩子自己去体验结果，但有些事情则不能。比如等孩子体会到不刷牙、看电视电脑过多对身体的损害时就已经不可逆了；还有孩子的用眼习惯，如果我们不有意识地去纠正、培养的话，那么等他体验到近视结果的时候已经来不及了；少小不努力，老大才知道伤悲就太晚了。利用好我们的经验，孩子可能成长得更好。

我妹妹本来成绩不错，但有一段时间不想好好学习，爸爸妈妈也不大管，结果没考上大学。后来妹妹有些怨父母：我那时不懂事，但是你们那时不知道考大学的重要性吗？为什么不管我呢？

这些是孩子需要我们帮助的一面。

这一面是大部分人朴素自然的想法，但是为什么父母想去管孩子，为了孩子好，却把事情搞得糟糕呢？这是因为太过执着，管得太多太严，不考虑孩子的感受，调节不好自己的情绪，方式方法有问题，结果管还不如不管。

不合理的管教还不如不管教，合理的管教一般要比不管教好。

维尼小语： 养育的中庸之道：

教育就像果农培育果树，既要依靠果树自身的力量，也需要农夫适时浇水施肥、剪枝打药。

实例：理解尊重之后，我和孩子都开心了

即使压抑孩子多年，只要掌握了合理的理念和方法，改变总是来得及的。

从小父亲对我的要求很严厉，除了要讲礼貌、乖巧、懂事之外，学习必须要好，而这个好的标准，就是“第一名”。

时至今日，我身为人母了，父亲的那份严厉在我脑海里总是挥之不去，时时影响着我，让我无形之中重蹈覆辙，把自己变成了一个凡事都力求完美的妈妈，对女儿也要求严厉，事事求完美，固执地认为，我是妈妈，就得听我的，对她的立场和快乐视而不见……

女儿上小班时，幼儿园里开展了一次儿歌、童谣朗诵比赛。女儿条件不错，我精心准备，冲着第一名去了……决赛时女儿朗诵得很好，但是一个配合的动作都没做！女儿下台后扑进我怀里，我生气地质问她："为什么不做动作呀？"女儿急着对我说："妈妈，我已经很棒了……""一个动作都没做，还棒？"我沉着脸，最后女儿是第二名，观众都夸她，但我心里被强烈的失落感占据着，之后几天对女儿的态度都不冷不热的。

女儿从小喜欢画画，中班时报了兴趣班。每周的家庭作业我都得亲自盯着她完成，每当她画得不太完美的时候，我总会怒气十足地对着女儿张口就吼："画得这么难看，重画！"甚至无法控制自己的情绪，突然伸出手从孩子笔下一把夺过她正在作画的纸张，揉成一团，重重地扔向一旁的垃圾桶里……

其实别人都觉得我女儿很不错，可当孩子达不到我的要求或是预想的效果时，我就会情绪失控，尽管心底明明有个声音在大喊："不可以这么做！冷静！"却怎么也冷静不了，停不下来……我总觉得，这很简单，女儿为什么就做不到呢（维尼：有这样的想法自然是容易发火的）？发火之后忏悔，但是到了下次，照旧该吼就吼，如此恶性循环……

后来所幸发现了维尼老师，一篇篇地看他的博文，我的心也随着慢慢平静下来，不那么急躁、霸道、自我了。我学着改变自己的认知，学着控制自己的情绪，学着去接纳自己、接纳女儿，学着倾听和尊重女儿……我发现，原来女儿这么乖巧，而自己也可以成为一位好妈妈。此时心中顿时豁然开朗，以前怎么想都无法释怀的东西，现在发现根本就不是问题。所有的事已经能够坦然去面对，并酌情处理，虽然还不能面面俱到，但相比过去，已经是有很大的进步了，开心……

维尼：情绪调整好了，静能生慧，处理问题就容易多了。

现在的图画作业我全权交由女儿自己安排完成，我不去干扰她。有时我也会提出建议，但是采纳与否听她的。这样带着快乐和自愿去画，效果往往出乎我意料，她也比以前更喜爱绘画了。

有几次上课路上，女儿经过菠萝摊上的时候总想吃一小块，我每次都拒绝，因为我觉得会影响回来喝营养更好的牛奶。一连几天都被我坚决拒绝，女儿生气地冲着我喊："哼，就一小块也不行，小气的坏妈妈！"后来我突然醒悟，为什么不能像维尼老师说的那样适当满足呢？就是吃了菠萝不想喝奶又有什么了不起的？只要孩子开心，比什么都好啊！于是我买了一小块，孩子下课后非常开心，不停地对我说："真是太好吃了，谢谢妈妈，你真是太好了！"

女儿今年9月份就要升小学了，报名参加了硬笔学习班。她很感兴趣，但坐不住，老师说她上课爱讲话，注意力也不集中，爱做小动作。女儿小心地盯着我，轻声说："妈妈，你别生气好吗？我保证下次不会了。"女儿每次犯错之后都会这样说，以前在我看来这是"坚决认错，死不悔改"的惯有表现。所以，以前每当听到这句，我更加生气。而这次，我竟然心平气和朝着她笑笑，重重地点了点头。"真的吗？你真的不生气吗？"我的反应似乎让女儿有点难以置信，我再次肯定地说："嗯，妈妈不生气，妈妈相信你。"女儿开心地搂住了我："妈妈，你真的太好了，我一定会改正的。"到了下次课，老师说："她今晚表现最好，很认真。"

学会理解孩子，情绪调节好了，我和女儿都开心，还成了好朋友。

实例：改正了错误，我还是你的好妈妈

小学之前，我对女儿属于放养状态，我很少严厉地斥责她，那时她很自信、懂事、独立，自主阅读也不错。但是到了一年级，每天开始有作业，又有古筝和舞蹈课，时间不够用，所以我每天不停地催她。而且我的要求高了，字写得不好就大声嚷嚷，有时气急了就撕掉让她重写；女儿琴弹得不好，也要挨骂。孩子每天在我的催促声中，流着泪吃饭，流着泪弹琴，流着泪做作业。

那段时间，我烦躁极了，每天都冲孩子嚷嚷，感觉孩子怎么这么难管教！因为刚刚上了一年级，就想着一定要让她养成好的习惯，一定要放学先做作业，字迹一定要工整，弹琴一定要在规定的时间内弹熟练。而且，当时邻居一个女孩子和我们是同班同学，那个女孩子做事情非常认真仔细，和我家孩子一比，显得我们一无是处，于是我就更急了。每天说话的方式变成了："人家孩子怎样怎样，你为什么这样这样？"

维尼：一定要如何，就是陷入过度的执着之中了，情绪自然糟糕。

这样的日子，过了有三个月的时间，女儿表现得非常不自信，每次写作业，写一个字，就看着我的脸，"妈妈，我这样写对吗，好看吗？"弹琴的时候也是，弹一遍就看看我的脸，"妈妈，我进步了吗？"表现得极度不自信。在学校里老师反映，这孩子内向，不爱举手发言，马虎，上课时心不在焉。回家有时还会撒谎，布置了作业说没布置，和上学前相比就像变了一个人。

维尼：从自信到不自信，父母对孩子性格的影响是很大的。

一年前看了维尼老师的博文，才知道错的是自己。孩子是在自己影响下改变的，要是想让孩子再变回来，那只有改变我自己。改正了错误的妈妈还是好妈妈！

老师说的认知疗法，我非常赞同。比如，看到孩子写字不工整就发火，不是因为字写得不工整，而是觉得"现在写得不工整，那将来肯定也写不好，所以现在就必须得写好"，有这样的想法自然对孩子发脾气（上纲上线的思维模式）。所以我也学着先了解事情的原因，然后去理解孩子，改变自己的认知，这样就不会生那么大的气了。

经过这一年的改变，自己成长了许多。比如写字工整的事情：一年级时，孩子刚刚拿笔写字，握笔姿势难免不正确。我试图去理解孩子：这可能与手部肌肉的发展有关，每个孩子的发育以及性格都是不同的，我女儿在写字方面可能发展暂时滞后，即使我看到她很尽力了，但是写出来的字还是歪歪扭扭；而有的小朋友一开始写的字就像是字帖上的一样。我开始承认这是有个体差异的，或者说天赋不同，是不可强求的，我慢慢接受了这个事实，每次发现她漂亮的字，就鼓励，也请老师鼓励她，慢慢地，现在写得比以前又快又好了。

再说说作业快慢、是否及时完成的问题。刚上学的时候，因为被逼着写、要挨骂，可能认为写作业是件痛苦的事情吧，所以十分抵触，能拖则拖，从来不主动写。我的改变是：不再逼她骂她了，让她自己体验不完成作业的后果，从而认识到作业是自己的事情。后来，又和她约定，每天晚上早些写完作业就带她下楼玩。偶尔写得很晚，写得不太工整也不再训斥了，只拣好的方面鼓励几句。这样，不逼不催，她现在基本自己能安排作业了。但是改变的过程用了一年的时间，也是经过了反复的考验。现在我的情绪好多了，其实，和孩子之间，所有的一切，都如同维尼老师说的："没什么呀，这没什么大不了的。"这样认知改变了，就不会发那么大的火了，即使偶尔忍不住发火，向孩子主动道歉，他也会很快原谅我。

我现在也想开了，即使孩子考不上重点高中、名牌大学又怎么样呢？我以前那样严厉地对待她，让她每天在我的苛责中成长，这到底对她的成长有什么意义呢？现在我只希望她健康快乐地长大，这就够了，其他的我们一起努力之后顺其自然。想开了这些，对孩子要求低了，心态自然就好了，也就不再发无名火了。

我现在顺应孩子的想法去引导她，在特长方面，只上她自己喜欢的舞蹈班，我们决定放弃学琴之后，她自己选择了绘画。这样只要放学写完作业，晚上就和小朋友到楼下痛快地玩耍，玩好了回家一切事情都会很痛快地执行，洗漱之后睡觉，每天睡觉前，情绪都非常好，都会说："妈妈，今天好开心啊！"孩子非常喜爱阅读，我会和她一起读，一起讨论，她对作文也很自信。

孩子的性格越来越开朗，心态也越来越好。期中考试数学考得不好，我没有批评她，告诉她去看积极的一面，下次努力就可以进步很多了，之后考了91分，回来之后兴奋地告诉我，这次进步了6分，下次再进步6分就是97了。我觉得这件事情本身比进步的分数更有意义，孩子知道遇到事情怎么处理了，而不是考不到100分就哭个没完。

这一年来，我经历了狂躁、冲孩子发火、偶尔打骂，在不断地改变自己的认知之后，现在能慢慢地接纳孩子所有的一切，不再无端地发火了，而这个过程确实不是那么容易的。好在一切都过来了，我还要继续和孩子一起成长！

我不知道孩子将来会成为什么样子，我没有心理设定的目标，我只想让她每天都能尽可能地按照自己的想法和意愿快乐地生活，作为妈妈，我要成为她的一个好朋友，无论什么时候，遇到什么困难和喜悦，她第一个想到要分享的人就是妈妈。我则站在一旁引导，欣赏她每一个成长的细节，这样就好。

讨论：针对最后一段话，三位读者展开以下讨论。

柠檬草：当你的孩子变得不去上学，整天在家玩游戏，满嘴粗言，浑身脏乱，神情冷漠的时候，做妈妈的还能淡定地说出上面一段话吗？

小太阳：有这样想法的妈妈，应该带不出你说的那样的一个孩子。

爱尔兰咖啡：我孩子上初中，刚刚接触维尼老师理念的时候也跟柠檬草有同样的想法，但当我按照老师理念去实践之后，我也有了这位妈妈那样淡定的想法！小太阳的想法更有未雨绸缪的力量。

也许您曾经在育儿方面压抑过孩子，让孩子痛苦过，甚至伤害过孩子。幸好，孩子是宽容的，是爱父母的，如果我们从今天开始改变，一切都来得及。

维尼小语： 压抑孩子，让孩子痛苦，会衍生出各种各样的问题来。而理解、尊重、接纳孩子之后，很多问题自然消失。

第三章　放下对优秀和成绩的过度执着

家庭教育的最大障碍就是过于执着。我们容易过度执着于孩子的优秀和成绩，忘了我们的初心：让孩子幸福。让我们放低期望，降低要求，以幸福为出发点期待孩子优秀，即使平凡也顺其自然，这样没有内耗、阻碍，孩子也许会更好地成长。

家庭教育的最大障碍：过于执着

这里的执着，是佛教用语，指对某一事物坚持不懈，不能超脱。禅宗帮助人获得内心的宁静，核心就是去执着。家庭教育，需要适度的执着，但是如果过于执着，就会给孩子的成长带来障碍，也是烦恼的根源。

我是一名老师，在学校对待班里的孩子既有耐心，又有爱心，但回到家里对自己的孩子就忍不住发火。只要孩子有一点点差错，我就会生气发火，尤其是每天孩子一写作业，家里的气氛就会非常紧张。于是我和孩子之间总是爆发战争，每次都是不欢而散。

一位妈妈问：“为什么我对朋友、同事脾气都很好，怎么到了孩子这里，脾气却总是无法控制？说起来都是小事，但心里的火直冒，怎么忍都忍不住。”

说起来原因可能是多方面的。但是，最普遍、最深刻的一个根源就是：因为太在乎，所以对孩子过于执着，把一些事情看得太重，想淡定也难啊！对其他人则没有那么执着，对事情不是那么在意，能顺其自然，所以，脾气自然不大了。

在家庭教育中，适度的执着是需要的。我成长的那个时代，大部分家长不大管孩子学习，孩子喝汤还是吃肉要看自己的造化。这样虽然减少了内耗的痛苦，但不利于孩子发挥潜能。所以，如果父母有能力，还是需要适当坚持和努力，去帮助孩子更好地成长。

现在很多父母则走向另外一个极端，生怕因为自己而使孩子失去了“优秀”的机会，把什么事情都看得很重，从而过多地压榨孩子，逼迫孩子。父母过于执着，自然患得患失，忍不住生气、发火，结果和孩子关系紧张，内耗过多，不但大家都痛苦，还阻碍了孩子的成长。

过于执着的影响无处不在。

比如执着于孩子的生活习惯，如果孩子偶尔不按时睡觉、不刷牙、吃饭不专心、不想洗澡，就会上纲上线，放大事情的影响：今天没做好，是否以后都做不好？小事不养成好习惯，遇到大事怎么办？生活上不养成好习惯，怎么会有好的学习、工作习惯？这样一来，生气发火就是难免的了。

再如一定要把孩子培养得优秀、学习成绩好，一定要考上重点高中、重点大学……有这样的目标是正常的，但“一定”就过于执着了，让自己压力很大，情绪自然难以控制了。

我毕业于一所师范专科学校。一直以来，我把没有考取名校当作人生的憾事。我坚信只要足够努力，考上名校不是一件难事。所以，从有孩子起，心中就有了一个坚定的目标，我把孩子培养成功当作我最大的成功，也是最大的幸福。但是我太执着了，学习上，要求孩子尽善尽美，看到孩子一点毛病就焦虑恐惧，上纲上线；看到一点成绩就欣喜若狂，无限自豪，情绪化严重。上初中时，孩子的缺点被我无限放大，焦虑和恐惧充斥我的内心，自然难以控制自己的情绪，严厉之下造成孩子逆反。初二，孩子迷上了网络，开始和家长、老师对抗，最后辍学了……

有的父母总是急于改变孩子，恨不得孩子马上优秀，问题马上解决。这也是过于执着。其实孩子的进步需要一个过程，有反复，有不如意的状况，是正常的现象。

我前年在教育孩子上还不知所措，总想让孩子一下子变得很优秀。其实不是孩子不优秀，是我自己钻到一个死胡同里，内心说不出的痛苦，天天都想哭，那种焦躁不安真是折磨人。还好，我后来慢慢地调整心态，意识到孩子不会一下子变得很优秀，我需要慢慢地帮助他，尊重孩子，考虑他的感受！

引用斯宾塞《快乐教育》一书中的一句话：教育与自然万物的生长规律是一致的，必须要能宁静、和谐、渐渐地发展，要耐心地等待。相反，太过剧烈的变化和过于急切的要求，都不可能起到好的教育效果。

维尼小语： 教育不必只争朝夕，可以慢慢来。

放下过多的执着，心才能静下来，才能有智慧去处理好事情。

维尼小贴士： 有些父母觉得孩子比别人差，其实是因为学习比别人差，并不是孩子什么都差，抛开学习孩子可能是不错的，也有很多优点。其实学习好可能没那么重要，即使考上了一本，获得的工作也大部分和大专或二本相同，发展得如何还要看综合素质。所以，不要因为孩子学得不如别人就说孩子比别人差，让我们学着全面评价孩子，看到孩子的优点。

“我自己的心静下来以后，不再急功近利，发现孩子真的很好。我家孩子是很正直善良的，只是我过去只盯着孩子的学习，忽略了这些。”

“前几年，常常因为女儿的学习而焦虑、担忧，似乎没有开心的时候，看完维尼老师的《学习成绩不理想，不是漆黑一片》后，我再不像以前那样压抑，因为女儿除了学习成绩不太好外，其他各方面虽说不上优秀，但都挺好的。比如喜欢看课外书、唱歌不错、身体一向很好、活泼开朗、单纯善良、人缘好、对人有礼貌、心灵手巧……以前只关注孩子学习，看不到这些优点。想到这些，我觉得真不需要太纠结于孩子的学习成绩，心情轻松多了。”

放下对优秀和成绩的过度执着

放下过度执着，不等于不期待孩子的优秀。毕竟一般来说，孩子学习好，表现优秀更有利于将来的幸福。期待优秀是人之常情，我也是如此。不过，我提倡顺应孩子的心理去帮助他，和他一起努力，争取优秀，但是如果主客观条件不具备，即使平凡也可以顺其自然。这样心态平和，育儿容易理性，更有利于孩子的成长。

努力去做，对结果顺其自然

我有一个核心思维：努力去做，对结果顺其自然。这样既保持了积极心态，又可以放下过度执着，在家庭教育中应用广泛。

这和“尽人事，听天命”的说法相似。所谓的天命，我的理解是很多事情不是自己所能左右的。听天命，不是说一生下来命运就注定、不可改变，而是说一个人的力量是有限的，不能够左右所有的事情。一个事情能否顺利、如意，是由很多主客观条件决定的。其中包括个人的能力，在当下，一个人的力量总是有限的，比如，很多父母想控制住不发火却总是做不到。简单说来，人不是想怎样就怎样的。所以，尽人事之后，就安然接受现实，服从所谓“命运”的安排。

近代的圣人曾国藩年轻时是“人定胜天”主义者，非常推崇意志的力量。他说：志之所向，金石为开，谁能御之？他的确也靠意志和才能做了许多事情。但是，在由“大荣”转瞬变成“大辱”之后，他陷入了抑郁、失眠之中。这才体悟到人力的无可奈何和命运的难以琢磨。而体悟之后，曾国藩一改过去的急切急躁，在处理大事时变得从容不迫，更有智慧，结果成就更大了。

听天由命，看似是一个很消极的思想，但是在“尽人事”之后“听天命”就是积极的。因为知道很多事情是自己不能决定的，一个人的力量是有限的之后，一个人所要做的，就是在尽可能的范围内尽自己的能力而已，而不必把失败、不顺利的责任揽在自己的肩上。这样，面对不顺利、失败会坦然，也会坚强。而且，有了平和的心态，反而有助于把事情做好。

家庭教育也是如此，我们都希望孩子更好，有的目标经过努力的确也能实现，所以我们愿意努力帮助孩子，争取更好的发展。但是在当下，每个人的能力都是有限的，都有很多不足；家庭教育又是一件最复杂的事情，很多父母难以把握好其中的尺度。所以，人不是想怎么样就能做到怎么样，努力之后，可以对结果顺其自然。这样心静下来，静能生慧，父母本来具有的智慧会自然显现，对孩子的成长更有利。

“有时候和其他妈妈聊天，说到对孩子要放手，顺其自然，有的妈妈就担心长此以往孩子会不会无法无天，什么都不会，难以管理等。对此，我想说，她的方法是任其自然。而维尼老师说的是对孩子的成长要顺其自然地去努力，而不是任其自然。一字之差，理念完全不同。”

“我为孩子的事情而苦恼，看了维尼老师的博客，心里敞亮多了。刚一接触的时候感觉怎么在维尼老师眼里什么都很正常、没什么大不了的？什么都要顺其自然？岂不是不上进？日子久了，慢慢发现维尼老师说的是努力之后顺其自然，这其实是积极的。”

维尼小语：成功不是靠勤奋就可以，需要学会顺势而为。

小米董事长雷军：成功需要两个要素，第一要勤奋，第二要运气好。我们以前老讲勤奋、努力，误导了无数年轻人，以为勤奋就行。我勤奋了几十年，发现也不怎么样，看到别人不怎么勤奋，还老是成功。其实核心问题是：学校也好，我们也好，都没有教大家要顺势而为，把握机遇，顺着风向走。把握机会很重要，小米成功，运气占了80%。我们学校教的都是99%的汗水加1%的灵感，但是那1%的灵感重要性可能超过了99%的汗水。一万个小时你是一定要练的，这是成功的基础，但是它不保证成功。

孩子需要我们温和的坚持和帮助

不要轻易给孩子贴上“不行”的标签

当然，不要轻易给孩子贴标签，认为孩子“就这样了，他不是那块料”。孩子是有潜力的，有很多改变的可能。他暂时做不到，可能是时候不到，也可能是我们的教育方法还有待提高。所以，我们永远不要放弃，努力去帮助孩子，只是过程顺应心理，对结果顺其自然。

维尼小贴士：这里说的是过程顺应心理，或者说顺其自然地努力，而不是过程也完全顺其自然。

“只要不是强迫孩子，让他去挑战或接受一些自己不喜欢的事情，或许会让孩子发现潜在的、不为自己知道的另一面。比如，我因个性原因从不认为自己能歌善舞，但师范专业必须学习，结果发现自己还不很差。如若没有经历过这样的挑战，我可能也得不到这些方面的成长与进步。”

学习方面也是如此，孩子对各个学科的悟性可能天生有差别，但是如果帮助方法得当，总是会有不少提高的。有的孩子只是时候未到，我们需要静待花开。一位妈妈说，她的孩子作文一直很好，但是数学要差些，到了六年级，逻辑思维突然有了一个飞跃，开窍了。我们努力去培养，讲究方式方法，帮助孩子达到中上水平还是有可能的。

孩子需要我们温和地坚持

孩子毕竟是孩子，目光没有那么长远，所以有时需要我们有所坚持。

我提倡温和、灵活、有弹性地坚持，还要讲究方法。比如孩子不爱学习，不爱弹琴，只是逼迫效果不好，最好是“找原因，想办法”，帮助孩子克服困难，培养兴趣、信心和动力。

期待孩子考上好大学，但对结果顺其自然

我以前总给孩子灌输一定要考上重点高中、大学，否则……唉！结果孩子压力太大，到初三关键时期逃避了，不学了，结果只上了二类高中，现在我基本不管不说了，状态倒好了。

是否要向孩子渗透考入重点高中、好大学的目标？我认为，可以有这样的目标，但不要求一定达到。努力去做，对结果顺其自然。这样既有前进的动力和适度的压力，又不会造成阻碍。如果要求孩子一定达到，好像考不上就是人生的失败，那样会给孩子和自己造成巨大的压力，反而不利于孩子的学习。

这就是目标的中庸之道。

女儿三年级，原来我对女儿的期望挺高的，希望她在各方面都是最优秀的，每次考试都能名列前茅，今后能考上一流的大学，甚至有更高学历，毕业后从事最好的职业。因此我特别关注孩子的学习和成绩，每次考试后都迫不及待地追问孩子的成绩。她考得好，我就轻描淡写地表扬一下；考得不好，我就会很紧张，就会责怪她怎么那么不小心，为什么会那么不争气。曾经一度弄得女儿压力非常大，很不开心，也不愿意跟我说学校和学习的事，尤其是考得不好的时候，她都不敢让我在试卷上签名。

后来我接触了维尼老师的育儿理念，更多地关注孩子的心理，在意她过得开不开心，不知从何时开始变得对分数不那么在意了，觉得孩子出现点状况也很正常，没什么大不了的。现在每次孩子考得不理想，她都会主动地将试卷给我看，我不会再批评她，而是理解和接纳她的情绪，跟她一起分析错的原因，帮她找到解决的办法。一段时间之后，我感觉女儿笑容明显多了，对我也越来越信任和亲近了。我现在的想法是：我要关注孩子的成长过程、情绪和心理，她过得快乐比什么都重要，今后结果如何顺其自然，起码也不会糟糕到哪里去吧！

学习成绩不好，不是漆黑一片

千军万马过独木桥的时代已经过去了！

有的家长说：辛苦一阵子，幸福一辈子；上不上大学完全不一样。意思是小学中学好好努力，考上大学，以后就幸福了。二十多年前这句话是有道理的，上了大学就可以有较好的职业保障，但是现在形势大不相同了。

目前只要考上高中，大部分可以考上本科或专科，其中有一半可以上本科。但在目前的就业形势下，上大学不能保障什么，即使考入一本，大部分就业也尴尬，起薪较低。学历只是一块敲门砖，进入工作岗位之后，主要是综合能力的竞争，不管你的学历是黑猫白猫，能做出成绩就是好猫。

所以，如果孩子学习极好，能考入名校当然也不错，否则就不要太纠结了。考入相对好的大学，对孩子的发展潜力固然有帮助，但考入一般或较差的学校也不是漆黑一片。能否取得职业上的发展，与孩子的性格、为人处世能力、解决实际问题的能力、交往能力关系更大，而与学习成绩并非成正比。而且，学习和成长是终身的事情，大学几年的教育，并不能决定人的一生。

即使选择职业教育，也可以有大专或本科学历，也有机会，主要是家长面子过不去。从发展趋势来看，有技术的蓝领收入也不比白领低。如果说起来自主创业，高学历或者名校也没有太大的比较优势，可以说各有利弊吧。

所以，如果有条件，一起努力，帮助孩子考入更好的大学固然好；但是，如果孩子成绩不理想，也不必全家都背负沉重的压力。

放过孩子，也放过自己！

实例：放下对分数的执着

儿子上一年级，孩子很愿意上学，而且他不愿意迟到。回到家，第一件事就是先完成作业，学习习惯还不错。后来各种测验接踵而来，开始时还能得 80 多分，我还能接受，也没有给他太大的压力。可他越考越差，直到班主任老师找我，说他三次测试不及格，我仿佛五雷轰顶。从此，狂风暴雨就来临了 ……

我给孩子买了很多练习册，放学后，只要完成作业就做练习，没有了玩的时间。孩子的试卷一拿回家里来，我就先看多少分，分数高了我就表扬，分数低了，我就板起脸来，然后再给他做练习。讲题开始还有耐心，讲多了，他不明白我就会忍不住发火。后来只要一做练习他就很不耐烦，老是问我有没有玩的时间。我渐渐地失去耐心，开始打他骂他，甚至坐在他旁边哭，打骂几乎成了家常便饭。孩子也变得越来越沉闷，只要坐在书桌前，孩子就会看着我的眼睛说话，只要我一睁大眼睛，他就不敢说话了。打过之后，我自己也后悔，可是到了我讲题他听不懂的时候，昨天的一幕今天就会继续。我还打击他，说："你怎么这么笨啊！这么简单的题都不会。"

我现在才知道那时的我就像个疯子一样。直到看了维尼老师讲解的认知疗法，才知道是我的习惯性思维在作怪，导致只要孩子做错题，我心里的火就压不住了，就通过打骂孩子来出气，而且越打越气，越气越打。

后来，我反复看维尼老师的博客。我明白一个道理，孩子的健康快乐是最重要的。我的父母也开导我，如果我再继续这样下去，会把孩子逼出病来的。维尼老师说过，如果孩子没有好的心理和好的身体，好的成绩又有什么用呢？到底是要一个心理健康的孩子，还是要一个心理有问题的孩子？我静下心来思考，痛下决心改变原来的做法。我也理解孩子了，他才读一年级，喜欢玩耍是很正常的。我学着顺应孩子的心理，先说好，再说不，做什么事情也会先问问孩子的意见，我只是给出参考意见，让他自己做决定，不再把我的想法强加给他。在学习和生活上我都多鼓励，多表扬，表扬也不像以前那么泛泛了，具体地说出他哪里做得好了，哪里做得欠缺，他很受用，现在他逐渐变得开朗了。

现在，孩子试卷拿回来之后，我也帮助孩子分析，再对不足之处重点加强，而不是一味只看分数。慢慢地，他变得越来越爱学习了，回来还跟我说要当班长。现在，只要有时间我就会带孩子去锻炼身体，让他有更多的时间来玩……因为我想要一个心理和身体都健康的孩子，这比什么成绩都重要！

我是一个普通人，我很幸福。我和儿子一起努力，他能优秀更好，做普通人也同样会幸福。

实例：是为了孩子，还是为了自己的面子？

希望孩子学习成绩好，自然主要因为这样对孩子将来好。但是，当我们过于执着于成绩的时候，问问自己是不是怕成绩不好，自己会没有面子呢？

儿子五年级时，参加了学校选拔赛。班上10个同学参加比赛，只有他一个人没得到名次，我气晕了，心想，那多丢面子呀！儿子心里也很不舒服，但他却安慰我说:“妈妈不要生气,我都不在乎,你还在意干吗?我的人生会因为这次考试而有什么改变吗?未来的一切都是不确定的,这次考试只是我人生路上的一个小插曲而已,不会有什么影响的。”听了儿子的话我很意外,没想到小小年纪的他会说出这样富有深义的话。想想儿子说的也对,一次考试失利算什么呢?只要努力,以后有的是机会来体现人生价值。其实,我在意的也许只是自己的面子,是虚荣心在作怪吧。自从这件事后,我感觉豁然开朗,对儿子的成绩也不那么过分看重了。只要他努力,尽心尽力了,无论考得怎样,我也不会去苛责他。

放下自己的面子，是智慧的开始。

以幸福为出发点期待孩子优秀

实例：要心理健康的平凡孩子还是精神压抑的优秀孩子?

我和老公自幼都是学校的优等生,大学都上了国内名校,读硕士时谈恋爱,毕业后一起到大城市工作。我在孩子婴幼儿时期也读了很多育儿方面的书,也花了不少时间陪伴孩子,希望孩子快乐、健康地成长,在中学以前,亲子关系看上去一直很好。孩子性格温和,感情丰富、敏感,学习成绩优良,属阳光儿童,也全面发展。我们允许他玩电子游戏,也不强迫他学习不感兴趣的东西……

整个过程看似都没什么问题,但实际到小学高年级时,孩子已经碰到了困难:孩子学习成绩一直不冒尖,和同学交友也遇到困难,开始有些厌学,而我们因为自我感觉良好而不自知。

首先说说我们过去的几个错误认知。

错误认识1:只要用功就会学习好(学习成绩不够好说明学习还不够努力)

因为我和老公从小就是优等生,不理解为什么孩子的成绩排名就是上不去,总觉得是孩子不够用功、不够努力、不够仔细。这种困惑传递给孩子,形成了无形的压力。

维尼：学习成绩好需要努力 + 方法 + 悟性 + 基础，不是只要努力就能学好的。

错误认识2：只有学习好、上名牌大学，将来才能过上好生活

我过去认为只有学习好,才能上好的学校,才能找到好的工作,才能有过得去的生活。我经常灌输,孩子也这样想,更是增加了他的压力。

错误认识 3：除了学习之外，不能对任何东西上瘾

我们规定只能周末和假期才能上网、玩游戏，每次不能超过 45 分钟。一旦出现上瘾的苗头，老公都会及时采取严厉措施，剥夺这些给儿子带来快乐的东西，儿子自然就越来越不快乐了。

错误认识 4：严格要求总是对的（家里制定的规则要严格执行）

我们认为对男孩一定要严格，甚至严厉，对于家里制定的规则执行很严格，缺乏弹性。比如儿子在幼儿园阶段，我们想让儿子停止玩耍来吃饭，如果不停下来，就会有处罚。因为惩罚严厉，所以儿子有时不得不说谎，被我们发现后，无论是讲道理还是责罚都没有用。现在想起来，如果像维尼老师建议的那样，“有弹性地执行规矩”就好了，孩子也不会那么压抑。

错误认识 5：不许犯低级错误

我们不允许儿子犯小错误、低级错误，比如丢三落四、玩游戏超过约定的时间、饮料洒了等都会有处罚。所以经常会因为这些事情搞得孩子和大人都不高兴。其实就像维尼老师说的，这些小错误都很正常，不必这样执着。

现在回想起来，当时孩子很痛苦。受我们观念的影响，他希望能达到我们的要求。虽然我们很少直接表达要他考第几名，但是无形压力始终存在，期望值也很高。他是一个懂事的孩子，很配合，比如小学、初中期间他也会上不少补习课。但是苦于达不到我们的期望值，以至于性格有些抑郁，还很焦虑，咬指甲，做作业时发呆，半夜偷偷起来玩游戏，看网络小说……到预初的时候，他就不再是一个阳光少年了，自信心弱了，与我们交流少了，距离感越来越强了。但是，那时候我们没有关注孩子的心理感受，根本不知道。

孩子初二的时候给我写了一封信，他认为我非常不理解他，对他的关心和说教式的沟通是那么做作。可惜，我碍于自己的面子，没有理解和接受。

从那以后，亲子关系不断走下坡路，持续了一年多。老公给我推荐维尼老师的博客；儿子也向我们求助，说自己不开心，不想学习。但当时我并没有意识到问题的症结在哪里，内心也痛苦。

初二结束的暑假，孩子提出来要去看心理门诊，这给我造成进一步的打击。我用了很短的时间，认真考虑了如果儿子真的有了心理疾病，我怎么办？我很快做出一个决定，我宁可要一个心理健康、快乐的“平凡”孩子，也不要一个精神抑郁的“优秀”孩子，希望孩子自由快乐地生活，而不是压抑地过日子。

维尼：心理出了问题，还谈什么优秀啊！

我一下子想通了，不再纠结于他作业做得快不快、对不对，学习好不好，而是真正地关心孩子本人到底好不好，尽量营造家庭轻松的气氛，不再盯着他花在学习上的时间。周末几乎停止了所有补习，给他安排去健身房锻炼、学习溜冰、去机器人俱乐部……

维尼：说起来，问题的根源就在于对孩子学习、优秀的执着。放下执着，一下子就轻松了。

初三期间，我和老公决定不给孩子任何压力，由他决定如何学习、如何考试，并且把这些想法和安排跟孩子说了。告诉孩子，考试排名以及能否考上市重点高中不是那么重要，我们只希望他能高高兴兴的，现在和将来都能做他喜欢做的事情。

这样一种安排，逐步缓解了孩子的焦虑和压力。毕竟，他还是希望自己学习好，所以，整个初三，成绩并没有下降。初三调整了一个多学期，亲子关系大大缓和，孩子也开始考虑中考和高中的事情。我们三个人共同商量了中考的对策：如考不上市重点中学，去区重点读书也是不错的。孩子最后上了一个很好的高中。

维尼：不去勉强，不去过多施压，孩子反而释放出了能量。

上高中以后，我们还是坚持鼓励孩子做他喜欢做的事情，不给压力。

再来说说现在我们的教育理念和对待儿子的做法。

追求幸福，而不是追求成功

过去，我们认为职业是分三六九等的，要求儿子将来要做“好”的工作，以获得幸福生活。现在我们认为只要能够自食其力，不成为社会的负担，做任何自己喜欢的工作都可以获得幸福。

维尼：孩子现在和将来的幸福是家庭教育的出发点和终极目标。

支持孩子做自己喜欢的事，获得快乐

追求快乐是人生存的本能。一个人做自己喜欢的事才更容易快乐，也更容易做出成绩。进入初三，儿子开始自学口琴，虽然学习紧张，但我们还是支持他。

帮助孩子成长为他自己的样子

父母不应强求孩子成长为自己期望的样子，而是应该让孩子发挥自己的优势，做自己感兴趣的事，帮助孩子成长为他自己。

充分肯定他做出的努力，不管结果如何

现在，即使有时成绩不太好，我们也更多关注和肯定他的努力。当放下对成绩的过度执着后，我们更容易发现孩子自身向好的内在动力，儿子和我们对成绩的焦虑大大减少。我们让儿子学习维尼老师“努力但顺其自然”的理念。孩子放下执着后，没有了情绪的干扰，结果超出了我们的预期，学习很努力。

先处理情绪，再处理事情

最近由于习惯性的计算错误问题，几次数学测验成绩都不佳，儿子很苦恼。爸爸仔细倾听了儿子的烦恼，对儿子说：计算错误影响了测验成绩，自然会很烦恼，我们先解决烦恼问题。我们要先接纳自己，计算错误的问题从小到大一直都存在，测验时紧张，所以出现错误很正常。出现计算错误不要紧，重要的是在测验后订正时能够把做错的题目做对，把不会做的题目学会做，这样我们的学习目的就达到了。这么一说，孩子也就释怀、放松了，计算出现错误的几率也变小了。

学校做加法，家里做减法

由于平常学习很累，周五放学后，儿子经常不想写作业，想好好玩一玩，放松放松。过去我们会要求他先写作业，作业写完了之后才能玩，但效果不好。现在，我们让孩子自由支配周五放学后的时间，好好放松一下。

由于作业太多，有时多到写不完。我们允许儿子不完成作业，并在儿子的备忘录上说明情况并签字。

这一段经历，是很痛苦的过程。但坏事变好事，这已经成为我们三人共同的财富。我们的孩子经过青春期的逆反和彷徨，现在逐渐成长为一个富有同情心、感情深沉、性格阳光自信、有包容心的青年，并且受到学校同学的喜欢和欢迎。我也从一个强势的母亲和妻子，逐步变成有同理心、在家里更具包容心、更亲切的女性。老公也得到了成长，夫妻关系和亲子关系更加亲密了。

以幸福为出发点期待孩子优秀

从孕育小生命开始，就期盼他能健康快乐地幸福成长，刚开始时能包容他的一切，当他慢慢知事时，我拿成人标准来要求他，希望他各方面优秀，现在领悟到，那是对他心灵的摧残。正如维尼老师所说，追求优秀时，别忘了初心。

我们期望孩子优秀，是为了什么？

在中国的传统教育思想里，父母都渴望“望子成龙，望女成凤”，现在不谈龙凤了，但还大都期望孩子优秀。这种优秀大多是从现实的角度来衡量的，比如是否学习好、有特长、能否考入好大学、谋得好职业等。父母有这样的期望是很自然的，因为这些可能会为孩子的未来奠定较好的基础。

但是很多父母忘记了我们期盼孩子优秀的初心是什么。那就是幸福，当下和将来的幸福。父母为孩子做出的所有努力，期盼孩子能够获得的一切，不就是为了孩子能够长久、真正地幸福吗？如果不能幸福，那么无论看起来多么光鲜，又有什么用？如果孩子能够幸福，那么即使他看起来平凡，不也是让人欣慰吗？

幸福是我们的终极目的，优秀只是可能有助于获得幸福的路径之一！

重视孩子当下的幸福

有的父母说：辛苦一阵子，幸福一辈子。这话有些道理，不过，人生无常，看起来的优秀未必能够保证一辈子的幸福，我们更能把握的是孩子当下的幸福。

孩子一天天地在长大，在我们身边的日子可能不过十几年，好好善待他，让他和我们在一起的日子里能幸福。人生不过七八十年，为了不可知的未来，过多地牺牲现在的幸福，值得吗？

很多时候我们自以为是，总想把自己认为正确的东西教给孩子，总是站在“为了孩子好”的高位上频频指挥，觉得让孩子吃一点苦、受点委屈是应该的，为了以后不可知的未来，我们背离了当下的快乐，如此沉重，如此义无反顾。停下来，回头看，我们都做了什么？

当然，注重当下的幸福，不是说让孩子随心所欲，只顾享乐而不付出努力，在中国，作为学生如果十几年学习差，一方面学得很累，另外一方面也难以得到老师和同学的肯定，难有真正的幸福、快乐。所以，我提倡顺应心理地去帮助孩子，培养学习的兴趣、信心、动力，这样，快乐和学习就不那么矛盾了。

不要因为优秀而损害了幸福

如果忘记了幸福这个根本，目光只盯着考入好大学和谋得好职业，不注重孩子的感受，一味地高标准严要求，经常打骂、训斥、指责、惩罚、讽刺挖苦、压抑孩子，这样不但会给孩子当下造成不必要的痛苦和创伤，而且可能导致心理和性格的扭曲，即使将来看起来优秀，也难以获得长久真正的幸福，甚至一生痛苦。

在追求优秀的同时，我们不要忘了，孩子只有拥有了健康的心理和良好的性格，才能获得一生的幸福。

另外，压抑的教育模式，会导致亲子关系紧张，造成内耗，孩子不愿意接受父母的帮助，甚至对着干；也会损害孩子学习的兴趣和动力，甚至可能造成厌学；如果造成心理和性格上的问题，对孩子成长造成阻碍，不但优秀遥不可及，可能还不如一般人。

孩子9岁的时候，我不再打工，而是回老家照顾孩子。我当时也知道孩子有些长处，但因为放弃赚钱回去照顾他，期望特别高，希望他学习上优秀，每天都很严格，从来不当面夸他。只要有点小错误，我就打他，狠狠地打。一年后，他就变了，不学习，彻底放弃学习，而且和同学去网吧，学习成绩直线下降，直到离家出走。每一次找他都需要报警，而且每次他都是站在别人家楼顶上。他对我说有个同学被逼着学习，从楼顶跳下去了。他还说，如果有一天他让我们完全失望怎么办？他用所有的智力来骗我们，让我们不发火、不生气。我绝望了，好想回到最初，回到那个学习不太好也不太坏的时候，至少儿子是正常的。

期待孩子优秀，如果平凡也顺其自然

期望孩子学习优秀是正常的想法，但人不是想怎样就怎样的，结果如何还要看主客观条件，比如孩子学习方面的悟性、父母的能力限度等。所以，我们和孩子一起顺应心理地去努力，结果能优秀当然高兴，如果平凡也顺其自然。因为作为普通人，只要心理健康，性格良好，也会有幸福的生活，做一个幸福的普通人也不错。这样心态平和了，教育着眼长远，会少走弯路，减少内耗，也许一不小心，孩子更容易优秀呢。

这就是优秀的中庸之道！

所以，以幸福为出发点去期望孩子优秀，紧盯幸福，就不会迷失。只盯着优秀，就是和孩子过不去，也是和自己过不去。

实例：幸福的锤子打碎的是什么？

一位妈妈写给女儿的信：

维尼老师提到的幸福的理念，仿佛一把锤子敲碎了妈妈多年的错误。8年来，妈妈以爱的名义逼着你做了许多你不爱做的事。像弹钢琴，每次都是逼着你一遍遍地练，有错误时还会大声斥责，其实妈妈连五线谱都看不懂，怎么有资格去对一个坚持练琴的你大声叫喊讽刺呢？直到这个暑假，你当起妈妈的钢琴老师，用我平时对你的口气批评我时，妈妈才深深体会到你当时的感受。你对钢琴的兴趣被妈妈一点点磨灭了，钢琴成了你生活中的一块“鸡肋”。妈妈平时一听到谁家的孩子考上八级、九级了，就开始着急，看到你慢吞吞的样子，又是一番斥责。妈妈看到你考得好的成绩就可以乐上几天，如果听到有人高于你的成绩就开始心急起来，变得患得患失。妈妈常常给你上课，要好好读书考上一中，才有机会上清华北大，才能有一份体面的工作，不用像摆地摊的人那么辛苦。

现在想起来，妈妈错了，不是考上清华北大的人才是最幸福的。人活在世上最要紧的是快乐与幸福。清华北大学子有他们的烦恼，摆地摊的也有他们普通的快乐。“人生不过七八十年，为了不可知的未来，过多地牺牲现在十几年的幸福，值得吗？”维尼老师这话说得多好！我们要活在当下，不但为了将来的幸福，也要为了今天的幸福而活着。“尽人事，听天命”，过好每一天，努力之后，将来优秀固然不错，如果平凡，顺其自然就可以了。妈妈会陪着你走好、走实每一步路。

实例：只要幸福，平凡也可以

一位 QQ 好友的成长故事：她的母亲不再执着于优秀，期望她能幸福，愿意接纳平凡的时候，她却开始自律和努力。

我是 20 世纪 80 年代初的独生女，父母视我若掌上明珠，也对我寄予了很高的期望。上小学时，我就已经明显感到父母对我有形无形施加的压力。尤其是我的母亲，作为一名带出过无数优秀学生的语文老师，更是迫切希望我能够比她任何一个学生都优秀，那时候，成绩就成为她评判我当下和未来的唯一标准。

想必 80 后很多都和我有着相似的童年，总之，在父母过高的期望、压力和学校老师的不屑与打击之下，我的成绩一塌糊涂，注意力涣散，性格胆小怯懦，高大的身体里却隐藏着一颗极度自卑的心。然而当时父母并不理解我的感受，只是变本加厉地责骂、打击、讽刺，总是拿我和优秀的孩子比较，让我伤痕累累，心里更是雪上加霜。

这种崩溃边缘的状态在六年级演变到了极致，我越来越恐惧学校的生活，感受不到家庭对我的包容。长大后我明白了，家门是永远为我敞开的，只是当时父母的行为让我找不到被爱的感觉，就开始了对老师装病，对家长谎称上学的逃课行为（维尼：父母爱孩子和让孩子感受到父母的爱是两回事）。面对父母的暴怒和围攻，面对老师的责难，这是一种天塌下来的感觉，我想到了死。可是我舍不得母亲，原本对我非常严厉的她，此刻明显已经对我绝望，几次我都看见她以泪洗面，我的心不住地颤抖。六年级的最后几个月里，我发疯一样努力学习，成绩一度达到班级前几名，却仍然在小升初考试时被巨大的压力击垮，败北。

1996年，家里凑钱让我寄读了本地最好的初中。而这一年我12岁，我人生的转折开始了。据母亲回忆，是我先提出让父母不要管我学习的，他们商量了一下，决定先试试。没有了父母盯梢式的管理，自在却又不习惯，当时我的自律能力确实差，做几道题就要起来转悠两圈，要么就是翻翻抽屉，上上洗手间，看书也很难看进去，初中的第一次期中考试我考了班上四十几名。面对这个令我抬不起头的名次，母亲却没有像小学时候那样着急甚至暴怒，只是坐下来和我一起分析错题，后来还是没有多干涉我的学习。带着疑惑却又暗喜的心情，我在期末考试一跃成为班上第十一名，还被老师作为典型表扬了。后来学习的兴趣和信心越来越强，中考成绩很不错。

让我感受到母亲变化的不仅仅是那次期中考试。我渐渐发现，小学时只和我谈作业和考试的那个高高在上的母亲，居然开始和我一起讨论流行音乐，一起追星，还陪我看《灌篮高手》，我对她的敬畏也逐渐转变成了朋友般的信赖，开始敢于把自己的想法告诉她，开始无话不说。我也惊奇地发现了自己的变化，做作业时渐渐不再起来转悠，能够安静坐着的时间也越来越长，平时课余看漫画玩游戏，但到了考试前都会自觉地把这些东西锁起来，放假再拿出来。高中时我的学习习惯已经很好了，自觉、自律，谁也想不到小学的时候我会是那样的一个孩子。

维尼：母亲的眼睛不是只盯着孩子的学习、成绩，注重当下的幸福，孩子反而更爱学习、更懂事。

直到现在，我为了改变自己而付出巨大努力的时候，我才明白母亲当时能为我做出如此改变，是多么不容易啊！她也许不知道，她改变的是我一生的命运！

后来母亲也对我吐露了当年的心路历程，她说："我当时对你太着急了，也一直在思考怎么样才能让你的成绩提高。可是我突然醒悟，假如为了所谓的成绩而让你成为一个人格不健全的人，我宁可你成为一个幸福快乐的普通工人。"她的话有如字字金玉牢牢嵌入我的内心，为我成为一个对孩子包容和有信心的母亲奠定了坚实的基础。

维尼：为了成绩而扭曲人格、心理，确实不值得啊！

放低期望，降低要求

"放低期望，降低要求"，这看起来不思进取啊！很多人总觉得应该高标准严要求，以为这样对孩子才好，但是孩子感觉如何呢？

一个七岁孩子："妈妈，我觉得永远都达不到你的要求，我再怎么认真、努力也还是达不到你的要求。我很认真地写字，你说我速度太慢；我努力地提速，你又嫌我书写不够认真……我现在都不会给你当儿子了，你去找一个学习好的孩子给你当儿子吧！"

"女儿说：我们班上有个尖子生，你不知道她妈妈有多恐怖，无论她做得再好，她妈妈永远都不满意。我问她：如果不是她妈妈要求高，她能成为尖子生吗？女儿说：我宁愿不要那么优秀，也不愿意要一个这样的妈妈。"

"高标准严要求"看起来很美，但是否对孩子"好"还要看是否适合孩子的现状。如果不适合，这就像看起来很漂亮却不合脚的鞋子，让孩子穿得难受；只有合脚的鞋子才会让孩子舒服，也能走得远，走得稳。

"合脚的鞋子比漂亮的更重要！我们家长也许太虚荣了，往往给孩子选错了鞋子，还在埋怨孩子跑得不快呢！"

高标准，严要求，是柄双刃剑，一旦处理不当，会给孩子带来痛苦和伤害。而学会放下，则会收获快乐和幸福。

"我以前太苛求孩子，会斥责孩子，对孩子发脾气，孩子遇到事情也会发脾气。近年来，我改变了自己，孩子的性格也好了。为什么要拿自己也做不到的事去苛求孩子呢？就这么一个宝贝，让她开心成长最重要！"

“我从孩子三个月就开始早教，总想把孩子培养好，虽然不一定是成为神童，但至少成为比别人强的人。这导致我走进教育误区，高标准严要求，我自己很累，孩子也很累。在别人眼中孩子的综合素质是不错的，但我认为她没有得第一或者前五名就不满意。有了这样的认知，我一度深陷紧张与焦虑。后来学习维尼老师的理念，学到了要放松、顺应，不要天天把自己和孩子搞得那么紧张，得第一怎样？不得第一又怎么样呢？只要孩子尽力学习了，就算现在成绩不理想又怎么样，我干吗要急着吃棉花糖呢？”

从另外一个角度来看，孩子的成长需要兴趣、信心和动力，这就像摘果子，如果要求先放低、放松，孩子跷起脚或跳一跳就能摘到果子，总能有收获果实的成就感。因为进步和成就感是兴趣最好的老师，所以自然会激发他的兴趣和信心。此后再慢慢提高标准、要求，孩子更愿意接受，动力也足。这样经过长期耐心的等待，可能最终也会达到原来的标准和要求。这也算“曲线救国”吧！

丝瓜长得快，一天一大节；水杉长得慢，几年才一节，但长得结实粗壮。

如果急于高标准严要求，孩子经常摘不到果子，甚至摘不到果子就被训斥打骂，那么兴趣和信心受打击了，也就少了成长的动力。

放低期望，降低要求，心静了，会更好地帮助孩子。

维尼老师告诉我，孩子现在的成绩好坏，与将来他的生活幸福度并不是成正比的关系，这与我原来的“考不上重点高中人生基本就是无望”的观点完全不同。我焦虑的内心因为维尼老师的观点而倍感清凉，冷静下来思考，再看看周围人，我开始检讨自己，开始对孩子的要求一点点降低了。这样我的心就静下来了，能够平和地帮助孩子，孩子学习的兴趣和信心反而慢慢地在增长。

维尼小语： 放下执着，也就是放过孩子，放过自己。心态轻松了，育儿更有智慧。

第四章　家庭教育是一场修行

家庭教育是一门很深的学问，需要吸收传统文化的精髓，学习教育学、哲学、心理学等精华，还会考验我们的心理。如果能把家庭教育做好，智慧就提高了，心理也成长了。所以，家庭教育就是一场修行。

家庭教育之道在于中庸

年少时无知，对中庸很不屑，以为是无原则、平庸、滑头、骑墙的意思。而立之年之后才知道中庸是最高明的境界，所谓“极高明而道中庸”。所谓的中庸就是不偏不倚，为人做事恰如其分，既不能“不及”也不能“过分”，就像我们常说的要把握好度!

家庭教育为什么很复杂? 其中一个原因就是各种教育理念看起来相互矛盾、对立，让人难以把握其中的度。不过各种理念看似对立，实则各有各的道理，所以，我们需要取其精华，把握好中庸之道，不能一条路走到黑。

比如严格和宽松的中庸之道：有的方面宽松，有的方面严格，对于学习，可以先宽松逐渐严格。

努力去做，对结果顺其自然。

接纳孩子的问题，不是说放任孩子一直如此，而是理解接纳孩子的现在，再着眼未来逐渐改变。

育儿想要有好的心态、情绪，既需要改变认知，也需要实在地解决问题。

既要坦承自己是孩子某些问题的根源，也要接纳自己、原谅自己，不必自责过多，要把精力放在改变上。

宽松，不是说没有规则和要求，只是说规则执行起来灵活、有弹性、可变通，要求和标准等孩子适应之后慢慢提高。

对孩子的要求，适当满足，也需要适当拒绝；先说好，再说不；可以和孩子约定一些规则，但执行时又灵活和有弹性。

鼓励既要大胆，但又要实事求是、具体、就事论事。

期待孩子的优秀，如果平凡也顺其自然。

追求美德，但也要理解有些不过是人之常情，不必有道德的洁癖。

学会温和地坚持，也学会放弃、不勉强。

孩子需要有上进心，但是又不要过于追求完美、太要强。

尝试顺应孩子特点去培养好习惯，但是又不执着于此，可以顺其自然。

家庭教育要讲究策略

教育要学会“以退为进”

布袋和尚《插秧诗》

手把青秧插满田，低头便是水中天，

身心清净方为道，退步原来是向前。

老子曰:将欲取之,必先予之;反者道之动。

教育要讲究策略，不要因为孩子还小，不要因为是自家人就直来直去，要学会以退为进，讲究“先、后”的策略。

面对孩子的要求，先说好，再说不。

沟通时对孩子先理解肯定，再提出自己的意见。

对于兴趣信心能力一般的孩子，先去帮助孩子，培养好兴趣信心，再逐渐放手。

对于青春期逆反的孩子，要先不管，顺着孩子来；等亲子关系好了，再逐渐顺应心理地管。

先理顺关系，再寻求改变。

在学习方面先宽松，兴趣和信心培养好之后再逐渐严格。

要求、目标可以先放低些，再逐渐提高要求、目标。

不能眉毛胡子一把抓

教育要关注小事、细节，但是如果眉毛胡子一把抓，忽略了教育孩子的主要方面，就得不偿失了。所以，我们需要抓大放小，有层次、有步骤地解决问题。

妈妈:我儿子收拾书包,他把一张贴画放在餐桌上,我认为应该放置有序,所以说不行。他就大声说："怎么不行，这怎么不行？"我说收拾起来很麻烦，为此和他僵持了一会儿。他把贴画又放在写字桌上，我说放那里不行，然后他就生气了，喊："怎么又不行了，就放那儿！"然后不等我说话就出门了，维尼老师，您觉得问题出在哪里？

维尼：放置有序当然是个好习惯，但是强制执行破坏了和孩子的关系，让孩子逆反就不值得了。亲子关系最重要，这个可以放一放，有机会慢慢培养。

妈妈：是啊，他说有点不愿意和我在一起……我明白了，以后学会抓大放小，不要因为这些细节把孩子搞得烦了、逆反了，该听的也不听了。

因材施教：适合自己孩子的才是最好的

现在教育的理念方法太多，我们需要具体情况具体分析，找到适合自己孩子、当下情况的方法。这就是"因材施教"。

为什么清华妈妈的方法无效？

网上流传着一位孩子上清华的妈妈的一条教育经验：放学后做作业，规定时间，到时间就不准他做了。他说家庭作业做不完，明天会被老师罚的，但我告诉他，什么时间做什么事，不能挪用。第二天他一大早起来做，我同样不准，让他哭着上学。从这以后，一直到高中毕业，都是以先完成作业为首任。

这个事情应该是真实的，在这个孩子身上也是有效的。但很多妈妈告诉我，用过这个方法，当时孩子因此又哭又闹，但是后来作业照样磨蹭。

为什么有的有效，有的无效？这是因为孩子不同，情况不同。清华孩子的兴趣、信心、能力、习惯本来就是不错的，所以，有些做不好的方面，给点压力孩子也就改了。而大多数写作业困难的孩子，即使今天受到了这样的惩戒，明天还是对学习没兴趣，或觉得难，治标不治本，自然无效。

也就是，看似同样的要求，对清华孩子来说不算高，就像踮踮脚就能摘到果子；而对于作业困难的孩子来说，就是高标准严要求了——跳起来也摘不到果子。

有一个解决网瘾、手机瘾的方法：不限制孩子游戏时间，让孩子自己安排。有一位高中生对游戏着迷，他每次周末回家要玩十几个小时的游戏，我建议妈妈先满足他的要求，经过一年时间，他玩游戏越来越有自制力。后来，游戏玩得少多了。不过这个孩子学习的兴趣、能力还可以，也有上进心，所以效果不错。而如果孩子不爱学习，缺乏成就感，那么这个方法的效果就不好，有位妈妈告诉我，允许孩子天天玩游戏十几个小时，过了半年还是这样。

孩子想玩手机，我一下子放开，就让他玩了，结果越玩瘾越大，学习成绩直线下降，考试成绩不理想。现在想终止他玩游戏，感觉有难度。

任何方法的有效性都是建立在一定条件之上的，所以具体情况具体分析很重要。比如对一般孩子来说要先加辅助，逐渐放手；而基础不错的孩子就可以直接放手；有的孩子需要对上进心淡化，有的则需要强化；有的需要多管一些，有的则需要少管一些……

不过，方法虽然需要根据情况变化，但是考虑孩子的感受、理解接纳孩子、顺应心理规律地去养育的宗旨是不变的。

不可“头痛医头脚痛医脚”

家庭教育是一个整体，各个因素互相影响，头痛医头脚痛医脚是不行的，需要综合考虑多方面的因素才会有好的效果。比如有的方法需要其他方法配合，打出组合拳，才能奏效。

田甜妈：今天孩子回到家，我想让她先弹琴，她却想在饭前看会儿电视，我们俩争执不下。后来我让她先看10分钟电视再弹琴，她欣然答应，10分钟后自己关掉电视去弹琴。如果我坚持让她先弹琴，光争论的时间就可能超过10分钟，她还不开心！

舒畅：我家现在这个方法用多了后，却变得越来越松懈了，一下子能拖一小时。

维尼老师回复舒畅：那可能是因为你没有培养孩子学琴的兴趣，没有兴趣的话，可能什么方法都是无效的。

学习没有兴趣，亲子关系不好，不考虑孩子的心理感受……可能什么方法都会无效的。相反，亲子关系好，考虑孩子的感受，很多方法都有用。

不考虑孩子的幸福，学习成绩再好收获的可能也是痛苦。

不去培养孩子学习的兴趣，树立信心，只抓成绩是难以长久的。

孩子不合作，父母再丰富的人生经验、智慧也是毫无用处的。

没有好的态度，即使是老师也辅导不了自己的孩子。

不懂沟通的秘诀，不先去理解和肯定孩子，说得天花乱坠也是对牛弹琴。

顺其自然，静待花开，不要太勉强

太多的父母太勉强，太别扭了，过多地按照自己的想法去控制、管教孩子。其实孩子自身就有内在的成长动力，成长也有自身的规律。所以，我提倡顺其自然的养育方式。努力去做，对结果顺其自然；努力的过程也要利用孩子的内在动力，顺应成长的规律去帮助孩子。

我有时按照自己的设想给孩子买一些书或玩教具，但孩子当时不感兴趣，或觉得难，所以不想看或用，此时我不会强迫她接受。过了一段时间，经过引导和帮助，或者孩子自己突然又感兴趣了，买的东西也就用上了。我原来的设想只是站在自己的角度去看的，但是，真正了解需求的只有孩子自己，我们只有顺应与尊重，孩子的教育才能进入健康的轨道。

有时我们需要静待花开。

“一两年前买了一本《小屁孩日记》，女儿当时不爱看，我也没勉强她。前几天自己找出来津津有味地看起来了…… 有些事情顺其自然、慢慢等待就可以了。”

维尼育儿经：家庭教育虽然有一些办法、捷径，但孩子毕竟有自己的一套心理和想法，有时只能慢慢等待，等待孩子体验一些事情从而改变。即使是专业研究心理、教育的我也是如此。

我去找原因、想办法，持续地努力，但是女儿的进步有时也是需要等待的：从写字潦草变成书写认真，我用了一个多月；从写作业磨蹭到能专心，用了两三个月；从不喜欢和小朋友玩到爱上和小朋友玩，用了一两年的时间；等待她见人爱问好，用了两三年时间；培养爱阅读的习惯，到了三年级才成功；用了几年时间，才让她相信我的话对她是有用的；等了四年时间，她虽然有进步，但上课还是不太爱举手…… 当然，在我看来，是否爱问好、是否爱举手没有那么重要，所以，我也没有下力气去改变。

如果太勉强了，就可能欲速则不达。

再如孩子写作业有时烦躁起来，如果让他坚持写下去，可能会烦躁好长时间；如果不勉强，停下来先玩一会儿，用五六分钟把情绪调节好再去写效率更高。

作业没写完，孩子已经很瞌睡了，怎么办？何必勉强，上床去睡，明早起来写就是了。

晚饭后孩子本来要吹笛子，可是小朋友打来电话邀约去到广场玩，孩子纠结地看着我。以往我都是要求她做完该做的事再出去，可是往往做完后外面已经没有玩伴了，孩子总是很沮丧。这次我让她自己决定，她想了一下说先出去玩半小时再回来吹笛子，我同意了她的想法，但心里不免惴惴不安，怕孩子玩起来就忘记时间。结果半小时后孩子按时回来，开心地去吹笛子，并且比平时吹得都认真。顺应孩子的心理，不勉强按照既定计划来，效果反而更好。

当然，我反对的是太勉强，有时适度的坚持是需要的，只是注意方式，不是硬邦邦地让孩子去坚持，而是想点办法，“曲线救国”。

“昨晚和女儿跳绳，她断断续续跳了 100 下就不想跳了，而我们约定让她每天跳 200 下的，如果是以前，我肯定会大吼着对她说不行，一定要跳到 200 下。想到维尼老师的‘先说好，后说不’，我就说好吧，可能你跳累了，我再跳几下，你来帮我数。由于用的是她的绳，有点短，我没跳两个就停了，女儿看着我笑起来，于是我对她说要不你再教下我，她同意了，没想到这下她一口气跳了 50 下，我惊讶地给她鼓掌，接着她又开心地跳了两次，超额完成任务，多跳了 10 下。孩子都是顺毛驴，顺应一下，而不是勉强她坚持下去，反而顺利完成了任务。”

避开育儿的陷阱

孩子最大的敌人——别人家的孩子

“以前我总是苦恼：怎么我有这样的一个孩子啊！为什么别人家的孩子都没怎么教育，就那么优秀？”

“我也曾经犯过这样的错误，每次孩子考完试，我都会跟我的朋友家的孩子做比较，结果我家孩子说，妈妈，为什么你每次都拿我去跟她比较呢？要不你看她比我好，你去把她接回来吧！我说那你怎么办？我家孩子说，我那么笨，还能做什么，只好去要饭了。我一听赶紧对孩子说，别人再好，她也不是我的孩子，我干吗要她呀。当时我家孩子也就 8 岁左右。”

“一天女儿突然说：‘妈妈，我觉得你不喜欢我’。我说：‘妈妈当然喜欢你了。’她说：‘我就是觉得你不喜欢我，你喜欢别人家的孩子，你总是说我不如彤形漂亮，不如月月听话，你还和她们的家长说我的坏话。’说着说着眼泪就大颗大颗地流出来了，忍不住带着委屈的哭腔和我嚷嚷。”

孩子从小就有一个最大的敌人，那就是别人家的孩子。父母将自己孩子的缺点与别人孩子的优点比，这直接打击孩子的自信和积极性，让孩子压抑、郁闷、痛苦。孩子最讨厌这样了：“人家什么都好，就我不好！”这些都是很正常的心理反应。

这种比较会埋下心理问题的隐患

我父母总拿别人的优点和我的缺点比，想让我完美，结果这样的想法，这样的做法，造成了一个完美主义的我，只看得到别人的优点和自己的缺点，总拿自己的缺点和别人的优点比！

其实家家有本难念的经，别的孩子不见得像看起来那么听话、懂事、自觉、省心。每个孩子都是不同的，先接纳孩子的现状，尽自己所能去帮助孩子。这样心态平和了，就容易看到孩子的优点，就能去鼓励了。

以前我就是把孩子成长过程中的许多小问题过于放大，疑惑自己家的孩子怎么和别家的好孩子不一样？以为只有自己的孩子才有这些问题，然后不停地纠结，结果导致孩子压抑，我自己也苦恼，还困惑孩子怎么不理解妈妈的苦心。看了维尼老师的许多博文后，知道原来别的孩子也有类似的问题，别的家长也有类似的想法，我的担心和烦恼是许多家庭正在或者已经经历过的，这些问题是孩子在成长过程中正常的经历。只要我们家长摆正心态，多看孩子优点，处理好亲子关系，一切都会慢慢好起来的。明白这些道理以后，自己焦急疲惫的心轻松了许多，孩子也变得阳光起来，而且进步很明显，期中考试年级进步了一百多名。

如何学习别人家孩子的优点

我们不要拿别人家孩子的优点来羞辱和刺激我们的孩子。但是别人的优点是需要孩子学习的，所以，要告诉孩子，并不是孩子不好，孩子也有很多优点，只是在某一方面需要向别人学习，在这一方面进步了，不是更好吗？这样说得全面些，孩子更容易接受些。这也就是先表扬，再批评。

我会说：“亲爱的宝贝，每个小朋友身上都有一个独特的优点。你愿不愿意把别的小朋友的优点偷偷学过来，让自己成为一个拥有两倍优点的小朋友？”

局部最优不等于全局最优

系统工程有一项重要的原理：局部最优不等于全局最优。很多父母恰恰就是在追求局部最优，而忽视了全局最优，收获的可能是全局糟糕的结果。

比如，按时入睡从理论上来看是最优的，但有的孩子难以做到，如果逼迫他按时睡觉，孩子可能翻来覆去睡不着，也可能因此发生冲突，含着泪花入睡。再如专心吃饭对于消化可能是最佳的，但是吃饭时开心地聊聊天，精神愉快可能对身体也有好处。看起来最佳的习惯如果不适合自己的孩子，勉强去推行，结果反而是糟糕的。

我女儿学钢琴，每天练习三四遍曲子，我对她几乎不管，这样她没有干扰，自在舒服，也许每次效果不是最佳的，但是因为心情愉快，总体进步挺快的，一年就学完了小汤五。

孩子如果先做最重要的作业可能是最有效率的，但是孩子有自己的想法和爱好，所以，可能会先做她想做的，此时勉强孩子，那么孩子不情愿，还会破坏兴趣，倒不如顺着孩子的想法来，只要能够按时完成就可以了，这样孩子自主性、自觉性会提高，之后再提出更高的要求。

曾经因为一定要孩子先写完作业再玩，发生过很多次不愉快，后来想通了，不一定非要这样。现在对孩子的要求是：回家一定要把要完成的事列出来，计划出要花多长时间。然后可以自己决定何时开始，到 8：30 必须洗漱。现在我们都达到了自己满意的结果，写作业的事情我基本不用操心了。

有的人高标准严要求，期待最佳效果。比如，作业一定要按时完成，到时间完不成就不准写了；字迹一定要工整，潦草的字擦掉重写；早早就培养孩子的独立解决问题的能力，难题也不帮忙；学习计划一定要完成，不然就不允许玩；日事日毕，孩子状态不好也不准延期……

看起来这些要求都是最有效率、最优的，结果应该不错吧。可惜忘记了考虑孩子的感受，让孩子烦躁、难受，这样一来，学习经常与痛苦相联系，就容易让孩子丧失学习兴趣，甚至厌学。追求最优，结果却可能糟糕。

有的人只关注孩子的学习，成绩也许一时上去了，却忽视了孩子幸福、性格、心理，出来混，早晚要还的，孩子收获的可能是痛苦。

所以，养育不要只盯着某一方面，还要考虑孩子的幸福、感受、兴趣、信心。这样，效果才会更好。

我是对的，就要坚持吗?

很多父母有一个习惯性思维：我是对的，所以应该坚持自己的意见，结果却造成亲子冲突，破坏了亲子关系。我提倡家庭教育不要太较真，不过有人很迷惑：难道我是对的，也不能坚持吗?

自己认为正确的，其实未必是正确的

多少人一直以为自己的教育方式是正确的，但是看了我的博文之后恍然大悟，原来以前的很多做法是不合理的啊！在家庭教育中，父母如果不学习思考，学历再高也可能只是小学生的水平。所以，自认为对的，未必是正确的。即使是辅导孩子作业，有时我也会搞错，比如拼音、字义，何况其他呢?

回想我们初中的时候，武侠小说被家长认为是不入流的书籍，到了今天，金庸的作品却成了名著。现在饱受诟病的网络小说、玄幻小说大概也是这样的吧。

自己是正确的，孩子可能也是正确的

这不是一个非白即黑、是非分明的世界。一个事情本来就有很多个观察角度，从这个方面来看是合理的，从另一个方面来看也是合理的。

比如孩子的一些穿着打扮，被家长认为是奇装异服，觉得不美。但是“美”没有统一标准，孩子觉得美自然有他的道理。家长觉得学习有用，孩子觉得学习没用，其实各自有着自己的道理：学习对于考大学是有用的，但是学习的大部分知识将来是用不上的。

即使自己正确，孩子不合理，有时也不必过于坚持

适当的坚持是需要的，但是如果过于坚持，甚至逼迫孩子去做，会引起孩子的逆反，孩子反而不容易接受我们正确的意见。所以，有时需要先放一放，先不执着于对错，先处理好亲子关系，有时让孩子去试错，去体验结果，效果可能更好，对孩子来说也是一个成长的机会。

孩子有情绪的时候，不要太较真。有时孩子的确是错了，如果不是原则问题，可以暂时妥协一下，等情绪好了再澄清也不迟。

有一天我问：儿子你想吃仅有的一个香芋吗？儿子说不吃，你吃吧。我于是就吃了，结果我吃完后，他又吵着要吃，我说没有了，想吃只能再去买，他就开始闹，说我听错了，我觉得他在无理取闹就不理他，结果他见我不理他，闹得更厉害。这时我想到维尼老师说的顺应心理，忍着没发火，一直保持平静的情绪，没和他较真，我说也许是我听错了，下回再买给他，结果他平静下来，一会儿就不闹了。接着我又说：妈妈的耳朵是否有问题呢？为什么会听错了？这时儿子却说，不是我听错了，他的确是说了不吃，但后来又想吃，看见我吃掉了，他很难过；见我说他无理取闹又不理他，所以更难过。看来当时如果非要坚持正确的，恐怕就难以收拾了。

兴趣班，是坚持还是放弃？

兴趣特长班是坚持还是放弃，是我们经常遇到的选择。我女儿学过的所有兴趣班开始都是感兴趣的，但后来因为需要多练习，或觉得困难而兴趣减少，都想过放弃，这恐怕是很普遍的现象吧。

遇到这种情况，我会先放低要求，放慢步伐，多去鼓励她，想办法激发兴趣，帮助她学得轻松，这样，她能够坚持学完这一期，毕竟已经交过学费了嘛！之后，再让她去选择。比如，画画学完一期后，我发现她资质一般，她选择放弃，我没说什么就同意了。有的课程，比如声乐，女儿有点小天赋，学完一期之后，我劝她又学了一期，等有了基本素质了，她又提出不想再学了，也就停下了。钢琴学了一年之后，我让她自己选择，她愿意继续学，那就坚持学下去了。

学校学习是没有办法选择的，一般只能坚持下去，不能放弃。

有时如果只需要坚持一下就能成功，我大多会让孩子坚持一下。比如爬山，差一点就到顶了，那就坚持一下；跑步，差一点儿就到头了，也鼓励坚持到底。但有时也不要勉强，比如作业没写完就瞌睡了，那就睡吧，明早起来写也是一样的，没必要一定坚持写完。

有时需要坚持，但不是靠逼迫和打骂，而是想办法激发孩子的兴趣。如果孩子天赋不是很突出，家长也不掌握方法，那么与其逼迫孩子痛苦地坚持，还不如放弃。

扬长避短还是扬长补短

有人提倡顺应孩子的天性，反对给孩子补短纠偏。

这个说法有合理的一面，因为很多父母不能接纳孩子的缺点，只盯着缺点，逼迫孩子去克服缺点，这不但让孩子痛苦，而且会让孩子习惯于关注自己的缺点，造成自卑。有的缺点以后可以回避或者自然解决，就不必盯着缺点不放。有的缺点无关大局，顺其自然去引导就可以了，比如上课不爱举手、不大爱问好、房间比较乱……都不需要急着去纠偏补短。

但是，如果“短”对学习生活造成影响，就需要适当去补了，而且早补比晚补要容易。孩子的学生生涯有十几年，学科方面的“短”是一直要面对的事情。比如孩子从小就表现出数学思维差，如果不去帮助训练他，他会逐渐丧失兴趣和信心，更不想学，从而进入恶性循环，数学就会成为孩子一直心中的“痛”，甚至会因此厌学。而如果从小学就注意培养训练，而且方法得当的话，变成中等水平还是问题不大的。但是如果到了高三才去补短，可能花了很多工夫也提高不了多少，还不如扬长呢！再如孩子内向，那只是一种性格特点，但是如果太内向，发展为自卑，甚至是孤僻，那么就需要纠偏补短了。

先接纳孩子的缺点和短处，多去鼓励孩子的长处，在此基础上顺应孩子心理，帮助孩子克服障碍，这种补短的方式是需要的。

儿子小时候正处于提倡素质教育的时候,我坚决拥护并对儿子实施素质教育,呵护发展孩子的兴趣特长,真的是对孩子的短处忽略,因为当时有专家说“放大优点,忽视缺点,孩子就会越来越优秀。”可能我太关注孩子的长处,没有及时提醒并让孩子去克服自己的短板或缺点,孩子上初中以后,在太多优秀学生面前,不如原来自信与笃定,小学期间的优秀大打折扣。所以后来我在女儿的教育上,在保证兴趣的前提下,对于不感兴趣的方面,要帮助她提高兴趣,最起码追上同学的平均水平。

补短不必太执着，努力之后顺其自然。

孩子小的时候,有晚睡、怕陌生人、不吃蔬菜等问题,我想尽了办法效果也不好,我疲惫焦虑之极,孩子也难受。我后来学习了维尼老师的理念之后,才知道何必执着呢？为什么不能先接纳这些缺点,然后慢慢改变呢？放下之后,我和孩子都轻松多了,孩子慢慢也有了进步。

有时可以允许孩子“逃避”

不逃避，坚强面对困难是一种好品质，但有时顺应孩子心理，允许孩子“退让”、“回避”，也是一种智慧。

妈妈:有个孩子比较“野”,喜欢找我儿子玩格斗。我儿子只是玩,可那孩子总动真格的,拳打脚踢。一连几天,我儿子都输了。孩子回家大哭,很生气。这该怎么办？硬碰硬,容易伤到孩子。逃避,我又不想传递给孩子这种处世观。

维尼：避开也是一种智慧。所谓“避其锋芒”、“敬而远之”，有些事情一笑了之更好。

有些心理问题是难以解决的，比如害怕、紧张时暂时回避是合理的选择。逼迫孩子去克服，反而会加剧恐惧和紧张，适得其反。

有时回避是人之常情。

妈妈：孩子有一门考得不好，他是个要强的人，不想让别人知道他的分数，如果别人当着他的面问起分数，我是尊重他的意见不说呢，还是大大方方说出来呢？

维尼：尊重他的意见，含糊地说就行了。他的承受力暂时不够，我们要尊重接纳他的现状。

妈妈：这不是在帮他回避问题吗？

维尼：我们觉得没面子的事情，也会不愿意说，这很正常。

孩子不是圣人，就不要用圣人的标准要求他。

励志过度，害人不浅

很多人都希望孩子有内在的动力，而励志学、成功学就能激励孩子，激发前进的动力。但是成功学存在负面影响，也有些偏激。如果上进心过度，会带来困扰、阻碍，甚至造成心理问题。

成功学有一句经典的话：“只要有想象，就一定能实现。”很多人对此深信不疑。这句话有合理的一面，因为很多事情看起来不太可能，很难，但是坚持做下去，努力再加上方法，还真可能做成。但是，这句话给人吹了一个美丽的大泡泡，会让我们树立高的目标，而且一定要达到，达不到就会觉得很失败。当遇到小挫折，预示着目标可能难以实现的时候，就会自责、懊悔、失望、悲观，甚至陷入焦虑、抑郁之中。

所以，父母教育孩子，励志要适度，因为它是一柄双刃剑。

我从小就用励志学、成功学激励孩子，他有了很高的目标，要做伟大的事情，做伟大的人，非常上进。小学表现非常优秀，考上了最好的初中。但是初二之后数学有些跟不上了，压力很大，逐渐学习成绩下降，这预示着他的伟大目标似乎难以达到，让他无法接受，结果得了抑郁症，连学都不想上了。

孩子本身的上进心就是蓬勃的，只需要努力去做，对结果顺其自然。这既有前进的动力，又能够坦然面对挫折，没有了内耗，会前进得更好。

孩子可以树立远大的目标，但是不要总是想着一定要实现。把目光放在现在，争取每天能进步一点，努力朝那个方向去努力，对结果可以顺其自然。

回想当年，当我一定要实现远大目标的时候，内心经常痛苦烦恼。而当我放下了对目标的执着，心很快就安静下来了，每天努力进步一点，没有反复纠结内耗，反而离当初的目标越来越近了。

对于小学生来说，从细微处入手，一点一滴地帮助孩子获得成功的体验，一点一点地积累兴趣、信心，孩子逐渐就会有了前进的动力，这些比远大的理想来得更直接、实在。不要指望有什么妙招，让孩子一下子充满干劲，润物细无声地慢慢滋养，才能更加长久。

从检查作业看家庭教育的学问

家庭教育不是简单的事情。比如，父母是否应该帮助孩子检查作业，要搞清楚就不容易，就需要好好思量。

首先需要具体情况具体分析。孩子学习能力较强，可以大胆放手，让他自己检查；而兴趣、信心、能力一般的孩子，我们如果通过检查及时发现问题，进行针对性讲解，帮助孩子做好作业，获得老师的好评，对孩子的兴趣和信心都有帮助。类似地，强的学科，可以不检查；弱的，检查一下更好。如果老师要求检查，家长就需要配合；没有要求，可以灵活处理。

情况变化了，就需要因势利导。如果孩子能力提高了，可以逐渐放手，减少参与的力度，功成身退；而如果孩子遇到困难，可能又需要检查。

我起初不给孩子检查作业（成绩中上），后来有一段时间孩子作业错误挺多，老师总是批评，被打击得都不想上学了。所以我就帮助检查，等孩子渡过难关、走入正轨之后就又放手了。

孩子能力强，引导孩子自己检查也不错；能力弱，作业本来就费劲，全部自己检查会增加不少负担。这里还有一个心理规律：由于思维定式的影响，自己的错误不易查出来。

另外，我们需要考虑实际情况。中考高考，时间本来就不大够用，如果花时间检查，既不容易检查出错误，还可能改错了，因为做题的第一感觉准确率更高。

所以，平常考试就应该养成这样的习惯：做题时慢一些、仔细些，利用好敏锐的第一感觉，不留过多的时间检查。如果时间剩余，可以检查有无漏题，对拿不准的题目再考虑。相对应的，做作业也要一次认真仔细地做完，不依靠检查提高正确率。

检查本来是为了帮助孩子，如果态度好孩子自然欢迎。如果调节不好自己的情绪，看到孩子做错了忍不住发火："这么简单的题目都不会！"孩子自然反感、讨厌检查，还会影响学习的兴趣，这样的检查还不如不检查。

女儿不愿意让我检查，我反思可能因为是我检查出错题后的态度让她有所抵制。有时候看到她作业中一些莫名其妙的错误，心里真是冒火，对她说话的语气自然而然就重了。而她是一个非常敏感的孩子，我语气一重，她就觉得难过，害怕我批评她。

检查也有技巧。标出错题之后，让孩子自己去思考，想不明白再启发式讲解；在错误的地方可打个问号，而不是叉，孩子就不会反感。

检查作业，事情虽小，内涵丰富啊！

现在教育孩子为什么这样难？

很多人感叹：现在教育孩子怎么这样难？以前可没这么费劲啊！为什么会这样呢？

以前顺其自然，现在崇尚事在人为

我们70后这一代大部分父母管得较少，相对顺其自然，特别是学习，父母大都认为要靠老师和孩子自己。这样比较顺其自然，不给孩子添乱；但是给孩子的帮助少，将来是吃肉还是喝汤，要看孩子自己的造化。

现在的父母更信奉事在人为，认为可以通过自己的努力帮助孩子有一个更好的未来。这样，给孩子帮助比较多，努力足够了，但是不知顺其自然，过于执着，容易给自己和孩子下绊子。

我们可以把这两种方式的优点结合起来：顺应孩子心理去努力，对结果顺其自然。

学习要求高，竞争压力大

现在的学习难度变大了。小学英语是为一直上兴趣班的孩子准备的，数学难度也比较大，作文一二年级就开始写了，而且标准挺高。初中的有些题目连很多大学毕业的父母也不大会做，高中物理我基本看不懂了……

以前的父母都不大帮助孩子，但是现在的父母们都在努力。别人花了那么多工夫，如果我们不花力气，孩子悟性又一般的话，那么相对来说自然落后，压力大。

有些妈妈在学习上对孩子管得太多，结果搞得孩子叛逆、痛苦，结果管还不如不管。而有些爸爸正相反，认为不用管孩子，“树大自然直”，并且举出自己小时候的例子：我没人管，不也考上了大学，现在不也一样好吗？但是，时代不同了，现在学习竞争激烈、压力大，如果孩子学习悟性一般或较差，父母还不去帮助孩子，孩子很容易受到打击，那么厌学的可能性是不小的。所以，孩子还是需要我们的帮助，需要适当地管。

孩子自主、自由意识更强

以前孩子认为应该听父母的，但是现在孩子从小就知道自己有平等和自由的权利。如果父母让他做什么，会问“凭什么？为什么？”这样自然难管了。

“我女儿二年级说过，我不是电视，你不是遥控器，凭什么你想让我干什么我就得干什么？”

“想起前几天儿子教育我的一句话：妈妈你用手指着我的时候，想想是不是还有四个指头指着你自己！我是个人，你又不是总统，我凭什么都听你的！这句话还在耳边作响。这可是一个一年级孩子说的话啊！”

家庭教育是一场修行

家庭教育不是简单的事情，它考量的是父母的智慧、心理，是一个自我修行的过程。如果放着身边的修行机会不用，而跑得远远地向外求，岂不可惜？

很多人也许在职场上很成功，但是在家里就暴露出心理、修行的不足来。动辄发火、打骂孩子；育儿方法简单、粗暴、生硬、不灵活，缺乏智慧；情绪紧张、焦虑，心态不能平和……

所以，父母要想教育好孩子，首先要提升自己，家庭教育就是父母的自我修行。

很多父母告诉我，他们学习我的博文，不但对教育孩子有帮助，而且让自己和家人的心理在不知不觉中得到了成长，连与同事之间的关系也有了进步。这没什么玄机，如果能学会理解孩子，也就能学会理解同事，理解他人，会变得宽容了；

如果懂得了认知疗法，心理和性格的成长也就有了有效的方法，自己的进步就是自然的了。

自我修行是一个渐悟的过程，与灵修和禅修一样，都需要下功夫去反省，最好“吾日三省其身”。方法合理了，有付出必然有收获。

育儿也是自己成长的机遇

教育有句话：教学相长。育儿也是这样，教育孩子的过程也是我们成长的过程。

“我的孩子在上初中。我看了维尼老师的博文之后，才开始成长。孩子是我们成长最好的功课，我与孩子的关系不断在进步，我现在能发自内心地与孩子沟通，经常鼓励孩子，偶有情绪也能及时控制与调整，这就是教学相长吧！”

“孩子的问题与家庭的问题有关，当问题出现在孩子身上的时候，我们特别容易发现和重视。有了维尼老师理念的引导，在帮助孩子改进的同时，我自身也有了很大的改进。整个过程感觉自己就像变了一个人，家里也有了更多的欢乐，现在感到教育并不是一件让人头疼的事，而是一个令人振奋的成长过程。”

维尼小语： 家庭教育不是一件简单的事情，甚至可以说是最复杂的工作。这是一门学问，不学不会，即使是一个博士，如果没有研究、学习过育儿可能也只是小学生的水平；许多专门从事教育工作的老师，在家庭教育方面水平也不见得比常人高。

第五章　良好的关系是家庭教育的基础

亲子关系是家庭教育中首先要考虑的问题，先理顺关系，再寻求改变，良好的亲子关系是教育有效的前提；和谐的夫妻关系会为孩子提供一个幸福的成长环境；与长辈的关系对家庭教育也有影响。

建立良好的亲子关系是教育有效的前提

父母恨不得把心掏出来给孩子，愿意为孩子付出，但遗憾的是，由于方式、方法、态度有问题，亲子关系糟糕，孩子不愿意让父母管，不想听父母的建议，不接受父母的经验智慧，甚至逆反、叛逆。

很多父母感叹，我都是为了孩子好，如果孩子按照我的做，应该更有效率、更好。此话有道理，但现在的孩子都有自己的主意，不可能都听你的。所以我们需要先建立良好的亲子关系，这是教育有效的前提，关系好了，孩子把你当作自己人，会合作，这样很多事情就简单了。另外，如果再不断让孩子体验到我们的建议对他有用、有利，那么孩子就会更愿意听取我们的建议，信任我们的话，不反感我们去管他。这样虽然暂时看起来绕点路，但是看似远，实则近。

所谓“亲其师，信其道”，学生只有和老师亲近了，才会信任老师，相信老师所说的，接受老师的教育。亲子关系也是同样的道理。

维尼小贴士：心理规律——“自己人效应”

所谓“自己人”，是指对方把你与他归于同一类型的人。“自己人效应”是指对“自己人”所说的话更信赖、更容易接受。

在人际交往中，如果双方关系良好，一方就更容易接受另一方的某些观点、立场，甚至对于对方提出的难为情的要求，也不太容易拒绝。这在心理学上叫作“自己人效应”。例如，同样一个观点，如果是自己喜欢的人说的，接受起来就比较容易，这就是爱屋及乌；如果是自己讨厌的人说的，就可能本能地加以抵制，这就是“恨屋及乌”。有道是：“是自己人，什么都好说；不是自己人，一切按规矩来。”

所以，我们要做孩子的自己人！

从另外一个角度来看，孩子和我们一起生活十几年，良好的亲子关系是孩子童年能够幸福快乐的前提，而且对孩子性格心理的健康发展也有积极的意义。而糟糕的关系无疑对孩子的心理是一种持久的伤害，甚至带来一生的阴影。

先理顺关系，再寻求改变

亲子关系好了，孩子对我们有了信任，就愿意合作，教育就容易多了。亲子关系不好，孩子逆反，很多方法就失效了。

以前和孩子的关系很不好，所以，规则执行不下去，强制执行，也容易搞得很不愉快。所以，虽然我们有玩电脑游戏的时间规则，但以前时间到了我也不敢给他关机，那样他会大吵大闹。

所以，如果我们想帮助孩子改变、提高、进步，首先要去理顺关系。

一个二年级男孩，学习成绩排名倒数。妈妈时刻想着如何把孩子的学习提高上去，但孩子却叛逆得什么都听不进去……

妈妈：我准备吃完晚饭给孩子练习听写。结果他吃了饭就要出门玩，没等我把话说完就跑了。等他回来时已经是8点半了。该开始听写了，结果他一听就说：这么多字我哪记得？那就让他看一下吧。结果他倒在沙发上，拿着书，叫坐起来看也不听。听写的时候也是这也不会那也不会，跟他说话还一副不屑的表情。我说你坐好点，他就是歪着扭着；我说你站起来，他充耳不闻！我就火了，提醒他坐好，他还是不理；叫他站起来还是不理！这下子，我真火了……

妈妈：维尼老师，如果面对您的孩子，您叫他学习，他闭着眼睛或是歪着坐在沙发上，您提醒他坐好，可是他还顶嘴，您会如何处理啊？

维尼：这种情况我也难以处理。所以，我首先考虑的是如何和孩子建立良好的亲子关系，这样孩子才会合作。如果逆反了，很多方法就不灵了。

想想自己就知道了，如果你对谁有成见，看着他不顺眼，那么自然会反感他的所有言论，即使是合理的，甚至会对着干。孩子也是如此，如果关系不好，反感我们，他就会看起来不可理喻，油盐不进。这样，任何教育技巧可能都会失效。

所以，我提倡先把建立信任、合作、亲密的关系放在第一位，把学习放在第二位，简单来说，先理顺关系，再寻求改变。

妈妈：那么学习不管了吗？作业想不写就不写了吗？不愿意学就不学了吗？想看电视，想玩电脑也不听我们的，任他去吗？

维尼：不是这样的，这样又偏激了。

如果孩子逆反，那么我们即使用尽浑身解数，也没有办法啊。就像你现在眼睛只盯着学习，由于方法不得当，忽视了孩子的感受，导致孩子抵触你，或者经常有冲突，你想帮助他学习也帮不了啊。

所以，可以先把学习的要求暂时放低一些，脚步放慢一点，多注意孩子兴趣的培养，让孩子感受到我们的建议对他是有利的，在顺应心理的基础上帮助他。孩子逐渐变得愿意接受和喜欢父母的帮助，至少不抵触，不反感，这样他就比较愿意合作。此时再慢慢提高要求，他也愿意接受，学习就进入了良性循环。

妈妈：原来是这样啊！我总是着急让孩子成绩提高，结果反而让孩子反感、厌恶学习，也抵触我。这就是我问题的症结了，谢谢老师。

后来她高兴地告诉我：感谢您的建议，现在孩子的作业尽管速度不快，但始终在愉快的氛围中完成。现在我没有之前的焦虑了。看来首先还是要建立和孩子之间的互信，您说的对，士为知己者死，只有当孩子觉得父母凡事都是理解他的，自然也就变得乖了。

比如昨晚孩子回家后要求先玩电脑游戏，我爽快地答应了，孩子显得很高兴，因为往常这一要求会遭到拒绝。晚饭后我 9：20 回到家，看见孩子在书房玩电脑游戏，爸爸在一旁作陪，爸爸告诉我孩子晚上写作业表现不错，8：40 就完成了，而且作业量还比平常多些。我很高兴，赞美并拥抱了儿子。昨晚基本没有太多管束，孩子的心情比以前好很多，效率也提高了。

维尼育儿经：我起初对女儿学习要求比较宽松，注重建立良好的亲子关系，关注她学习兴趣和信心的培养，等这些条件具备，再逐渐提高对她学习的要求，逐渐严格，她欣然接受。另外，她体验到这些要求对成绩提高有效果，所以她愿意接受我的建议，信任我，也比较合作，这样就形成了家庭教育的良性循环。

对于青春期的孩子而言，保持良好的亲子关系更为重要。这个阶段孩子开始争取自由自主，已经不大怕父母了，如果关系不好，引起孩子的对抗，油盐不进，父母一点办法都没有。保持合作的关系和良好沟通，父母才有可能对孩子产生好的影响，才有机会帮助孩子。

我咨询过的中学生有两个曾经走上或接近邪路的。这两个孩子的父母都很严格、严厉，结果搞得亲子关系紧张，逆反，父母对孩子毫无影响力。一个孩子参与了黑社会，砍人嫖娼的事情都干过；另一个孩子和辍学的孩子混在一起，那些孩子偷车偷油，甚至吸毒。发现这些现象之后，父母继续用严格的教育方法，但是毫无效果，而且其中一个孩子在沉重的压力之下，已经出现心理问题了。我建议他们先理解和接纳孩子，顺应孩子的心理，不要逼孩子，这样亲子关系很快就改善了，也有所沟通和交流，孩子不再抗拒父母。一个孩子经过半年之后回到了学校，另一个孩子会把他的事情都告诉妈妈，能听进去妈妈的话了。

亲子关系修复之初，父母可能需要小心翼翼，再三思量，就像做“小媳妇”。如果关系已经好转，就可以去“管”，可以坚持，甚至偶尔“瞎折腾”也没啥事。只不过现在的“管”是顺应孩子心理的方式，孩子比较愿意接受。

一位三年级的孩子，刚开始亲子关系紧张，玩电脑，到了时间也不停下来，妈妈强行关机，引起大吵大闹。孩子一回家，就先看书，磨蹭很久也不开始写作业，根本不听妈妈劝说。妈妈在我这里咨询之后，开始注重修复亲子关系，谨慎地过了两个星期，亲子关系好多了，就开始和孩子约定如何安排做作业、看书、玩电脑，结果孩子痛快地答应了。如果是从前，管教孩子总会让孩子发脾气，现在孩子情绪则比较平稳。

关系好了，家庭教育就进入了自在的境界。我们希望孩子学习、行为等各方面有进步是正常的期望，但是要慢慢来，要先理顺关系，再寻求改变。形成合作、亲密、信任的关系，而不是逆反、对立的关系，是家庭教育有效的前提。

重视孩子的感受

不知为什么，很多人很少考虑孩子的感受。也许是因为觉得自己一切都是为了孩子好，所以不需要考虑感受；也可能觉得孩子忘记得快，伤害了他也没事；也可能觉得孩子小，不会放在心上……

其实即使是小孩子，他的感受也和我们相似，己所不欲，勿施于人。如果忽略了孩子的感受，还是那句话：出来混，早晚要还的。

儿子小时候和同伴发生矛盾，我不准他打别人，总劝他不要计较，宽容大度，他不服，哭闹，我们就觉得他太横，就教训他，甚至打他。儿子长大后心里耿耿于怀，说我们根本不爱他。以前我还觉得这孩子不知感恩，父母好吃好喝地养他都不领情。看了维尼老师的文章才明白，我们没站在孩子的角度考虑问题，所以孩子叛逆。现在我真诚地向他道歉，我们关系比较好了，经常交谈，我们对他提出的一些要求他也能接受。

实例：我的话让人听了确实不好受啊

有时和孩子换一下角色，或站在孩子的角度，就能更好地体会孩子的感受。我和女儿玩老师和学生的游戏，她认真地讲，我还同时看维尼老师的博客。后来我反思，如果是我在讲课，女儿在溜号，我可能又是一场怒吼。女儿考我单词，前两遍我错了，第三遍全对，女儿却很严肃地说："你确定？你真的确定？都错两遍了。"这话把我也搞得没了底。反复看了看黑板最后不坚定地说："确定。"当时自己的心里像打翻了五味瓶，一面小镜子照出了自己原来的样子，这些是我常说的话呀！听了，有点压抑和不被认可的感觉，确实让人不好受啊！

实例：从孩子的角度考虑问题

以前，孩子每天早上起来都极不高兴，主要是因为我叫她比较晚，让她觉得来不及，总担心会迟到。她总让我 6 点多就叫醒她，但我从大人的角度考虑：能让孩子多睡就尽量让她多睡会儿吧，其实 7：15 叫她起床完全来得及。所以，每次我都想各种借口，不按照和女儿的约定在早上 7 点叫醒她。可女儿不领我的"好意"，怪我不遵守诺言。

后来，我想到了维尼老师说的：要从孩子的角度去看问题。想想看，女儿担心迟到，她觉得 7：15 起床太迟了，早点起来会心情放松一些。而我固执地认为多睡会儿也不会迟到，所以当孩子生气发火时，就觉得：你这孩子怎么这么不识好歹呢？都是为了你好啊，你怎么就这么不体谅大人的心意呢？认知改变之后，我都7点叫起她。现在再也没有这个烦恼了，天天早上闹钟响后，她懒几分钟，然后高高兴兴地起床、洗漱、吃饭，出门上学，高高兴兴地说再见。

爱孩子，就让孩子感受到“爱”而不是“恨”

“为什么我这样爱孩子，孩子却恨我？”

父母大都是爱孩子的，但是孩子感受到的也许不是爱。因为这些爱是以逼迫、打骂、训斥、冷暴力等形式出现的，孩子怎么能感受到爱呢?

“我以前非让儿子按我的要求去做，他又拧不过我，就使劲咬自己的手背。本意是爱他，但我当时怎么那么狠心呢？明明看到孩子手背上深深的牙印，仍无动于衷，继续强制孩子做他不想做的事，好后悔呀！他当时该有多愤恨啊！”

“今天中午吃饭的时候，和我家宝贝闲聊，她开玩笑地说你不疼我！我说哪里不疼你了？她说你打我骂我。我说那我应该怎么样做呢？她说你应该说妞妞你真棒！从孩子的话语中我能深切地感觉到，孩子希望在她犯错的时候，我能对她宽容理解，而不是非打即骂，她不喜欢我这种方式的爱！”

爱孩子，就让孩子感受到爱，而不是恨!

促使孩子“合作”而不是“听话”

“我觉得孩子就应该听父母的，而女儿怎么这么不听话？若是她不听我的，我心里就非常恼火，忍不住大声训斥孩子。”

如果孩子听话或合作，那么家庭教育会轻松得多。那么，听话和合作有什么不同？“听话”强调顺从，与传统文化中的孝顺一致，潜台词是：孩子应顺从父母，我是家长，所做的也都是为了孩子好，所以孩子就该听我的。可惜，现在的孩子心里会想：凭什么呀?

“合作”尊重孩子的平等，承认孩子并非应该顺从。孩子之所以能自愿合作，是因为父母顺应了孩子的心理。

孩子体验到父母的建议确实对自己有益，自然信任父母的话。

孩子体验到父母的管对自己有帮助，所以欢迎父母来管。

父母来帮助而非监管，语气平和而非训斥，这自然让孩子乐于接受。

父母身教，率先示范。比如父母好商量，孩子就会好商量；父母理解接纳孩子，孩子也学会理解接纳父母；父母灵活、可变通，孩子也不会倔强。

先满足孩子的要求，再和孩子约定，孩子自然愿意接受。

有规则，但是执行灵活、变通、有弹性，孩子更乐于遵守。

沟通时先理解肯定孩子，孩子自然愿意沟通。

不去压制强迫孩子，孩子自然不会逆反……

一位妈妈告诉我：“孩子在家只听爷爷的，其他人的都不听。为什么呢？爷爷说：多哄哄他，多说好话，孩子才会听你的嘛！”—— 多朴实直白的道理啊！

“8岁女儿在照顾3岁妹妹时跟我说：妈妈，你知道妹妹为什么这么听我的话吗？因为我有很好的教育方法，那就是顺从她，她开心了，自然就听我的话了。我听了真是无地自容，一个8岁的孩子，在这方面居然感悟比我深。”

想想自己，如果别人以这样友好的方式待我们，我们是不是也会愿意合作呢？这和“以仁义服人”是相似的。强硬、严苛容易引起反感，而宽厚、仁爱则会服人。养育之“仁”有两点，一是“己所不欲，勿施于人”，二是“恕”，也就是宽容。

实例：为什么孩子会这样合作？

儿子龙龙两岁了，有点小叛逆，但是他愿意跟我合作，我想这与我们平时的相处分不开。一是我从来不随便编理由糊弄他。有段时间他对我去上班特别敏感，家人建议我不要跟他讲去上班，编个话对付他。我拒绝了，但是我会提前做准备，提前半个小时就告诉他妈妈要上班，如果他希望我再陪他一会儿，我就答应并且也预留了足够的时间。并且告诉他妈妈下班就会马上回来，偶尔许诺回来时给他带个小礼物。我还经常带他去我单位前面的广场玩，让他知道具体的位置。二是我一直很尊重他的选择。从他会说话开始就让他自己做选择，譬如吃饭，到吃饭的时间了，我只是准备好食物，然后问他要和我们一起吃饭吗？他如果玩得正高兴，我会允许他再玩一会儿，直到他自己走到饭桌这里来。如果他根本不饿，我也不勉强他一定马上就餐，因为我懂得他不会让自己挨饿。三是我的方式不粗暴。我态度温和，不激化他的情绪，本来他的要求得不到满足就不开心，我尽量安抚他的情绪，并解释清楚争取他的理解，最后给他希望，以后是会找机会满足他的，并且告诉他，如果他能等待，我会奖励他。

夫妻关系也需要理解尊重和接纳

在家庭教育中，亲子关系最重要，是内因；而夫妻关系、与长辈的关系是外因。夫妻关系会影响亲子关系。良好的夫妻关系给孩子的成长提供充满阳光的环境；而糟糕的夫妻关系，争吵或冷战的环境，对孩子的性格心理发展有破坏性的影响。另外，夫妻教育方式如果相互矛盾，让孩子无所适从，也会严重影响教育效果。

一位大学男生：维尼老师，我19岁了，我觉得家庭环境很重要，有一个温馨、安静、没有争吵的家庭环境比什么都好。我爸脾气很大，隔三岔五和妈妈打架吵架，平时家里也是脏话乱飞，所以从懂事开始，一直都担心家里的各种大事小事，学习的精力自然也被分散了。现在我觉得自己从小就被压抑了，显得没精神很疲惫的样子，而且一遇到事情就容易慌张，而且是很慌张（家里以前打仗爸爸经常半夜摔暖壶杯子等，经常被突然吓醒）。我还害怕自己睡觉，也怕黑。从小几乎没有带同学到家里来玩过，因为害怕玩着玩着爸妈突然打起来很不好，朋友也不是很多。其实最大的问题是我从初二开始就知道自己是同性恋了，喜欢男的。我觉得这和家庭环境也有关系吧，有人说男孩子缺乏父爱可能是造成同性恋的一个因素。我只是想告诉所有的父母，其实你们不吵架营造一个温馨的家庭就是给孩子最大的礼物。让他们觉得有地方可以回去，有个避风港。他们的性格脾气也会在熏陶下变得很好。

但是也不要夸大了夫妻关系对亲子关系的影响，夫妻关系好的亲子关系不一定好，夫妻关系糟糕的亲子关系不一定差。这毕竟是两种不同的关系。

我身边夫妻关系好、亲子关系糟糕的人有一大群，而有些离异家庭的朋友，亲子关系很好，虽然父母无法在一起生活，但对孩子的爱是不变的，所以孩子教育得也不错。谁和孩子处得好，孩子的心就和谁靠近，谁就能更好地教育孩子。

建立良好的夫妻关系和处理亲子关系的方法是一致的，都需要理解和接纳。

先找找自身的问题

老公脾气不好，不讲理，我以前总觉得嫁错人了。维尼老师让我多去看他的优点，多去理解他。我试着去做，发现他冷静时还不错，也能听得进我的担忧。我好好反省了自己，我脾气不好，较少站在别人的角度来考虑。他是个很敏感的人，特在乎我对他的态度，争吵多是我引起的，他很少无理取闹，如果我能常微笑面对，他不会不讲理的。这样，我也开始让孩子理解爸爸，告诉孩子：“谁有了情绪都要发泄,爸爸也是心里有火才会酒后发泄。爸爸有时喝了酒也挺可爱,会很痛快地答应给你买东西。”这样找到我自己的问题,夫妻关系就好多了。

有些事情是正常的

先生最大的问题是在家里常常发火,而且经常不考虑后果,歇斯底里,恶语相向、骂人、爆粗口、砸东西,还说要离婚。我很难接受这一点。维尼老师说,有了情绪自然要发泄,只不过有的人发泄较理性,有的则习惯于说决绝的话、砸东西,才痛快舒服。这个习惯不好,但也算是符合情绪的规律,可以理解。我赞同这个说法,就不那么反感了。后来我发现他发火与我爸爸的一些强硬的做法有关,也与我贬低他有关,并不都是他的错误。理解了老公,改变了我自己之后,老公发火少了,我感觉也好多了。

鼓励、肯定、尊重老公,老公更体贴了

以前每当听到谁家老公会做家务,顾家,我就羡慕忌妒恨。婆婆不在的日子里,我边上班边顾家带孩子,满腹牢骚抱怨,埋怨老公懒,不会心疼人。家里家外,把我忙得像个陀螺似的。自从不断反省自己、改变认知后,我的老公像被我施了魔法似的,变得连我自己都不敢相信了。原来老公也很勤快,原来老公也那么会体贴人,原来他也很乐意参与家务,对孩子也越来越有耐心了。

尊重老公的想法,给他自由,不去命令他,不当面数落他,把唠叨收起来,凡事商量着来。有好的表现毫不客气地表扬他,在朋友面前尽说老公的好话。以前错误的认知是:老公很懒,懒惰是一种习惯,改变不了的,我无力改变。我经过反省后才知道,原来老公懒惰的背后,也隐藏着种种压抑和否定。我处处围着儿子转,对他的关心少了。我又比较强势,又喜欢和自己较劲儿。很多事情都是因为不给他机会做,才慢慢地形成了“不做就不做呗,反正老婆能搞定”的习惯性思维。把维尼老师的育儿理念运用到夫妻关系上,其实也是大同小异。

理解体谅老公,他反而更自觉

夫妻之间,理解很重要。老公工作忙,带孩子少,以前在家如果再不陪孩子玩,我就抱怨,有时候出去应酬我也唠叨。现在我学着理解他,老公尽管上班很累,下班还是很乐意陪孩子玩。好几次出差回来,没进家门休息就带孩子出去玩了。现在他和朋友出去的时候,也经常要求带儿子一起去,我就说,你好好去玩吧,心情好了才能更好地带儿子。大家互相体谅吧,觉得两个人更近了。

调节好自己的情绪，就控制住了局面

春节期间，有一回跟老公谈一件事，老公责备我，语气很让人生气，我当时超不爽，但刚刚过五分钟，我就用认知疗法调节我的情绪，马上就平静了。我想，生气对我一点好处都没有，心里还堵着呢！而且老公说的也有道理嘛！我马上和气地跟老公说："刚才你说的好像也很有道理，很对，这事我自己处理得不好，还好有你提醒，但是如果你能好好说，不要用刚才那语气说，我会更乐意接受哦！"这可神了，老公当时没说话，但是过后他跟我说什么都一改以往的责怪语气，而是用我能接受的语气说。

对于孩子的教育，夫妻要经常沟通

父母是孩子的榜样，教育孩子是父母两个人的事，可能妈妈要承担多一些，妈妈要多跟老公沟通自己的育儿理念。我以前曾被老公误解为惯孩子，当时我很委屈。后来我调整自己的认知，跟老公沟通孩子的一些事情，我们把各自的想法都说出来，即使有些没有达成一致，我也能平和地接受。有时听老公的，当老公的做法有效果时我就夸他，有偏差时我们就再探讨。当他能参与进来时，我们就开始统一思想了。孩子自然也就不用左右为难、无所适从了。这次中考志愿填报就充分体现出了夫妻关系和谐会让亲子关系更和谐，孩子也更快乐。

父母需要在孩子面前保持一致吗？

父母在孩子面前最好保持一致，但是再志同道合的父母，也会有不一致的方面，这是正常的。那么我们的分歧是否不能在孩子面前表现出来呢？

一方面，互相给个面子，互不拆台是必要的，不要什么都在孩子面前讨论。但是如果采用"先理解肯定，再提出自己建议"的沟通方式，在孩子面前讨论分歧问题也不大，孩子也能趁机学会这种沟通方式。

在实际生活中，也不可能每次都能很理想地沟通，难免会有些直接的碰撞，甚至争吵。冲突多了自然不好，但如果偶尔为之，在孩子面前表现出来生活的真相也未尝不可，吵完后互相道歉，让孩子知道夫妻间有矛盾、有不一致，甚至偶尔争吵是正常的，及时沟通就可以了。

我们不需要给孩子营造一个美丽的童话世界，真实、自然的教育更好。

如何处理与长辈的关系

我们与长辈的关系和亲子关系的道理相似，同样需要理解、尊重和接纳，顺应长辈的心理。

实例：为什么我和妈妈总吵架？

按常理说母女之间应该无话不谈，可是妈妈来我家住一年多了，却感觉我们之间的关系越来越远了。我们之间还时不时地起冲突，妈妈生气，我后悔，这样的日子简直度日如年啊。我和妈妈之间的关系紧张，儿子也跟着遭殃，我动不动就把气撒在儿子身上，提起那段日子我就心痛。

我把一些事情的经过告知维尼老师，他帮我分析，认为主要问题在我，有些事情我太较真，太敏感，并太过于追求事情的完美。比如给妈妈买衣服，我想得到妈妈好的评价，但是如果妈妈没有任何评价，并且嘴上说“不用给我买了，我有的是衣服穿”之类的话，我就很不高兴。还有妈妈每天吃剩菜的事情，几乎天天都在为这样的事情争吵。

以前我就是想，我对你好，让你吃好的，我错了吗？你这么不理解我，这么不善解人意（这和对待孩子的想法何其相似！），越想心里就越愤怒，于是声调提高，态度恶劣，争吵就开始了。

维尼老师说，老人嘛，只要他喜欢就可以啊，剩菜我们有时候还会吃呢，很正常，没什么大不了的。

听了老师的话，我也去反思，改变自己的认知。想想也是啊，剩菜又不是坏了的菜，只不过营养价值低了点，何必为这些小事较真呢？孝顺是好事，但往往顺比孝更重要。我为了不让妈妈吃剩菜，闹得两败俱伤，结果妈妈生了一肚子气，不吃饭了，这样饿肚子对身体不是更有害吗？这算是什么孝顺呢？

后来，维尼老师建议我和妈妈敞开心怀地畅谈一次。和妈妈谈过之后，我理解了，妈妈觉得自己人老了，不能为我们再创造什么价值，她的想法就是为我们省点钱，不浪费，她认为这是她最大的存在价值。所以，平时不舍得吃，不舍得穿。并且，在她的心里感觉现在的生活质量高，即使是吃剩菜剩饭一点也不觉得是在遭罪。妈妈也说她明白我的用意，知道是为了她好，她也知道我们现在过得都很好。

好惭愧啊！我经常为了这些小事和妈妈争吵，真是像老师说的太不值得了。现在想想只要是妈妈喜欢、开心就好了，其他的有什么比这些更重要的呢？让妈妈心情愉快每天开心就是最大的孝顺啊。现在我和妈妈之间越来越好了，五一期间我们还一起出去郊游了呢，要是以前妈妈肯定是不会去的。我和妈妈的关系越来越好了，家里的紧张气氛也就消除了。

很多家长说，我的理念不但可以处理好育儿问题，对夫妻关系、父母关系、同事关系都有帮助，看来不同的关系道理是相通的啊！

实例：如何理解尊重婆婆？

我的婆婆是个地地道道的农民，没有文化，勤劳又认死理。我老公哥哥的女儿是农村的，婆婆想让孙女跟我儿子一起上小学，被我拒绝了。我虽然坚持了自己的想法，至今觉得仍是正确的选择，但是婆媳关系因为这件事上明显恶化。婆婆不愿理我，说我对孙女不好，就是对她不敬，一气之下回了乡下。我试着用维尼老师理解的法宝，想想：婆婆一手带大孙女，视她如命，婆婆希望孙女学习更好也是自然的。想想婆婆觉得我会对孙女好，把希望寄托在我这里，这也是对我的一种肯定啊。婆婆现在回家了，婆婆喜欢生活在农村，也是她的自由啊。她对我的行为不满意，也很正常啊，她的想法也有合理的一面，所以要尊重。我们应当顺着父母的心意去孝敬他们，“亲爱我，孝何难；亲憎我，孝方贤。”我反复反省自己不合理的思维：“婆婆应该带孙子；婆婆偏向大哥，偏心”，从而从认知上改变了对婆婆的看法。婆婆现在对我有说有笑，又和好如初了。历时一年的婆媳矛盾，就这样烟消云散了。

紧张的婆媳关系和青春期逆反时的亲子关系是相似的，也就是说，如果关系不好，那么无论你做什么，在对方眼里都是错的，这是很正常的心理。所以，此时一定不能去较真，去计较谁对谁错，而是放下对错，首先去修复关系，比如做出主动关心婆婆的实际举动等。关系好了，事情就不那么复杂了。如果非要去较真，那就会让双方都陷入无休止的矛盾和痛苦之中。

第三篇 家庭教育的常见困惑

家庭教育不能只谈高端大气上档次的理论，我们需要解决很多具体的困惑。比如孩子的“不合理”要求怎么应对？规则应该如何执行？生活习惯如何培养？自理能力和独立性如何培养？很多常见问题怎么理解、怎么解决？应不应该惩罚孩子？让我们一一道来。

我们的教育方法比长辈更合理吗?

长辈帮我们带孩子，很辛苦也很用心。不过，也难免会有一些不合理的地方。比如面对孩子的要求，有的老人没什么原则性，可以说百依百顺，不限制孩子吃垃圾食品或零食，允许孩子无节制地看电视；有的老人出于保护孩子的目的，对孩子限制太多，这也不让那也不让，比如怕弄脏手和衣服、怕摔着碰着、怕生病……

外公外婆总怕我女儿碰着、磕着，对她的限制较多，养得也很小心，这也不许爬，那也不许摸，女儿走到哪里，就跟到哪里，事事为她考虑好。

习惯方面，很多长辈不大注意孩子好习惯的养成，比较随意，没什么原则，孩子不吃饭就追着喂；零食吃得多，以至于到吃饭时吃不下饭；包办多，不去注意培养孩子的自理能力和独立性，明明孩子可以做的事情，长辈非要代劳。

不过老人的做法也有可取之处。比如，顺着孩子，孩子和老人关系比较好；对孩子宽容，要求不那么严，对习惯不那么纠结，孩子自在，不压抑。老人经历沧桑，把很多事情放下了，不那么纠结于一些小事、习惯，这些是值得学习的。

很多人看到老人带孩子的弊端，认为老人容易溺爱和娇惯孩子，转而应用“科学”养育的理念。不小心，却走到了另外一个极端：对于孩子所谓“不合理”的要求坚决拒绝，比如零食、快餐、电视限制太严格，甚至禁止；坚决执行和孩子的约定或规则，孩子哭闹也不为所动；非常重视“好习惯”的培养，比如，吃饭坚决不能喂，必须按时入睡，每天洗澡、刷牙；重视自理能力、独立性的培养，要求孩子自己的事情自己做，急着开始分床睡……

这些“科学”养育思想有两个核心理念：

要有原则，不合理的要求不能满足，制定的规则要坚决执行。

从小养成好习惯很重要，好习惯决定人的一生。

这些理念也有道理，但很多人却因此吃了不少苦头：孩子因为要求得不到满足，经常哭闹、对抗；为了一些生活习惯经常发生战争，家长发脾气、打骂孩子，这让我们和孩子都痛苦，导致亲子关系糟糕。这些情况从幼儿到青春期都很普遍。

我们可以有中庸的做法：需要规则，但是规则的执行可以灵活、变通、有弹性。面对孩子的要求，适当满足，适当拒绝；先说好，再说不；约定的执行有弹性。努力去培养孩子的好习惯，但是顺应孩子的特点，慢慢来，有些要顺其自然。这样就把老人的智慧和“科学”育儿理念合理有机地结合起来了。

第一章　是坚持规则还是顺应孩子?

孩子总是有这样那样的要求，“不合理”的要求满足还是不满足？如何满足？孩子得寸进尺怎么办？制定了规则是不是要坚决执行？规则能不能灵活、变通、有弹性？育儿是按照书本来还是跟随内心？

应对孩子要求的三个原则

维尼老师，您好，我是一个三岁孩子的妈妈，我也明白，要理解、尊重孩子，但有时是否要坚持对孩子有益的规则呢？举个简单的例子：晚上睡觉前，不能吃甜食。不满足他，他就会哭闹，我就会生气、发脾气。我也明白不该发脾气，但是作为父母，我们明白什么是该做的什么是不该做的。好好说，跟他讲道理，告诉他会对牙齿不好，对身体不好，可他又不听；但是听之任之，又是在害他，如何取舍？如何处理？

孩子会经常提一些要求。小时候，要求买玩具、零食、雪糕、洋快餐、甜食；看电视、玩游戏、玩手机；大了，看玄幻小说，买手机、买名牌……

这让很多人纠结：满足多了，是否成了娇惯孩子？不满足，孩子又可能哭闹。和孩子有了约定，坚决执行可能会引起冲突；不坚决执行，孩子是否会得寸进尺？约定或规则是不是就形同虚设了？

不必纠结，遵循下面三个原则，问题就容易解决了。

原则 1：适当满足，适当拒绝。

原则 2：先说好，再说不。

原则 3：约定、规则的执行要有弹性。

适当满足，适当拒绝

理解孩子要求的合理之处

有人说，对孩子不合理的要求应该严词拒绝。

记得有一次，孩子提出了一个无理要求，我和她爸爸都一致认为这个要求不能答应，于是我们断然拒绝。那时候孩子不满三岁，不能理解我们的用意，于是就大哭大闹，我们俩不理她，接着她就发展到在地上打滚，我们俩仍然在聊天，看都不看她，最后她嗓子哭哑了，眼泪流干了，趴在地上再也滚不动了，地上的脏灰和她脸上的眼泪融合在一起，惨不忍睹，但我们俩依旧谈笑风生。

为什么家长会心肠这样硬？潜台词是“你的要求不合理，为了你好，所以坚决不能满足”。但孩子的要求就没有合理之处吗？非也！除了涉嫌伤害自己、伤害他人、伤害环境的要求之外，其他要求都有合理之处，问题只是过度与否。

比如，薯片、方便面、冰激凌、快餐、可乐等属于“垃圾食品”，不可多用，但是适当满足一下也没有大的关系。

孩子喜欢花哨的文具，喜欢玩具、名牌，有了还会再想买，这也可以理解，就像女人买衣服不是因为缺衣服穿。

冷天吃雪糕，吃多了对身体有害，但是偶尔吃点也无妨。学校周围的零食卫生不过关，不能多吃，但是看同学吃得眼馋，孩子想吃一次也是可以的。手机、电脑玩得太多自然不好，但是禁止玩也不合乎人情。

按时入睡虽然不错，但偶尔放纵一下，又有什么关系呢？

如果从不满足孩子这些要求，孩子会更渴求。

我以前对垃圾食品深恶痛绝，没接触维尼老师之前几乎都不给孩子买，但是孩子看见别人吃东西就站在那里不走。最令人震惊的是，有一次孩子在路上捡了一个麻辣串的竹签，他经常捡东西我也就没在意，等我再回头看的时候竟然发现他在用舌头舔那个竹签。

其实满足了孩子的要求，孩子反而没那么想要了。

“孩子对小卖部的辣皮子很是感兴趣，很多同学都吃过，所以也央求我买。我纠结了一下，同意了，然后我又提议最好去大超市买，她非常高兴。一下买了三大包，看哪种口味的好吃，我也趁机把包装袋上的食品配料介绍给她看，最少20种食品添加剂！告诉她大超市都如此，小卖部就更没保障了，她听了频频点头，说小卖部的坚决不能买，超市的偶尔可以买。其实她哪里吃得完，一样吃了一些，剩下的都捐垃圾筒了。从那以后，辣皮子的神秘感没有了，再没要求买它吃了。”

孩子有时是很容易满足的，答应了他小小的要求，他就很高兴，幸福来得就那么简单。

今天儿子放学叫我给他买一包一块钱的旺旺糖，我考虑到也有几天没买零食就答应了，到小店拿到糖后，他又看中了一个两块钱的手电筒，我也觉得很不错，就同意买了。他拿齐两样高兴得很，一路上说：妈妈，谢谢你！你太好了！我爱你！回家我把钱还你（我们约定零食自己付钱）。回家后儿子又给了我飞吻，我也美滋滋的。

看似没必要的要求，其实孩子也有理由。

孩子上高中之前一心一意想要买辆自行车（因为他是住校生，我们考虑根本没必要），不知道这辆自行车在他心中有何重要意义，竟成了他的心病，眼看都要开学了，孩子的情绪欠佳。所以，试着理解他，让他说明理由，谁知一向不善言辞的孩子竟说出了六条堂堂的理由，所以就给他买了车。这辆车后来成了他学习进步的动力。

有些要求，比如充 Q 币打游戏，也可以适当满足。

儿子上高一，有一天问我：今年的压岁钱能不能给我留 100 元？我说：你留 100 元干吗？儿子笑嘻嘻地说：能不能给我充 Q 币？ 20 元就行！我说：不能纵容你犯错误！儿子说：我犯错误一把，给你机会做完美妈妈一把！大过年的，说得我心有点软了！我说：考虑一下！此话一出，儿子立马欣喜若狂！表现特别好，帮我干了不少家务活。

大一些的孩子，有时满足他的要求，让他自己做决定，他还会理性些。

我女儿上初中，喜欢买新衣服，买新的学习用品。她看上了什么东西，我们如果马上说不好，不要买了，她就会很不高兴。如果我们先说好，东西是不错，她经常就会自己说，只是看看，不一定买的，需要了再买，一般也就不会轻易买了。

如果能去理解孩子，改变自己的认知，看到孩子要求的合理之处，情绪就会平和，就容易理性对待了。

适当满足，适当拒绝

孩子的要求都有合理之处，但是过度就不好了，所以，需要适当满足，适当拒绝。

美国学者做过这样一项实验：两组孩子，其中一组的家长从来不让孩子吃糖；另一组的家长则适当地给孩子吃糖，但不是无节制地吃。这两组孩子都被无限制地供应糖果，第一组的孩子会不停地吃，没有节制；而第二组的孩子则会很好地控制自己，吃了几颗以后会自己停下。

实验表明，没有得到满足的孩子反而愿望更强烈，不容易自制；而得到适当满足的孩子则不那么渴望，行为得当。

“孩子现在得到了满足，就不那么眼馋别人的东西了。以前我给他买零食都是控制他一天的量，每天拿出来一两个，然后其他的藏起来，但是我发现孩子渐渐出现了翻箱倒柜的毛病，自己翻柜子找吃的。直到有一天，幼儿园老师反映儿子几次私自拿老师办公桌上的蛋黄派吃，我才感觉到严重性。向维尼老师咨询，老师认为问题可能出在孩子的要求没有得到适当满足上。于是，我听取老师的建议，只是控制买的数量，但买来之后，不再藏起来，而是故意放在显眼的地方，并告诉儿子这些东西放在这里，想吃自己拿就好了。起初我们还会担心他会不计数量地猛吃呢，可是结果恰恰相反，他并没有多吃，其实算算一天还不到两个呢。这就是适当满足的力量，满足的不仅仅是零食，而且也是自由。翻箱倒柜和偷拿老师食品的现象也自然没有了。”

适当满足的同时也意味着适当拒绝。孩子的要求有时会过度，也可能不合时宜，所以需要适当拒绝。比如完全放开让孩子吃快餐，吃成小胖子的可能性是有的。玩游戏、看电视、玩手机、吃垃圾食品、买玩具、买名牌……都需要有所节制。有时就连课外书也不能看得太多。适当拒绝、限制，孩子得到后也会更快乐。

不过最好不要严词拒绝，而是蹲下来和孩子平和地商量，从而形成双方都接受的约定、规则。不过，此时谨防假借商量之名，还是推行自己的那一套。

如果满足孩子的要求有难度，可以灵活变通一下。

“孩子春天有几次想买雪糕吃，我怕吃多了会坏了肠胃，所以不同意，孩子很生气。维尼老师建议我变通一下，给孩子买个小布丁，或者买一支雪糕，只吃半支，这样对肠胃影响不大，孩子也满意，皆大欢喜。”

“有时候完全满足孩子的要求有点困难，我不会简单地拒绝，而是跟她谈判，变通妥协。这样孩子也能学到灵活变通的方式，不会非白即黑，太固执。比如我做饭的时候，孩子要抱，我会说妈妈现在抱不了你，但是我可以给你讲个故事，或者让你进来帮我打鸡蛋，你自己选一个吧。她特别喜欢选择题，总是欢天喜地地选一个，还觉得自己占了天大的便宜。”

维尼育儿经：我女儿喜欢穿漂亮的衣服，前些天不是那么冷了，她不想再穿臃肿的羽绒裤，妈妈觉得春捂秋冻，应该穿暖和些，不同意换，女儿有些不高兴。此时我这个和事佬出面，建议穿一条紧身保暖秋裤＋薄毛裤＋瘦版牛仔裤，既照顾妈妈春捂的理念，又满足孩子爱美的要求，变通一下，皆大欢喜。

适当满足之后，孩子会愿意合作

你不好商量，孩子也学会了倔强，因为只有这样才能满足他的要求。

你好商量，孩子会投桃报李，变得好商量，因为商量就可以解决问题，何必倔强呢？

“我女儿原来见什么要什么，我都会严词拒绝，我只会给她买大人认为很适合小孩子的东西，但是孩子不一定很喜欢，或者说不能满足孩子的心理愿望，于是孩子就开始闹。我时常苦恼，有时候不得已答应孩子要求，搞得母女很不愉快。后来我接受维尼老师的建议，去适当满足，遇事商量，我发现女儿像变了个人似的，现在遵守诺言，懂事又有自制力。”

即使在一般人看来好像是娇宠的充分满足，也不见得会让孩子骄纵。

我家是典型的4-2-1家庭，娃相当有人宠，尤其物质上，四岁之前基本上她想要什么我们就马上满足，延迟满足训练法在我家没有一点市场。在外人看来最离谱的一件事情，是她两岁半时对摇摇车上瘾，为此我家在小区小卖部给她包月了，一天坐二三十趟，坐到不爱坐为止。如今四岁半了，她在物质方面非常愿意等待，即使是很喜欢的东西，我们没给她买她也并不太在意，遇事也愿意和父母商量，爱分享，即使别的小朋友抢自己的玩具，也比较宽容和无所谓。前几天睡前她问我：“妈妈，我做什么事情你都同意吗？”我说：“有的事情同意，有的我觉得不合理就可能不同意，但是同意不同意我都爱你。”她说：“我知道。”

维尼小贴士：不必有意延迟满足

孩子适当经历延迟满足会锻炼孩子的耐性，学会等待。但是故意制造延迟满足以提高孩子的情商就没有必要了，因为中国的孩子自然有丰富的延迟满足的锻炼机会。

从幼儿园起就端正地上课，想玩，需要等待；从前上学前绝大部分时间在玩，现在先去练琴，先去学习；上学之后，上课要求严格，想放松一下？坚持一下吧；回家，做完作业再玩，有时作业多，终于做完了，可以玩了吧？该睡觉了；周末可以放松了吧？NO，作业、兴趣班、培优班……

所以，延迟满足就不需要有意锻炼啦。

先说好，再说不

先说好，再说不，是先答应孩子，再说话不算数吗？非也。

这是指先顺应孩子的要求，适度满足，再和孩子约定，把要求限定在合理的范围之内。

一位妈妈在我这里咨询，孩子上三年级，有些逆反、倔强，常和妈妈闹别扭。

妈妈：学校门口有不少卖小吃的，卫生状况一般不是很好。孩子每次都要求买着吃，我不想给她买，孩子的嘴就噘起来了。有时迫不得已，给她买一次，下次还要买。再比如到了秋季天凉了，孩子想吃雪糕，这对身体不好，我不同意，她也会不高兴地缠着我要求买。此时应该怎么办呢？

维尼：孩子想吃小吃，虽然从卫生、营养的角度来看不太好，但是一周吃一次问题也不太大。所以，可以和孩子商量：我理解和尊重你的愿望，偶尔想吃也可以（先说好），但一周只能买一次（再说不），孩子会接受这个约定。因为是她自己同意的，所以有一些约束力。如果买了一次后还要求，有时也可以有些弹性，答应她，只是同时再约定：这个星期不能再买了（再次先说好，再说不）。她满足之后，也会知道不该再提要求。即使忍不住再提，因为她已经自觉理亏，所以即使拒绝，她一般也不会太生气。

如果她想吃雪糕，可以答应买一次，但同时告诉孩子尽量少买，不要随便提这个要求（先说好，再说不）。孩子可能就会通情达理地答应，约定也比较容易执行。

过了一些天，妈妈告诉我：您建议的方法效果不错。孩子一般也就一周要求吃一次小吃，不再为这个事情闹别扭了。上次本来答应买一元的雪糕，我同意了。孩子后来想买两元的，我不同意，孩子也没说啥，平静地接受。看来，适当满足她之后，孩子还是好商量的；大人不"无理"了，孩子也学会讲理了。

两个月之后回访，妈妈说虽然孩子有时会“耍赖”，约定好买几次零食，有时还会再要求买，但是因此而产生的冲突大大减少，而且有时满足孩子要求的时候，她会非常高兴，说：“妈妈，我太爱你了！”一点小小的满足，就会让孩子那么高兴。

面对孩子的要求，有两种应对方式：

直接说“不”，孩子不高兴，闹，可能最终不得不答应。孩子从中领悟到：闹管用，好好说话不管用。

先说“好”，孩子高兴了，觉得商量管用，不需要倔强、闹；再说“不”，因为得到了满足，投桃报李，就较愿意接受“约束”。

“以前对待孩子的方法都是说一不二式的，觉得不能将就，特别是在爷爷奶奶面前。自以为对孩子要求严格好，其实事与愿违，增加了孩子心理的饥渴和逆反。有段时间小家伙动不动就发脾气，摔东西，抓人，后来我发觉是自己的方式有问题，就学习了维尼老师的理念，尝试遇到问题跟孩子多解释，适当满足孩子的要求，也学着维尼老师‘先说好，再说不’的方式：顺着孩子一下，同时提出自己的要求，孩子一般都会爽快答应。这就好像是以心换心，感觉孩子有时候比大人更善解人意。”

“我家宝宝以前非常喜欢各种奶制品（不是鲜奶，有添加剂），一天要喝八九瓶，不给她就闹腾。以前我只能屈服，因为不舍得宝宝哭闹。后来，学习维尼老师的‘先说好，再说不’，先满足她的当下要求，再约定今天只能喝几瓶，结果短短的几天时间，宝宝真的乖了很多，现在居然白天都想不起来要喝那些奶制品，开始喝水了，心里的纠结终于放下了。现在我学习维尼老师的方法处理宝宝的各种事情，屡试不爽，宝宝的哭闹少多了，变得懂事多了。原来孩子是好的，只不过我们没有找到合理的途径来引导孩子。”

这种“先说好，再说不”的方式，因为顺乎孩子的心理，所以，对于中学的孩子也是适用的。

比如孩子要名牌服装，可以答应买一两件，同时提出适可而止；偶尔要钱和朋友一起玩，可以给予较充足的钱，同时提醒有所节制；想看会儿球赛，可以适当满足，只是不要睡得太晚……这样，孩子乐于接受父母的约束和要求。

想想我们自己也是如此。比如在工作忙的时候有事请假，如果领导直接拒绝，我们会如何想呢？如果领导说这次可以，但以后工作忙的时候少请假，那么我们会觉得领导不错，也会更配合领导的工作。

但为什么这种方式有时效果不好呢？

下午5点多快吃饭了，儿子非要买零食，我想可以适当满足，就答应他买，并同意他自己选，但提出不可以是糖。他自己去选了雀巢脆脆沙，四只一小袋，而且他自己主动说妈妈我只吃一个，其他的明天吃。我说好，然后剩下的三个放书包。但是他吃完了拿出来一个，说还要吃。我坚决不同意，他非要再吃，最后哭哭啼啼。这种事情在我家很常见，为什么我适当满足，先说好，再说不，并没有收到好的效果呢？

这是因为执行约定时还需要有弹性。

约定的执行要有弹性

和孩子的约定，是否应该坚决执行呢？

朵朵妈妈在我这里咨询。她说：

以前在很多地方看见过一句话：坚决执行定好的规矩才能给孩子最大的安全感。我一度对这个话深信不疑，女儿很爱坐投币的摇摇车，有一阵坐完一次她还要坐，我觉得既然定好规矩每次只能坐一次，那就不能破坏，任女儿如何哭闹，我还是把她抱下来往家走。每天晚上吃完饭，女儿都要出来玩一个小时，到8点钟回家，但有时遇到她喜欢的小朋友或者其他东西，她到8点就不愿意回家。以前我不管她怎么哭，坚持到8点抱她回家，我觉得规律的作息不能破坏，如果每天都晚几分钟，那以后睡觉不是就会越来越晚了吗？女儿一路哭得很伤心，正是这种哭让我开始反思自己的做法。

这也是很多父母的困惑吧。

坚决执行约定符合人之常情吗？

想想我们自己，也是喜欢灵活、变通、有弹性。

和孩子约定看半个小时电视，到了时间动画片还没结束，孩子不想关电视。想想我们自己，喜欢的节目、电影没看完也是不情愿停下来的。如果硬把电视关了，孩子很不高兴，甚至哭闹；而有弹性些，让孩子再看几分钟，或者把节目看完再关，孩子就容易合作了。玩电脑游戏、手机也是如此，到了约定时间可以同意孩子过完这一关，或者把事情了结再停下来。

约定好8点之前写完作业可以玩一会儿游戏，但是由于某种原因，预计要8点多才能完成。此时如果坚守规矩，告诉孩子今天游戏泡汤了，孩子可能会烦躁，作业也写不好；如果灵活变通一下，找到今天孩子表现不错的方面，奖励一下，即使晚一些完成也可以玩一会儿游戏，那么皆大欢喜。

和孩子约定9点前睡觉，孩子偶尔玩高兴了，还不想睡，此时也可以让孩子放纵一下，我们有时候不也这样吗?

规定睡前刷牙，孩子刷过牙了，突然想吃香蕉，又不想再刷牙，可以变通一下，吃完漱漱口就可以了。我们成人也不是那么严格地刷牙吧。

孩子该自己穿衣服了，偶尔撒娇想让妈妈帮忙，也可以帮助穿啊。这有什么了不起的？大了想帮他穿可能还嫌烦呢！

本来该按时完成作业，孩子实在困了或者不想做了，商量明天早起做，也可以灵活变通啊，作业本来是孩子自己的事情，有权利自己安排时间。

说好一周吃一次快餐，孩子实在馋了，想再吃一次，我看也行，有什么大不了的？我想减肥，和自己说好了晚上少吃饭，有时看到美食还是忍不住多吃些，人又不是神仙！

所以，约定的执行可以灵活、变通、有弹性，不必太生硬。

想想自己，我们需要有所自制，但偶尔也想放纵一下，随性一些。多一些灵活变通，就给了自己自由的感觉。

有了弹性，孩子也会通情达理。

有时，适当做出一点点让步，让孩子的心理得到一定的平衡，你会发现，小家伙其实并不刁蛮任性，而是挺通情达理的。

朵朵妈妈：关于坐摇摇车的事情，维尼老师说："虽然规定了只坐一次，但孩子要求再坐一次的时候，我们执行起来可以有弹性，先同意，然后说好下次我们只能坐一次。"我说："那如果下次她还要坐两次呢？"老师说："就算一直要求坐两次又如何呢？大人玩得开心也想多玩几次，更何况孩子呢？为了这么点小事情让孩子哭很久值得吗？这样才是对安全感最大的破坏。其实孩子都是懂事知足的，你好商量，她也会好商量的。同样，晚上多玩几分钟回家又如何呢？开心要紧。"和老师咨询后，女儿还是时不时地要坐两次，我都爽快地答应。女儿很懂事，现在坐摇摇车就说：不放钱，朵朵坐坐。我很欣慰。

现在女儿还是经常玩到8点，玩得依然很开心，不愿意回家。以前我二话不说扛起她就往家走，任她一路如何哭闹，我还是觉得自己是个有原则、懂坚持的好妈妈。现在我都是提前10分钟告诉她，再玩10分钟我们就回家了，如果到了时间女儿还是不愿意回家，我就说：那我们再玩5分钟好吗？5分钟后回家。我说：朵朵早点回家睡觉，明天可以早点起来玩哦，你看琪琪和优优（女儿的好朋友）都在家里睡觉吃奶奶哦，女儿一般这个时候就会说：好吧，回家。

有弹性让女儿更加懂事知足，少了很多冲突，我俩关系更好了。

孩子是否会得寸进尺?

有时需要多次有弹性。比如孩子玩游戏，说好玩1个小时，到了时间孩子还意犹未尽，不想下线，可以有弹性，约定再玩10分钟；到了时间他还想玩，可以再约定玩5分钟……这样经过两三次，孩子自己也觉得理亏，即使你关机他也不大生气了。

孩子是懂得投桃报李的，你好商量，孩子也会好商量；你理解孩子，孩子也会理解父母……

"儿子现在5周岁，以前越是唠叨叫孩子不要吃糖或其他小零食什么的，孩子反而更吵闹要吃。学习了维尼老师的理念之后，带他去超市溜达时，我会主动提醒他买样想要的东西，他有时会选购，有时会说妈妈我今天不需要。他即使买了条水果糖，也是放在口袋里一周不会吃。有一次想要条水果糖，我二话没说，可以的呀。买完单，儿子说，妈妈我现在特别想吃颗糖。以前和儿子有约定，饭前不吃零食，在那瞬间我想到维尼老师说的，规则可以有弹性，我很爽快地答应了儿子的要求。儿子把水果糖打开之后，取出第一颗糖先是喂给我，我当时很感动。然后他取出颗糖放进嘴里后，说句：谢谢妈妈！之后我尝试问儿子，还需要吗？儿子说一颗就够了。"

下面是维尼老师QQ群里进行的一次讨论。

航爸：我家要求每天睡觉前刷牙，如果破了一次例，他以后会不会得寸进尺，接二连三地要求这样做呢？

维尼：偶尔破例是可以的，没有必要那样严格，而且孩子不会总是破例。你好商量，他也会好商量的。

心妈：赞同。最近我试了，真的管用。一旦家长好商量了，你再去跟小孩谈就容易了。

田妈：今天我孩子发脾气，我没有发脾气，他一下子也没脾气了。以前玩电脑我一分钟都不让孩子多玩，到时间马上关掉，现在允许他过了一关再关，有时候过了一关，离结束时间还有5分钟，他就会自己关。我以为孩子会得寸进尺，但他没有。

田妈：我有体会，就像刷牙，你和孩子斤斤计较一次两次的例外，当你偶尔不能达到孩子的要求时，孩子也会和你斤斤计较的。

妞妈：前些天我儿子也是刚刷了牙就要吃东西，我和航爸有同样的顾虑，看了维尼老师的博文，我换了一个方法，让他吃完东西，漱漱口，他高兴地同意了，而且还说妈妈你真好！

田妈：关于刷牙的事，我准许过孩子刷了再吃东西，也不要求他再刷牙了，因为我自己有时也会犯懒。不过孩子真不会得寸进尺，有时他自己会事先说，妈妈，我吃了再刷一次不就行了，所以少有冲突。打破一两次规矩真的没什么，人之常情嘛！

实例：我不再为孩子要东西而心烦

面对孩子要求的三个原则顺应了孩子的心理，所以孩子会愿意合作，一家人就收获了幸福快乐。

孩子每天都有很多要求，比如想吃零食、想买玩具、想晚一会儿回家、不想洗漱、不想午睡等，以前我都会断然拒绝，任你哭闹多久我都不会答应。但是经过一段时间，孩子并没有因此明白哭闹对妈妈不起作用，相反越来越倔强，哭闹的时间越来越久，次数越来越多。那个时候一看到孩子就感到害怕，就怕他提出我觉得不合理的要求。后来我运用“先说好，再说不”，初期效果并不好，感觉孩子的要求越来越多，心里好烦。继续学习维尼老师的博文才知道自己没有真正地做到理解孩子，人家想要东西是正常的，得不到自己想要的会着急也是正常的。改变了认知，在孩子哭闹时我也就不心烦了，心情好了，就不会做火上浇油和孩子较真的事了，这样孩子的情绪恢复得特别快，等孩子心情好了再去讲道理，他就比较好接受了。

维尼：静能生慧。

因为我变得好商量了，孩子也越来越好商量，我们之间的关系越来越融洽了。现在在做事情之前，我会先询问一下孩子的意见，以前不管我说什么孩子都反对，现在他经常会说你觉得怎么好就怎么做，怎么听着这么熟悉呢？原来这是我在让孩子自己做主时对他说的话！

顺应孩子心理，孩子更合作

维尼小语： 王尔德说过："使孩子品行好的最好方法，就是使他们愉快。"学着顺应孩子的心理去养育，孩子心情愉快，幸福，自然会知道爱自己，爱别人。

顺应孩子心理，先说好，再说不，在家庭教育中应用很广泛，无论是对幼儿，还是对小学生、中学生，都是适用的，这是亲子关系的润滑剂。进一步来说，沟通时先理解肯定孩子，再提出自己的主张；先理解接纳孩子，再慢慢寻求改变，都是先说好，再说不。

"从前为了树立自己所谓的权威总是先说不，再说好。现在我学着先说好，再说不，顺应孩子心理，多站在孩子的角度去理解她，心疼她，孩子也更体谅我，原本紧张的亲子关系变得融洽。女儿七年级了，现在学习状态很好，也有独立的个性和自己的思想。想改变孩子，要从改变自己开始。"

顺应了孩子，大家都高兴，孩子也会合作。

我现在体会到了顺应孩子心理的妙处：孩子快乐，大人心情也愉悦了。昨天和儿子逛街，儿子想要冷饮，我答应了，所以儿子没闹情绪，还很高兴地为我拿东西；快回家的时候，说烤肠的味道很好闻哎，我一听这是想吃呀，就说想吃就买一根吧。虽然我不想让他吃，但维尼老师说偶尔吃一根没事，所以就顺应了孩子。结果我们高兴地回到家，并且顺利地完成了今天的作业。这让我真正地体会到了顺应的意义。

实例：孩子高兴了，事情就好办了

儿子二年级，今天的作业是平时的3倍，孩子回家特别生气，又拍桌子又骂老师。当时我想发火，可又忍住了，想起了维尼老师的方法，就对孩子说："你生气很正常，妈妈有时事多了也会心烦，妈妈相信你会完成的，做完了妈妈奖励你鸡翅吃。”孩子做了会儿还是生气，说明天早上5点起床做，我说：“好的。”孩子没做完，我还是给他鸡翅吃，孩子一边吃一边说：“我们出去玩吧，就当是周末。”我说：“好的，你要是明天早上不做作业该多好呀，今晚我们就可以多玩会儿，晚一点睡，不影响你睡眠。”孩子高兴地说：“妈妈我马上就做！”结果孩子7点就做完作业，出去玩了1个小时，9点睡觉，作业多也没耽误，玩也没耽误，而且按时睡觉……

实例：顺应孩子是好心情的开始

我今天也用了维尼老师的方法“先说好，再说不”。早上起床后，女儿雯雯说想吃面包，喝牛奶，但家里没有牛奶了，面包还有一片，雯雯就说要在外面买。我没有立刻答应，说等一下看时间吧，如果我们行动快的话，也许还有时间去面包店。结果吃过粥出门的时候已经7：20了，看来是没有时间去面包店了，雯雯还说想吃面包，我知道她这会儿想在外面买早餐的愿望非常强烈，如果我强硬地执意不买，肯定会闹得不欢而散，我可不想一大早就有个坏心情。想想在上学的路上会路过早餐店，于是告诉她想吃面包和牛奶可以，但是今天早上没有时间去买了，可以下午放学的时候买，但是现在可以在早餐店买个你爱吃的麻团。雯雯愉快地答应了。为了奖励雯雯明白事理，我说你也可以在买麻团的同时再买根油条，雯雯说不要油条，要吃南瓜饼，然后自己开心地在早餐店买了麻团和南瓜饼。先说好，再说不，既满足了雯雯想在外面买早餐的心理，又没有耽误她上学、我上班的时间，皆大欢喜，保持了清晨开始的好心情。

实例：顺应孩子，让我和孩子关系更好了

女儿最喜欢我接她放学时，能带给她一点零食，她说每次放学后都好饿，希望有点东西先垫一下肚子，然后再回家吃晚餐。之前我都拒绝了，怕她吃了东西后回家就不想吃晚饭了，小家伙一度因此对我有不小的意见，说我小气。后来我觉得维尼老师的方法“先说好，再说不”很有道理，决定也尝试运用看看。之后我同意带一点，但和她说好不能多，回家吃饭时饭量不能少太多；偶尔没有带的话，也不要生气。她同意后，我会给她买点面包、蛋糕之类的，每次小家伙都特别开心。从那以后我们的关系明显好转，而且她也越来越懂事，不再要求

我买路边摊的食物。

先说好，再说不，更加适合于青春期的孩子

比如，学校禁止带手机，但孩子执意要带手机去学校，可以先答应孩子，同时提出几个要求，比如，一定要设置静音，上课不能玩，这样孩子可能愿意接受我们的要求。如果直接不让孩子带，孩子不高兴，可能非要带，而且使用起来也不注意。

孩子上初中，以往孩子放学回家，会要求先看会儿电视再写作业，我会一概否决。现在我学着先理解孩子：上了一天的学，也很累了，即使是我上班累了一天回来，马上就让我做饭，我也会心里有怨言，也总想先歇一会儿，更何况孩子呢？所以，同意了孩子的要求，同时跟孩子约定，放学回家可以看电视看到7点半。日子就这样慢慢过去，我发现不需要刻意提醒孩子做作业，他也在7点半的时候自觉关电视，复习功课，写作业。有一次儿子因为看自己喜欢的节目而忘记了时间，如果是从前，我会霸道地关上电视，而此时我并没有行动，理解他喜欢的节目想看完，这很正常。节目结束了，儿子主动关上电视，同时对我说：妈妈，今天我多看了20分钟电视，我晚睡20分钟把时间补回来，您看行吗？就这样，我们的母子关系越来越和谐，儿子在我眼中也变得越来越懂事。

规则的制定和执行要有弹性

有人觉得建立规则和树立权威是家庭教育的法宝，所以会用坚持、坚决的方式，用惩罚、训斥、打骂的手段，试图建立和维护规则，树立自己的权威。结果，孩子要么被压抑而被迫服从；要么反抗，不肯合作。父母看到孩子不听话，还以为自己不够严格严厉，以为自己在娇惯孩子。殊不知顺应孩子的心理，考虑孩子的感受，学会灵活有弹性，更加人性化，才是使教育变得简单有效，孩子变得合作的最稳妥方式。

“我一直坚信为了孩子的将来不能溺爱孩子，所以在孩子很小的时候就给他立了很多规矩，并严格执行，没有一点商量的余地。在那种为了孩子好的想法里不知做了多少伤害孩子的事，可是那时全然不知。”

“曾经因为不想让孩子买垃圾食品不给孩子一块钱，孩子不停地要，我还是坚持原则不给，最后孩子无奈地上学去了，可还是很伤心，站在小区门口哭着喊我给他一块钱，我依然坚持原则！现在每次想起这件事我都有心痛的感觉！”

“以前，我自以为自己是个很民主的妈妈，一直以来也很关注孩子内心的成长，育儿方面的书也看了许多，对待孩子的需要比一般人懂得该怎么满足和疏导，在同事、朋友眼里我是个称职的妈妈，连学校的老师都知道我在教育上比较有办法。但就是这样的我，因为太有自己的想法了，也自以为很懂教育，当孩子犯了我们认为是原则性错误的时候，或者是在不良习惯的纠正中，总是说一不二，决不变通，让孩子出现很大的心理阴影，个性也受到极大的压制。”

规则最好是约定

家庭里需要有一些规则，比如要有礼貌、早些入睡、饭前洗手、睡前刷牙、作业及早完成等，这些规则有利于孩子的成长。

规则最好是和孩子商量之后形成的约定，这样适合孩子的情况，孩子相对也愿意遵守。

约定这个词很好，我们家孩子 9 岁，如果和他有关的事情，没有事先和他商量，他是会激烈反对的。孩子的自主意识很强烈。只要他事先答应的，稍作提醒就能够做到。当然也有偷懒的时候，但这不就是生活吗？

有些家长打着商量的旗号，其实还是在推行自己的意志。强加的规则对孩子就是一种压抑。

我觉得那些让儿子不乐意接受、根本反感的家庭规则，基本上都“见效”了，都变成了我们亲子之间的隔阂，规则越多、越严厉，隔阂就越深。

如果能明白或体验到规则的好处，孩子就更容易接受。比如，我建议女儿验算时要认真。起初她不以为然，而当体验到验算潦草时计算错误确实增多之后，就欣然接受了。

另外，规则不要太多。限制太多，会引起孩子的逆反，原本该遵守的规则也不遵守了。

规则的制定和执行要有弹性

有一句流行的话：定好的规矩不能破坏，否则孩子会像到了一个没有四面墙的地方，不知道底线是什么，心里会很没有安全感。所以，我会坚定地执行规矩，但是这却让孩子经常哭闹，甚至逆反。我在反思，这样一来孩子能有安全感吗？

在我看来，只有几种规则需要严格执行。一是不能伤害自己，危及安全；二是不能伤害、妨害他人，其他规则的制定和执行都可以有弹性。

有弹性的规则就像宽松的外套，既能御寒、防护，又舒服自在，最适合家居。这样孩子不觉得受束缚，就会愿意合作，也容易把规则内化为习惯。孩子幸福快乐，亲子关系也好。

比如为了预防近视，电视应该适当看，而非不看。到了约定时间还想再看，有时可以适当延长一会儿。

冷饮、快餐、零食应适当吃点而非不吃；偶尔孩子实在想多吃点，也可以答应。你好商量，孩子也好商量。

一般不要晚睡，但有时想放纵一下也可以；睡前刷牙，偶尔一次不想刷也可以。宽松一点，孩子也不会得寸进尺。

最好先写完作业再玩，但是孩子想做些其他事情，也可以灵活变通；提倡问好，但不愿问也不勉强，慢慢鼓励就可以了；衣服一般自己穿，偶尔撒撒娇让妈妈帮助穿也行，有什么呢？

不提倡追求名牌，但是偶尔买几件也可以，这也属于人之常情；写作业姿势尽量端正些，但是放松一下也没什么；说话提倡文明些，但有时说几句脏话也是难免的。

……

如果您是一个孩子，父母这样做，您觉得喜欢吗？会合作吗？而如果被严格限制，感觉又如何呢？

“周五晚上，孩子躲在屋里一个人在哭，原来他是想晚上写一点作业，剩余的作业明天再写完，可老公偏让他今天多写一点，明天早上必须完成所有的作业。老公觉得作业完成时间的规矩不能变，更不能由着孩子。我就给老公讲了一些实际情况，孩子刚上学前班，作业量对他来说挺多的，一下子让他完成会让他对作业产生厌烦，进而对学习失去兴趣。老公对孩子学习的武断态度，会让孩子在今后写作业过程中想到这种不愉快的经历，会让孩子对学习逐渐丧失兴趣，所以应该灵活和有弹性些。我告诉老公维尼老师的观点：先让孩子自己去体验，哪怕是失败的，他自己认识到了，我们再适时地提建议和他商量。说通了老公，我又告诉孩子为什么要尽早写完作业，实在不想写，晚点写也可以。然后我们又说好，周末作业先由他自己安排时间试试看，体验一下怎么样是最适合的。他开心地接受了。”

当然，如果原来一直采取强制的方式，硬性执行规则，亲子关系也不好，那么在变得有弹性、宽松之后，会有一段貌似混乱的时期。不过，如果坚持这样做，亲子关系会逐渐好转，孩子也会越来越更合作。

温和而有弹性地坚持规则，一方面孩子更愿意接受而不是抵触规则，他会清楚地知道规则需要遵守，不会困惑；另一方面，灵活变通一下，孩子更能感受到我们的爱意，更有安全感。

当然，在学校里或社会上规则往往是没什么弹性的，此时可以告诉孩子在家里和在学校的区别，让孩子有严格遵守学校规则的意识。

为什么严格、坚定执行规则不好？

坚决、严格执行规则本来是为了孩子好，却可能会好心办了坏事。

坚定执行规则的弊端

坚决执行规则，容易发生冲突，破坏亲子关系，孩子可能不是服从，而是对抗、逆反，结果是不合作。

孩子从小学就开始接触网络游戏，成绩中上水平。初中后孩子住校，周末想把玩的时间延长，我觉得也算合理，所以就答应了。可是孩子经常不守时，当时如果能像维尼老师说的那样有弹性就好了，但我当时只知道一味地让他下线，和他发脾气，说一些不好的话，所以经常有冲突。老公也很生气，会训儿子，因而和儿子有了更大的冲突，在这期间曾动手打过儿子几次。到了初二上学期，我们对儿子就有些失控了，他在这时正处在青春期最叛逆的时候，他会和同学去网吧，成绩也滑了下来。有一次，他父亲很晚回家看到他还在玩，很生气地说他，因为儿子顶嘴，他们俩争执起来，动起手来。后来我们也没有办法，不知怎么去做，到了期末，孩子的成绩基本上是班级倒数了。

后来我们慢慢地顺应孩子的心理，允许他在家上网，虽然有时也会玩很长时间，但是亲子关系好多了。到了开学之后，只有周末回家玩，冲突也不那么多了，不过每次还是玩6个小时以上。孩子的成绩有了提高，他的学习有些兴趣了，成绩也一直在提高，进入良性循环，到初三成绩是中上水平了。

孩子都是想好的，如果家长能够顺应孩子的心理，不那么生硬，孩子合作了，那么孩子的上进心可能会自然显现，也会明白父母定的规则是为了自己好。

坚决执行规则有时意味着压抑

如果父母非常坚定，孩子只能按照规则来，无奈地服从，也许看起来听话，但对孩子是一种压抑。压抑是心理问题最常见的祸根。

“在我儿子小的时候，我和太太认为给孩子立规矩非常重要，以为从小培养守规矩，长大就能更好地适应社会规则。因此，对儿子的要求就非常严格，并制定了一些现在想来非常过分的处罚方式。比如，去商场之前先说好不买玩具，到时哭也没用；要求儿子停止某项活动时数 1、2、3，数到 3 还不停止的话就要处罚；发现说谎或其他比较严重违规的情况，会被独自关在房间里（虽然时间只有几分钟，但对只有四五岁的孩子来说是一件很可怕的事）；规定只能周末玩半小时掌上游戏机，如果发现其他时间玩游戏机，就罚一周不能玩游戏。现在想来，我和太太简直就是不通人情的暴君。

儿子虽然不太反抗，但内心被压抑，小时候是一个阳光男孩，上了小学之后，变得越来越不阳光，很少有情绪高昂的时候。上了初中后，儿子和我们的交流越来越少，感觉他越来越不快乐，最后有了心理问题。”

规则执行富于人性化，孩子更容易认同

学会有弹性、灵活和变通，孩子会更懂事、好商量。没有了逆反，反而容易认同规则，将规则内化为对自己的要求。

“其实孩子远远比我们想象的更听话。必要的规矩还是应该有的，比如不能打人骂人。但是一些无伤大雅的事情，能变通就变通一下了，比如吃饭前要玩玩具，那就告诉他，再玩一次就好，孩子逐渐就会有克制力，而且知道你尊重他，他是不会随意践踏大人的尊重的。

而且记得要变通自己的语气。比如我家孩子在晚饭前拿饼干吃，我会跟他商量：‘我们马上就吃饭了，有你最喜欢吃的鱼哦！饼干我们明天吃，好吗？’孩子欣然答应，乖乖吃饭了。但是如果我呵斥他：‘不准吃饼干，赶快吃饭！’结果肯定是不欢而散。”

有时规则是苍白无力的

有些问题，有深层次的原因，不是规则能解决的。比如孩子不爱练琴、写作业磨蹭等，往往是兴趣、信心、能力等出了问题，有内在原因的，如果只是执行“按时认真练琴、按时认真完成作业”的规则，几乎没有效果，我们需要找原因想办法。

孩子如果撒谎或偷拿家里的钱，只告诉他要诚实，不能偷窃，是不能解决问题的，需要改善父母的教育、沟通方式，才会有效果。

充分理解尊重之后，可以坚决执行约定

咨询片段：

妈妈：以前和孩子（三年级）的关系不好，我没有尊重他，没和他商量，两人都犟。所以，有时执行规矩也执行不下去，强行执行，也容易发生冲突，搞得很不愉快。后来我按照您的建议，电脑方面实施了适当控制，适当满足，孩子没有过激表现。我们事前约定好时间，执行时也有弹性，提醒几次。不过如果提醒三次还是不关机，不按事先说好的来，而且已经满足了他再玩几分钟的要求，我会去果断关机，孩子也没有表现出什么不愉快。

维尼：其实他自知理亏，而且已经满足几次了，所以，他容易接受。

妈妈：原来是这样，哈哈。以前我会等着他，不敢给他关机，害怕他闹，现在明白了。

维尼：关系好了，可以适当严格。所以我说先理顺关系，等孩子喜欢你了，你也充分理解、尊重了孩子，就可以执行规矩，他也不大会闹。

妈妈：看来有些规矩该执行还得坚持执行。以前我自己心里没谱，致使对他一味迁就。

维尼小语： 什么叫宽松？宽松也有要求、规则，不是给孩子完全的自由，只是有弹性，可以变通，所以孩子愿意接受。就像孩子冬天不能不穿衣服，但是穿什么衣服需要孩子同意和喜欢，也不要紧紧束缚着难受，还是宽松舒服些。这样的衣服（规则、要求）孩子是欢迎的。

养育需要学会妥协

妥协是退，但是后退是为了更好地前进。先说好，再说不；顺势而为，顺应心理，都是一种妥协的艺术。

“那天炖了汤喝，饭菜好了，爸爸让儿子先喝一碗汤，然后吃饭。

儿子说：我只吃饭，不喝汤！

我回答：好！那你就吃饭吧！

儿子很开心地吃起饭来，碗里的饭吃得差不多时，我在他碗里倒了点汤，他也很开心地喝完了。

以前，我认为汤更有营养，必须先喝一碗汤再吃饭，弄得吃饭的气氛不愉快。妥协一下，等孩子高兴了，再喝汤也不错啊。”

变通一下，效果很好。

儿子平时9点洗漱就应该睡觉了。有一天晚上写完作业已经8:40了，他想出去玩。要是在以前，我肯定坚决不答应，最后就是以我生气他哭收场。我现在想：让他去楼下玩10分钟也没关系，也算满足他了。于是就同意了，没过10分钟他就高高兴兴地回来了。洗漱完了我们还躺着念了一会儿英语，也没像平时一样哼哼唧唧的，而是嘻嘻哈哈地学完了。所以，稍微变通妥协一下，孩子都是通情达理的。

妥协，也是和孩子商量，灵活变通一下，比强迫要好。

孩子幼儿园中午接回家，他也不愿意午睡。开始我强迫他睡，哪怕半小时。但是中午睡觉时间短，基本上刚睡着就得起来，情绪就很不好。后来我做了妥协，和他商量，是中午睡觉，还是晚上早一点睡，他选择了晚上早睡，我也欣然接受了，并一起协商好晚上9点上床讲故事睡觉，他也很愿意。即便有时候拖拉一会儿，我们也很少去催他了，晚那么十几分钟也不是多大的问题，像以前我可是一分钟都不愿意晚的。这样比强迫好太多了，晚上9点上床讲故事或者听故事，完了5分钟就睡着了，灵活变通一下，既尊重了他的选择，也保证了睡眠质量。

有些事情没什么要紧，我们可以大胆妥协，但是比较重要的事情还是需要坚持的。有一次天气不错，女儿在家里学习了一上午，下午她想在家里玩娃娃。我觉得锻炼身体重要，所以坚持带她去体育场运动，去了，玩得也挺高兴。

先说不，再说好

有时需要先拒绝孩子的要求。

比如孩子偶尔说今天不想练琴了，这可以理解，谁都有不想干事的时候，但是坚持还是需要的，所以此时一般要平静地拒绝（说不），但可以同时妥协一下（也可能孩子自己会提出条件），比如，少练两遍，或者少练 10 分钟（说好）。这样，孩子会感觉好像占了便宜，从而愉快地去练琴了。

同样的，期中考试快来了，需要复习，本来计划要做两套试题，但是某次孩子说今天不想做了，这可以理解，但我们可能还需要坚持一下。此时可以平静地拒绝孩子的要求，但是勉强孩子两套试题做完恐怕效果不好，所以，可以妥协一下，比如做一套半或者一套，这样孩子就不大抵触了，可以平静地接受。

这种“先说不再说好”的方式，适合于亲子关系比较好的家庭，关系好了，即使拒绝，孩子也没有什么强烈的反应。亲子关系糟糕，孩子逆反的家庭慎用。

另外，在这两个例子中，孩子平常都是有兴趣练琴和做试题的，所以，偶尔的妥协并没有关系。话说回来，如果孩子没有兴趣，逼迫又有什么用处呢?

无论是“先说好再说不”，还是“先说不再说好”，都考虑到了孩子的感受，都是不强迫孩子。

育儿新主张：跟随内心，顺其自然

育儿也要反对教条主义，不能把书上的育儿理念当作教条死搬硬套。现在的育儿理念让人眼花缭乱，有些貌似科学，但总让人感觉哪里不对劲，一般人无法论证其合理性，所以，颇多迷惑和无所适从。

不过，有一个简单的标准，那就是跟随内心，相信自己的感觉。如果你觉得某些育儿理念有点残酷，有点不合乎人性，不合乎人之常情，违背自然，一般是不合理的。

要按时喂奶吗?

“我全身心地爱女儿，总想能多给她一些关心，但做起来却是盲目和无知的。只要对孩子好的，我就一往无前地去做，甚至昏了头脑，没了理智。孩子出生时，因为无知，在书中寻求喂养的方法，得知母乳要两个小时喂一次，所以每天给自己上了闹钟，无论黑天白天，两小时就喂一次奶水，生怕孩子没吃饱……”

“孩子刚出生的时候我也困惑过，书上说要按时喂奶，否则孩子会养成坏习惯。所以，孩子哭了，饿了，我也不喂他，但总觉得有些不对劲。后来老公说每个孩子不一样，孩子每天的情况也不一样，饿了，哭了也不喂有些残酷啊，没必要那样教条，可以给他按需喂奶，后来这样做，孩子挺好的。”

是否应该多抱孩子？

以前怀孕的时候就听说过，孩子哭了不要抱，不哭的时候多抱抱，不要养成一哭就抱的习惯。记得出了月子后女儿要抱的时候越来越多，我很怕养成这个别人认为“不好”的习惯，所以她哭的时候我常常不抱她，就看着她哭，也阻止婆婆去抱。女儿哭得撕心裂肺，眼泪汪汪地看着我，大概哭了10分钟后我实在不忍心就抱了她，心里还在斥责自己不够坚持。

现在回想起这个事情，我突然有种想打自己一巴掌的冲动！一个孩子不会翻身和爬，更不会讲话，她最亲近的人就是妈妈，但是这个妈妈拒绝抱她，这是多么残忍的事情，我都不敢相信自己曾经那么愚昧无知。后来女儿这样的需求越来越多，我现在就像维尼老师所说的，选择跟随自己的内心，满足她要抱的愿望，不去坚持那样不符合人性的原则。当满足了女儿的需求时，我发现她很懂事，现在她总是抱一会儿走一会儿，看见一些小朋友，她可以玩上半天也不要抱……

强势可以建立威信吗？

以前听身边不少妈妈说，对孩子说话不要用询问的口气，一定要用肯定句或者选择句，这样才能建立自己的威信。女儿不愿意洗头、洗脸、穿衣服和刷牙，公婆不忍心就顺着她，连哄带骗地弄一弄就算过关，我认为这是她必须做的事情，不能因为她闹就退步，所以无论女儿哭闹得如何厉害，我也坚决把这些事情做完才罢休，类似这样的事情还有一些。

后来向维尼老师咨询后，才知道这是对孩子的伤害。去理解接纳孩子，首先考虑建立良好的依恋关系，这样孩子才会合作。我突然觉得公婆的做法才是对的，对于女儿的表现也觉得很正常，我自己也轻松了很多，能顺其自然了。

给孩子最大的自由吗?

以前：从怀孕开始，我就想要给女儿最大的自由，让她自由开心地成长，特别是看了小巫的书后更加坚定了这一点。婆婆很配合我，也尽量给女儿自由，做得比一般老人要好很多。但我还是觉得给女儿的自由不够，我不想听到婆婆对女儿说不，也想尽量去少限制她，即使把家里弄得多脏多乱都可以。后来我慢慢发现这样执行下去不现实，就向维尼老师请教，老师说：自由是相对的，人的思想是灵活的，多想想折中的方法，对孩子的要求先说好再说不。

现在：有一阵子女儿对拿杯子去饮水机接水很感兴趣，要一直把饮水机的水全部接光，然后倒在地上，最后的结果是：饭厅地上都是水，女儿从上到下全部弄湿。我感觉让她这样自由地玩也不好，而且玩了几次后女儿也没有失去兴趣。后来我想起维尼老师的先说好再说不，有一天女儿又要玩，我就说：妈妈想喝水了，你去帮妈妈接杯水，女儿接好后还想玩，我说今天要停水（那天正好通知停水），如果宝宝全部接完了，我们就没有水喝了，一会儿洗澡的时候你可以玩很多很多的水，好吗？女儿很开心地说：好吧。从那以后她再也没有提过要去接水了。

吃饭一定要专心吗?

吃饭时是否需要很专心？能不能说话？能不能听有声读物、收音机？

青青妈：吃饭时不太赞同做其他的事，吃饭需要胃做工，如果兴奋了大脑，对食物消化不利。如果养成了这样的习惯，就等着慢慢看身体的变化吧。

这位妈妈的观点颇具代表性。

从“科学”育儿的观点来看，专心吃饭有利于食物的消化，这是有道理的。但是育儿是一项系统工程，需要考虑整体，而不只是一个局部。比如，吃饭时聊聊天，气氛轻松愉快，心情好对于消化也有帮助；同时交流一些事情，也都有收获。反之，如果孩子想说话，而禁止说话，心情不好，那么对消化会有利吗？听故事也是同样的道理。

而且，人体也是能自动调节的，有些小小的不完美，也会自动地调整过来，所以，养成吃饭专心的习惯固然好，没这个习惯也没多大关系，不必太精益求精，有时顺其自然更好。

如果把一个小事情放大为影响身体的大事，可能就容易纠结，过于执着，甚至冲突因此而起，情绪不好，是不是更影响消化呢？

育儿不要太精细

育儿想精细，想科学，但是过于执着，反而生出很多是非了。

前段时间，一向吃饭都很好的豆开始出现了拒绝进食的现象，让我好一个头大。“快吃，吃完了再玩！”“跑着吃会肚子疼！”“别让妈妈催你好不好，吃饭是你自己的事情！”“坐下吃，不许站起来！”“再不吃就端走了！”“不许剩米粒，不然就饿肚子！”“再不咽就关掉电视了！”这些话是不是特别耳熟？那些日子每顿饭都像上战场一样，各种办法都用上了，饿一顿也不管用，端走就端走，人家毫不在乎。有时候甚至会以大哭大吵一场而结束。

有时候回过头来想想，哪个大人能受得了别人在威逼利诱和监督下吃饭？如果有人说你：“勺子不是这样用的，快点嚼啊，别光看电视，都吃掉不许剩下……”就算再香的饭菜也会变得没了胃口。有时候不是孩子不想吃，是大人心态有问题，大人越焦虑，孩子越抗拒。久而久之，吃饭就变成了一件不快乐的事情，一到吃饭的时间就开启自我防御系统。别以为孩子不懂，其实我们的心理活动是怎样的，他都一目了然。

这几天我一直劝自己一定要放平心态，吃饭的规矩不要太刻板，毕竟书上写的很多办法不是适用于所有孩子的。偶尔看电视吃一次又怎样？偶尔吃一半又能怎样？偶尔站着吃一次也许吃得更多，有时候吃慢一点还有助于消化呢！不想自己吃，也许是想多得到点妈妈的爱，喂吧，反正你已经会自己吃了。

认知改变之后，心情慢慢也能平静些了，豆的饭量也开始慢慢增长，几乎每顿饭都能开开心心地吃完了。虽然不能安安稳稳地坐在餐桌上吃完，最起码都会在她屁股不离开座位的情况下吃完，吃得还很饱。渐渐发现执行规则是要灵活变通的，也不要一味地去坚决执行，忽略了孩子的心情，反而事倍功半。

育儿的关键还是宝宝身体健康，心理健康，幸福快乐，其他的顺其自然。那些科学育儿理念仅仅是参考，不要太教条化。跟随内心，顺其自然，以人为本，不必太精确。

粗略的正确胜于精确的错误！

第二章　放下对生活习惯的执着

很多父母执着于培养孩子好习惯，如按时刷牙、吃饭、洗澡、入睡、自理能力，等等，为了好习惯不惜忽略孩子感受，仿佛习惯不好孩子就不能优秀了。习惯真的那么重要吗？培养好习惯需要那么着急吗？为了习惯而打骂孩子值得吗？

生活习惯可以随性自在些

生活习惯真的那么重要吗？

很多育儿理念强调注重生活好习惯的培养，甚至说好的生活习惯决定孩子的一生。这有一定的道理，因为有了好习惯，的确对孩子有好处，父母也会轻松得多，所以需要努力去培养。但是有的父母过于执着，好像习惯没有培养好，孩子这一生就糟糕了，以至于为了培养好习惯而忽略了孩子的感受，不惜逼迫、训斥、打骂，大家都痛苦，还破坏了亲子关系。

“我以前为了让孩子养成自己收拾东西的习惯，要求孩子玩完了玩具必须自己收起来，每次孩子不想收或者要求我帮忙时，我都会断然拒绝，结果都是孩子哭我生气。有时孩子不想收，我就威胁把他的玩具扔到垃圾桶里，孩子这时会哭着把玩具收起来。现在想起来觉得自己好残忍啊！”

“晚上孩子喝了牛奶，不肯刷牙，我硬抱着她到洗手间，强硬帮她刷牙，她死活不肯，无奈之下，只好放弃，我们都是一肚子气上床了。”

“我小时候，我爸经常会因为我把饭弄到桌上，水滴到地上而对我大声喊叫，我心里对他充满了厌恶。”

父母为什么会这样执着？就是因为把习惯不好的影响放大，上纲上线。

“在刷牙的事情上如果孩子不能坚持，那么是不是什么事情都能随时放弃？生活上不认真，那么学习、工作怎么认真？”

很多父母非常重视习惯培养，在吃饭、睡觉、卫生、自理能力等方面严格要求，一定要养成好习惯。这种行为的背后隐藏着这样的认知：小事不养成好习惯，遇到大事怎么办？生活上不养成好习惯，怎么会有好的学习、工作习惯？还有一位专家说："你们一定要知道，现在的每一步都和将来有关系！"

意义如此重大，那么父母自然会不惜伤害孩子也要培养好习惯。

很多家长都喜欢上纲上线，找到一个普通事情背后深刻、长远的含义。比如上课不爱举手，很多人想到的是孩子的积极程度、参与程度、性格塑造，甚至会想到以后在社会上争取机会的能力；不爱洗脸，很多人会联系到孩子不勤奋，以后生活是否拖沓？联想到，以后孩子是否爱拖延、手脚不麻利？如果把一个事情的影响放大到一生的高度，后果如此严重，那自然会纠结了。

这些观点有合理的一面：小事和大事其中蕴含的道理是相通的，所以，做好了小事情对于做重要的事情也是有启发的。但是我们在重要的事情上是否认真，是否能坚持，是否能做得好，主要是看在这些事情上我们的认知、兴趣、能力，与是否天天洗澡、是否按时刷牙洗脸、是否爱干家务、 是否按时入睡关系不大。

先说我自己，学习、做事、工作都认真，习惯不错，但是在生活习惯方面比较随性，舒服、自由自在是我考虑的主要因素。

再看爱因斯坦，他是以生活上的不拘小节闻名的，他不修边幅，甚至邋里邋遢，但这并没有妨碍他工作上的严谨和能力。

有人说：不扫一室何以扫天下，连自己的卫生问题都解决不了，如何成大事？但爱因斯坦、乔布斯、马克·吐温、扎克伯格的办公桌面都是凌乱的，不整洁并没有影响他们成为各个领域最杰出的人物。看来，好的生活习惯与优秀或成大事没有必然的联系啊！不是有好的生活习惯就一定优秀，也不是优秀的人一定有好的生活习惯。

有些父母渴望孩子优秀，每个习惯都想做到最优，但局部最优不等于全局最优，即使勉强让孩子坚持了好习惯，但结果会让孩子痛苦，也破坏了亲子关系，得不偿失。

我从小要求儿子天天洗澡，好好刷牙洗脸，按时入睡，结果孩子为此很压抑，再加上其他原因，变得很逆反。维尼老师建议我让他随性自在些，有时可以不洗澡，可以不洗脸刷牙，可以晚些睡，结果他愉快多了。现在想来，如果以伤害孩子心灵为代价来养成这些所谓的好习惯，太不值得了！

有的父母认为，生活习惯好，学习习惯才会好。其实这两者之间联系没有那么大。

一年前我和女儿因为学习冲突不断，隔几天就会有一场战争。女儿从起初的顶嘴到后来的肢体冲突，敌对情绪不断升级。我最看不惯她个人卫生一塌糊涂，常常因此吵得不可开交。女儿认为没必要管她的房间，又不是妈妈住；而我则觉得要养成好的生活习惯才会有好的学习习惯。后来学习了维尼老师的理念，并不断反思自己，我现在可以接受她的房间不整齐了，也可以容忍她偶尔买点垃圾食品了，这样我和孩子的对立得到了改变。回过头看看，房间乱点有什么关系呢？在这些方面先放低要求，亲子关系搞好了，学习的冲突也少了。

好习惯培养不用急

有人说，“三岁看小，七岁看老。”所以，很多父母认为一定要早早养成好的习惯。没错，能及早培养好习惯固然不错，但是在两三年内没有培养好，又有什么太大的影响吗?

为了好习惯而和孩子吵闹，影响孩子身心健康，值得吗?

葱蒜妈：三岁没有养成的习惯，四岁可不可以养成呢？七岁前没有养成的习惯，十七岁养成了，损失很大吗？教育孩子是一个长期、漫长而自然的过程，三岁七岁正常，四岁十岁受到不良影响，依然可能变坏，而三岁、七岁不好，五岁、九岁经过一系列帮助和修正，依然可能变好。每个时间段都非常重要，但每一个时间段，都起不了绝对决定性的作用；每个阶段都有机会。

专家说，孩子最好在晚上 9 点前入睡，曾经数年，我为孩子的睡觉问题伤透了脑筋，孩子们却睡得越来越晚，甚至超过 12 点。专家说，孩子最好从小培养有礼貌的习惯，于是我曾经循循善诱，让孩子见了大人就问好，结果，勉强之下，孩子越来越害羞，越来越怕见人，甚至家里来了客人，都躲在卧室不敢出来。

所有人都说：小孩子要多吃点蔬菜，这样身体才好。结果我的孩子在我的万般利诱之下，不但不吃任何蔬菜，而且比同龄孩子身体体重差别越来越大。那些年，我疲惫焦虑之极，无数次想自杀。然后接触到维尼老师的理念，突然明白，这一切不过是我们的执着而已，我们有了先入为主的目标之后，很容易给自己和孩子压力。用同样一个模子去套万般不同的孩子，怎么可能会得到同样美好的结果呢？发现孩子的优点，鼓励孩子的长处，是否比执着于补短更容易、更开心、更有成就感呢？

放下执着之后，孩子不睡，我自己睡，只是早上定时叫他起床，或许他宁愿接受早上的难受，也要享受晚睡的快乐，这是孩子自己的选择，好吧，我接受。孩子不吃蔬菜，也不再有任何勉强或劝说，只是告诉他吃蔬菜的好处，偶尔吃了蔬菜，就积极鼓励。孩子怕见人，不再劝说，而是给他适应的时间，一般对不太熟悉的人观察一两个小时后，也就能交流了。和大人一样，每个孩子都有自己过不去的坎，面对这些坎，孩子需要的是理解、支持，而不是家长的一味拔高。

每个孩子都是不同的，人家孩子能轻松养成的习惯，自家孩子却可能很难，所以不必太勉强。

有些习惯，长大了自然会改变的

"孩子洗澡洗脸问题，不是大问题。我女儿大概是6岁开始自己洗澡，脖子经常洗不干净，我帮她洗澡，她都不愿意，我也尊重她。有一年冬天，在乡下洗澡，因为不方便，我姐姐帮她洗，洗后还是黑一块白一块的，我姐姐为此专门打电话批评我，我女儿在那边自我嘲笑她的脖子现在长了斑马花纹。到了9岁以后，洗澡自然而然洗得很干净了。父母真的不用抓着细节不放，这些细节不会影响别人，也不会影响她将来的生活。父母现在如果抓着不放，就容易影响孩子现在的心情。随着年龄的增长，很多事情孩子自然而然就会了。"

放下执着，是快乐的开始

放下了对于习惯的执着，孩子快乐了，会合作，对身心发展都有好处。

去年的这个时候，我女儿是一个敏感脆弱的小女孩，每天上幼儿园都要闹情绪，成了班里爱哭的典范。老师头疼，我焦急，有些小朋友甚至都不想跟她玩了。后来认真读了维尼老师的博文，才发现女儿的坏情绪大部分是我造成的：对女儿的各种习惯都有着高要求，尤其是在吃饭方面，几乎每一餐都是哭着吃完的。女儿从小吃饭就慢，我又要求她吃得快，还要自己吃完，她没有做到，我就批评她，一批评她就哭，那时候女儿才刚满3岁。因为我处处管着，所以女儿对我的感觉是害怕，而不是相信。从此我开始改变，不再处处管着她，吃饭也会喂一喂，陪她自由玩耍。就在过年的那一个月里，女儿有了飞跃的转变，过完年开学，只在第一天小哭了一会儿，之后每天都很开心上学，女儿的班主任说女儿让她感到惊喜，舞蹈老师说女儿好像一下子长大了好多，各方面都很懂事。

有时父母太勉强，适得其反，孩子会逆反、对着干；而放下执着，顺应孩子，习惯反而培养得容易些了。

“我家姑娘书桌乱糟糟的，我老训她，训了就收拾，几天不说又乱了，我就说她脑海里没有整洁和脏乱的概念区分。看了维尼老师的文章之后，现在我不大训她了，她的房间我基本不管，这几天我看她书桌也会自己收拾，她说只要我不唠叨她就好过了。”

这里说的主要是生活习惯，学习习惯还是很重要的，只是同样不能太执着，可以慢慢来。

习惯重要还是孩子的感受重要?

有的父母为了孩子睡觉的事情会一遍遍地催促，接着升级为一声声呵斥，孩子最后在哭泣中睡着了。试问，晚睡点比孩子的快乐还重要吗？有的孩子不爱洗手，父母把孩子硬拽过来逼着洗，搞得孩子很烦躁，难道一点儿不卫生比心理还重要吗？孩子时间观念不强，吃饭、穿衣服、写作业前会磨蹭一会儿，引发河东狮吼，说不准一巴掌上去。那几分钟的时间，比孩子的感受还重要吗？

一位妈妈在孩子弄脏衣服之后发了火，孩子问妈妈：是我重要还是衣服重要啊？这话听了让人心酸啊！

很多父母以为孩子会忘记得很快，但是心理阴影会一点点积累、沉淀，慢慢侵蚀孩子的心灵，孩子会慢慢变得不幸福、不快乐。等你猛然发现后果严重的时候，恐怕已经晚了，悔之莫及啊！

习惯也不能说不重要，但不要太执着，给予孩子爱的滋养可能更重要。就像小树苗一样，要是给它足够的空间、阳光、水分等生长必要的因素，自然也会根深蒂固，长成大树后就能抵抗大风大雨。孩子也一样，心灵吸收到足够的营养后，才会有足够强大的内心面对长大后的各种问题，这比那些习惯要重要得多。

努力去培养好习惯，对结果顺其自然

对好习惯不能太执着，但还需要努力帮助孩子养成好习惯，因为这些习惯对孩子成长还是有好处的。

有些习惯比较重要，比如用眼、刷牙、饭前洗手、少吃快餐等习惯对于身体健康的影响较大：用眼习惯不好会近视，不刷牙会龋齿，洋快餐、零食、油炸食品吃得太多会肥胖……最好养成好习惯。

有些习惯虽然不错，但是可以慢慢来，顺其自然地引导就可以了。让孩子两三岁时独立吃饭，独立穿衣可能有些困难，但是到了五六岁就自然可以了；有的孩子小时候不爱吃蔬菜，长大些自然会有所改善；开始不爱做家务，慢慢鼓励，别当成任务负担，抓住自然萌发的兴趣，慢慢可能就爱干了……

有些习惯没有标准答案，适应孩子的特点更好。

比如按时入睡好还是顺其自然好？适合孩子的就是好的。

上课爱举手和不爱举手对学习的影响有那么大吗？

爱问好和不爱问好有多大差别吗？

不爱吃蔬菜的孩子，不也能长得人高马大吗？

吃饭时专心和吃饭时聊天，各有利弊吧。

爱洗脸和不爱洗脸，只要不是明显脏，好像也不是必须计较的吧。

房间整洁还是乱，与孩子将来的优秀有很大的关系吗？

当然，凡事不能过度，比如睡得太晚、卫生太差、上课不敢举手就不好了，这就需要改变。

有些习惯对孩子有好处，但也不必太严格，可以灵活变通有弹性，偶尔放纵随性一下没关系，这样孩子才有自由自在的感觉。快餐吃多了不好，偶尔吃吃也无妨；尽量不要太晚入睡，但偶尔放纵一下也没问题；睡前刷牙，偶尔偷个懒也没啥；尽量节约，但偶尔浪费一下问题也不大；一般讲卫生，偶尔脏点也没事……

读者：一晚上不刷牙没什么，我害怕的是孩子从此认为刷牙不重要，养成了想刷就刷，不想刷就不刷的坏习惯。有一次就有两次，坏习惯从此养成。

维尼：这是在放大一两次例外的影响，实践证明，如果亲子关系好，孩子合作，方式方法得当，孩子是好商量的。可以允许孩子有时懈怠一下。

放下对于孩子习惯的执着，放过孩子，也放过自己，让孩子随性自在些。这样心态好了，亲子关系亲密了，孩子变得合作，反而更容易培养好的习惯。

培养习惯要讲究方法

当然，顺其自然不是任其自然，有时培养得不顺利可能是因为方法不得当。

我女儿小时候一直不爱刷牙，后来我让她睡前可以看电视刷牙，从此就很痛快，而且刷得很仔细。

对幼儿来说，讲故事是培养好习惯的一个好办法。

有段时间女儿不喜欢洗手。我就给她讲了个《小花猫洗手》的故事：一位和蔼的奶奶有一只可爱的小花猫，但这只小花猫有个习惯就是不喜欢洗手。有一次，奶奶买了一条鱼，准备做熟了和小花猫吃，但小花猫嘴馋，没洗手就偷偷吃了。晚上睡觉时，小花猫突然喊肚子疼，奶奶赶紧把他送到医院，医生检查了，说是因为用不干净的手抓了生的东西吃，引起腹泻，医生给小花猫开了些药。小花猫好了以后，就天天洗手，再也不吃生的东西了，他的肚子再没疼过。宝宝听完说：妈妈，我以后一定好好洗手，不然肚子疼了多难受啊！呵呵，目的达到。这是我自己根据情况编的故事。

换一种方法讲道理，效果可能好些。

"我女儿有段时间抵触刷牙，我也不勉强，暂时不想刷就算了，不会有大影响。后来我就拿家人当反面教材，比如我自己，因为小时候不刷牙，所以现在牙齿有些黄，再找个抽烟导致的黑牙图片给她看，她说自己才不要那么难看的大黑牙呢，刷牙就痛快多了。"

"到了该刷牙的时候，我告诉女儿刷牙方法，然后每天与孩子一起刷，三口一起就像做游戏，就这么简单搞定。习惯的培养不要当任务完成，要顺其自然实施，你陪孩子一起做效果更好！"

好习惯，有时只能慢慢等待

看起来方法有很多，但有效的前提是亲子关系好，孩子合作。另外，不是所有的期望都能实现，有时最好的方法就是慢慢等待。

白雪在育儿方面很有方法，但她说："有很多事我怎么努力也做不到。我女儿有挑食偏食的习惯。在她两三岁的时候，我为此软硬兼施。有一天，她吃一样不喜欢的东西，突然想吐。这时候我才好好反思自己：女儿胃口天生就不太好，而且每个人都有不喜欢吃的食物，我为什么要强求孩子呢？没有哪些食物是必须吃的，只要注意营养均衡就好。我现在不强迫女儿吃饭，虽然现在还会挑食，但比原来好多了。我要做的就是多做她喜欢吃的，注意营养均衡。"

按时入睡还是顺其自然?

女儿不爱睡觉一直是让我最崩溃的问题！睡得好才能长得好啊！我这当妈的怎能不担心，可是越担心越焦虑，催她睡觉成了每天战争爆发的导火线！久而久之，我们的关系越来越差，基本我说一句她顶两句，她一顶嘴我就更生气……

睡觉的问题给多少家庭带来了困扰啊!

很多父母希望孩子养成按时入睡的习惯，规定八点半或九点睡觉。到了时间孩子不想睡，父母就着急了，逼着孩子去睡，所以争吵因此而起，甚至训斥、打骂，大家都不愉快，最后孩子含着泪花睡着了。有的孩子即使听话去睡了，心里也是老大不情愿的。上了床，因为不瞌睡，有时就会翻来覆去很长时间也睡不着。

为什么家长会要求孩子必须按时入睡呢?

百度一下就会知道，网络上对规律作息的支持几乎一边倒。所谓的“科学”育儿这样说：规律作息关系到幼儿智力、身体、情感、认知、行为的发展，能否保证充足的睡眠对于幼儿发育至关重要。对于上学的孩子，妈妈们还怕孩子睡觉不充足，不能按时起床，吃不好早饭，影响第二天上课和学习。

如果按时入睡真的这么重要，父母自然容易执着，如果孩子做不到，父母就容易纠结，难以控制自己的情绪。其实按时睡未必那么重要。

我做过一个小调查，有 64% 的孩子能够按时入睡，但是 36% 的孩子按时入睡困难。如果能顺利养成按时入睡的习惯当然也不错，可能对各方面发展可能会好一些，但也只是“可能会好一些”而已，两者差别不见得大。而且孩子睡觉是一个动态平衡的过程，今天睡得晚了，明天可能会入睡早些，或者早上可能会多睡一会儿。所以总体来看，孩子的睡眠基本是足够的。而且孩子的特点不同，有的精力旺盛，能玩到 11 点，第二天早起也没事儿。不去顺应孩子的特点，逼迫孩子几点睡，睡觉就成为一项任务而不是享受了。

我从小要求女儿 8 点半上床，那时孩子还不瞌睡，经常折腾半个小时才能睡着，看着就让人难受。这样睡觉就对她造成了压力，甚至是压抑。

一定要按时入睡，还可能造成失眠。我咨询过一些成人的失眠案例，一个常见的原因是就是按时上床，但是不瞌睡，又觉得必须按时入睡，睡少了对身体、精力不好，睡不着就开始着急。而睡眠最需要内心的宁静，所以更睡不着了。这样一来，就导致失眠。避免失眠最好的策略就是困了再睡，睡不着也顺其自然。

另外，如果经常因为睡眠问题发生矛盾，一方面会破坏亲子关系，另一方面带着不愉快入睡，对于孩子的心理健康很不利，这些都可能抵消早睡带来的好处。

所以，我的建议是：可以先培养一下试试，如果孩子能较轻松养成按时入睡的习惯当然不错；但是如果孩子按时入睡困难，可以顺其自然，瞌睡了再睡，这样上床后就很快睡着了。

我儿子上初中，以前我对孩子要求严，天天洗澡，洗脸刷牙，按时入睡，催着写作业……结果孩子经常在床上辗转反侧一两个小时也睡不着，逐渐孩子变得很逆反，心理也出了问题，有时说活着一点意思也没有。维尼老师建议我在这些方面放开，不想洗澡也可以，有时不洗脸刷牙随他去，晚些睡也可以，作业放手让他自己安排。孩子晚上忙活到 11 点，一上床很快就睡着了，和以前入睡的时间也差不多，作业也还是在以前那个时间完成。这样心情愉快，逐渐就不逆反了……

不过，经常睡得太晚的确也不大好，在入睡的问题上可以想些办法。比如睡前避免玩得太兴奋；如果睡不着，听一些有声读物故事是不错的选择，这样不仅有效地利用了这一段时间，而且能让孩子心情安静放松，注意力在故事上就不会胡思乱想，有助于较快入睡。

还有一些睡觉相关的问题：

午睡：有的妈妈经常逼孩子午睡，虽然有好处，但有些孩子中午精力旺盛，不想睡觉，何必勉强他搞得大家都不开心呢?

晚睡之后不想起床：上学之后，有的孩子晚睡之后早上想多睡会儿，有的妈妈着急叫孩子起床，会发生冲突。其实，孩子大都害怕迟到，早上可以适当叫几次，同时轻松告诉他：不起来，迟到了我可不管。孩子逐渐体验到起床是自己的事情，会自己起来，或者以后早些睡觉了。

早饭吃不好：有的人纠结孩子起床晚，时间来不及，早饭吃不好，其实早饭简单吃点也可以，饿了中午自然多吃，没有多大关系。

虽然我一直希望孩子睡眠规律，但是我并不主张强迫他睡觉。姥爷说孩子大了，不再需要那么多的睡眠时间了，他自己在调整；而且长大了，玩心重了，不想睡觉也实属正常。对于姥爷的话，我也十分赞同。睡觉这件事情真的不能强求，失眠的时候怎么也睡不着也是同样的道理。然而我并不主张到了睡觉的时间，看孩子不困就跟孩子疯玩、傻闹，还是应该为孩子提供入睡的环境，主要是灯光和声音两个方面；而且要让孩子意识到应该睡觉了，但是如果他不想睡，千万不可以强迫。

有些瞌睡了、想睡了再睡；睡觉，可以顺其自然。

“我家孩子从小到现在6周岁了，一直睡得比较晚，最早也要10点，最迟要凌晨一两点，而且都不午睡，她的精力真是非常旺盛。我们也不怎么催，因为催了也要一两个小时才能睡着，不如等她玩够了再躺下去一会儿就睡了，只是会告诉她周一到周四和周日晚上要早睡，周五和周六晚上可以迟点，这点孩子倒是挺自觉的，都是挺开心地睡着的。”

“我家孩子现在最早睡觉也要10点多，如果不催的话，可以一个人看书到12点多。我曾经每天晚上为了定时睡觉与孩子扯皮，每天晚上争吵，常常强制关灯，孩子在床上还总是睡不着。后来，到时间我自己睡了，不再勉强他睡觉，告诉他想睡了自己关灯睡觉。孩子很开心，大人也轻松，其实完全将权利交给他了，他并没有晚睡多少，反而比我们催的时候更早一些。后来我想明白了，既然人都有不同的生物钟，有人喜欢晚睡，有人喜欢早起，又何必看着人家孩子八九点睡觉，为自己孩子着急呢？”

培养自理能力，但不必太勉强

很多父母重视培养孩子的自理能力，比如做家务、自己的事情自己做。当然，自理能力还是要培养的，学会干些家务也是需要的。但我认为不要把做家务看得太重，能引导孩子做些家务当然更好，孩子不愿意的时候也不要太勉强。我们要引导孩子，而不是强迫孩子做家务，想办法使孩子体验到家务的趣味，至于做多做少，不必太执着。

简单来说，对待孩子做家务，不反对，不强迫，适当引导。

对孩子的自理能力不要太执着

小时候的自理能力不强，不代表长大后独立自主性就不行；小时候在家务上不勤快，长大了未必不爱做家务，工作未必不勤奋。

我进行过一个调查，发现小学前的孩子大部分爱干家务；小学只有50%的孩子爱干家务；到了中学，80%以上不爱干家务。小学前爱干家务，大部分是出于新鲜感，觉得有趣；而家务毕竟比其他事情枯燥些，所以到了中学自然不太爱干了。

我还有一次调查，发现目前的妈妈们有一半爱干家务，但是不爱干家务的大部分妈妈也能尽到自己的责任。这些所谓娇生惯养的80后，这些中学大部分不爱做家务的女孩，做了妈妈之后自然能担当责任，干好家务。爸爸们虽然家务做得少，但是工作上的吃苦耐劳已经超过了那些从小注重自理能力培养的欧美人。

所以，家务能力固然需要引导、培养，但其实对孩子的负责精神、勤奋未必有那么重要的影响，所以，顺其自然地培养就好，不必勉强、执着。

维尼育儿经：“自己的事情自己做”固然不错，但有时父母帮帮忙也未尝不可。比如有一个广受批评的现象：放学时家长帮孩子背书包。我也常帮女儿背书包，感觉没什么啊，现在孩子的书包沉重，我身强力壮，帮她背着又如何呢？这也是传递我的关心和爱护啊！女儿也没有因此就娇惯了，她自己背着书包去上学，从来也没啥怨言。她的玩具、东西有时堆了一地，一般她自己收拾，有时她请求我帮忙，我也会帮她的，这又有何妨呢？可以灵活些。

适当培养自理能力还是需要的

当然，走到另外一个极端，父母什么都代劳也不好。

我是80后，小时候在家里被父母宠着吃、宠着喝，父母能代劳的一定不要我插手。大学的时候也是走读，基本没有过过纯粹的集体生活。开始没看出什么差距、问题，但是一到了工作岗位，问题就来了；人家那些从小自立性强的孩子觉得不是问题的问题，到了我这里却成了大问题。生活的锻炼让他们对于一些工作生活的事情驾轻就熟，但是没有经过什么生活磨砺的我却对此一知半解。

教育之道在于中庸，“父母能代劳的一定不让孩子插手”，“没经过生活的磨砺”，对于自理能力过于忽视，对于孩子的成长自然不利。现在到了中学后，有些父母觉得孩子时间紧张，有时孩子去洗碗，会说：“别洗了，学习去……”这样就过头了。

顺其自然地去培养自理能力

我们培养孩子做家务，能养成习惯当然好，没有习惯也没关系。学会干，有些兴趣更重要。孩子小时候对家务感觉新鲜，所以有些兴趣，我们可以抓住这样的时机多锻炼锻炼孩子，让孩子学会干一些家务；长大了，可以用一起做家务，边做边聊天的方式带动孩子。

昨天晚上带女儿出去玩，回到家已经9点多了。女儿玩得满身汗，她说先洗澡，清爽了不烦躁才好写作业。她在卫生间看到我准备要洗书包，就说她想自己洗书包。我想如果再让她洗书包，肯定会用很多时间，她可还没写完作业呢！但是又想，自己洗书包不就是锻炼自理能力吗？现在她在兴头上，就顺应她吧！我同意她先洗书包再洗澡最后再写作业。虽然睡得迟了点，但没有发生冲突，不是很好吗？女儿还说了几次最喜欢妈妈了。

家务的事情，不要太勉强孩子，那样会败坏孩子的兴趣。有的父母太执着，如果孩子不爱干家务，会训斥逼迫；或者要求过于严格，比如必须每天自己洗袜子短裤，有时太晚了孩子不想做也不帮忙。如果做家务经常和不愉快的事情联系在一起，就会损害兴趣，甚至厌烦。

"从小我妈就让我自己擦我房间的地板，还得蹲着用抹布擦，不让用拖布。我现在30岁了，仍然很讨厌擦地板。"

维尼育儿经：我对女儿做家务没什么硬性要求，只是有时鼓励或邀请她干些活儿，愿意做就做，不愿意做就算了。因为没去逼她，她有时积极性、主动性还挺高。自理能力的培养也需要有个过程，以前削铅笔她叫我们帮忙，现在不知不觉之中她自己就干了。虽然现在干得不多，但她每次都很开心、有兴趣。

不勉强孩子，孩子更容易合作，有时自理能力反而容易培养。

"我家孩子上中学，不爱做家务，自己的房间可以说是脏乱差。其实我从小就很重视孩子自理能力的培养，没少为这些事和孩子较劲。再加上其他事情，结果孩子逆反，更不干啦。维尼老师建议我先不要为这些事和孩子闹别扭，先从各方面多顺应孩子。后来亲子关系大为改善，我再让他帮助干些家务，他反而痛快地做了。"

"女儿是1岁半左右开始帮我们饭后端空盘子。这个过程中她只打过一个碗，虽然每次端都把姥姥看得胆战心惊的。她还喜欢和我一起扫地，有时属于捣乱型，但是我一直保留她此项权利。我最喜欢她帮我拿拖鞋，服务很周到。一直以来，关于干家务，我没有刻意地去培养她，只等她兴趣来了顺势引导一下。目前只是作为一种生活体验，愿意就做，不愿意也不强求。不想为了培养某种行为习惯去执着地要求孩子。就像维尼老师说的，顺势而为，静待花开。"

培养孩子的独立性，不必着急

维尼小语：喜欢独立是孩子的天性，到了时候，不想让他们独立都不可以，所以，我们只需要缓慢而优雅地帮助孩子自然成长就可以了。急什么呢？可以慢慢来。

很多人认为孩子的独立性很重要，所以比较执着。我则认为，能够顺利培养独立性当然好，否则也不要勉强，可以顺其自然。

不必急着分床睡

所谓的“科学”育儿理念大都提倡分床睡，而且越早越好。有人说：为了避免助长孩子的娇气，应该从小就开始培养他的独立性，最简单的方式就是从分床睡开始，而且应该越早执行越好，父母千万不能因为孩子夜里醒来会闹就妥协……

这类观念只考虑了独立性，没有考虑安全感和亲子关系，所以不见得科学。

“5 岁时分开过独睡，但不成功，搞得大人小孩都神经兮兮的……”

“孩子快 5 岁了，我跟他说已经是大男孩了，应该自己睡了。他经常半夜来找我，我能感觉到孩子还是惧怕黑夜的……”

如果孩子主动要求或轻松同意分床睡，那顺水推舟就可以了。但孩子不情愿还非要勉强他单独睡就会损害安全感。

孩子为什么不喜欢分开睡呢？是因为他觉得在妈妈这里安全、温暖，给他很好的安全感，自己单独睡会害怕黑暗。孩子各不相同，没有必要在时间和方式上搞一刀切。可以顺其自然地去引导，等孩子不怕黑了，再加上心智发展到有独立需要的时候，自然就会独立了。而充足的安全感会使孩子内心更强大、独立。

独立性其实不着急，顺其自然就好了，就像说话和走路一样，不着急，自然引导，迟早会具备，将来父母即使想拉住孩子不放，孩子也是不愿意的。

“我儿子 4 岁了，天天跟我一起睡，孩子晚上怕黑是正常的，不要强迫分床睡，我很享受跟他在一起睡。现在不分床睡，他也很独立，什么事都自己做。”

“我的女儿上四年级了，还和妈妈一张床，我们没有非让孩子单独睡。其实孩子陪我们的时间并不多，孩子愿意和妈妈一起睡就珍惜这份幸福吧！”

“记得从女儿3岁起，我们就开始着手分床分房。不夸张地说，分分合合分到6岁都没有完全成功。2012年初，考虑到她快要上小学了，我开始因为这个事情变得更加纠结、烦躁、焦虑，当时我下定决心，无论如何都要在9月1日前分床成功。有时候她晚上哀求我们陪着入睡，我也会狠心不答应，看着她哭着入睡，我其实心里不知道有多难受。直到后来看到维尼老师独立性的观点，我才突然释怀。我才想起自己小时候不是照样跟爸爸妈妈睡到七八岁吗？从那以后，我就安安心心地把她的小床放在我们房间了。到了一年级下学期开学前，她就真正独立睡觉了。但是偶尔周末，或是她爸爸出差，或是看了情节紧张的电影，我还是毫不犹豫地答应她跟我们一起睡。这有什么呢？”

“对维尼老师的接触恰好在我育儿的困惑期，因为分床问题我和女儿发生了冲突，分床前进行很多酝酿，比如带她自己选床，讲小鸟长大了要独自飞等故事，她答应要独自睡。但真的执行起来十分困难。最厉害的一晚，她睡到后半夜醒来，要求到我们床上来，我坚决拒绝，结果她就不睡了，边哭边拿本书看，我也很生气，僵持着。从小女儿各方面都还不错，分床却这么困难，难道是自己对女儿太娇惯？所以在分床上我更不让步了。那段时间搞得焦头烂额，把自己的教育都否定了。后来看了维尼老师的博客，反思自己在分床上犯了冒进的错误，在放下执着之后，我释然了，对孩子就不那么着急了。调整了做法，比如让她睡上铺（她选的高低床），我睡下铺，比如一星期挨大人睡一次，慢慢就好了。”

刚上学，作业不必急着让孩子独立完成

有些父母觉得要培养孩子学习的独立性，所以一上学就早早放手。现在学习的难度和强度都比较大，如果孩子能力强，的确可以让他去挑战困难，对孩子成长有好处；但如果基础和能力一般就有问题了：作文自己构思，但是一二年级的孩子完全靠自己写作文是吃力的，畏难情绪之下自然不爱写；数学题不会做，自己独立思考，结果想来想去还是不会做，自然烦躁；英语单词不会背，自己想办法，孩子自己哪里会想出自然拼读法这样有效的方法，背单词成了头痛的事情……

孩子独立能力没有培养出来，却变得讨厌写作业、烦学习……

如果孩子开始学习困难，最好先加辅助，让学习变得轻松、容易些，再逐渐放手。通过我们的帮助使孩子取得进步，从而有成就感，激发兴趣，树立信心之后再逐渐放手，让孩子独立完成，这样水到渠成。

我儿子上一年级，以前总想培养孩子独立的能力，结果孩子费劲还不专心，大人也失望。学着像维尼老师那样去辅助孩子之后，就好多了。

另外，如果孩子作业很多，有些作业意义也不大，我们可以去帮忙。这样可以帮他节省时间，提高效率，不必在意独立性的问题，这样更实事求是。

问：女儿为了作业能做得快，要我帮她把需要订正的错题录入到电脑里，以后复习可直接打印，自己抄花费太多的时间。我考虑，学习是她自己的事，抄题费时间，她为什么没有考虑怎么提高自己的速度以节约时间，反而寻求家长代替，是否会养成依赖的习惯？

维尼：孩子作业确实多的时候，可以帮助孩子做一些事情。这一类抄写的作业本来实际意义就不大，因此花费时间的确不值得。我们要培养孩子的独立性，还要有层次、有策略、有序地进行，不要眉毛胡子一把抓。在目前培养孩子作业习惯的阶段，可以把独立性的培养适当延后，多去辅助孩子，使孩子的作业变得轻松，让她慢慢把写作业当成一种享受。等她爱上学习，喜欢写作业，能力提高了，再去要求独立性也不迟。

当然，有的孩子刚上学，依赖性可能太强，此时需要适时放手，遇到难点再重点帮助。

我女儿一年级，写作业时我坐在旁边，她会经常问我问题，连12−8也问我是不是等于4。后来维尼老师建议我坐得远一些，和孩子约定做完再问，再对孩子不会的加以引导、讲解，这样就慢慢好多了。

有时喂饭也无妨

我家宝贝今年两岁半了，总是不能独立地吃完饭，开始吃的时候，自己吃，后来剩下的就想让人喂，昨天爸爸因为这个罚坐他两次，还打了他的手……

我们努力引导孩子早些开始独立吃饭，但是孩子各不相同，有的很快能学会，有的需要等几年，所以，可以顺其自然。两岁半的孩子还需要喂是正常的，四五岁的有时喂喂也无妨，急什么呢？偶尔喂饭也没什么了不起的，大了自然不要你喂了，这与孩子是否优秀关系不是那么大。

我家女儿9岁了，她有时胃口不太好，吃不下时，我还会喂一下，这样她心情好一点，吃得也挺快的，好像难吃的也变得很好吃一样，大口大口地吃个精光，还增进了亲子关系。

有时可以帮助孩子解决小朋友间的矛盾

小朋友之间经常会有矛盾，有人说，这个让孩子自己解决去。没错，需要给孩子自己处理矛盾的机会，但孩子不是一下子能学会的，也没有能力处理所有的矛盾。所以，发生矛盾后，完全让孩子自己去摸索解决是不合理的。开始需要父母教给孩子如何去做，有时也需要家长出面。

维尼育儿经：“我女儿在学校遇到几次问题，一个小男孩总揪她的辫子，有一个总叫她外号，她不高兴，我教给她了一些处理方法，但是不起作用。所以，我在放学的时候，找到男孩，蹲下来和气地跟他们说了说，这些问题就解决了。”

“闺女上一年级时，有个小男孩老是掀她的裙子，闺女为此哭过好几次。我当时生气地想给他家长打电话告状，后来一想，孩子嘛，根本不懂这样做有什么不好，于是找了个放学的时间，轻轻告诉他，不要和闺女再做这个游戏了，闺女不喜欢，这事竟轻松解决了。”

静等“独立性”花开

有时等一等，感觉机会成熟了，再推孩子一把，再坚持一下，孩子可能就独立了。比如，孩子三四岁了还用奶瓶，先等等他，然后慢慢渗透可以不用奶瓶了，感觉差不多了，就让他用杯子喝奶，鼓励他长大了，可能就顺势戒掉奶瓶了。

孩子大了，自然会独立，想拉也拉不住。

维尼育儿经：“每周五我都接女儿和好朋友小周回家。三年级时，我把她们送到公交车站，提议她们自己坐车回家，然后我去下车的地方去接她们。她们觉得这样新鲜，很高兴。后来，她们独自坐车上瘾，只让我把她们送到车站，不让我去接了。

女儿喜欢黏着妈妈，我们也随她去，觉得没什么关系。国庆节我们去崂山玩，女儿一路上兴致盎然。到后来，她自己在前面带路，把我们甩在后面，想叫她停下来跟着我们，也不听了。”

有时需要帮助孩子应对困难

有时我们需要放手让孩子自己应对困难，但是有时需要去帮助他。

儿子换了幼儿园，每当他遇到困难时，我不再像以前那样逼他去和老师沟通。我在和老师沟通的时候会告诉他，“妈妈做个示范你看好吗？”一次两次的示范，加上老师的鼓励，儿子也能慢慢地和老师沟通处理一些问题，从开始连教室都不肯进去，到现在能和小朋友开心相处了。

内心的独立比独立的习惯更重要

我对于培养独立性采取顺其自然的态度，但我一直注重给女儿自由，多让她做主，尊重她的想法，所以女儿内心的独立性算是不错的。

但是有的家长着急培养孩子的独立性，注重分床睡，培养孩子干家务，让孩子自理，但却不给孩子自由。他们严格限制孩子，让孩子听话，不注重孩子内心的独立，这真是自相矛盾的做法。注重内心的独立，外在是否独立，顺其自然！

我父母就是这样做的，所以我觉得自己内心独立早，长大后也非常独立。

一定要天天洗澡吗？

“科学”育儿理念说，讲卫生对身体健康很重要，要养成受益一生的卫生习惯。所以，很多妈妈要求孩子天天洗澡，如果孩子不愿意，还会强迫孩子去洗，为此可能经常发生冲突，大家都不开心。

孩子各不相同，有的不太喜欢洗澡，就不必太勉强。夏天出了汗不舒服，一两天洗一次是正常的，而冬天每周洗一两次也可以（北方）。从卫生的角度来看，身上有细菌、汗液对健康有多大影响吗？孩子自己觉得舒服就行。如果不算脏，多久洗一次有什么大不了的呢？有些重要部位单独洗洗就可以了。

如果想培养这个习惯，最好想办法引导孩子“喜欢”洗澡，不勉强，孩子反而向往洗澡，能从中找到快乐。如果逼迫，孩子会讨厌洗澡。

其实洗脸也是如此。如果看起来不脏，对身体是没啥影响，洗不洗，洗得干净与否重要吗？

“我儿子小时候最烦洗澡了，我们当时也是执着得很，觉得必须洗，每次洗都不开心。现在到初中了，三天一澡，作业写到10点也得洗了再睡，不想让他洗都不行。顺其自然，孩子开心，大人也开心。我儿子现在洗脸就是摸一把水一擦，我也不管他。哎，长大了爱美了，等找女朋友了，到时候你再看他怎么洗脸吧。家长都把眼光放远一些，这些都不算事。”

不要逼孩子打招呼

很多家长都很重视孩子是否有礼貌。为什么要有礼貌？道理很简单，尊重别人才能得到别人的尊重。而且，人们一般也愿意帮助有礼貌、尊重自己的人。所以，有礼貌对自己是有益的。

不过一般人所说的有礼貌，其实是指要有礼节。夏山学校的尼尔校长说："有礼貌的实质是能设身处地为别人着想，不允许伤害别人。有礼貌是真的有修养，而礼节是礼貌的皮毛和表面装潢。"所以，在夏山学校里，孩子们习惯于一视同仁的气氛，不讲究尊师重道，不注重礼节。

我们不必照搬夏山学校的做法，不过从这个角度来看，礼貌是需要的，而礼节更多的是一种个人的选择。有礼节不错，不表现出礼节也没关系。就像小朋友见面向我问好我觉得挺好，孩子不愿意问好我觉得也无所谓。当然，如果表现得很没礼貌，比如骂人、说话很难听，自然也是不好的。

注重礼节的事情，顺其自然地去推动就可以了，为了家长的面子而强迫孩子，就没有必要了。

小时候我会逼迫孩子去问好，结果孩子对交往产生了恐惧，见到别人要躲着走，最后成了一个心理问题。

有发自内心的善意，即使礼节一般也是好的。

维尼育儿经："我女儿四五岁的时候，见了叔叔阿姨不大问好。我知道她可能有些羞怯或紧张，所以，我不会逼她问好，不问也就算了，也不觉得有什么没面子的，问好的时候鼓励一下她。后来，她慢慢放松，也模仿其他小朋友，问好逐渐主动些了。虽然现在还算不上积极的，我觉得也没什么关系的。她见面即使不问好，但总是笑眯眯的，也表达了她的善意，我觉得也不错啊。"

"我从小就被爸爸妈妈要求有礼貌，一直到现在，我也不喜欢和不是特别熟的人接触，我也会因为不想和别人打招呼而绕道走，害怕见到不是特别熟的人，总觉得自己有交际障碍。我现在又和父母一样对孩子有同样的要求，看了维尼老师的文章突然意识到了，还是顺其自然好些。"

第三章　理解、理解、再理解

如果我们能去理解孩子，会发现孩子的所谓“问题”表现可能很正常，没什么，也可能有内在的原因，还可能是父母造成的。所以，为什么要惩罚孩子呢？理解孩子非常重要，理解之后才能宽容孩子，才能接纳孩子，才能改变我们的认知，从而少对孩子发火；找到原因之后才能想办法去帮助孩子。

宽容、接纳的基础在于理解

“维尼老师提倡不要惩罚孩子，不要对孩子发火，但如果孩子犯了错误，惩罚不是应该的吗？而且孩子的错误屡教不改，让我怎么宽容和接纳？”

这位读者的疑惑很具代表性。很多人认为孩子犯了错，对孩子进行惩罚、发火、打骂就是理所应当的。

我们常说要宽容孩子，接纳孩子，但是如果不理解孩子，比如你觉得孩子是在无理取闹、故意捣乱、找事、不学好，怎么这么不懂事？怎么这么不上进？怎么能说谎呢？为什么屡教不改呢？这样是无法宽容和接纳孩子的。

宽容和接纳的基础在于理解。如果能做到关注孩子的感受，站在孩子的角度去理解他，就会发现孩子的表现有些是很正常的，或不过是人之常情；有些是有内在原因的，有些可能是父母自己造成的。我们需要做的是找原因想办法，孩子需要的是我们的帮助，而不是惩罚。这样理解了孩子的表现，认知改变了，宽容和接纳就容易了，也容易变得平静，就能发挥我们本身具有的智慧了。

对于孩子的内心感受，我以前真是没在意过，只从我的角度想。向维尼老师咨询后，我努力理解孩子，就发现自己不急了，能接纳了。

孩子的某些问题表现很正常，没什么

孩子的有些表现不过是人之常情，不算问题，很正常，没什么，不要上纲上线，扣上难看的帽子。

实例：不要轻易给孩子扣上自私的帽子

维尼育儿经：“女儿对好朋友比较大方，但那天去青岛大剧院看一个精彩的喜剧，演员向台下抛五颜六色的海洋球，我们抢了几个。我说咱们回去给你的好朋友一个吧，不知怎的，她就是不答应，不肯给。后来，我一想，也许她太喜欢了，也许她觉得是自己好不容易得来的，即使是我们大人，有时也会有不愿意分享的时候啊……这也不算自私。这么一想就理解了，也就不去勉强她了。”

“祥妈：我们资助了一位农村小女孩，儿子愉快地同意了用他的压岁钱支付这位姐姐的学费。但是今年五一我们打算去北京玩，我告诉儿子想带上姐姐。儿子看上去有点不高兴，说他不想去了，因为那样就玩不好了。后来我考虑到儿子的感受，就没有带姐姐去。不过我有个疑惑：孩子这样是不是有些自私？

维尼：这不能随便定性为自私，他能资助就说明不是自私的人。谁都有自己的感受和想法，他可能觉得那样不自在，玩得不痛快，我们有时也不希望和不熟悉的人一起玩，这是可以理解的。

祥妈：是啊，他的压岁钱一直不舍得花，但是当我提出给姐姐资助学费的时候，他很大方地拿出来了。前几天回老家，和他商量我俩每人出一千元孝敬奶奶，他也欣然接受。看来这次有他自己的原因吧。”

不要轻易地给孩子扣上自私的帽子，有些看似自私的事不过是人之常情罢了。

孩子不大度很正常

孩子和别人发生矛盾，孩子生气，发脾气，我们总觉得他不大度。其实有矛盾时生气，是人之常情；有了情绪发泄出来，心静了，就容易宽容大度些了。

以前孩子和同学有矛盾，很生气，我总是劝孩子忍耐、大度，但是孩子常常耿耿于怀。后来维尼老师建议我先去理解孩子合理的方面，然后引导他主动宣泄，比如打被子、打枕头等，这之后孩子情绪会好很多，就容易宽容同学了。那天我按照老师说的办法试了下，让孩子对着枕头发泄，效果还是挺好的，起码他感觉我理解他了，看起来心情还不错。有次有个好朋友和他闹矛盾，我说你也把对同学的怨气发泄出来吧。他竟然说：“算了吧，其实他不是故意骂我，就是和我一样忍不住爱发脾气。”

很多人总急着劝孩子要大度，其实这也是在压抑孩子。先理解孩子，顺着孩子，在他情绪平静之后，再试图让他去理解小朋友，孩子更能听得进去，也可能不用劝就宽容了。

孩子有时丢三落四是正常的

维尼育儿经：那天女儿戴了一顶漂亮的帽子去上学，放学回来看到她没戴，就问她帽子的下落。她一愣：啊，帽子忘在学校了。我笑着说：没事，明天再去找找。旁边的小朋友很惊奇，跟我说：叔叔，你态度可真好。要是我丢了东西，爸爸妈妈肯定要训我一顿……

女儿每次不小心把东西弄丢了或找不到了，我们从来都很平静淡定，一句也不批评，还要送她一句：没事，没关系。让她把托管班的学费带给老师，我不是嘱咐她别把钱弄丢了，而是说："钱是有可能丢的，丢了也没关系啊！"

这样劝慰孩子，是因为孩子可能比成人还要在意东西，所以不必反复叮嘱别弄丢了。即使不小心丢掉了，也很正常，我们大人也会这样啊。

"孩子上学隔三岔五，总会忘拿什么东西，这么丢三落四可怎么办？"

我女儿算是比较细致的孩子，但现在上学要带的物品太多了，有时漏带很正常，没什么。所以有时忘记带，方便的话，我会送过去。另外，我自己有时也丢三落四，买菜付完钱之后有时没拿菜就走了。

我不希望孩子成为一个小心谨慎照顾东西的人，还是活得随性自在些好。那么这是否会影响孩子的优秀？呵呵，爱因斯坦就是一个丢三落四的人。

当然，如果孩子生活过于不仔细，过于大大咧咧，也可以适当提醒，督促改进。不过，没什么大的关系，可以慢慢来。

实例：孩子其实不是在欺骗父母

周末按照老师的要求给女儿布置了数学试卷。周日下午，女儿在家正做作业，好朋友来找她玩，两个人边写边玩，等好朋友走后，我发现她的试卷是好朋友帮做的。问了她，她承认了。问她原因，是好朋友主动要求帮她做的，想做快点做完好一起玩。我当时很生气，把那份试卷给撕了，告诉她这是欺骗父母、欺骗老师的行为，是很严重的错误，告诉她不再给她出试卷了，她就一直哭……

孩子其实没有想着欺骗父母和老师，只是“作业只能自己做”的意识不强，当时也贪玩，同学的怂恿不好拒绝，也算是人之常情吧。如果经常这样惩罚孩子，就是在逼孩子学着说谎骗父母，以逃避惩罚。

很多人喜欢上纲上线，把孩子无心的错误上升到道德的高度，错误那么严重，自然难以理解、宽容、接纳孩子了，这样会破坏亲子关系，制造不必要的紧张和不愉快，不值得。

维尼育儿经：我女儿二年级时在托管班写作业，有一次，她告诉我，同学们都在抄作业，她不会的有时也会抄同学的，也有同学主动拿给她抄。我听了，理解她在那个环境下抄作业是正常的，不是有意欺骗谁，何况我也没有专门说过这个问题，所以表扬她说实话，没有批评她欺骗老师和父母，更没有惩罚她。我告诉她不要抄作业，别人要抄让他们抄去，那样其实是吃亏了，时间久了学习就不好了。她问，那么不会的怎么办？我说不要求在托管班全部写完，不会的爸爸回家来教你。她答应了，以后再没有抄过。因为我不惩罚训斥，所以，总和我说实话。否则，如果她害怕惩罚而说谎，我也没办法。

一位读者怀疑：二年级的孩子抄作业还可以理解，初中的孩子抄作业就是欺骗自己、父母和老师了，因为他不是小孩子了。

维尼：我们不要轻易给孩子贴上欺骗的标签，要找到行为背后的原因。初中孩子抄作业可能有几种原因：可能对学习没有兴趣、没有信心，只想应付作业；或者能力有限，觉得难，不会做；或者作业太多做不完；有的是不想被批评和惩罚……在这几种情况下抄作业就是自然的事情了，与欺骗不大相干。需要解决的是孩子学习兴趣、信心、能力等根源问题，惩罚治标不治本。

另外，中学有时作业太多，而且重复，我们无法改变老师，只能自己灵活对待了。有的同学之间为了节省时间而分工合作，取长补短，互相借鉴解题思路，加深理解，这就是抄作业的更高境界了。父母也可以灵活些，帮孩子做一些意义不大的作业，提高效率。

孩子说话不算数有时是正常的

有时孩子说话不算数，父母会责怪他不讲信用。没错，守信是一个重要的美德，需要从小培养，但不要轻易给孩子扣上不守信的帽子。总体来说，对小朋友的承诺，应该尽量信守；与父母之间的约定，还要具体情况具体分析。

有时所谓的约定，并没有考虑孩子的感受和意见，其实是借商量之名实施父母的意志，所以孩子不情愿接受，自然难以遵守。比如，逼孩子答应不看电视、不玩游戏、整天学习……这实际很难做到。所以，约定本身就要尊重孩子的要求。

有时看电视、玩游戏、在外面玩，孩子到了说好的时间却不肯停下来，这其实也是正常的，我们玩高兴了也想再玩一会儿，有弹性就可以了。

说好了要自己吃饭，孩子却撒娇让妈妈喂，偶尔为之也没什么；说好天天刷牙，有时想偷个懒，那么让他简单漱漱口也可以，谁没有这样的时候呢？

孩子有时说话不算数是因为心理问题。比如孩子对登台表演有些紧张，在家说好了，但是登台前又害怕了；说好了见面要问好，但是见面又不想问了……这些是不由自主的。此时不要强迫孩子，否则反而会让孩子更紧张，时间久了还可能真的会变成心理障碍呢。

说好了不再发脾气，不哭闹了，但是孩子有时会控制不住。其实父母不也是这样吗？说好不发火，到时候却又忍不住了。

孩子说话不算数有时有内在原因。比如说好了要及时完成作业或好好弹钢琴，但实际做起来又磨磨蹭蹭。这是因为孩子的兴趣、能力问题没有解决，所以即使说好了，还是不愿意做，不想做。

我常想起维尼老师的话：理解，理解，再理解。这会让我在第一时间保持冷静，然后再寻求解决办法。昨晚孩子的语文作业是背诵课文，开始说好背诵课文由他自己来完成。看他半天也不行动，我有点急了；眼看快 9 点了，孩子仍然在发呆，我开始焦虑，心想孩子怎么说话不算数呢？有点想发脾气的冲动。这时我对自己说，一定要理解孩子，不要简单认为说话不算数，他肯定想早点完成作业。于是我过去看他要背的课文，原来课文较长，孩子无从下手。我告诉他可以先分段背，再整篇背，孩子用这个办法很快把课文背下来了。我一直陪着他，每背完一段我就鼓掌或亲他一下以示鼓励，孩子很开心，在不知不觉中就把课文背完了。后来我庆幸没有责备孩子，同时也深深感到理解孩子有多重要。

我们有时也会说话不算数啊。我本来想减肥，晚上少吃，但看到美食又忍不住多吃一些；本来计划 10 点钟就睡，电影看得正高兴，就想再看一会儿；本想早上起来跑步，但实在太瞌睡了，就改睡懒觉了……这些不过是人之常情罢了。

如何看待孩子的虚荣

我们常常告诫孩子不要爱慕虚荣，应该追求内在的东西。这是有道理的。不过，有时孩子所谓的虚荣其实是正常的要求，只是父母不理解罢了。比如，女孩子爱打扮，这是女孩的天性；有的孩子喜欢名牌，也是正常的需求；有的想出些风头，引起关注，这是青春热血的一个常态；小学生喜欢花花绿绿的文具，很正常……当然过头了就可能是虚荣了。比如一个男孩会隔一两个星期就买一双篮球鞋，引起同学的关注；一个孩子会随口编造出一些让自己有面子的谎话。这种情况我们首先要反思是不是家庭教育出了问题，是否没有给孩子充分的肯定和鼓励，孩子很渴望得到关注？是否对孩子期望过高，孩子做不到，所以才会编造谎言？另外，孩子性格是否过于要好、争强好胜，所以撒谎？不过孩子的虚荣也表明孩子想好，想得到肯定，这也是前进的动力。比如，一个孩子学习差，他花了不少时间去打游戏，这是因为游戏打得好会让同学羡慕，满足了成就感。

如何应对孩子说脏话

从文明的角度来看不应该说脏话，但是我们大多数成人也会偶尔说脏话。为什么会这样？一个是风气如此，另外，有时这也是情绪的宣泄，说过之后感觉痛快一些。所以，把脏话挂在嘴上不好，但是偶尔说说也算是正常的。

孩子也是如此。偶尔说几句脏话，不过是觉得好玩或者发泄而已，虽然不能鼓励，但是也不必上纲上线。孩子们在一起也会相互影响，觉得这样显得酷或者成熟，或者想拉近之间的距离。理解了这一点，可以适度宽容。

我们自己少说脏话，也期望孩子不说或少说脏话，告诉他我们的观点，当他说的时候可以提醒一下，没有必要大做文章，好像犯了不得了的错误似的。孩子说脏话，有时不妨淡化。习惯有时是奇妙的，越是强化，越是想去纠正反而会越顽固；淡化，不大理睬，反而会自行消失。

“我对说脏话一直抱坚决抵制的心态，看了维尼老师的观点对我有所触动，我想该反思一下了，宽容一些也没什么不好。”

孩子某些问题表现有原因——找原因，想办法

黑格尔有句名言：存在即合理。这句话在家庭教育中可以这样理解：孩子的各种问题行为总是有原因的，不是无缘无故的，所以需要我们去找到原因。

只有找到了原因，才能想到办法解决。去“找原因，想办法”，而不是“训斥、打骂、惩罚、逼迫”，才能更好地解决孩子的问题。

孩子粗心怎么办?

很多人为孩子学习粗心而苦恼，去提醒、批评、训斥、打骂、惩罚……方法用尽了，可还是粗心!

所谓粗心，是指“不应该出错而错”了。但是如果同一类粗心经常出现，就是有原因的，是“应该错”。所以，不去“找原因想办法”，只是提醒、惩罚，自然不管用。

1. 形成合理的习惯

有时粗心是由于解题习惯不好造成的。

别高估了自己的能力

我女儿有一次做三位数与一位数的乘法，她以前运算都挺准确，这次却“粗心”地错了好几个，为什么? 原来是她自信满满，不列竖式，直接口算就得出结果。即使是我，这样口算也容易出错啊。解决方法就是老老实实列竖式计算。

儿子5道计算题错了两道，错的原因是“没有进位”，他总认为进位写小数字麻烦，认为自己记得住进位。

对于中学生而言，循序渐进地写好解题步骤，避免跨越太大，也是避免无谓出错的一个好习惯。

别给自己下绊子

我女儿写作业时列竖式计算很少出错，但在演算纸上列竖式错误却较多。这是因为演算时书写潦草，很容易看错，自己给自己下了绊子。后来养成了演算书写清晰的习惯就好多了。

我给一位初中生辅导功课，他的代数运算常出问题。我发现有两个原因：一个是太节约纸张，这张纸已经写满了，还在狭小的空间里很憋屈地演算；二是书写潦草，自己都看不清楚，自然容易出问题。另外，初中的运算往往比较复杂，

要注意随时化简算式。简单了，自然不容易出错。

从容做题的习惯

考试做题太快，就容易忙中出错。很多孩子很快地把题目做完了，最后留下时间来检查。这其实不大合理。因为你答题时的思路会先入为主，检查时就容易受思维定式的影响，即使花很多时间也可能查找不出几个错误来。所以应该从容地做题，不留过多时间检查，趁着感觉敏锐的时候想好怎么做，一次认真完成。检查主要看看有无明显的错误就可以了。做得从容，不该犯的错误自然就少了。

审题有问题

有的孩子不去仔细审题，就着急下笔去做。小孩子本身理解力还欠缺，这样就更容易出错了。

一个高中孩子做理科题目时总是粗心。我和他探讨后发现他审题时对于数字、字母、细节等总是没有耐心看，所以自然容易出问题。所以，我建议他在做模拟题时边读题边在重点信息下面画线，养成习惯后对这些关键地方就能注意到了。

没有形成习惯

我女儿学四则运算的时候，经常忘记先算乘除，再算加减，习惯性地按照顺序计算。提醒过几次，还是会犯错误。后来我发现这需要养成习惯，所以专门找了一些类似的题目，而且让她有意识地在先计算的部分画线。多次训练，形成习惯，就不犯这个错误了。如果只是提醒，而不是训练以形成习惯，就难免会犯错。

认真有时需要形成习惯来固化。

2. 改变心不静、没兴趣、不专注的现象

我的孩子一年级，学习态度不错，但最近孩子做题经常出现漏题、抄错题、写拼音不加声调等现象，总之很马虎。说了她几次，一点效果也没有。问她，她说是自己着急，但也没有人催她。她平时是个认真的孩子，请问这样的情况我该怎么办呢？怎样能帮助孩子克服马虎的毛病呢？

安静、专心，自然不容易粗心；烦躁、着急，就容易出错。考试时淡定不容易出错；慌张、沮丧就容易出错。所以情绪是需要注意的。

为什么会急躁，会不专心、不安静呢？有多种可能的原因：有的孩子着急写完了玩；有的孩子对作业没兴趣、没信心，只不过在应付老师；有的孩子片面追求做题速度；有的孩子考试时着急答题，想早交卷以显示自己水平高……这些都需要一一去改变。

考试中的心理调节请参考本书第 348 页《考试的技巧及心理调节》。

3. 提高孩子的能力

我辅导一位初中生时，有一处错误，我开始以为是他粗心才做错的，到后来让他讲做题思路时，才发现不是粗心，而是原理掌握得不清楚。他作文写得还不错，只是错字太多，标点符号错误太多。细问他大都知道，但为什么总出错？还是因为掌握得不够熟练。

所以，很多所谓的粗心错误其实是由于知识掌握得不扎实、不牢固造成的。

小学生更是如此。我们认为这么简单的题目孩子都搞错了，肯定是粗心造成的。其实未必如此，我们认为简单的，孩子未必觉得简单，可能还是不会。比如有几次女儿做应用题时把单位写错了，看似是粗心，实则是对题目理解得不好。

4. 多鼓励，少批评

很多人认为粗心是因为孩子不注意、不用心，所以会反复批评、训斥孩子，让孩子通过加深印象来记住，其实效果不好。

我们想解决孩子的粗心问题，需要先去找原因想办法，然后不断鼓励。这是一个长期的过程，要慢慢来。

我的孩子学习不错，但最简单的计算老出错。老师一直批评她粗心，她的信心受到打击。我心里好着急，有时也忍不住骂她，但是没有一点效果。后来受维尼老师观点的启发，我最近终于找到了粗心的根源。原来考试时，孩子把等式计算的数字先记在心里，再进行口算，而不是看着题计算，所以在记忆的过程中很容易把数字记错，回头检查时就难以检查出来。我督促她改正这个习惯，并不断鼓励，之后她就很少出错了。

实例：孩子为什么会打小朋友？

一般来说，孩子大一些，很少会去打小朋友。那么幼儿为什么打小朋友比较常见呢？这可能是因为不懂得如何和小朋友交往，或者在生气时不知道如何表达情绪，或者和小朋友有矛盾时不知如何解决。所以打人成了孩子的一种表达方式，不见得有恶意。另外，如果家长经常打孩子，那么孩子会模仿；其他小朋友比较暴力，孩子可能本能地反抗或模仿，从而养成习惯……

如果先不去理解孩子打人的原因，一味地惩罚、训斥，是难以解决问题的。先理解、接纳，尊重孩子的感受，慢慢和孩子说，再教给孩子合理的交往方式和解决问题的方法，并多加鼓励，这个问题慢慢就能解决了。

“我家的孩子1岁半时就开始打人,无缘无故地去拍、打别人一下,速度也快,大人在旁边还没反应过来,别的小孩就莫名被打了。开始我会当着别人面批评教育他,也严厉地训斥他或罚站。他也很犟,开始不肯道歉,后来孩子很伤心地说妈妈不爱我啦,有时最后能道歉,但下次还是动手。别的家长都怕他,躲着他。很乖很懂事的宝宝怎么会这样呢?后来看到维尼老师说要尊重孩子,不要惩罚孩子,我觉得有道理,之后他再动手时,我会先代他道歉,然后和他好好说:打小朋友,小朋友在哭,好可怜。这样不惩罚,先接纳再劝说,考虑孩子的感受,孩子能听进去劝说了,现在宝宝再也不是小霸王啦!”

“我儿子1岁半的时候,因为小表哥总抢他玩具,儿子养成了动手的习惯,到任何场合都动手打人,不让小孩靠近。我当时伤透了脑筋,别人说我们的时候真是羞愧难当。

后来学习维尼老师的理念,站在孩子的角度去理解他,温和引导他和小朋友相处,替他向小朋友道歉,告诉他打人会痛,是不对的。如果他是出于正当防卫,就告诉他可以和小朋友说:这是我的!你别动!再等适当的时候引导他学会分享。发现他的行为有所改善时,及时表扬,强化他好的行为。

如今儿子两岁半,和小朋友相处基本不会有大的矛盾,有时候还会谦让,真的让人特别欣慰!”

实例：孩子为什么不爱上幼儿园?

孩子最近不愿意去幼儿园。那天晚上我和孩子聊天,孩子说:我在学校里总是哎呀,总是走来走去(意思是着急)。我就问你为什么哎呀和走来走去,他说学校学的东西太难了,有没有简单点的学校啊。看来因为在家里没学过,所以,觉得幼儿园教的东西难,而他又要强,所以难受。我问,如果学校简单一些,你愿意去吗?他马上肯定地说愿意。

接着我用维尼老师教的办法,先表示妈妈理解他,在学校有困难;然后告诉他,因为别的小朋友比他大,而且在家里学过,所以学得比较容易;我们没学过,所以不会,这很正常,有些东西妈妈也不会,因为没学过。然后就商量,以后妈妈教一教你可以吗?他马上同意,他心里轻松了,3分钟就睡着了(以前他不愿意在家里学习)。

第二天我去幼儿园,当着他的面和老师交流。临走时告诉他,我已经告诉老师你在学校有点困难,请老师帮助,妈妈也向老师学习,回家好教你。他懂事地点点头,愉快地说再见,和小朋友玩去了。晚上我教了他老师讲的不倒翁的画法,他很合作地学了 20 分钟,与以前相比有了不少进步。

维尼育儿经:我女儿刚开始也不爱上幼儿园,我分析是因为怕老师以及没有好朋友。所以,我交给老师不少玩具,请老师隔几天给孩子一个,女儿觉得老师挺好的,就不怕了。后来,约了一些同学放学后或周末一起玩,交了几个好朋友,这样女儿就对上幼儿园不那么抗拒了。

实例:孩子为什么会尿频?

儿童尿频大多属于紧张性尿频。其实不难理解,很多选手在比赛之前由于紧张,也会频繁地上厕所。

一个 4 岁女孩出现尿频的情况,她的紧张来自于哪里呢?原来是被一位很严厉的老师吓的。

女儿偶尔看见隔壁班一个严厉的老师惩罚其他小朋友,她吓得中午睡觉尿频,白天还好好的,到晚上入睡前总会带着哭腔说,妈妈,我不想上这个学校了……我心里很急,想一问究竟,女儿又不敢说,后来我跟老师说了,两个老师暗中观察,女儿真的是午睡时被那位严厉的老师吓唬了。

有一次中午去接女儿,刚好看到那位老师从讲台上冲下来,用手来回拍打一个小朋友的头,我都不敢看。刚开学一个月,她们班还有个小朋友几乎天天晚上做噩梦,也不愿上学,后来转到别的学校就好了。去年我没弄清楚原因,还把女儿尿频当尿路感染来治。老师说她一到睡觉时间就说尿急,一中午去了 6~7 次。我去接她,出教室之前,她先探出头瞄一下,如果那位老师在外面,她就说等一下再走;早上进学校之前,如果是那位老师值班,也是要我送进去。我第一次见女儿对一个人那么恐惧。

后来我跟老师商量,中午把女儿接回来,接了一个学期,女儿的心理阴影才慢慢消失,尿频也慢慢好了。

孩子对老师的恐惧导致了精神紧张,紧张之下造成尿频。只有弄清楚尿频的原因，才能想办法有效地解决这个问题。

孩子起床困难怎么办?

很多人为孩子早晨起床困难而头痛。有的孩子还有“起床气”的现象，就是醒来情绪不好，所以容易哭闹、哼哼唧唧、发脾气，看起来不可理喻。其实这是正常的生理心理现象，不是孩子无理取闹。我们首先要接纳和顺应，比如好好哄哄孩子、亲亲孩子、说点亲昵的话、抱抱孩子，或者播放孩子喜欢的歌曲、轻松的故事或笑话，情绪好转了，他就又变成懂事的宝贝了。有时孩子不能一下子起来，可以循序渐进地叫几次。

“我现在每天叫孩子起床，都是先轻轻地叫他几声，等他答应我一声，然后让他再睡几分钟；5分钟后我再叫他，提醒他时间快到了，他就说让他再睡一两分钟，好吧，没问题。时间一到，再去叫他，他基本没意见，不过会要求我给他穿衣服，也行，都没问题。有时第二次叫他时，他会叫我俯下身抱抱他，或者他抱抱我，这样过一会儿，就基本上就醒过来了。这样每天都是乐呵呵的。他也说：我很喜欢现在这样，不想像以前那样一早就发脾气。”

“一日之计在于晨，可以前每天早晨都是在我的催促、埋怨中度过的，甚至我都怕早晨。老公天生是个愿意晚睡不愿意早起的人，可我一直的认知就是：人就应该早睡早起，所以每天早晨不停地催，几遍下来老公烦了，生气了。我呢，更是生气，埋怨他不给孩子做好榜样。这个问题在我们结婚后七八年的时间里，一直都在重复。

儿子上一年级，每天早晨醒来都不想穿衣服，一直我都认为儿子没睡好，所以晚上催孩子上床睡觉，早上总想让他多睡一会儿。本来孩子醒来后按我的安排时间是没问题的，但孩子终究是孩子，磨磨蹭蹭。我一看时间紧张就着急了，呵斥、埋怨统统来过，孩子饭也没心情吃就走了。这样的日子过了多半学期，现在想想都后悔，一大早上起来就没好心情，孩子多受罪啊！

发现问题，才能解决问题。反复看了维尼老师的博文后，我深刻反思，才理解儿子并不是没睡好，而是刚刚踏入小学的门槛，不太适应，是不想去上学，所以才磨蹭。我试着早点叫醒孩子，陪他在床上躺一会儿，拥抱一下，有时会下一盘五子棋，尽量满足孩子的要求。每个周一孩子都不大想去上学，早上都会说：

‘我不去上学。’‘好，今天咱们在被窝里睡一整天，爸爸也不去上班。’而以往这时候我一大通道理张口就来，但我现在能理解接纳孩子，不去逼迫孩子，而是顺着他说，孩子的心情会好，在此基础上再提什么建议他会更容易接受。这样做的不足之处就是有时早餐来不及吃，只能在车上对付一口了。现在早上能常听到孩子的笑声，更重要的是老公在这样的氛围下不用叫自己就早早起床了，每天还陪儿子比赛穿衣服，吃饭，送孩子上学。早上的时光再也不让我发愁了！”

孩子生活中磨蹭怎么办?

无论是理解尊重孩子的家庭，还是严厉的家庭，孩子磨蹭都是一个普遍的现象。我通过调查发现，父母严厉，少数孩子不敢磨蹭，但大部分还磨蹭，甚至更磨蹭。这是因为严厉引起了逆反，或者让孩子更厌恶做这个事情。父母比较理解尊重孩子，孩子有时也磨蹭，不过由于孩子比较合作，好商量，不对抗，所以，磨蹭反而会少些。那么孩子为什么磨蹭呢?

没兴趣，觉得困难、吃力

我女儿有一段时间弹钢琴磨蹭，不想弹。细分析，是因为觉得难，兴趣不大。后来我帮助她学得轻松，慢慢培养练琴的兴趣，逐渐就不磨蹭了。她刚上小学时，写作业也很磨蹭，这是因为能力不足，觉得作业难，兴趣不大，没养成习惯。找到原因之后，我想办法一一去改进，写作业逐渐就专心了。

解决这种类型的磨蹭，要找原因想办法，一味严厉、逼迫只能让孩子更加没兴趣，更不想做。

没有时间观念，不知道要抓紧时间

孩子的时间观念通常都不强。比如上学时间很紧迫了，他还磨磨唧唧，此时不要不停地催促，那样他会觉得烦。不如稍作提醒，然后慢慢让孩子自己体验磨蹭的结果，这样他知道这是自己的事情，如果几次上学迟到了，自然会有所调整。

顺应心理，孩子心情顺畅，主动性会高些

我以前早上起来见女儿磨蹭就很烦躁，结果你烦你的，她就在那里，不紧不慢。现在我不急躁，会顺应她的要求，去帮她的忙，只不过花不到两分钟时间，这样比在旁边不停催促好。顺应她了，她就不会赖床，起来后再聊些她感兴趣的话题，她有精神了，就不那么磨蹭了。

另外，生活中可以多让孩子看钟表，约定做事情的时间，记录做作业的时间，孩子慢慢会建立时间概念，磨蹭的现象也会慢慢好转。

兴趣不大，或有更好玩的事情吸引

小孩子吃饭就是这样，如果饭菜不是很吸引他，他可能会玩玩这，玩玩那。这需要慢慢来，孩子大一些就不那么磨蹭了。如果总怕孩子吃不饱，逼她吃，吃饭成了负担，反而会更加磨蹭。

我女儿以前有些不爱刷牙，刷之前会磨蹭半天。后来我顺应她的心理，用边看电视边刷牙吸引她，结果每次都很积极，而且刷得挺仔细的。

孩子有自己的节奏

有一天，我家包饺子，饺子馅准备好了，叫爱人过来一起包，她答应马上来，却没有过来，坐在电脑旁没动窝。我奇怪，怎么磨蹭也会传染，她跟女儿学会了？过去正准备"声讨"她时，发现原来她网上购物正在结账呢。这让我若有所悟，原来爱人所谓的磨蹭就是我们两个人想法不同，节奏不同而已啊！

有时我叫女儿做什么事情，她嘴里答应着：马上，马上……却等一会儿才来。所以女儿叫我帮忙时，我也会故意说：马上，马上，但有时还真有事，做完才能过去。

所以，有时孩子的磨蹭也不过和我们的节奏不同而已。

比如，女儿有时写作业之前会干干这，干干那，看起来磨蹭，但其实很正常。想想我自己，在开始写文章之前，可能会先看看空间、微信、博客的消息，没心事了才开始写作。

而当女儿的想法和我们合拍的时候，从来也不磨蹭：爱吃的饭，很快就干掉了；请她来看宫崎骏的动画电影，她会立马赶到电脑前；让她去和小朋友玩，从来都飞快地跑了……

所以，孩子有时和我们不同步，可以耐心等一等。

让女儿去熟读课文，她没有马上去，而是过来冲我扮了几个鬼脸。我想到：她有自己的节奏……所以，就安享她的调皮，等扮完鬼脸，折腾完，我就听到她的琅琅读书声了。

我自己是个急性子，孩子却有些磨蹭，这让我焦虑。看了维尼老师的观点后，我才变得淡定：慢有什么不好吗？人的一辈子长着呢，难道像我这样火急火燎的就一定好吗？再说了，我们总是习惯用成人的节奏去要求孩子，孩子其实有自己的节奏。一些在我们家长看来无趣无聊的事情，可能正是孩子自己的乐趣所在。想通了这个道理以后，我就放下了。在孩子上小学后，除了注意改变写作业磨蹭之外，没有因为她磨蹭而去责备她，亲子关系一直保持得不错。

实例：孩子不喜欢弹钢琴怎么办？

很多人为孩子学钢琴的事情而苦恼。孩子有畏难情绪，磨磨蹭蹭，不爱练琴，父母讲了道理不管用，没有办法，只好去批评、指责、打骂、逼迫，孩子带着厌恶的心情去练，会更加不喜欢，结果形成恶性循环。结果孩子煎熬，父母头痛，亲子关系也被破坏了。

如果想让孩子坚持学下去，就要先理解他为什么不爱练琴。通常的原因是觉得困难，没有兴趣。所以，解决的途径就是帮助孩子学得轻松，培养学琴的兴趣。

维尼育儿经：

学琴，最好是孩子自己想学。所以直到三年级女儿几次主动提出要学时，我才帮她找了一家琴行。先跟老师体验学习了五六次，实践证明她确实感兴趣，也有些小小的天赋。这位老师脾气温和、耐心，女儿喜欢。课程设置也合理，每周有一节正课，两节陪练课。她也答应天天练琴。所以，支付了一年的费用，开始了家有琴童的生活。

不过大部分学琴的孩子，开始也都感兴趣，都答应坚持，但是后来学习逐渐变难，还要天天练习，就不大喜欢，不想坚持了。女儿也是如此。学小汤一的时候曲子比较简单，不需要太多的练习，她表现还不错。但是小汤二之后曲目难度加大，她对五线谱还不太熟悉，有些乐理知识也没搞清楚，所以，就有些畏难情绪，想撂挑子不干了。有时坐在钢琴旁，磨磨蹭蹭不想动，说不想弹了。

对于学琴来说，兴趣是最重要的，批评可能会破坏兴趣，所以我没大批评她，还是以鼓励为主。遇到了坎儿，虽然我不懂音乐，但还是要想办法帮助她。我从网上找了孔祥东的小汤教学视频，她自己看着视频也学会了一些乐理知识。

记得她练习"芭蕾舞演员"这首曲子的时候，总也弹不成曲调，有些气馁。我这个乐盲勉为其难，去学着弹这首曲子，用抢着弹、跳舞等方法激发她练习的兴趣。这样把这首曲子学会了，听起来很优美，她有些成就感，也体会到原来曲子没有想象中那样难啊。练琴方法上我也提一些建议：比如可以一次只练几个小节，每个都练熟了，串起来就简单了；不熟的部分专门练，不必每次都全练一遍。孩子方法上还稚嫩，所以提供好的建议还是必要的。

不过，不久女儿还是说想放弃。但是毕竟交了一年的钱，如果能坚持下去是最好的。

孩子不想弹琴，责备她说话不算数是不管用的。首先要理解，去找原因，想办法。我分析是因为兴趣暂时受挫以及觉得困难，她也是不由自主的。所以，还是应该接纳，再想办法帮助她。孩子的兴趣不是命中注定的，能够产生，能够消退，也能够培养。有些困难，孩子还没办法克服，这就需要我们去帮助她。

进度放慢

对于学琴，我的心态比较平和，没去考虑作为专业、特长，只是希望能培养一些音乐素质、兴趣，不是必须学到十级。所以不用着急，可以慢慢来，没必要为了赶进度而损害了兴趣。我和老师商量把进度放慢，老师很理解，同意了我的意见。暂时进度放慢，难度自然小了，学得轻松些，这样容易培养兴趣，打好基础。不过"慢就是快"，女儿用一年时间就学完了小汤五。

先做热身

我运动之前一般都要做热身。有时本来不想动，热身之后，就有运动的欲望了。孩子不想学琴的时候也需要热身。每次弹琴，我都建议她先弹一些以前学过的喜欢的曲子，一方面巩固了基础，另一方面会唤起弹琴的欲望和兴趣，再去练习新曲子就自然过渡了。

现在她已经喜欢弹琴，就不需要热身了。

适当陪伴

因为有钢琴的陪练课，再加上我们不会弹琴，所以几乎不会去指导或纠正什么，可以说完全不管。有的父母陪练太多，因为总能看到孩子的不足，所以忍不住会和孩子着急，常常闹得不愉快。我建议，如果孩子自己有一定能力，可以让他自己练习，家长只是适当做指导，宁肯进度放慢些，这样大家都轻松些，也不破坏孩子的兴趣。

但是不管，不等于无所作为，我还是会适时陪伴。只不过不是监督，而是去营造气氛。

音乐会上，演员如果没有观众，想来也提不起精神，掌声一热烈，有人欣赏，自然劲头倍增。所以，我们会适时为她喝喝彩，鼓鼓掌，做个粉丝。有时坐在她的身旁，也主要是去欣赏她弹奏出来音乐的美妙，禁不住赞叹。

有时家里来了亲戚朋友，也会请她弹奏一曲；小朋友来，有时让她们一起玩钢琴，这样会增加她的成就感。

录音

后来妈妈也想了个主意，时不时给女儿录音，并作为手机的铃声，我们有时会抢着预定一首曲子做铃声。每当铃声响起的时候，相信她都会有些成就感吧。女儿很享受这样做，录音时弹得很认真，而且也为自己的作品被欣赏，能有用而高兴。

进步和成就感是兴趣最好的老师。

帮助孩子

有时曲子的某些部分女儿不知怎么弹，我给她找了一个免费的老师：蛐蛐五线谱播放器，不但可以播放，而且可以对五线谱视觉化，这样有不会弹的地方研究一下音符瀑布就清楚了。有时我们也预习，在学新曲子之前，让她多听几次，熟悉了旋律学琴会轻松些。

注重效率

开始我们商量好每天练习半个小时，但有时有磨蹭的现象。后来，根据她的领悟能力，我们商量好每天每首曲子只练三遍，这样早练完早玩，所以她不再磨蹭，一般只花十几分钟就搞定。因为任务轻松，她每次练得挺认真，效率也高，老师评价效果还不错。

讲道理

我虽然不想拿孩子的承诺来要挟她，但是心平气和地讲讲道理还是可以的。孩子自己答应过要好好学，是自己的决定，爸爸妈妈给予帮助之后，还是要对自己的选择负责的。

这些措施实施之后，效果不错。当美妙的音乐从指间流淌出来，当老师说她的进步比其他琴童要快的时候，她颇有成就感，慢慢地就比较喜欢弹了。现在我很轻松，几乎不用管，她会自觉去练习。一年学习结束后，我让她自己选择是否继续的时候，她决定学下去。

实例：孩子“不可理喻”的行为也是有原因的

有时孩子的做法看起来不可理喻，但总是有原因的，可以理解。

我的女儿宁宁和玲玲是非常要好的朋友，平常总在一起，玩得不亦乐乎，好得跟亲姐妹似的。那天两人在我家玩，宁宁过来哭诉：妈妈，玲玲把我的纸蝴蝶撕碎啦！我急忙出去一看，玲玲正在撕宁宁的蝴蝶，宁宁此时在一边号啕大哭。

我安慰宁宁，她说：如果玲玲愿意说对不起，会原谅她，与她和好。但是玲玲的反应让我一时无法理解：我就是不说对不起，我就是要撕碎它。还嘀咕：我再也不要和宁宁玩了，我很乖，宁宁很不乖。这是为什么呢？

后来玲玲妈妈来了，我们一起安慰了两个小家伙，等平静下来才知道事情的过程：原来两个小朋友都想玩这个蝴蝶，在争的过程中蝴蝶撕成一半了，宁宁说：你把我的蝴蝶撕破了，而玲玲觉得，这蝴蝶不是我撕的，而你却说是我撕的，所以，我就要把它撕碎。

原来是这样啊，玲玲貌似不可理喻的行为原来是有原因的啊！

孩子的某些问题表现是父母造成的

当我们想责怪孩子时，首先要想想是否正是自己造成了孩子这样的问题。

孩子为什么不知道感恩？

“我常常会困惑孩子怎么这么不听话，为什么孩子不理解大人的用心良苦呢？为什么不知道感恩呢？所以我会对孩子大发脾气，甚至忍不住动手。”

父母所做的都是为了孩子好，就差把心窝子掏出来了，但孩子为什么不知道感恩呢？

看《悦食中国》，制盐水鸭的老陈说起他的师傅时感动地哭了，当年师傅对他们要求严厉，他们还反感，想想当时都是为了他们好，他们那时还小不懂事，现在想想人是应该感恩的。很多人长大后想起年少时的不知感恩也颇惭愧，知道当时父母都是为了自己好，但是为什么“只是当时已惘然”呢？

当然，孩子小时候的感恩意识比较淡，这也是幼儿的特点。但有时还真怪不得孩子，也许是父母的方式不当，让孩子不但不感激父母，而且还反感，甚至逆反。

想想我们自己，就会发现这是很正常的。如果领导对你管得太严，限制太多，不给你自主、自由，也许本意是为了你的工作不出问题，但你会感激他吗？如果领导为了你的进步而打你骂你，你会感恩他吗？

如果你已经成人，但父母还是把你当孩子，为了你好，还向你说教很多道理，虽然明知是好意，但是你可能还是会嫌父母啰唆，忍不住要反驳。孩子的心理也是如此。所以，如果父母的方式不合理，孩子反感或逆反就正常了，更别提感恩了。

"以前我只关心儿子的衣食住行，见他贪玩不爱学习就骂他、抱怨他，孩子却不领情，我们就认为他不感恩，疑惑这孩子怎么这么不学好。孩子有一段时间心理都阴暗了，甚至仇视社会。我想了很多办法也没有用，简直一筹莫展。去年我看了维尼老师的博客，慢慢领悟，孩子现在跟我很好，而且有爱心和责任心。当我自己改变后，发现儿子非常懂事，除了不爱学习外，其他还真没什么大问题。上周我和他谈了谈学习，并不是教训他，而是了解他的情况。我告诉他我们不看重结果，只注重努力的过程，而且告诉他学习能体现出情商的水平（他很想提高自己的情商），他并不反感我这么说。我继续鼓励他，最后我说你就当为我学，他很爽快地说：'好！我这人如果帮别人的忙就要帮好，如果为我自己，还可以马虎。'"

孩子为什么敏感脆弱？

我儿子上一年级，敏感脆弱，和我们做游戏，怕输，输了之后很不高兴；写作业，有些追求完美，字写得很慢，一个字写得稍有不好，非要擦掉重写；做数学怕出错，有时简单的口算都要问一下我是否对才写。所以，作业经常写得很慢，经常拖到十点多。而且，因为怕错，有畏难情绪，对写作业很不喜欢。对批评不能接受，被我批评之后，有些仇视我……

先天因素

孩子天生大都是争强好胜，想争第一，所以开始大都输不得，听不得批评。不过有的自然能够逐渐适应，学会承受；有的则会延续下去，对自己要求高，追求完美，这样遇到不顺利自然容易显得脆弱。

人造成功

对孩子泛泛的、夸大其词的表扬太多，动不动夸孩子：你真棒，你真聪明，你真厉害。有的父母小心呵护着孩子，游戏时都让孩子赢，哄孩子高兴……无形中孩子会形成了不符合实际的自我形象，认为自己就该赢，就该做好，就该被表扬。但是上学之后不可能是这样的，所以输了、被批评、做得不好，情绪就容易波动，显得脆弱。所以，鼓励应该实事求是、具体。

孩子的自尊、自信是需要维护的，也需要我们帮助孩子获得成功的体验。但是如果给孩子人造的成功体验过多了，让孩子对自我有了虚假的良好感觉，到了真实的生活中，体验到真实的评价，他就很不适应了。所以，一时无法接受，沮丧、难过、哭泣……

父母过高的要求

父母对孩子提出的过高要求，可能内化为孩子对自己的要求，这可能会给孩子更多的动力，但是压力可能也更大，容易脆弱。

“我父亲小时候总要求我给别人留下好的印象，结果我长大后一直在意别人的看法，总想让别人认可自己，别人一个不大好的评价会让我很介意、痛苦。”

“我自己性格很要强。比如女儿在学跳舞时，不如别人跳得好，我会急地大声训斥，有时还动手，觉得女儿很笨。所以，女儿也经常和别人比较。一天哭着说不想在幼儿园学画画了，说自己总画不好，别的小朋友画得好，都贴在墙上，为什么我的不能贴在墙上？”

“我要求孩子一定要考上名牌大学，孩子逐渐也觉得必须考上名牌，压力很大，结果孩子一到考试就紧张得手会发抖，成绩也受到了很大的影响。”

“我要求孩子各方面都优秀，结果孩子上学被批评，做错了事，考得不好都很紧张，动不动就哭，结果压力太大而不想上学了。”

有的父母在孩子做得不理想的时候，虽然嘴里不说什么，但觉得很没面子，表现得很失望、难过，父母的这些情绪孩子都能感受到，孩子也会觉得这些失败、不顺利了不得，难以接受。

思维模式的问题

有些思维模式容易导致脆弱。

“一定”要……：一定要怎么样，听起来很过瘾，但是谁能保证一定实现呢？人的能力是有限的，有些事情不是我们能掌握的。比如一定要考好，而遇到题目做得不顺利就会预示可能考不好，自然容易紧张焦虑。所以，不如努力去做，对结果顺其自然。

这事儿不得了：如果把事情的影响放大，觉得严重，自然容易脆弱。比如本来考试发挥有一些波动是很正常，没什么，但是家长却把这个事情看得过于严重，孩子也受影响，自然会对成绩患得患失。

孩子为什么会骂父母?

妈妈:自从孩子知道我已决心不再吵她,反而表现得很厉害。每次和她说话(我用商量的口气),她总是很生气,有时还说脏话,骂我笨,说一些不堪入耳的话,我现在是忍着,不再和她继续说,选择离开。为什么我顺着她,她反而变本加厉呢?

维尼:这是因为你以前对孩子压抑太多,伤害她太多,她心里积累了太多的愤恨,所以要发泄出来。建议你向她道歉,为了那些曾经给她的伤害。目前先多满足她的要求,继续顺着她,慢慢她就不会骂你了。

妈妈:是啊,以前总是打骂她。我以前话那么难听,让孩子忍了那么多年,现在还回来了,也是报应吧。

两星期后。

妈妈:我按照您说的,多顺应孩子,现在孩子不再骂我了,也能商量了。晚上我散步回来,她会说:回来啦!以前都是不理,也能和她谈谈学习了,虽然说了几句之后,有些不耐烦。

还有一位初中女生，小学学习成绩极好，到了初中变得逆反。

妈妈:有一天,我对孩子说:你成天不做数学作业,成绩会下来的。孩子马上回了一句:你哪只狗眼看我成绩下来了?我站了起来,说:孩子你太不尊重妈妈了。她说:哭啊!掉眼泪啊!我没说什么,转头走了。

快11点了,奶奶去看她,见她在上网,说她:你不是作业没写完吗?快睡吧!孩子马上回了一句:要你管啊?我气得把网线拔掉了,她拿着手机就进了厕所,反锁了门。早上叫不起,说了她两句,她冲我吼:闭嘴,出去!

维尼:你多年压抑孩子,现在孩子不怕你了,这是一种报复性反弹。先控制好自己的情绪,多理解尊重孩子,缓和亲子关系,孩子感受到你的变化,就不会这样嚣张啦。

一星期后。

妈妈:我这几天情绪控制得还好,没有以前焦虑的症状,比较顺其自然。她爸爸出差,我嘱咐他每天给我发个短信,问孩子挺好的吧?我再拿给孩子看,让她知道爸爸在关心着她。她有点不以为然,嘴上说别来这一套,但我看她有所触动,我也只说,爸爸担心你。

我不再冲她嚷，已经有效果了。她平和了不少，有时蹦出一句狠话，我就轻轻地噘着嘴说，你又不冷静了，以前妈妈好急，现在知道错了，努力在改，也取得效果了吧，妈妈几十年的坏毛病都能改，你能不能也试着控制一下，你这样说，妈妈挺伤心的。她说：哦。

两星期后。

妈妈：孩子现在愿意同我交流，不仅讲学校的事和学习的困惑，还讲心仪的男篮帅哥……晚上睡觉前有时会要求我陪她一会儿，说心里烦，还有点害怕，我就陪着她，等她睡着。

其间我有两次没控制好情绪，爆发了两次，但事后向她道了歉，她心里很明白，没有以前那么激动，有点冲突很快就过去了。

实例：孩子为什么会夜惊？

维尼老师，您好，我女儿现在上小学二年级，在 5 岁半到 6 岁半的一年间断断续续地发生过严重的夜惊症状，也就是医学上说的睡眠障碍。我寻求过西医、中医的治疗，最后还是通过改变我的教育方法得到了解决。

我在网上搜索过很多关于夜惊的治疗方法，但都是泛泛而谈，没有实质性的内容，家长看了以后也是无从下手。不过，在看了您的博客后，感觉您的教育方式会让孩子放松、快乐，正好是适用于部分夜惊症的。

维尼：孩子痛苦、压抑、紧张之下，会衍生出很多种心理疾病；放松、幸福则是治愈这些疾病的良药。

从我的经历来看，正是不恰当的教育方法导致孩子患上夜惊症。

我一直以为自己是一个很称职的母亲，经常学习育儿文章，业余时间全身心地投入到孩子身上。大家都觉得女儿是一个优秀的孩子，聪明伶俐、自信阳光。老师夸她能够认真听讲，注意力集中，已经能自主阅读。

但是孩子性格非常敏感，4~6 岁时自己稍有做不好的事情就生气。从小喜欢当头，领导孩子们一块玩，上学后遇到比她强的孩子当不了头的时候，她会避开她们，一个人坐在教室里画画。从小别人说什么她都会很在意。

维尼：过于要强容易导致敏感脆弱。

孩子上幼儿园后，我换了工作，一直不太适应，经常把坏脾气带到家中，经常吼孩子，孩子在一定程度上很怕我。去年 3 月孩子开始学琴，孩子不愿意弹，我经常忍不住大喊大叫，甚至动手，总觉得别的孩子就行你为什么就不行。

孩子去年突然发生了夜惊，大喊大叫，非常非常恐惧。后来喝了生龙骨，症状消失。后来我让她弹琴，孩子不弹，我大发雷霆，感觉孩子吓得抖了一下。当晚睡到一个多小时，孩子哭喊：妈妈你不爱我，妈妈你不爱我。又喝生龙骨好转。动态脑电图说明无生理问题，西医治疗后好了近两月，后因一次和姥姥生气，姥姥不理她，又开始发生夜惊。后来总是断断续续，只要是某天心情不好，就会叫喊得厉害些，有一段时间能把嗓子喊哑，可想而知孩子在那个状态是多么恐惧、害怕、无助。虽然晚上大喊大叫，可是白天孩子什么事也没有，她也不知道自己叫喊。

后来试了中医，效果也不好。我逐渐认识到这和孩子的心理有关，所以，我参加了心理咨询师辅导班的学习。说也奇怪，在我学习的这两个半月中无暇顾及孩子的学习和练琴，孩子的症状明显减轻了（这实际上是因为我无暇顾及孩子，孩子的心理得到了放松）。直到5月考完试，我又开始全身心投入到监督孩子练琴和作业中，在考完试到论文答辩的两个星期内，孩子的症状又明显加重。

维尼：全身心地投入却不得法，还不如不投入呢。

后来我逐渐明白了问题所在。我的内心充满焦虑，拔苗助长，急功近利。我总是想让孩子处处比别人强，比别人好，要求孩子做这做那。我自己也知道这样不好，在表面上说不要求孩子，可是自己的一举一动都体现出了对孩子的要求。我还动不动就表扬孩子，表扬过度。所以，孩子在一年级上半学期以前的表现就是过分追求完美，弹琴不能弹得不好，字不能写得不好，题不能不会做，别人都敢玩的东西，她不敢玩，她怕玩不好，比不过别人。

维尼：过度表扬，过高期望会让孩子追求完美，脆弱敏感，虽然看起来优秀但是后患无穷。

我一直以为自己是个很模范的好妈妈，下了班从来不在外面多待一分钟，尽力往家赶，回到家就和孩子做这做那，一会儿认字，一会儿看动画片，每晚讲故事。我觉得我把全部给了孩子，孩子应该发展得很好，可从上幼儿园以来，孩子对我就有了一种排斥的心理，和我唱反调，我让往东，她偏往西，我的话她基本都不听，可是她心里又怕我。孩子生气我常常阻止她做这做那。

后来我开始逐渐接纳自己，减少自己的焦虑，放手只管孩子的生活，让爸爸管作业和练琴。看似清闲，可实际上真是一个痛苦的过程，看看每晚我准备让他们做的都没做完，我心里非常焦虑。我恨不得在爸爸的背后顶上一根棍子，让他快点快点再快点。

我努力逐渐改变自己。我尽量接纳孩子，让孩子的心理放松，别一看到妈妈就紧张。改变是一点一滴的，自己的心态放平和，让孩子体会到真正的家庭幸福。女儿是我最亲的人，可我每天在我最亲的人身上实施着感情的暴力，训斥她，冷眼看她，还认为自己是为她好。

现在才是我改变的开始。孩子还会发发小脾气，对妈妈有些抵触情绪，练琴也不是一帆风顺。我一直在看维尼老师的博文，我把维尼老师的"很正常、没什么"六字真言贴到了墙上，当看到孩子没弹好琴快生气的时候，自己都会说一下"很正常，没什么"，感觉就不那么急了。

到现在有三四个月了，孩子晚上的睡眠非常好，夜惊症状自然消失。一天早晨孩子对我说了一句话："现在我心里轻松多了。"我真是无比感动。

跟孩子别扭就是在教孩子跟你别扭

有个妈妈不允许女儿去同学家玩游戏，她有时不打招呼就走了。为什么孩子会这样做呢？其实可以理解：反正父母不允许，打招呼也没用，那只能不打招呼就走。而如果妈妈可以商量，孩子自然会愿意和妈妈商量，因为她感觉商量有用。

有的父母对孩子限制太多，不让孩子做这做那，结果孩子为了实现自己的愿望，不得已会采取倔强的方式，用固执对抗父母的固执，因为不如此，就达不到目的。

有的父母坚决执行规矩，比如看电视、玩游戏约定的时间到了，就坚决让孩子停止。孩子可能会觉得很不高兴，就可能闹腾，发泄不满。

有的父母一边在压抑孩子，一边不允许孩子哭，不允许孩子发脾气。但是孩子的情绪一直存在，不允许孩子发泄，总要以这样那样的方式表达出来。所以，抽动症、强迫等问题就出来了。

那段时间真是很糟，总是觉得孩子很倔，自己也火冒三丈。自从有了维尼老师"先理顺关系，再寻求改变"的指导后，自己在焦虑的时候总会想起这句话，所以家庭气氛慢慢也好些了，孩子似乎不那样不可理喻了。看来孩子跟我别扭，是因为我在跟孩子别扭啊！

孩子为什么会逆反?

孩子的问题不见得是父母的问题，但是如果孩子逆反，那一定有父母的问题。

孩子到底为什么会逆反呢?

“我女儿初三了,其实也够优秀了,可是我还是希望她更加优秀,希望她样样都好。女儿稍微有点小错误,我就去唠叨她,导致了她强烈的抵触情绪和逆反心理,发起脾气来,什么话也说,还会把你关在门外。”

“我以前喜欢不停地催孩子,容易生气,导致孩子很有逆反情绪,做事磨蹭,自从看了维尼老师的文章后,我慢慢地改变了认知,不再对孩子吼叫,不再焦虑。现在虽然也会提醒他该做什么了,但态度柔和,以尊重理解为主,所以孩子做事自觉了很多,心情也更好了。”

孩子可能会经历三个逆反期

第一逆反期：是在 2~4 岁的时候，孩子不那么听话了，有了自己的主意，而父母还像从前一样一味地让孩子听自己的，所以，孩子为了实现自己的愿望而反抗，客观上起到了提醒父母改变的作用。

以前,由于我对女儿的强势,她看起来挺听话。但上幼儿园之后,我发现她变了,不再觉得妈妈说的都是对的,不再接受我的意见,只要自己想做的就一定要做。有一段时间,女儿发了三次大的脾气,明明是很小的事,但她就是要闹,好像这样才舒服。我现在知道了,这就是女儿的爆发,因为我的强势,所以她需要用这样的叛逆来发泄自己的情绪,也无意中在提醒我需要改变。

第二逆反期：是“七八岁招人嫌”的阶段。上学以后，孩子感觉自己长大了，有了一些主见，父母还是限制多，管教多，而且态度简单粗暴，孩子感觉不舒服，所以自觉不自觉地反抗，提醒父母应该改变了。

第三逆反期：就是青春期。孩子渴望自由、平等、自主，但是父母还是像以前一样粗暴、严格、压制，所以孩子“揭竿而起”，最后父母不得不改变。

逆反是孩子自然的反应，不需要谁去教，因为如果不逆反，父母就不会想到去改变，那样孩子就会难受。所以，这是孩子生存的本能。只不过，小时候强迫孩子，孩子胳膊拧不过大腿，即使不高兴，想反抗也可能被镇压下去了。但是，出来混，早晚要还的。到了青春期，孩子变成了“大腿”，父母变成了“胳膊”，孩子不想听父母的，父母也没办法，胳膊拧不过大腿嘛，虽然委屈，虽然不高兴，也只能顺着孩子来。

如果父母一直不改变，那么这个逆反期会比较长，三十多岁还会逆反。

从小在妈妈的高压管制、暴脾气之下，我没有了自己的思想，因为不允许有不同于她的想法。渐渐地，我有什么事不再和母亲讲，因为母亲只会说我，没有任何安慰。在我30岁时，因为母亲生病住院，我才意识到我应该是个大人了，之前她一直很强势。妈妈很爱我，但她不会爱，更不知道如何才是合理的爱，她的爱不是以尊重为前提的爱。

很多成人有时也逆反

婆婆在宝宝的姑姑买家具的时候，不停地唠叨："孩子还小，不要买尖角的桌几，要买个圆角的。"说多了以后，姑姑回应她："听得我都要烦死了，我都是当妈的人了，这个理能不懂？我偏要买个尖角的回来！"原来成人也会叛逆。

孩子为什么会逆反？是因为孩子不愿意被过多地管教、限制、强迫、压制，讨厌父母伤害自尊的态度（训斥、发脾气、打骂、挑刺……），哪里有压迫，哪里就有反抗，孩子更想按照自己的愿望来，希望得到理解、尊重和自主、自由。

逆反，总要"反"什么吧？如果父母态度平和，理解、尊重孩子的意见、愿望，给他适当自由，凡事都和他商量，多让孩子自己做决定，孩子就没什么可"反"的，自然不会逆反了。这样，所有逆反期都会悄然度过，父母可能根本感觉不到它的存在。

"其安易持，其未兆易谋"，如果从小就理解尊重孩子，那么孩子就不会逆反。如果孩子已经逆反了，改变的过程就会痛苦得多。

如何让孩子不撒谎

我们想让孩子不撒谎，做个诚实的孩子，首先就要理解孩子为什么会撒谎。

害怕被打骂批评，不得不撒谎

一位孩子的作文《谎言带给我的苦恼》，多么真实的感受啊！

我敢说世界上人人都说过谎。谎言有善，有恶。可现在谎言已经成为我的一大苦恼。我以前为了不被爸爸妈妈骂，有时会说一些谎话，但为了不被老爸老妈的"严拷追问"查出真相，我不得不再编出一些谎言，将之前的谎话圆上，但往往还是被查出。从此，我认识了谎言，我想戒谎，但我又胆小，怕被爸妈骂，所以始终没有戒掉……

一位妈妈的回忆：

上小学时我实在抵御不住玩的诱惑，往往还没写完作业就开始玩了。爸妈下班之后，看到我作业没有做完就在玩，往往会大骂我一顿。后来，当爸妈问我作业写完没有的时候，我只好撒谎：今天作业少，已经写完了。这样只能找机会偷偷写，于是一个晚上过得很痛苦，第二天又少不了挨老师骂。不写作业真的很痛苦，当你说出第一个谎言的时候，就是痛苦的开始。

所以，如果能理解孩子，先接纳孩子的错误与缺点，在随后的日子里慢慢去改变，那么孩子就没有必要因为害怕打骂批评而撒谎了。撒谎，对孩子来说也是痛苦煎熬的。

为躲避压力或脸色而撒谎

“我看了维尼老师的博文之后，对孩子不是那么严格了，发火少多了，但为什么孩子还是撒谎？维尼老师告诉我，虽然忍住不发火了，但脸上的表情会暴露一切，我还会板着脸不理孩子，他还是害怕这样的后果。所以，有一次考试得了 70 多分，他用白纸把分数贴上，怕被我批评。回想以前更加糟糕，那时我常为儿子不在学校写作业而批评他，所以他怕被我训，就编造出第四节课不能写作业的谎言。以前批评过孩子撒谎，当时孩子哭得像个泪人似的，保证不撒谎，但是后来还是涛声依旧，不由自主地撒谎。看来也怪不得孩子，如果我们不改变，孩子是难以改变的。”

“我的孩子 4 岁时，经常便秘，我经常问她在幼儿园拉粑粑没有？可能她感受到了压力，害怕我逼迫她去厕所，她就会撒谎：我在幼儿园拉了很多软软的粑粑。后来发现这是我的问题，就跟她说：没有拉也没关系，妈妈只是关心你，希望你身体健康，想去厕所的时候你再去。她就不再撒谎了，我也很少问她了。我要用实际行动帮助她，而不是用语言给她压力。”

因为肯定太少，想获得肯定而撒谎

一位男孩以前常常撒谎。究其原因，是父母过于严厉，肯定太少，批评太多所致。孩子都希望得到肯定和鼓励，没有得到满足，自然“饥渴”，为了得到表扬或者让父母高兴，就容易撒谎。孩子会编造出一些不存在的事情来显示自己的优秀，满足一下自己忐忑不安的内心。

因为表扬太泛泛而撒谎

一个男孩天生就比较要好，家人从小又过度表扬，而且都是一些泛泛的表扬，比如：你真棒、真聪明、真厉害，结果孩子自尊心太强，很要好，怕被别人小瞧。但是上学之后，他的真实表现与他的预期差距太大，所以，为了获得表扬，竟然会编造出唱歌得三等奖的谎言来。所以，表扬不要泛泛，要具体、实事求是。

有些小谎言是人之常情，可以宽容

突然想起自己小的时候，有一次和小朋友斗嘴，他说他家有很多很多作业本，我就说，我家床底下全是。现在回想起来，笑容满面。无伤大雅吧？谁能保证自己不吹牛不撒谎呢？小小的虚荣心，偶尔为之没什么关系，没必要定性为撒谎。

有时两三岁的孩子还分不清真实与想象，他们常常把想象的东西和他们希望的东西当作真实的事情说出来，这不算说谎。有时孩子会为了引起我们的注意，说些不存在的事情，这可以看作逗我们玩吧。

维尼育儿经：我习惯给予女儿充分的肯定和鼓励，能理解和接纳她，几乎不严厉地批评她，她犯的一些所谓的错误，我觉得不过是人之常情。考试、小测验、听写成绩不理想，我不会批评，而是进行疏导，帮助她分析改进。所以，她没有撒谎的动力。说真话对她来说更轻松、更简单，不需要费心思去编造谎言，不需要心惊胆战地怕被揭穿。所以，她何必撒谎呢？

实例：孩子偷偷拿钱怎么办？

维尼老师，您好，以前总觉得男孩子要穷养才能让他知道奋斗，知道挣钱，所以不管孩子提什么要求，我都一味地反驳，不会给孩子买玩具，而且上学也几乎不给零花钱。孩子毕竟是孩子，看到别的小朋友花钱就羡慕，导致孩子偷偷拿我钱包里的钱。每次知道后，我都会把孩子痛打一顿，可是从来不会反思自己。自从接触到维尼老师的教育理念以后，我不再对孩子动手，学会问清孩子想买什么，如果觉得可以，就会给孩子买，还学会了先说好，再说不。现在孩子不会私自拿家里的钱了，买什么都跟我商量，而且我们的亲子关系也好多了。

有不少家长咨询孩子偷钱或偷东西的问题。有的孩子从家里或亲戚那里私自拿钱，有的把超市的东西装到自己口袋里，有的拿同学、老师的东西。不过，我建议不要轻易给孩子贴上“偷”的标签，不过，这种行为是必须纠正的。孩子为什么会这样？首先要理解孩子，去找原因想办法。

其中最常见的原因是孩子的愿望没有得到充分满足。

如果孩子的愿望一直能够得到适当满足，孩子可能就不会想到去偷拿钱或东西了。

“儿子在三年级前我不给零花钱，总是想限制他。他看到同学买东西吃很羡慕，人家请他吃，他忍不住也吃了，几次之后他觉得应该也要请别人，我偶尔会答应，但常常会拒绝。我跟他说：你是一个孩子，没经济来源，怎么能老是请同学？况且，朋友不是用零食交回来的。他答应了，但后来我发现他偷拿我的钱去请客，我很严厉地训了他。后来我慢慢开始放松，放学后，允许他买零食，但回家一定要吃饭。从那以后，孩子再也没有偷偷拿钱。到了四年级，我开始给他零钱，而且会多给些，让他自己买些东西，他也会自己安排好。他现在会说：妈妈，我们要省着点钱用，我以后也不闹着让你带我去吃贵东西，因为你的工资也不高。他说了，也真的做到了。孩子就这样，他越是没有得到满足，就越想要，想方设法得到；而得到满足之后，孩子反而没那么渴望，会更懂事。”

当然，得到满足的孩子也可能会偷拿钱或东西。

有个上四年级的女孩，妈妈对她的要求还是适当满足的，但她也会私自拿钱，买很多零食分给小朋友，让小朋友听她的，有一种做大姐大的感觉。后来我发现父母平常对她太严厉了，肯定少，批评多，孩子内心压抑，所以，会通过这种方式得到内心的满足。一个内心得到充分滋养的孩子，这样做的动机就会少得多。

有个一年级男孩，妈妈给他买了不少文具，但他有好几次从学校拿些小文具回来，有一次拿了 20 多支普通的木杆铅笔。问他，他说：小朋友也拿我的东西啊，所以，我就拿他们的了。有时，孩子有些认识还是模糊的，需要我们去引导。

孩子在幼儿园的时候，看到别的小朋友有自己没有的小东西，会趁人不注意装到自己的书包里背回家。开始是不值钱的小玩意，后来有一次把别人的玩具也偷偷地带回家里，我这才意识到问题的严重性。我问孩子玩具哪儿来的？孩子说是同学送他的，我知道孩子说了谎话，但没有斥责他。我问他，是不是很想玩这个玩具？想不想要一个属于自己的玩具？他说想。我说，那妈妈明天也给你买一个好不好？儿子很高兴。我适时地问他，这个玩具应该怎么办呢？他说等明天上学时还给同学。后来儿子又犯过几次，但我都没有打过孩子一个巴掌，而是给孩子讲道理，分析事情的利害关系，甚至把三字经中的“子不教，父之过”的小故事讲给他听，我也更多地满足他的要求。用了一年多的时间，慢慢地儿子改掉了这个毛病。

所有惩罚都无效之后怎么办？

咨询实例：有个二年级的女孩子，平常乖巧听话，但总是忍不住私自拿钱，而且说谎蒙混过关。妈妈各种严厉的手段都用上了：讲道理、批评、打、骂、告诉老师、恐吓送公安局、坚壁清野，孩子也多次哭着保证不再拿了，可是有时还是控制不住去拿钱，妈妈寻求我的帮助。

讨论之后，我发现妈妈对孩子太过严厉，限制多，满足少，孩子只好去自己拿钱买。比如，妈妈发现孩子私自拿钱之后给了零用钱，但要求在账本上记下零用钱的用途。孩子怕妈妈检查账本后会批评她乱花钱，所以还会去拿钱。这个账本其实就没必要了。孩子喜欢花花绿绿的文具，但是妈妈希望她朴素节约一些。那天，孩子又拿钱买了两只漂亮的自动铅笔。

妈妈："我不是不让你用自动铅笔，而是家里有好多木头铅笔没有用完。妈妈已经跟爸爸商量好了，等现有的木头铅笔用完了，就让你用自动铅笔。"孩子哭着说："木头铅笔还有好多呢！我们以后要用钢笔、圆珠笔了，即使木头铅笔用完了，也没法用自动铅笔了。"妈妈说："可是现在就开始用自动铅笔，家里剩下的木头铅笔不就全都浪费了吗？"

其实有必要这样节约吗？为什么为了几只铅笔而逼孩子去"拿钱"呢？妈妈听取了我的建议："后来我把两只自动铅笔给了孩子，她想了想，只拿走一支，跟我说，搭配着继续用木头的。我挺感动的，看来我讲理孩子也讲理啊。"

人的习惯性思维真的很顽固，妈妈明白自动铅笔可以用了，但还觉得花哨本子和零食是不应该满足的。所以，不断有一些反复。不过，妈妈终于认识到以前对孩子的确太苛刻了。

妈妈还说：以前我遇到问题会和她吼，但是吼得厉害，只能让她更沉默，嘴巴闭得更紧。现在，我学会和她温和地沟通，效果就好多了。

后来，孩子会主动和妈妈要钱买些东西，而以前因为怕批评是不敢提的，这样孩子偷拿钱的动力就更少了。但毕竟已经形成了习惯，后来也出现过反复，妈妈一边改善自己的教育方式，一边反复强化孩子在这方面的合理观念，问题终于慢慢解决了。

用恐吓和惩罚没有解决的问题，用宽容理解和鼓励，用良好的沟通方式，适当满足之后逐渐解决了。

维尼小贴士：有一则寓言，讲北风南风打赌，看谁能把行人的大衣脱掉。北风凛冽威猛，可越刮，行人把大衣裹得越紧；南风徐徐，轻柔温暖，使行人自觉地把大衣脱下。南风之所以能达到目的，就是因为他顺应了人的内在需要，使人的行为变为自觉。这种从启发自我反省、满足自我需要而产生的心理反应，我们称之为"南风效应"。惩罚如同北风，凛冽刺骨，让人不自觉地产生防御。

您愿意做南风还是北风？

如何预防网络成瘾？

很多父母视网络游戏如猛虎。其实适当玩游戏，对孩子各方面发展也有好处；只是如果成瘾，会影响学业和身体。网络游戏为什么会吸引人？请看几位资深玩家的感受：

"网游我也玩，我太明白为什么会沉迷了：网络能给人带来轻松的成就感，能带给人各种虚拟的幸福。幸好生活中我混得还算可以。我认为：电子游戏作为娱乐可以给孩子玩，只要孩子能在生活中找到快乐和成就，就不会沉迷。"

"我曾经就是痴迷网游，我玩游戏，只为了开心，为了在紧张与复杂的世界保存自己的那份自我。"

预防胜于治疗，如果已经成瘾，纠正是比较麻烦的。在预防方面，父母大有可为。如果有良好的亲子关系，和孩子做朋友，孩子就不至于只能到游戏中寻找伙伴；这样孩子的烦恼会少很多，烦恼时也可以从父母那里得到安慰，就没有必要非要到游戏中宣泄；父母更多地去鼓励和肯定孩子，去帮助孩子，孩子就会获得成就感，就没有那么强的动力到游戏中证明自己。

网络成瘾有以下几个条件：

1. 兴趣狭窄

如果不花时间陪孩子玩，不注重培养多方面的兴趣，孩子在生活中缺乏乐趣，那么就容易被电脑游戏所吸引。而生活丰富有趣味，自然对游戏有免疫力。

上网时，也可以引导孩子多方面的兴趣。比如看电影、看新闻、看图片、学习电脑操作，兴趣广泛了，游戏的诱惑力自然少了。有多种兴趣的孩子，自然不会对游戏那么专情！

另外，用电脑上的精品动画片代替电视，也是解决电视上瘾的一个办法。

2. 缺乏肯定和成就感

如果对孩子鼓励和肯定不足，批评和训斥有余，孩子会渴望得到肯定；如果孩子学习不好，又没什么特长，在学校里经常被贬低，缺乏成就感，那么只能在网络游戏中证明自己，自然可能想去玩游戏。

一位初中生学习很差，经常玩游戏，他说：其实我对网游也不着迷，只是因为游戏玩得好会让同学们高看我一眼……

所以，如果能够给予孩子充分的鼓励和肯定，合理地去帮助孩子克服学习的困难，那么网游的吸引力自然减少了。

3. 内心的郁闷和压抑

如果亲子关系紧张，父母过于严格或严厉，孩子会感到压抑或痛苦；如果缺乏有效沟通，孩子不能和父母诉说烦恼，那么只能通过玩游戏来宣泄内心的郁闷和压抑。所以良好的亲子关系和沟通是抵御网瘾的良药。

4. 限制加剧渴望

越是得不到的东西越渴望，适当满足后反而有抵抗力。

“我孩子初中时玩游戏较多，因为得到了满足，高中住校后他对游戏就没那么痴迷了。而那些以前被严格限制的同学，住校后没了管束，晚上会拿着手机玩个没完。”

“孩子学习还比较自觉，只是高一周末回家时玩游戏时间很长，跟维尼老师咨询以后，我不再着急，也不说他，让他尽情地玩。从高二下学期开始，孩子已经能有所控制了。以前每次放月假回家，第一件事就是放下书包，直奔电脑，坐在那里一玩就是一下午，吃过晚饭后接着玩，直到夜里11点多才休息，第二天很晚才起床。到高二后半学期，就不这样了。到家后先做作业，只是晚上玩，到十一点自己就睡了，也不用我催。现在已经高三了，回家后还是玩，但不再玩游戏，只是看一些动漫，也只是晚上看一会儿，到晚上10点多以后就不看了。”

维尼：这个方法有效的前提是孩子学习悟性不错，也比较自觉。

几个例子：

“我儿子5岁，痴迷于植物大战僵尸的游戏，我俩经常为此发生冲突。维尼老师建议先说好，再说不，先适当满足孩子游戏的需求，再和孩子约定好玩的次数和时间，执行时有些弹性；同时引导孩子在电脑上看电影、动画片，分散游戏的吸引力。

我告诉孩子可以在电脑上看动画片，他很高兴；约定他每天只能玩电脑两次，看动画片或是游戏，他也同意了。只是有时看了一个还要再看一个，游戏到时间了还想再玩，要提醒两三次了才会关。总体说来，孩子玩游戏没那么着迷了。”

“我女儿四年级，玩游戏上瘾，我们关系紧张，她很叛逆。维尼老师建议我先改善亲子关系。那时正好是暑假，老师让我先顺着孩子来，不太管她玩游戏。老师也指导我去改善亲子关系。过了一两个月后，孩子不大和我闹别扭了。开学之后，和孩子约定周一到周五不玩游戏，可以在电脑上看不错的动画电影，孩子挺喜欢的。周末可以适当玩玩游戏。

这样，平常她一般也不要求玩游戏了，当然看动画片的时候偶尔会偷偷玩会儿游戏，此时维尼老师建议我睁一只眼闭一只眼。有时孩子忍不住明目张胆地玩一会儿游戏，维尼老师认为去掉游戏瘾需要一个过程，所以我只是提醒，不去训斥她。

开学后一个多月，孩子也不大提电脑游戏的事了。她自己都说好久没有玩游戏了，她说一直在忍……”。

一位高中孩子的妈妈：

我和儿子的冲突始于初二开始的电脑游戏。开始是限制管束，接着是疏导约定，约定执行不下去时又开始限制约束，到最后我被孩子折磨得无所适从了，孩子也满肚子的怨愤和委屈。三年来，这个问题始终在纠结中，与孩子的关系一直很紧张。

咨询了维尼老师之后，我做了以下一些改变，效果挺好。

1. 适当满足，适当拒绝

征求维尼老师的意见之后，给孩子重新购置了高配置的电脑，使孩子玩游戏不卡机更顺畅，从而节约孩子的时间，缓解了孩子因上网慢而产生的烦闷情绪，亲子关系也得到了一定的改善。接下来我们对游戏时间进行了约定商量，达成了共识。

2. 先说好，再说不

我家孩子一直希望我能给他买一些游戏道具。以前，我以游戏道具是虚拟的，没有什么价值为由拒绝为孩子购买。现在我会站在孩子的角度去思考，游戏加入了道具会增加实力，更加有趣，也更加时尚，就像现实生活中我们希望时不时换个新衣服，改变一下自己的形象，是同一个道理。于是我会答应孩子适当购买一些道具，同时告诉孩子，这些毕竟是虚拟的东西，还是应当理性消费。实践证明，孩子得到一些满足后，也没有无休无止地再提要求。

3. 约定的执行有弹性

这一点上我感触最深。原来和孩子的冲突多发生在游戏时间到了，孩子还不想关机，而我往往是严格执行规定强行关机，于是一场大战就此爆发。现在遇到此类事情，我往往会等孩子把一局游戏打完再关机，其实比约定的时间只是多了十几分钟而已。这样做得时间长了，孩子也投桃报李，有时会自己估计时间，在约定时间到来前主动关机。这样我们的亲子关系大大改善，玩游戏的时间也得到适当的控制。

孩子为什么会无理取闹？

很多人常常因为孩子无理取闹而恼火，其实孩子不见得“无理”，其表现往往是有原因的。可能是因为想法和我们不同，所以我们觉得无理；可能因为情绪不好，所以自然不理性；有时是我们应对不当，如果能灵活些，顺应心理，孩子就不会这样了；有时是孩子性格有问题，比如追求完美；有时是我们教育不当，造成孩子逆反，对着干……

1. 和我们的想法不同

一个 5 岁孩子因为调皮捣蛋，大人惩罚他，把他喜欢的矿泉水瓶扔到楼下。孩子哭了，要求大人捡回来。大人觉得不能惯他，所以不答应。为此孩子哭闹了两个小时。这是不是无理取闹？大人觉得一个瓶子不值得如此，但是瓶子对孩子来说和手机对大人一样重要。把你的手机扔楼下，是什么感觉呢？

2. 情绪不好，自然不理性

有时孩子困了饿了，就情绪不好，此时她容易无理取闹，一点小事就会生气闹腾。比如吃饭前她闹，我明知道她是饿了，可是她就是不承认，不肯吃饭，这该怎么办呢？

维尼：困了，饿了，或者刚睡醒，孩子的情绪往往不大好，而情绪不好，人自然容易不理性。所以，不妨先顺着孩子来，哄哄孩子，逗她开心，等情绪好了，她又成为懂事的小宝宝了。

有一天,闺女去小朋友家玩,我按照说好的时间去接她,可是她却还想玩,又多玩了5分钟还是不想走。后来在我的催促下走了,可在门口就开始有脾气了。外面风很大,也不愿意穿外套,还嚷嚷着:我就不穿就不穿。我知道她是因为还想玩,可她自己答应的事还这么闹,真是气人。我当时也没太管她,路上她还是很生气,说我今天就不弹琴。我说明天老师就来上课了,今天不弹行吗?她一直说我就不想弹。我知道此时多说只会让她更生气,所以只是拉着她的手,偶尔抚摸下她的后背作为安慰,这样她平静一些了。到家以后,我说前几天挺努力,弹得挺好,今天应该很快。她也没说什么,就去弹了。弹完一首,我说:哇,弹得真好,前几天的努力真有效果,明天这一首老师肯定让过。她这会儿一点情绪也没有了,完全忘了刚才的事。在我的鼓励下,越弹越有劲。后来竟然说:虽然天气不好,但我觉得今天是最美好的一天。顺应孩子的心理,“无理取闹”的孩子就变成了可爱的宝贝。

有时转移一下注意力，孩子情绪好了，就不无理取闹了。

孩子无理取闹有时是因为情绪不好,不愿妥协。儿子清明节放了三天假,只有一篇写日记《春游》和画图的作业。写完日记之后画图时不小心把纸张画破了。我让他重画他不干,非要粘起来交了算。我坚持应该重新画,他就哭了,不理我也不理他爸爸,哭了好一会儿!我也觉得刚才自己的语气不大好,所以想转移一下注意力。我拿纸张出来慢慢画,一边画一边说:白云怎么画?画个像鸡蛋的大小不好看,画个气球算了?谁来帮我画画白云啊?”小家伙马上把眼泪一擦,拿了我的笔帮我画了三朵白云!画得真好!他就笑了。后来也就自己动手重写了,写好了就蹦蹦跳跳出去玩了。

3. 父母死板，不会灵活变通

同一个问题，不同的做法效果完全不同。死板，强硬，就是教给孩子倔强，无理取闹。

顺应了，孩子也就乖了。

“我的小孩两岁半,晚上睡觉不愿意盖被子。开始告诉他必须盖,他的抵触情绪很大,两下就把盖着的被子踢开。后来,我就折中,告诉他小手和小脚可以露出来，但小肚子必须盖。这样他还比较接受，等他睡着了，我再把被子给他盖完整。顺着孩子来，孩子挺合作，如果用镇压的方式，小孩根本压不住，越整越凶，真不好对付。孩子不像我们小时候那样，父母板起脸就知道看脸色行事。”

“我以前总感觉孩子无理取闹，但现在想想主要是没有去理解孩子。比如孩子洗完澡希望爸爸来接她，并且要求到浴室里面接，有一次因为爸爸穿了毛毛鞋，我想从里面抱她出来交给爸爸，她不干，因此大闹了一场。现在想想，为什么不灵活变通，顺应一下她的心理？换双鞋来接她又怎么啦？”

小孩子处于秩序敏感期时，往往会比较固执，非要按某种方式来，这是心理的规律，此时先顺应较好。

4. 家长情绪影响了孩子

我脾气不好，暴躁易怒，儿子的行为和情绪总会影响我的情绪，而我的情绪又影响了儿子，如此恶性循环，结果总是“两败俱伤”。以前只知道“孩子发脾气，大人要保持冷静”的道理，一般情况下，我还能做到，但每次都是用“忍”来控制自己，有时候，我实在忍不了，就会抓狂、发怒。每次儿子“无理取闹”，讲道理又听不进去时，我总是很烦躁，难以保持冷静，甚至大发脾气。看了维尼老师讲解的认知疗法我才知道是我自己的认知在作祟，儿子的行为只是引起我生气的间接原因，而我的认知才是引起生气的直接原因，而认知是可以改变的。慢慢地，我知道应该允许孩子有坏情绪，孩子发脾气，大人要接纳他，这样的话就比较容易保持冷静了。当他听不进道理，转移注意力又宣告失败时，我只是安静地陪着他。这样我不火上浇油，孩子情绪通常就较快平静下来，也就不无理取闹了。

5. 孩子追求完美

孩子一年级时只要听不懂，就会发脾气，以致影响到课堂，所以经常被老师罚站，家长也非常苦闷。在家做作业时对自己要求也高，比如稍稍字写得不满意，就会发脾气；如果用橡皮不小心把字擦黑了，就发脾气。发脾气的表现是自己打自己的头；如果字写不好，涂改带用多了，整体不美观，还会发脾气；遇到数学难题还会生题的气。

有时孩子因为一点事儿不顺心、不如意而大发脾气，看似无理取闹，实际是因为对自己要求太高，有追求完美的心理。此时责怪孩子没有用的，需要改变这种追求完美的性格。

6. 逆反

如果亲子关系糟糕，孩子已经逆反了，那么孩子就会有意和我们对着干，那么自然就看起来不可理喻了。这就像我们对谁有成见，总看着他不顺眼，那么和他交往就难以理性了。

以前我总觉得孩子无理取闹,后来维尼老师告诉我:孩子一般不是无理取闹,都是有原因的。我冷静分析之后,发现孩子每一次的不开心,真的不是无理取闹,有时是我们太坚持了,有时是我们的火气让他不开心了,有时是他哪里觉得不顺心了。

以前孩子每次吃早饭,胃口不太好,我们硬逼着他吃,他会很反感,会推我们。现在,我说不吃也可以,只不过吃了以后就长得高,多吃一口就增强一分抵抗力,你觉得呢?如果真的不想吃,那我们可以选择不吃,妈妈不会生气的。结果,孩子还是很乐意地吃完了。所以,只要跟小孩沟通好,他也会乐意地接受。现在孩子脾气稳定了,真是越来越好商量,有时也会很乖。

7. 是压力让孩子无理取闹

我儿子初三,快中考了,我在生活上一直用心照顾他,他也知道自己的能力水平和我对他的中考期待。最近他有过两次无理取闹,对我莫名其妙地抱怨和指责。比如:怪我做家务制造出了噪声影响了他的学习,我便独自待在卧室安静地看书,他却又怪我躺着看书是颓废,还怪我做的饭不合他口味,问为什么我总是待在家里,其实我知道是他需要我待在家里陪着他。我被他搞得莫名其妙,从而气愤,再交流时声音自然提高,他就说能不能说话时不要用这样的语气?我的情绪继续发酵,最终我严厉地指出是他自己有问题,却总是说我什么也做得不对。终于,他说出来了,事实是最近将要面临的几个重要考试以及我对他的期待过高让他有了很大压力,感觉自己力不从心,从而心情不好。我很快理解了儿子的行为,同时温和耐心地给他分析,开导和宽慰他,并把自己对他的期待又降了很多。后来他说,这下他的压力没有了,可以轻松学习了。他的心情也因此好转了。这让我认识到孩子的一些看似无理取闹的表象之下应该都有其内心深层的缘由,作为家长,更应该冷静应对,细心分析孩子前后的变化,从而找到问题的症结所在,再想办法解决问题才是上策,不要只是一味指责孩子。

实例：孩子为什么咬妈妈、打妈妈？

我儿子今年四岁了，太皮了，脾气也倔，好好说他不听，我的脾气比较急，就经常跟他来硬的，时不时打一下屁股或罚跪。最近他老是要打我，我问他为什么打妈妈，他会说因为妈妈打我了。

有些幼儿生气了会去打父母、咬父母，看起来有些“大逆不道”。这是因为娇惯吗？可父母对孩子挺严厉的啊！那为什么会这样呢？其实也不奇怪，孩子生气了，总会以某种形式宣泄，这是心理的规律。有的孩子会哭闹，有的会抽动，有的摔东西，而有些孩子生气了，就会通过打人、咬人来宣泄。所以，首先考虑的是如何不惹孩子生气，而不是禁止他生气后的行为。

2012 年 10 月 31 日　咨询

妈妈：维尼老师，我孩子现在快 3 周岁了，有个坏毛病，总爱咬人，不高兴了，就要咬，我都被他咬了好多次，还是不改。他脾气不好，一不满足他的要求，就大哭大闹。他爸爸总会打他，要镇住他；我不打他，就任他去，不理他。您认为哪种方式好些呢？不过，我家孩子有时候也蛮讲道理的，和他好好说也会听的。

维尼：看来你们对待孩子的方式都有问题。我们要学会适当满足孩子的要求，可以采用“先说好，再说不”的形式和孩子约定，执行时要有弹性。这样，孩子会愿意合作，不那么生气，自然不会咬你了。

妈妈：嗯，您几篇相关的博文我看了，这两天也都这么做的，非常有效果。但就是咬人这个毛病不好改。

维尼：慢慢改，只要孩子心情越来越平和，那么这个问题会自然解决的。

2012 年 11 月 13 日　妈妈的日志

孩子，你快 3 岁了，你一天天地变得越来越能干，也一天天地越来越有自己的思想和主见，叛逆期的性格在你身上有所体现。不如意的时候，会大发脾气，乱扔东西，常常把我咬得一块青一块紫，妈妈多次制止你，多次耐心地告诉你：不能咬妈妈，想咬的时候就咬沙发、咬毛巾、咬玩具。可是，你总是不听，一生气就想咬人。

最近，妈妈看了维尼老师的博客，同时和他进行了沟通，他告诉妈妈：慢慢改，心情一直平和，慢慢就不咬了。他的这句话和许多人不同，别人都告诉我，要严厉惩治，杜绝这一坏习惯。以前有两次我忍不住也咬了你，想让你记住咬人的滋味。然而，你委屈地看着我，满脸是泪，妈妈心里好难过。事实证明，以牙还牙并不能真起到作用，接下来，生气的时候，你还是想咬人。

后来，我认真思考维尼老师这句简单的话："慢慢改，心情平和"。我开始反省自己，妈妈没有做好榜样，在你面前和爸爸经常发脾气，甚至摔东西；你是一个自由的个体，我们可能限制你太多了，所以让你有脾气、有情绪了，妈妈又没有引导你通过正常的途径发泄出来……

现在我会按照维尼老师的方法来应对你执拗的表现。比如，你想吃巧克力豆，以前我会完全拒绝，那时你就会大哭大闹。而现在你说想吃巧克力，我会很高兴地答应你：好的，你可以吃，然后我会问你，你要吃几颗？这时你会高兴地伸出3个指头，要吃3颗，我说3颗太多了，就吃1颗，你会说：就3颗，就3颗，我说：那好吧，再加一颗，两颗吧，这时，你就会很高兴地接受。当你想再吃的时候，我会蹲下身说：不是说好就两颗吗？妈妈都答应你了，你也要答应妈妈啊，这时，你会深思一会儿说：可是我还想吃一颗。我想可以有弹性，就说那好吧，最后一颗。这时你会很高兴地拿起最后一颗去玩游戏了。后来，很多事情都是通过这种方式解决的。你很少哭闹了，偶尔哭闹我就通过转移注意力的方式，很快就过去了。

这样，奇迹出现了，就算没有满足你的要求，你也没有再咬妈妈了。反而是你，每次哭闹完，都会对妈妈说：妈妈，对不起，你不要生气。我的内心顿时感到安慰。平和的心态在育儿的过程中是何等地重要啊。

孩子不是我们肚子里的蛔虫

维尼育儿经：暑假中我和女儿约定钢琴曲每首练五遍，每天她都挺自觉地去练习。周一回老家玩了三天，周四回来我和她商量：这几天没练，周六下午要上课，今天应该弹十遍。她不大情愿，但还是去弹了，但弹了五六遍之后就开始和我谈判，说是只弹八遍，因为曲子有些长……如此讨价还价五六次，我有些火了，大声说了她几句。发过火马上意识到这样不好。我心里在想，问题出在哪里呢？突然明白了，我只是简单地告诉她今天要弹十遍，但以前没有这样要求过她，她又不是我肚子里的蛔虫，所以不清楚这样做的必要性，所以，就自然不愿意合作。理解她了，我就为刚才的发火道了歉，再耐心地告诉她：我们交了钱，就要尽量完成这一周的进度，而只有练习积累到一定的量才可能通过，弹十遍是要补回前几天没练的……她明白了，就痛快地完成了练习。后来因为周六有事不能练习，所以，和她商量周五弹二十遍，她也愉快地同意了。

还有一次，女儿玩智力游戏《蜡笔物理学》，遇到难关请我帮忙。我想了一个解决方案，告诉她在小球下面画一条线，但是她却总不能按照我设想的轨迹去画。这种情况出现了几次，这是怎么回事儿？忽然理解了，她又不是我肚子里的蛔虫，我只是说在小球下面画一条线，她在这方面没有一点就通的能力，所以没明白我的思路，自然不知道如何具体去画啊。

这种情况其实很常见，我们想好了的事情，就简单地把结论告诉孩子。但是孩子不知道我们是怎么想的，不清楚为什么要这样做，所以就不愿意合作，或者不能按照我们的意图去做，我们就生气上火……其实这不是孩子的错，是我们的问题：没和她沟通好。毕竟，她又不是我们肚子里的蛔虫！

对于道德问题也需要理解和接纳

孩子的道德培养是很重要的，但是同样不可苛求，也需要理解和接纳。

有些道德问题是正常的，可以理解

有些道德问题是父母造成的

孩子撒谎、偷拿钱、不宽容、不知感恩、不尊重父母等问题可能是父母不合理的养育造成的。如果是这样，应该责备的是父母自己而非孩子。

有些问题不过是人之常情

比如小孩子有些小自私，有时说话不算数，偶尔说几句脏话，有点幸灾乐祸，发脾气时说话过分，见面不爱问好……只要不太过度，也属于人之常情。心里偶尔冒出一个不洁或者荒唐的念头，也是正常的，不必过于自责……

很多父母抱怨孩子不孝顺父母，不体谅父母，其实小时候考虑不周是很正常的。1990 年夏天父亲送我去国防科大报到，晚上我们在宿舍休息，学校发了一顶蚊帐，支起来之后我爬进去睡了，根本没有想到让父亲和我一起睡。蚊子比较多，父亲一晚没睡好。多年之后，父亲提起此事，我竟然一点儿也不记得了，稍感惭愧。不过，这一点儿也不妨碍现在我对父母的孝敬和爱。小时候没有这个意识，成人之后自然知道了。一句话，年轻时还是不懂事啊！

不要有“道德洁癖”

不讲道德不好，有“道德洁癖”也不好。有的孩子对自己道德要求过于纯粹，不允许出一点儿问题。但现实的是复杂的，而且瑕疵总是难免的，这会让孩子纠结、矛盾、迷惑，还可能自我谴责过度，感觉压抑，甚至出现心理问题。

> 我记得很清楚，就是初二的一天，上课的时候，我无意间看了身边的女孩一眼，从此之后我便心神不定，老是去想这件事，弄得我无法认真听课，这种情况持续了几天。请求老师换位置之后我又“观察”起新的女同学来。过了一段时间，又演化为有意无意地去看我能看到的女孩。

其实青春期对异性有些好奇和幻想是自然的，他误以为这是很不道德、可耻的事情，以为有“那种想法”是很变态下流的。他一方面认为自己不应该这样，另一方面又不由自主，所以内心发生了剧烈的冲突，最终患上了强迫症。

在我这里咨询过的一位大学生，对自己道德要求很严，近乎完美，他一直要求对得起别人，甚至比对自己还要好。一位初中同学车祸去世，他感到可惜，但心里冒出一个念头，走了，也算是一种解脱吧。这让他很自责：“我还算个人吗？”其实出现这样的念头是正常的。

他的一位女同学申请了助学金，有一次别人问他：她家怎么了？有资格么？他说：“她爸爸去世了，我们是高中同校，我知道。”以后见着她就很自责，觉得对不起她，因为把她的秘密告诉别人了，他骂自己变态。其实他也是在帮女同学澄清误会，并不需要自责。类似这样的事情很多，逐渐积累，给他造成了很大的压力，让他有些抑郁。

所以，有时也需要宽以待己，接纳自己的好与不好，知道有些不过是人之常情，需要改进的自我完善就可以了。就像季羡林说的：我说过不少谎话，因为非此则不能生存。

美德对自己是有益的

小时候品德好不难，但进入社会后，会发现坚守美德并不容易。如果是因为父母的要求或者为了高尚而去遵守道德，可能在经历很多事情之后会迷惑，经不起考验。而如果能让孩子体验到美德对自己是有益的，就会更好地坚守。

为什么要诚实？就像查理·芒格所说的：“如果你说真话，就不用记住你的谎言。我们不想搞得太复杂，所以总是说实话。”如果孩子说真话时不被批评、打骂，那么他自然会选择诚实，因为撒谎有时也是痛苦的。如果去批评、打骂他，他自然学会撒谎，而且大部分谎言你是难以求证的。

为什么要谦虚？正如富兰克林说过：“由于当我谦虚地提出了我的见解，这些意见反而容易为人接受，更少引起人们的反驳。我的意见之所以为人重视，我之所以在议会有那么大的影响，我想这主要归功于这谦虚的习惯。”体验到益处，那自然会希望自己谦虚一点儿了。

为什么要宽容？宽容的基础在于理解，如果你能够站在别人的立场上去理解他，就会发现原来自己不需要那么生气，他那样做有自己的理由和情况。而且如果去厌恶他，自己很不舒服，不知有没有惩罚到别人，先惩罚了自己。何苦呢？

为什么要有礼貌？尊重别人才能得到别人的尊重，而且，人们一般是愿意帮助有礼貌的人。

为什么要奉献？我还保留着一些为国家、民族做出贡献的思想，也想能够帮助别人。这也有一些自私的目的——觉得这样有价值，有意义，自己也感觉快乐。

孝敬，是因为这样会感到心安、满足、幸福、有价值。孝敬父母，自己内心也是愉悦的。

你对别人好，别人也会对你好。所以，引导孩子大方些，与小朋友分享，小朋友一般也会爱和孩子分享，互相帮助。孩子体验到这些益处，就更愿意分享了。

因为父母的要求、逼迫而表现出来的美德是不可靠的，而从内心里认识到美德对自己、对他人都是一件好事，美德会更牢固。

美德培养不要靠惩罚

鼓励胜于强制和惩罚

培养美德，应多用鼓励，少用惩罚。鼓励会让孩子体验到道德的美好和愉悦，而惩罚和训斥可能会让孩子反感、排斥。比如孩子吃得干净，没有浪费，可以鼓励她做得不错。但是不爱吃，剩下了，也理解，这也很正常。

孩子表现出爱心的时候，加以鼓励；表现得有些自私的时候，可以淡化。

孩子有善良行为的时候，表扬鼓励；看起来漠不关心的时候，只稍作提醒。

让孩子感到幸福愉悦

王尔德说过：使孩子品行好的最好方法，就是使他们愉快。而很多成年人在让孩子愉快这点上，都显得出奇的吝啬。就在他们或是粗暴，或是和蔼地夺走那些让我们愉快的事物时，他们总会不忘附加这样一句：这样做是为了你好。

如何使孩子愉快、幸福，是我用整本书来诠释的话题。

维尼育儿经：母亲节，一家人去吃饭，女儿让妈妈去点菜，悄悄把我拉走，原来是想去买康乃馨，姥姥，妈妈，姨妈，一人一支，她还出了钱……这比吃顿饭更让人高兴。从来没有教她如何孝敬，只是好好爱她，让她快乐幸福，她就知道爱我们、关心我们、让我们高兴了。

先顺应心理，再要求品质

先去理解孩子，安慰和接纳孩子的情绪，等情绪平静了，再慢慢向他提出品质的要求。

维尼育儿经：昨晚女儿回家，一进门就看着不高兴，原来是在学校被一个小朋友绊倒了，膝盖和腿磕到小台阶上，而且那个小朋友没有说对不起。我没有着急劝她宽容，因为此时孩子最需要的是安慰。所以，好好听她讲了半天“摔倒事件”，她还拿出一些小盒子代表当时的人物，以便讲得更清楚。说了一会儿，把委屈宣泄完毕，情绪就平静了，此时我告诉她，她磕得不算严重，比我和她哥哥曾经受的伤轻多了，以后引起注意也算是好事，而且小朋友也不是故意的……过了一会儿，孩子就又高高兴兴了，好像根本没有这回事儿一样。

如果急着要求孩子宽容大度，会让孩子觉得委屈。

孩子 6 岁左右，在幼儿园本来挺好的。12 月中旬的时候，因为和一个小女孩互相踩了脚丫，被那个小女孩的姥姥直接冲进教室批评了一顿，到放学我去接的时候，孩子就在那里哭着不敢出来。我平时对他也确实有点严格和冲动，除了经常批评他，还总是要求他谦让大度。老师也很不好意思，不过老人么，疼孩子也是可以理解的，我就对孩子说，如果你踩到别人，你要说对不起。但孩子坚持说是别人先踩他的，他告诉老师，但是老师没管。我说你是男孩子，男孩子要谦让的。这件事给孩子造成了心理的创伤。过了 3 个月，有一次提到那个姥姥找他的时候，孩子的情绪还是很激动，大哭大闹，最终竟然动手掐老师，再加上其他因素，孩子哭着说什么也不肯上幼儿园了。

孩子有了委屈的时候，是最想找人倾诉的。此时如果好好理解孩子，与孩子共情，让他把心里的委屈、痛苦及时宣泄出来，再和他探讨，那么这件事情就不大影响孩子了，孩子也会变得宽容的。

如果不注意与孩子共情，不理解孩子的委屈，反而不合时宜地指出孩子应该具有谦让大度的品质，那么，这个事件引起的情绪就没有得到宣泄，反而逐渐淤积。这样的事情多了，会给孩子带来持久的负面影响。

我们与儿子的交流越来越少，问儿子原因，他说，过去他跟我们讲学校里发生的事，每次都得不到我们的理解，反而会说他这个不应该，那个有问题，要从自己身上找原因，要理解老师的做法。所以时间久了，就什么也不愿意和我们讲了。

孟子曰：行有不得，反求诸己

以前从没有这样否定过自己，我会下意识地回避自己的不好，总说孩子不听话。和别人交流孩子问题时，从来没说过自己不好，也意识不到自己不好，认为自己是在严格要求孩子，是在培养孩子认真细致的习惯，一切都是为了孩子好……

孟子曰：“爱人不亲，反其仁；治人不治，反其智；礼人不答，反其敬——行有不得者皆反求诸己，其身正而天下归之。”

意思是：“爱别人却得不到别人的亲近，那就应反问自己的仁爱是否不够；管理别人却不能够管理好，那就应反问自己的管理才智是否有问题；礼貌待人却得不到别人相应的礼貌，那就应反问自己的礼貌是否到家——凡是行为得不到预期的效果，都应该反来检查自己，自身行为端正了，天下的人自然就会归服。”

感叹古人的智慧！这段话对于亲子关系这再适合不过了。

1. 爱人不亲，反其仁

父母基本都是爱孩子的，为什么孩子却不领情？就是因为爱的方式出了问题。爱孩子和让孩子感受到爱是两回事，先不要怪孩子不懂事，先“反求诸己”：是否自己的方式没有让孩子感受到爱，训斥、惩罚、打骂、讽刺、冷暴力之下，孩子感受到的是恨和冷漠。

2. 治人不治，反其智

父母所做的一切都是为了孩子好，孩子却不合作，不愿意按照父母的来。先不要急着责怪孩子不好管，而是先“反求诸己”：自己是否在逆孩子心理而行？是否没有找原因想办法？是孩子不可教，还是我们不会教？

3. 礼人不答，反其敬

如果孩子不尊重我们，首先要考虑是否没有先去尊重孩子，不尊重别人就难以得到别人的尊重。尊重孩子，说得简单，做起来难啊。所以，当孩子对我们不敬的时候，先想想是否自己出了问题？

“吾日三省其身”，家庭教育想取得进步，就需要不断反省自己：今天理解孩子了吗？今天跟孩子发脾气了吗？今天我帮助孩子的方式对不对？

当然，孩子的问题不全是父母的责任，孩子自身也有问题，也有父母能力不足的原因。我们需要反省自己，但不要过分自责；我们理解孩子，也要学会理解自己；放过孩子的同时也得放过自己，改变需要时间，给自己和孩子时间，只要今天比昨天做得好，明天比今天做得好，这就可以了。

为什么不要惩罚孩子？

曾经抱着犯了错就一定要受到惩罚的教条对待孩子，结果现在孩子青春期抑郁，悔恨啊！其实孩子就是这样，你越纠错，就越有纠不完的错，多关注孩子的“对”吧，孩子会越来越对。特别赞成维尼老师不惩罚的观点，只是相识恨晚，当初没有好好呵护孩子幼小的心，后悔莫及！

想想我们自己，有多少人能欣然接受惩罚呢？己所不欲，勿施于人。英国育儿节目《超级保姆》中，育儿师乔提倡可以温和而坚定地惩罚孩子，但是效果如何呢？

“我女儿本来不是一个爱哭的孩子，之前看了几集《超级保姆》，想用里面惩罚的方法让孩子吃饭，不管她怎么哭，我都要求她把鸡蛋吃完，后来孩子哭得很惨，总算吃完鸡蛋。那个晚上，她第一次半夜从睡梦中哭醒，之后的一段时间，都比较爱哭闹。”

1. 为什么不应该惩罚孩子？

“孩子犯了错误，有了问题不去惩罚，那怎么办？难道听之由之？难道去鼓励犯错？”

如果我们能理解孩子，就会发现孩子有些所谓的错误可能很正常，没什么，不过是人之常情，比如丢三落四、有时说话不算数、偶尔说脏话；有些有内在原因，需要我们找原因想办法去帮助孩子，比如不爱弹钢琴、写作业磨蹭、粗心；有些可能是父母不合理的教育方式造成的，需要改变的是父母，比如说谎、偷拿家里的钱、网瘾。在这些情况下，您觉得应该去惩罚孩子吗？应该去对孩子发火吗？

当然，虽然不应该对孩子发火，但是人的情绪控制相对较难，所以，有时会忍不住发火。但是不惩罚孩子就比较容易了，只要理念改变就可以了。所以，我做不到一直不发火，但是可以轻松做到从来不惩罚女儿。

2. 惩罚的危害

家庭教育中偶尔用用惩罚，把握好度，注意态度和方式，也可能会有些短期的效果，如果亲子关系好，沟通顺畅，父母教育很有艺术，惩罚有时也是一种有效的辅助方法。但惩罚用多了效能会递减，必须加大处罚才有效果。惩罚还可能会激起孩子的愤怒、反感，引起孩子的逆反，破坏亲子关系，挫伤孩子的自尊、兴趣、信心和积极性，与我们纠错的目的背道而驰。

惩罚反而会强化幼儿的行为。对于幼儿而言，惩罚有时反而引起孩子的兴趣。比如孩子说脏话，越是惩罚他，他可能越来劲；往地上摔东西，父母的惩罚可能会使孩子觉得更刺激。此时淡化，不去理他，或者平静地和孩子说说效果更好。

惩罚有可能破坏兴趣。进步和成就感是兴趣最好的老师，惩罚直接破坏成就感，自然损害兴趣。惩罚孩子，将一个需要兴趣的事情（学习）和一个痛苦的事情联系在一起，时间久了，形成条件反射，一想到这个事情（学习）就会感到烦。

惩罚治标不治本。比如孩子写作业磨蹭有内在原因。惩罚只是针对行为，而不是针对原因去解决问题，效果自然不好，还增加了孩子对作业的反感，甚至导致厌学。

到了青春期，惩罚容易引起反抗、逆反，孩子对着干，那时就无计可施了。

惩罚也是逼孩子说谎。孩子为了逃避惩罚，不敢实话实说，就会学着隐瞒、说谎，这样以后你就难以了解孩子的真实情况，或者需要费尽心思去鉴别孩子是否撒谎，成了一场猫捉老鼠的游戏。而不惩罚，不训斥，孩子就没有必要去撒谎，因为说实话对他来说很轻松。我女儿就是这样，她和我都是说实话，因为我从来也不惩罚她。

有一次女儿拿我的化妆品来“做实验”，我生气了并责备她，她马上说：“早知道这样，刚才你问我时，我就说我没有拿了。”

3. 可以用自然惩罚法

自然惩罚法就是让孩子自己体验行为的结果，从而自然修正行为。比如，孩子不好好完成作业，不必唠叨，有老师的批评在等待他呢；上学磨蹭，不必不停催促，迟到几次就有感觉了；不想练习听写，课堂检测错得多了，就知道有必要了；孩子想去玩火，不妨让她稍微尝试一下，被轻微地烧痛了，就不敢了……

自然惩罚不是故意拒绝孩子，而是当孩子坚持自己的做法时，适当放手让他去体验结果。

4. 不惩罚如何管教?

惩罚是一种懒惰甚至无能的方法。不惩罚不代表对孩子的表现听之任之，而是采取更有效的方法。一是找原因想办法去帮助孩子，比如前面讲到的解决孩子不爱弹钢琴、不爱写作业的方法；二是多鼓励，激发孩子的内在动力；三是建立良好的亲子关系，这样孩子会合作，很多以前无效的方法就有效了，比如讲道理、约定、定计划。

米儿妈妈："现在米儿有令我难以接受的行为时，我基本都冷静温和地和她讨论，发现大多数时候都有她自己的原因，想办法从根本上解决了那个原因，她自然也就不再那样了。现在觉得惩罚是治标不治本，甚至有点"懒惰"的办法。"

5. 鼓励远胜于惩罚

我女儿四年级，本来表现不错，后来受过一次打击之后有些提不起精神，上课不认真听讲，经常做些小动作。老师让她到教室后面罚站，但是没有任何效果。维尼老师分析，孩子本来就有些自暴自弃，老师又多次公开惩罚，孩子更加不在乎了。所以，建议我和老师沟通，请老师遇到这样的情况不要再去惩罚她，而改为鼓励每天的一点点进步。老师后来答应这么去做，过了不久，不认真听讲的问题魔术般地消失了。

6. 不必逼孩子认错

我好像基本没有让女儿认过错。所谓的错误都是可以理解的，有原因的，需要做的是找原因想办法，或者和孩子探讨一下应该如何做，所以是否认错就不大重要了。不针对原因去想办法，认错也没用。逼孩子认错，不利于关系，反而可能对着干；不逼着认错，关系好了，孩子愿意合作，也会愿意去改变。

为人父母总是很紧张，担心这担心那，发现孩子一点问题就抓住不放，一定要他认识错误，及时改正，还要他再三保证不再犯。学习了维尼老师顺应孩子心理的理念，老师教我们接纳和包容孩子，发现很多时候都是我们太过苛求了。现在孩子没以前叛逆了，越来越能体谅父母。这条路很漫长，且行且珍惜！

如何不惩罚就让孩子写字认真？

孩子写字潦草，很多人的做法是惩罚孩子擦掉重写。但这会让孩子心烦，而且增加了作业量，写字伴随的是不愉快体验，结果更不喜欢写字了，所以效果不好。

维尼育儿经：我女儿二年级时字迹潦草。为了改变这个习惯，我没有惩罚她重写，而是去找些相对认真的字加以鼓励，通过这种形式她愉快地接受了认真的要求，而且写字时保持愉快的心情，体验到认真的乐趣，也有动力去认真写，逐渐对写字有些兴趣了，结果一个月就认真多了。后来，在三年级改用钢笔字的时候，她觉得新鲜，她妈妈和她比赛写钢笔字，同时大加鼓励，她美滋滋的，每天把练钢笔字当成了享受，字自然认真、漂亮了。

“我家孩子练习写字，我刚开始要求写不好就擦掉重写，反复几次孩子就烦了。现在学习维尼老师的方法，不罚他重写，而是表扬他一行里面哪个最漂亮，哪个好，再问他要不要让其他几个也一样漂亮？如果他说要就擦，他不发表意见就拉倒，慢慢地就越写越好了。”

拿着放大镜，用鸡蛋里挑骨头的精神去找到孩子的优点，鼓励鼓励再鼓励，效果胜于惩罚。

第四章　放下对溺爱和娇惯的恐惧

很多父母心头有一个魔咒：不能溺爱、娇惯孩子。所以，会对孩子严厉、过于严格，不敢满足孩子正常的要求，不敢让孩子撒娇，结果却压抑了孩子。如果能按照顺应心理的方式去养育，就可以大胆地去宠爱我们的宝贝，而且不用担心会溺爱和娇惯了孩子。

宠爱孩子危害真的那么大吗?

“以前总认为不要宠孩子，否则会娇惯，看到不好的行为要及时制止，并不断提醒他不要这样做。但孩子越大离我所期待的却越远，亲子关系越来紧张，孩子越来越反叛。”

“不知什么时候起，我开始害怕宠爱孩子，生怕娇惯了他，于是便少了那份发自内心的欣赏，少了与孩子一起享受亲情的乐趣。学习了维尼老师的理念，以后我要好好和宝贝享受在一起的时光，不惧怕去适当地宠爱孩子，被爱浇灌的孩子会更幸福！”

20 世纪 80 年代，各种媒体铺天盖地批判“小皇帝”现象，宣传溺爱的危害。经过一二十年的宣传，很多人对于溺爱、娇惯的危害印象深刻。现在，也许在上一辈人那里溺爱还存在着，但“不要溺爱娇惯孩子”的意识在七八十年代以后出生的父母这里已经深入人心，溺爱的现象其实很少见了。现在的父母，即使有一些所谓的溺爱，也只是物质上宠爱，生活上包办，但全面纵容却是难以做到的，因为谁也不希望孩子表现不好，谁也都会考虑孩子的未来，所以很难忍住不去管教孩子。

现在，大家看到孩子哭闹过多、爱发脾气、倔强、逆反，就以为是溺爱所致，其实恰恰相反，这些现象在大部分情况下是因为父母管得太多，限制太多，不顺应孩子心理所致，与溺爱关系不大。和孩子别扭，就是教给孩子和你闹别扭，就是逼迫孩子哭闹，倔强。

“以前我就是怕娇惯了孩子，处处和孩子闹别扭，孩子越哭，越发脾气，我就越是不会满足她。所以孩子的性格脾气不好，别人都说是溺爱的结果。我宁愿他们说我不会爱孩子，不懂方式方法，却无论如何都不承认我是溺爱孩子，因为若是溺爱，我就不用和孩子闹别扭了。现在我知道怎么爱孩子了。如果早些年知道维尼老师，就不会那么多迷茫，孩子也不会受我那么多罪了。其实，顺应孩子心理，就是倾听孩子心声，理解孩子的感受，接纳孩子的样子。孩子得到了理解，就会理解别人，就会懂事，就会好商量了。以前怎么就是不懂呢？”

“我原以为顺应孩子就是溺爱，常常和孩子较着劲，无形中教会了孩子和我们较劲。”

现在家庭教育的最大问题不是溺爱孩子，而是对于溺爱娇惯的恐惧。警惕溺爱是对的，不过，倒洗澡水，却连孩子也泼出去了。溺爱、娇惯固然不好，但有的人又走向了另一个极端：对孩子要求过于严格，不敢适当地宠爱孩子，拒绝孩子撒娇，对自理自立的要求过高过急，不敢鼓励孩子，过多限制孩子，不满足孩子的合理要求，不敢顺应孩子，对于孩子过于严厉，甚至训斥、打骂。这样做的本意是为了孩子好，但孩子却感受不到父母的爱，内心得不到充足的关怀和温暖，反而感到压抑、痛苦，不但破坏了亲子关系，而且可能埋下了心理创伤的祸根。

很多人甚至害怕孩子在温暖的家庭环境里长大，成为温室里的花朵。大家还记得孙云晓老师写的《夏令营中的较量》吧，这篇 1992 年发表的报告文学影响广泛，通过这篇文章的描述，人们看到中国孩子自理能力一般，没怎么吃过苦，看起来娇气，被称作温室的花朵，感觉处处不如日本孩子，甚至有人说“80 后”是垮掉的一代。但长大后的“80 后”充满希望，很有竞争力，也能吃苦耐劳。比如 1998 年抗洪、2003 年抗击非典、2008 汶川大地震、北京奥运会中的体育精神、年轻一代的科技文化工作者的优异表现，都表明“80 后”无论在文化还是精神上都已经成为社会的有生力量，当时垮掉的一代的忧虑不过是虚惊一场。

“80 后”为我们做了一个史上最大规模的家庭教育实验。实验告诉我们：孩子小时候娇气些没关系，自理能力一般没关系，没大吃过苦也没关系，只要不是过度呵护、溺爱，在温暖和爱中成长的孩子照样很强大。

还有一个可以观察到的事实：欧洲人从小强调自理自立，但是他们的孩子长大后却没有中国人这样勤奋。从小娇气的中国小孩长大后看起来更能吃苦耐劳！

我觉得可能有几个原因，一是中国孩子虽然在家庭里吃苦不多，但学习一直不能放松，中学尤其紧张，可以说天天在锻炼吃苦耐劳，比外国孩子吃的苦可能还要多。二是孩子的生命力是蓬勃的，只要想做，有兴趣，都是能吃苦的。举个特殊的例子，很多孩子玩游戏能打通宵，踢球可以踢几个小时，这也是需要能吃苦的。

我就是小时候没干活、没吃过苦的“80后”。不怕您笑话，我18岁上大学才学会自己洗衣服，第一天洗T恤的时候竟然不知道该怎么洗，结果愣是用毛刷毁了我漂亮的衣服。诸如此类的事情还很多，但现在我工作了，我当了母亲，那种独当一面的表现和气魄让全家人很是惊喜。三十年前他们怎么也想不到。

我们需要适度培养孩子的自理自主能力，让孩子自然经历一些风雨，经历一些锻炼，这对孩子的成长有好处。但可以放下对娇惯的恐惧，不要惧怕顺应孩子的心理，不要怕适当满足孩子的要求，不要怕让孩子撒撒娇，不要怕适当地宠爱孩子，温暖放松的家庭环境会使孩子的内心得到满足和滋养，得到充分的爱，心灵吸收到足够的营养后才会有足够强大的内心面对长大后的各种问题。就像小树苗一样，不去折腾它，而是给它足够的空间、阳光和水分，正常情况下自然也会根深蒂固，长成大树后能够抵抗大风大雨。

何妨让孩子撒撒娇

维尼小语：孩子嘛，撒撒娇没什么，挺好的。等她长大了，我们就没有多少机会享受了。

“去年入冬以来，7岁女儿基本都是晚睡，所以起床较难，喊20分钟都起不来。有一次，她起床的条件是要我过去抱她起来，我想起维尼老师说的顺应心理，我没像以往那样以‘现在你又不是小宝宝’的理由拒绝，而是把她抱起来，她真的忽的一下就起来了！太神奇了！之后的几天里，她早上都叫我抱抱再起床，花了两分钟而已，目的就是让她能起床，撒撒娇又何妨，长大了也不会让我抱了。”

“以前我压制强迫女儿，到了初中她开始逆反，甚至骂我，亲子关系很糟糕。我按照维尼老师的方法，先顺着孩子来。不久，她就不骂我了，慢慢地，关系也越来越好。周六，她睡到了9：00，我买菜回来，她喊我，我让她起来吃点东西，她让我到床前对着我撒娇，我感到她心中的坚冰开始融化了，很久没有撒娇了。”

顺应心理与溺爱的区别

“维尼老师的顺应心理感觉不错，但这和溺爱纵容的区别在哪里呢？是否也会造成孩子的自私任性、个人中心，不听管教，受不了批评和挫折呢？”

顺应心理的育儿方法和溺爱看起来还真像！但本质不同，所谓形似神不似！

1. 关于独立自主

溺爱妨碍孩子试图做出独立行动的任何努力。包办的含义之一是指该孩子做的、决定的事由父母代替。

而我提倡多和孩子商量，多让孩子做决定、做主，给孩子适当自由。这与溺爱、包办完全相反。而严厉或过于严格，会妨碍孩子独立自主，与溺爱、包办是相似的。

2. 过分爱护孩子

溺爱特征1：对孩子的要求轻易满足。我提倡满足孩子的方式是：适当满足、适当拒绝；先说好，再说不；约定的执行有弹性。这不是无条件满足，孩子也容易接受这种约束。

溺爱特征2：特殊待遇。溺爱体现在孩子在家庭中的地位高人一等，处处受到特殊照顾。

我提倡平等，自然不会把孩子当作小皇帝了。不过，我们对很多物质享受看得较淡，比如生日蛋糕自己吃不吃觉得无所谓，而孩子有蛋糕吃很高兴。所以，某些不同的待遇是正常的。

溺爱特征3：生活懒散。溺爱还体现在允许孩子饮食起居、玩耍、学习没有规律，要怎样就怎样，睡懒觉，不吃饭，白天游游荡荡，晚上看电视到深夜等。

我提倡有规则、约定，不是完全放任，只是建议规则要适合孩子的特点，执行时灵活有弹性。

溺爱特征4：包办代替。由于家长的溺爱，三四岁的孩子还要喂饭，还不会穿衣，五六岁还不做任何家务事，不懂得劳动的愉快和帮助父母减轻负担的责任。

我认为自理的事情，顺其自然地鼓励孩子去做就好了，重要的不是要孩子做多少，而是让他觉得做得开心，这样孩子反而有兴趣去做家务。逐渐培养孩子吃饭、穿衣的独立性，但偶尔喂饭、帮助穿衣也没什么了不起的。

溺爱特征5：害怕哭闹。由于从小迁就孩子，孩子在不顺心时以哭闹、躺地、不吃饭来要挟父母，溺爱的父母就只好哄骗、投降、依从、迁就。

我提倡可以鼓励孩子宣泄情绪，情绪不好的时候先处理情绪，再处理事情，不去较真，不去火上浇油。另外，改善我们的教育方式，是减少孩子哭闹的根本方式。

3. 顺应会不会使孩子经受不住挫折?

很多家长害怕多顺应孩子，孩子会听不得批评，抗挫折能力弱。而我提倡通过向孩子渗透三种思维的方式，从而有效提高孩子的承受能力，坦然面对挫折，所以不必担心孩子经受不住挫折。

维尼小语： 很多人常常引用一句古话：慈母多败儿。真的是如此吗？如果慈母是指溺爱娇惯纵容孩子的母亲，那么此言不虚。但是真正的慈母既慈祥宽厚，又能温柔地坚持原则，帮助孩子，这样的慈母是孩子健康成长的永恒动力。

实例：顺应心理让女儿乖巧懂事

梅子在孩子1岁左右时学习我的博客，用顺应孩子心理的方法去育儿，这并没有让孩子骄横、娇惯，反而很乖巧懂事。

1. 六字真言的妙处

“很正常，没什么”不仅在育儿时让我的情绪平和，在老人那里也用上了。当初因为两代人教育方法的不同出现过好多不愉快，我心急憋屈得慌。后来想到老师的六字真言，忽然明白老人的很多做法也是“很正常，没什么”的，也要像对孩子一样理解宽容。豁然开朗，就不再憋屈，轻松多了。

2. 顺其自然

孩子有几天中午睡觉相当折腾，不乖乖睡，连续三天我受不了就强硬地抱着她睡，她狂拼，我就抱着不让动，结果她哭一会儿就睡着了，“效果”看似很好。

此时我想起了维尼老师说的：睡觉可以顺其自然，为什么要为了这点小事而让孩子哭着入睡呢？天呀，我这是在干吗呀！后来我改变了态度，自己躺着睡，然后告诉宝宝，你想看书就看吧，妈妈先睡，看完自己过来睡哟，宝宝开心地接受了。看了一会儿《不一样的卡梅拉》，就过来叫“妈妈”，一躺下马上就入睡了。看着她睡得甜美的样子，心里很是安慰。

3. 独立、自理

宝宝在1岁多点就能完全独立全程吃完饭。可有几天她撒娇要我喂，当时我想说自己的事自己干，后来想起老师说过让孩子撒撒娇、喂喂又何妨？我就微笑地答应了，孩子也很享受，也没有因此更多地依赖我。

4. 关于情绪

有几天我自己非常烦。那几天不知是宝宝感受到了我的烦，还是她感冒了不舒服所以有情绪，她特别地“不乖”。后来想，其实她没有错，这几天本来就不舒服，还受到我的影响，有情绪很正常，不是故意来折磨我的。理解了，改变了自己的认知，就平静了。

5. 先说好，再说不

晚上带孩子去超市，来到了玩具区，孩子很喜欢那个推着走会叫的公鸡。刚刚玩得起劲时，婆婆说去另一边买汤圆，于是我叫她放回去，她说：不不不，不要呀。我以前可能会粗暴地抢下来放回去，然后等她在地上哭累了，就平静地过去叫她：宝宝哭够了吗，我们回家吧。但我想起了维尼老师说的：先说好，再说不。

我去理解她，毕竟人家正在兴头上嘛。于是我和她商量再数10下就不玩了，她点头说好。当我数到10下时，她还在玩。过了一会儿，她不好意思地给我，于是我微笑地接过来说，没事，你还是很讲信用的，谢谢你。

现在大家都觉得我的孩子懂事、聪明、乖巧，从不给我添乱子。说起来很奇妙，顺应心理的育儿方法没有让孩子自私蛮横，反而很懂事，真是让人高兴啊。

第四篇
和孩子一同幸福成长的心理魔法

家庭教育，是一门与心理紧密相关的学问，如果能处理好父母和孩子的情绪、行为、性格等心理相关因素，教育就成功了一半。让我们来探讨一些很有效的心理学方法和常见的与心理相关的问题。

第一章　人本主义心理学方法

人本主义相信孩子有自我成长的力量，提倡接纳、共情。

无条件接纳孩子

对于孩子的问题，愤慨、问责、追责、指责，会让我们和孩子心不静，难以理性，孩子也不愿意合作；而先理解孩子，从而能接纳孩子，大家都静下来，然后想办法帮助孩子解决问题。“接纳”只有两个字，看似简单，却非常重要。

我和儿子在外吃饭，以前会在吃饭时对他指指点点，现在从内心里接纳他了，反而觉得一些动作很可爱，他也很愉快！真心地感受到接纳孩子的好处。

如何才能从心里接纳孩子？

“孩子犯了错误，不是应该惩罚吗？为什么要接纳？”

“我可以接纳孩子的现状，但过后他还是会犯同样的错，我该怎么办？”

理解孩子，就容易接纳了：孩子的有些错误可能很正常没什么，不过是人之常情；有些是有内在原因的，需要我们找原因想办法去帮助孩子；有些问题直接是我们造成的，需要改变的是我们。既然如此，自然应该接纳，去找原因想办法，而不是追责、惩罚。

以前我对 7 岁的儿子不是打就是骂，他小小年纪就偷钱，说谎，逃学，什么坏毛病都有，我已经讨厌他了。看了维尼老师的博文后，才发现孩子本身没错，是我这个家长没做好，才把孩子变成今天这个样子。理解了之后，我慢慢地接纳儿子的现状，孩子也慢慢在进步。

维尼小语： 接纳是先理解和接受孩子的现状，再着眼未来逐渐寻求改变。接纳现状，并不是说现在这样就好，不是说接受孩子一直如此，而是因为改变需要一个过程，所以要先接纳，这样我们会心平气和，孩子不抵触而是合作，再慢慢去改变。

有一位初三男孩，以前各方面都不错，现在却经常逃课，不好好学习，也很逆反。我给孩子妈妈的建议是首先建立好的亲子关系，去理解尊重他，能够沟通、交流，这样才有可能施加影响。我说："如果你能对他的现状接纳，心平气静之后，他可能会更愿意接受你的劝告。"妈妈说："知道要接纳，但是很痛苦，不愿去接纳"。

是啊，本来一个很不错的孩子，现在这样的状况，妈妈自然是难过、不情愿的。但是不接纳现状，生气、着急、对立只能把孩子推得更远。

我告诉妈妈：想做到接纳，首先要理解孩子现在的状况是有原因的，其中部分是父母造成的。理解了，就不会过多责怪孩子，心情会平和些。这样才能处理好亲子关系，孩子才会合作，才能让他进步。不然，和孩子对抗，只能越来越心痛。

妈妈恍然大悟。后来她说："孩子有今天，有我自己的不少原因，以前对孩子要求太高太严，只关注学习成绩，说话做事不考虑孩子的感受，也不尊重孩子自己的选择，孩子学习遇到困难也没有及时帮助，确实不能全怪孩子。我开始不能接受，后来想到维尼老师说的：孩子的改变是需要一个过程的，不可能马上改变，所以，对于现状接纳，而长远一些的目标是促成孩子的改变，这样我就能逐渐不那么痛苦地接受眼下的现实，然后能做到不发火，理性、平静地考虑如何去帮助孩子。在接纳孩子，改变了态度之后，过了两个星期，我们的关系就好多了。"

接纳孩子的一切

接纳孩子的不合理习惯

比如，孩子写作业磨蹭，拖得很晚，训斥责怪用处不大，不如先接纳，去理解磨蹭的原因。比如可能没兴趣、觉得困难，也可能是我们的不良情绪影响了他……他不是故意捣乱，而是不由自主的。这样，理解接纳之后，心情就会平静些，至少不会给孩子添乱了，再去想办法帮助孩子。

"我开始接纳女儿的不爱学习，我困了就去睡。结果人家反倒自己写完作业了。我不发火了，她也没逆反情绪了。"

"接纳孩子学习的现状，不再疑惑为什么这么简单都不会？这样我心情就平和许多，就不会去训斥挖苦孩子，更重要的是保护了孩子的兴趣和信心。"

接纳孩子能力的特点

比如孩子记忆力一般，背诵课文较困难，去责怪是没有用的。不如先接纳现状，再去想办法，比如经常给孩子播放课文录音，听熟了，自然背得轻松了。

接纳孩子的情绪、心理

孩子有时会莫名害怕，先接纳，顺应而不是去逼迫他克服。这样，孩子放松下来，慢慢就淡忘了。我女儿有次看了一会儿恐怖片，结果害怕一个人下楼、去洗手间。我理解接纳这种害怕，她需要的时候我们就陪着，她慢慢就忘记了。

无条件接纳还是有条件接纳？

什么叫有条件接纳？有条件接纳，就是让父母满意就接纳，不满意就不接纳；合乎父母的标准和要求就接纳，不合乎就不接纳。这是一种有条件的爱。

有人说："我可以把心掏出来给你看，我是无条件地爱孩子啊！"也许父母本意是这样的，但是孩子只有在让父母满意的时候才能感受到爱，让父母不满意时被惩罚、训斥、打骂、冷暴力，他能感受到爱吗？

有条件的爱会让孩子认为自己不配得到爱，因为被爱、被关注都基于某种条件，他会患得患失，没有安全感，他会习惯于在乎别人的看法，变得不自信。而被无条件爱的孩子会有安全丰满的心灵，呈现出来的状态也会比较自信。

对孩子无条件的爱、无条件的接纳很重要，让孩子不需要讨好父母，就知道父母是爱他的；不因为学习不好就不爱，不因为表现不优秀就不爱。这样，孩子就不必扭曲自己，自然成长。

怎么让孩子不去看别人的脸色，不过分在意别人的评价呢？其实是从对孩子的无条件接纳做起的，对问题先去理解接纳，再寻求改变。这样，孩子坦然做自己的事情，没有恐惧，自然不会太敏感，不会太在意别人的看法了。同时，他也会学会理解接纳别人。

父母也要接纳自己！

我曾被"父母是孩子一切问题的根源"这句话压得透不过气，内疚自责，然后孩子的问题依然存在，我情绪失控的情况屡屡出现，抑郁得快出问题了，幸亏遇到维尼老师，才明白自己不是圣人，首先接纳自己，再去改变孩子。

有人说父母是孩子一切问题的根源，所以过分强调“育儿先育己”，建议父母各方面都要严格要求自己。

我对此深信不疑，开始走上了自我管理的路，对自己很严格，对家人很严格，希望能做到这种很纯粹的高尚品质，才能对孩子有更好的影响。但是这会让自己很累，真心的那种累：事事都要对自己严格要求，如果没有做到或者有点私念，就觉得自己很过分，怕被孩子洞察到。

如果不能理解和接纳自己，不能学会适当宽容自己，就可能不断地去挖掘自己身上的问题，压抑着自己的不满、焦虑、担心、恐惧等各种情绪，把自己批判得遍体鳞伤，一直陷在情绪的漩涡里，把所有的精力都放在情绪控制上，这样会导致无力去解决育儿的问题。

当然，父母理解接纳自己，不是说推卸责任，只是理性地看待责任。孩子有的问题父母负有不可推卸的责任，但有的问题父母只负有部分责任，有的问题是孩子自己产生的，或者只是家长不懂得方法，不知如何帮助解决而已。人的能力总是有限的，对自己也不能过于求全责备。

比如孩子写作业磨蹭，有家长干扰太多、训斥发火、要求过高、破坏兴趣等原因；也有不会辅导，不知道如何帮助孩子改变的因素；同时，与孩子自己能力不强、兴趣不高、贪玩也有关系。当然，能力不强，有天生的因素（这个不能责怪父母），也与父母早教开展得不恰当有关。兴趣，与父母不会培养有关系，但是，话说回来，又有多少人懂得如何培养兴趣，明白如何改变孩子的习惯呢？父母不懂不会也很正常，所以，不必自责太多。

父母不应该对孩子发火，但如果不掌握消除火气的方法，只靠忍是忍不住的，调节好情绪是一种很多人都缺乏的能力，控制不住情绪也算正常。即使是我，偶尔也会忍不住对女儿吆喝一声，这很正常，也是难免的。我发火之后，先向孩子道歉，有些内疚自责也正常，在这之后就要去思考为什么会发火？如何去改进？

接纳孩子，也要接纳自己；不苛求孩子，也不要苛求自己。知道孩子有些问题是正常的，也要知道自己的某些表现也是正常的；知道孩子的能力是有限的，也要知道自己的有些错误也是能力有限所致。伤害孩子之后，内疚、自责、道歉是应该的，但是要接纳自己，放下包袱。心静了，才有力量去改变自己，好好教育孩子。

当然，理解接纳自己，宽容自己，不是说还要像从前一样继续对孩子发火、训斥、打骂，而不去提高调节情绪的能力，不去提高帮助孩子解决问题的能力，而是和接纳孩子的道理一样：我们的改变也是需要一个过程的，人在当下的能力是有一定限度的，不是想怎么样就怎么样的，所以，暂时做不到也正常，没有必要过于自责，不必要求当下就能做得完美。这样压力小了，精神不压抑，才有精力去反省、改变自己，去学习合理的育儿理念和方法，争取每天有一点进步。

以前总为孩子小时候我没给她养成好习惯而深深自责，在维尼老师这里咨询之后，现在也原谅自己了，当妈妈的也有成长的过程，过去的就过去了，凡事向前看，努力给孩子最好的爱。

我们可以天天反省自己，但不要总是自责；我们要学会理解孩子，也要学会理解自己；放过孩子的同时也得放过自己。改变需要时间，给自己和孩子时间，只要今天比昨天做得好，明天比今天做得好，就可以了。

育儿先育己，不要过头了

孩子的有些问题与父母有关，所以父母改变了，孩子的问题可能就自然解决了。另外，育儿是门学问，不学不会，自己也需要成长，比如要学习情绪管理、辅导学习的方法等。从这个角度来看，“育儿先育己”是有道理的。

但是有人提倡父母要严格要求自己，成为纯粹的人。这就过头了，没有必要给自己施加这么大的压力。其实我们并不需要成为纯粹、完美的人，也不需要自身取得什么成功，就可以把孩子养育好。有时做不好也很正常，不必过于内疚，把精力放在反省改进上就可以了。

我自己有时也做不好，比如会说话不算数，减肥的计划常常做不到；我也没有严格规律的生活习惯；我对道德也没有纯粹的要求；我偶尔也会对女儿发火生气。这些不过是人之常情，不影响我去养育女儿。我们不必苛求自己，不断地去反省、成长就可以了。

纯粹的教育理念把父母们变得无所适从，我看有些妈妈群里面，不少人每天都在忏悔，心情很郁闷，努力提高自身的同时，还希望身边的亲人也要变成高尚完美的人。有一点点小事，就担心是否给孩子造成了不可逆转的影响，会在孩子心里留下可怕的阴影。其实真的是有点太过担心了。纯粹的理论不仅把上进好学的父母变得神经质，也严重影响婆媳关系，制造了家庭矛盾。

接纳自己，接纳孩子

因为从小父母对我要求严格，我做得再好，也得不到表扬和肯定，我一直不自信。不管在工作还是生活中，如果一件小事没做好，我会一直很后悔；对于要做的事，我也是反复地考虑该怎么做、要不要做，害怕自己做得不好，害怕别人笑话我，害怕没做好所带来的后果。这让我抑郁焦虑，也容易受外界的影响。

受维尼老师的影响，学习了老师的理念，尤其是“无条件地接纳”、“做好你能做的事”、“很正常，没什么”，我开始考虑，我自己又不是完人，我怎么可能样样事情都做好呢？世界本来就是多样性的，每个人都有自己的特点，有时候缺点在另一方面也是优点。我目前的情况也是遗传、家庭、环境各个因素造成的，我不可能做好每件事，也不可能让所有的人满意。当我改变了认知，接受了自己，认为自己能够承受行动带来的任何后果之后，我才能够心平气和地考虑我该怎么做，分析以前的不足和需要改进的地方，然后去做。这段时间以来，我不断提醒自己，在工作和生活中都有了改进。

以前我总看不惯女儿，觉得她成绩总徘徊在中上水平，而且学习习惯不好，有时边做作业边听音乐，经常捧着 ipad 看微信，看博客。我以前很着急，现在我经常提醒自己记住维尼老师的建议，接纳孩子，发现她其实还是有很多优点的，只是有时候方法不合适，或在困难面前不能坚持。接纳了孩子，才能心平气和地解决问题。以前看到她上网或者看动漫我总是不停地催她赶紧去学习，弄得大家心情都不好。昨天她在看动漫，我也凑过去看了一下说，怎么这么好看呀，她很高兴地和我讲起了情节，还建议我也去看，然后她看完一集就去学习了。还有老师要求背 2000 多个单词，她觉得多一直不开始背，后来我告诉她其实不会背的单词也不多，她一看，的确不是很多，就圈出来开始背了。

无条件接纳自己，会让自己有力量；无条件接纳孩子，就能给孩子带来力量。

接纳无所不在

对同事朋友，去理解他们的表现，去接纳他们，会有良好的人际关系。

对员工接纳的效果也不错

我将老师的许多观点运用到公司的日常管理中了，感觉自己也轻松了许多！首先得接纳自己的员工，再针对不同性格、岗位的员工加以引导，适当的时候肯定他们的工作。

老师对学生也要接纳

我曾经因为儿子痛苦不堪，看了维尼老师博文之后，开始学着接纳儿子，进而理解体谅学生，接纳学生，进而改变自己的人生。一年的时间我有了很大的变化，和儿子的关系好了，儿子也有了很大的进步，工作中学生们也更喜欢我了，我体验到了前所未有的工作的乐趣。

对父母曾经给自己的伤害，也可以理解接纳

学会理解父母当年对自己的伤害，接纳父母给自己留下的创伤，接纳自己的现状，再慢慢修正自己，这个蜕变的过程可能很痛苦、很艰难，但过了这个坎，慢慢会好的。

接纳教育现状

学校教育虽然不理想，但是也可以接纳、适应，抱怨是没有用的，不如接纳现状，去适应教育的现实，努力帮助孩子爱上学习。

实例：我只想找回健康快乐的孩子

儿子小时候很讨人喜欢，善良活泼好动，很开心。我训他，他都是默默地哭，特别听话，在学校也很快乐，受欺负也不抱怨，很快就忘记了，学习中上等。那时他贪玩作业不写完，字迹潦草，我会训他，却从来没细想过他为什么不写完作业。到了六年级为了能上重点中学，我才发现儿子在学习上有太多的不足，粗心马虎，每个知识点都掌握得不扎实，在陪读的那一段时间里，为了儿子的成绩能得到快速的提升，我对他很严厉，遇到简单的问题他不会，我还挖苦嘲笑他，儿子脸上的笑容少了，我用妈妈所谓的爱把儿子的开朗快乐弄丢了。

所幸儿子上了重点中学，初一上半年班级前十名，可到了下学期成绩考一次退一次，而且孩子在学校出了很多小问题，扰乱课堂，废话太多，屡教不改。还欺负女同学，犯错不承认，老被罚站，这时我才感到儿子的问题严重了。那一段时间我吃不好睡不着，不断反省自己，看了很多人的文章，最后是维尼老师的方法和理念让我眼前一亮，通俗易懂，而且容易接受，特别是认知疗法。这让我转变了思维，在两个多月的时间里，我在不断地改变自己的认知，改变对儿子的态度，一步步走进了儿子的内心，我发现他还是那个善良天真的儿子。才理解了他：自从有了女儿以后，忽略了儿子的感受，关心都给了妹妹，而且我经常为学习训他、嘲笑挖苦他，他觉得我们不关心他了，关心的是他的成绩，他难过，所以越来越不认真学习了。而且每次成绩后退了，我没有安慰他，反而是一顿训斥，所以他越来越不自信，离我越来越远，自卑让他脸上的笑容越来越少，周末回家就是玩游戏，很少和我们交流，问一句答一句。

痛定思痛，我只想找回健康快乐的儿子，其他都不重要了。我每天都看维尼老师的文章，慢慢进步，学着理解和接纳他。有一次学校让交 850 元资料费，晚上儿子打来电话，说丢了 200 元钱，跟班主任借，班主任说要家长知道才肯借给他。按以往我一定会在电话里训他，那天我没有，平静地安慰了他几句，就给班主任打了电话，知道老师怀疑他撒谎，我请老师相信他，先借给他钱。挂了电话，我对孩子丢钱的原因还是疑惑的，不知是否真的撒了谎，但是我去理解孩子，改变自己的认知：不管是什么原因孩子的心里一定不好受，要面对老师的不信任，要面对家长的质疑，还要自己承受害怕的痛苦煎熬。钱找不回来了，不如先接纳他，再要想想怎么样坏事变好事。第二天我去了学校，感谢了班主任，然后带孩子出来吃了顿饭，钱的事情只是安慰了一下。孩子一直低着头，没解释，我也一直笑着对孩子说，丢钱不是很正常吗，丢就丢了，以后自己注意就好了。后来孩子明显地高兴了。通过这件事，我让儿子知道我们爱的是他，不管他做了什么，我和爸爸都是爱他的。经过两个多月的努力，儿子变了很多，现在回到家和我们说话多了，偶尔也跟我们说说学校里有趣的事，脸上的笑容也多了。

学会“共情”、同理心

共情（EMPATHY），也叫同理心，指的是一种能深入他人主观世界，了解其感受的能力。在与他人交流时，能进入到对方的精神境界，感受到对方的内心世界，能将心比心地体验对方的感受，并对对方的感情做出恰当的反应。其实简单地来讲，就是能够理解对方。

Mayeroff(1971) 认为，共情就是“关怀一个人，必须能够了解他及他的世界，就好像我就是他，我必须能够好像用他的眼看他的世界及他自己一样，而不能把他看成物品一样从外面去审核、观察，必须能与他同在他的世界里，并进入他的世界，从内部去体认他的生活方式，及他的目标与方向。定义看起来有些复杂，简单来说，就是能站在对方的角度来看问题，能去感受、接纳对方。

共情在家庭教育中应用广泛。比如沟通时需要先理解和肯定对方；再如只有理解孩子，改变认知，才能减少火气；要想读懂孩子，就要站在对方的角度来看问题；还要重视孩子内心的感受；再如只有理解了孩子，才会接纳他。

孩子是贪得无厌，不知感恩的吗？

孩子是贪得无厌的吗？是得寸进尺的吗？是不知感恩的吗？是说话不算数的吗？不可理喻、无理取闹吗？需要我们绞尽脑汁斗智斗勇吗？没有上进心吗？没有自觉性的吗？天生就会撒谎吗？……

孩子有时看起来好像是这样的，但是如果能理解他的话，会发现并非如此。

孩子本来都可能成为天使。如果教育得当，父母做好身教，孩子是懂得投桃报李的：你对他好，他也会对你好；你好商量，孩子也会好商量；你尊重他，他也能学会自重；你宽容他，他也能学会大度；你不固执，孩子也会学会灵活；你听他的话，他也会听你的话；你理解孩子，孩子也会善解人意；你讲理，孩子也会遵守约定；适当满足孩子之后，孩子也没有那么多的要求了；孩子也都有上进心，想和父母相亲相爱的……如果父母能率先做好，在亲身示范之下，孩子会成为懂事、善解人意的宝贝。如果你发现孩子成为小魔鬼了，那么首先要找找自己的问题。

谁都希望得到肯定和尊重

几个月前孩子进入小升初阶段，我担心很多事，搞得孩子不开心，自己也焦虑。当我倾诉完后，维尼老师肯定了我对孩子的付出和我抚养孩子的成绩时，我一下子振奋起来了，几乎要落泪了！当你的付出得到了尊重，得到了认可，得到了理解，你的心怎能不激动？此时，我体会到孩子更需要这样的肯定和尊重。

尊重孩子，孩子也会投桃报李

宝宝前一阵子特别喜欢去别人家玩，而且不想回来。有一天爷爷几次去接她都不回来，直到我去接她，我允许孩子多玩了一个小时，她还不想走，此时我温和地坚持，让孩子乖乖走了。回到家中，我问她为什么不想回来呀，孩子说好玩儿，我说：是挺好的，两个小朋友一起玩比一个人有意思，但是有一点我有点担心呀，她说什么呀？我说你想一想，当妈妈爸爸下班回来时，一直见不到你该想你啦！孩子问，那你们会哭吗？我说虽然不会哭，但是想早点见到我的宝宝呀！我说下次你去别人家玩时，能到点回来吗？这样我们就不会那么想你了。

她说好的！第二天她又去小朋友家玩儿了，但是她没有再坚持在别人家不回来，我故意问她，你怎么不多玩会儿呢？她说，妈妈爸爸会想我的。听到这里我非常感动。通过这件事，我就想，家长不要以为孩子小就什么也不懂，孩子其实是一个相当敏感的小大人，她敏感地体会着家长是怎么对待自己的，孩子也会相应地回报家长。

你好商量，孩子也会好商量

有一段时间，儿子不愿意上幼儿园，常常跟我说："妈妈，我不想去幼儿园，我想自己一个人待在家里。"我前几次都严词拒绝了。可次数多了，我就开始思考是不是有什么别的原因。维尼老师说应该理解孩子，经过多次询问，儿子终于告诉我原因：在幼儿园睡午觉，醒了没到起床时间不能起床，躺着没意思。我试着跟老师沟通，能不能带本书放枕头边，醒了自己坐起来看书，不打扰别人同时自己也不会无聊。这被老师拒绝了，说没法管理，想想的确如此。

于是跟儿子商量，早上去幼儿园，中午吃完饭再把他接回家，儿子也不同意。我只好再退一步，让他自己在家玩儿一天，不许出门，以后都得上幼儿园。儿子答应了，果然，中午我回家，儿子自己在家，而且没有出去。下午儿子继续待在家里，我照常上班，儿子除了不时打电话催我回家外，倒也遵守约定。第二天，儿子同意去幼儿园了，但要求我中午接他回家，我答应了他，同时跟他约定，就接这一次，以后不接了，儿子也答应了。中午去幼儿园接儿子的时候，他们已经躺床上了，儿子见我到睡觉都没接他，自己正躺床上抹眼泪呢。下午无法在幼儿园起床后送他，只好留他一个人在家玩，儿子倒是痛快，答应我不出门。

后来几天，儿子没有再提不去幼儿园的事了。在家里，儿子比较听我的，因为我通常能站他的角度理解他，我在让步的同时跟他提出约定，我们都遵守，一点一点地达到目标。

其实，顺应孩子心理，就是倾听孩子心声，理解孩子的感受，接纳孩子的样子。孩子得到了理解，就会理解别人，就会懂事，事情就好商量了。这个道理我以前怎么就是不懂呢？

每个孩子都不喜欢被惩罚，都喜欢被鼓励

每个孩子都不同，所以要找到适合自己孩子的教育方法。每个孩子都有相同的地方，那就是喜欢被尊重、理解、接纳、宽容、鼓励、肯定，都不喜欢被惩罚、打骂、训斥。每个人都不喜欢被束缚得很严格，都喜欢有弹性和灵活，能自由些。

孩子也是有分寸的

原来对孩子吃垃圾零食很反感，大多数情况下会拒绝孩子的要求。现在我会先说好，同意他的要求，再告诉他薯片的危害，让他自己控制好食用的数量。事实上孩子做得比我想象得还要好，他除了分次食用，还知道相应减少其他高热量食物的摄入，毕竟他也想健康嘛。

孩子都是“顺毛驴”，顺应而不是逆着他的心理，他会更合作。

理解孩子，和孩子共情，孩子也会懂事

我家宝贝和她最好的小伙伴玩到晚上还不想回家，最后我哄着回来，她很不情愿，哼哼唧唧的，就要哭的样子。我把她抱在怀里说：妈妈非常能理解你的心情。这时，她哇的一声哭开了，就那样抱着哭了一会儿。我说，宝宝，姐姐要回家睡觉，她明天还要上幼儿园，晚上大家都要回自己的家。你想跟她玩，周末你们再好好玩好不好？她点点头，过了一会儿，她说：妈妈，我不哭了。孩子高兴了。理解孩子，陪伴孩子，不要呵斥，不要责骂。跟孩子共情，她也会理解大人的。

孩子真的很容易原谅我们大人，而我们呢？

“孩子经常在我狠骂了他后还来逗我笑，还叫我小姑娘，别生气，容易老。想想自己反而不容易释怀……”

“晚上女儿做作业总上把凳子弄得吱吱响，我忍不住吼了她一句，她有点想掉眼泪，我赶紧向她道歉，没想到她马上说没关系，然后叫我跟她一起读拼音。”

我们总是说我们在无条件地爱着孩子，其实孩子更是无条件地爱着我们，他们可以承受我们的脾气，事过之后依然天真无邪地对我们微笑；他们可以承受我们的错误，事过之后依然会紧紧地拥抱我们。孩子会毫无吝啬地向我们表达自己的情感、喜爱、笑容，面对这么天真可爱对我们“不计前嫌”的孩子，我们怎么可以不让自己的情绪变得更平和一些呢？但不要以为孩子总会忘得快，如果一直压抑他，总会留下痕迹的，积累得多了，早晚会爆发。

第二章　行为主义心理学方法

行为主义心理学有一个方法：通过结果影响人的行为。看起来很简单，但在养育中却有广泛的应用。借助它，可以理解孩子行为形成的原因，也可以用结果来说服孩子，也可以用鼓励、批评、奖励来改善孩子的行为。特别是对于幼儿，对于倔强、逆反的孩子，讲道理可能不如让孩子自己体验行为结果的效果好。

孩子的“问题行为”是如何形成的？

孩子的有些行为是通过体验结果而塑造的。

1. **孩子爱发脾气，倔强**。如果父母对孩子限制太多，不让他按照自己的意愿来生活，他不发脾气，不倔强就不能实现自己的愿望；而发脾气了，倔强了，才能达到自己的期望。这样的结果，自然让他有这样的性格。

2. **逆反**。到了青春期，父母还是管教、干涉太多，孩子好好说父母不理睬，只有反抗才能获得一些自主自由，所以学会了逆反。

3. **说谎**。父母要求高，而且严厉，而孩子通过说谎可以得到父母的夸奖，避免批评，自然学会了说谎。

4. **偷拿家里的钱**。孩子喜欢的东西，父母觉得不应该满足，孩子又渴望，会去偷拿家里的钱，尝到了甜头，逐渐成了习惯。

体验结果，改变孩子的行为

父母不去过多限制孩子，学会适当满足孩子的要求，好商量，那么孩子也会好商量。用平和的方式能够达到他的要求，他就没有必要发脾气、倔强了。

青春期孩子的父母学会给孩子更多的自主、自由和尊重，那么孩子就没有必要逆反了。

父母多去鼓励孩子，不惩罚，少批评，那么孩子就没有必要撒谎了。

父母能够去适当满足孩子的要求，孩子也就没有必要偷钱了。

“昨天在广场玩，绿化带浇了水还很泥泞，6岁的儿子要踩泥巴。要是以前的话我就阻止了。不过后来我一想，不妨让他自己体验一下，反正踩了肯定不想踩下次。我说好吧，你试试吧。他一脚迈进去脚下一滑，竟然一屁股坐了进去！好了，场面挺壮观的，脚底全是厚厚的泥巴，屁股和腿上也是，我们就坐在路牙石上抠泥巴玩儿……

我问他感觉怎么样？他说，挺好玩的，不过很糟糕。他乖乖地看着我一点一点擦泥巴，一脸的尴尬和歉意。我没有指责他，只是问他以后还要不要踩了，他摇摇头说不要了，相信他一定记住了，这比我唠叨一百遍还管用呢！”

一位妈妈：“想起我一年级的时候，有一条自己最喜欢的粉色裙子，有一天早上非常冷，我坚持要穿那条裙子。奶奶拗不过我，就让我穿了。之后的感觉，我到现在还记忆犹新，风呼呼地吹在身上，尽管冷得要命，还在大人面前装得很潇洒不怕冷的样子。但是，以后再也不敢有这种想法了。”

学会体验式说服

我们可以学会用事情自然的结果去说服孩子。

孩子不太想写作业，不必苦口婆心劝他，相反可以轻描淡写地告诉他：“你随便啦！”等老师批评他，或者想到老师批评的后果，他就自然去写了。

期末考试不愿意复习，也可以督促他一下，等考试成绩不错，体验到努力的结果，下次复习就会积极些了。

不愿意和小朋友玩，可能是没有体验到和孩子玩的乐趣，想办法，采用一些他喜欢的方式，比如一起玩游戏，等他体验到乐趣，会逐渐喜欢和小朋友玩。

开始写作业没有兴趣，辅助他，等有了进步，体验到成就感，会逐渐有兴趣和信心。

孩子早早写完作业，不要着急给他布置新的任务，而是让他体验早写完作业可以尽情玩儿的愉快结果，有助于养成及早完成作业的习惯。

孩子与你有不同的意见，有时不必说服他，可以让他去试验一下，让结果证明一切。比如孩子觉得不需要听写，就让他去试一下，成绩不大好的时候，他就知道听写的用处了。

……

体验结果是最好的说服

女儿刚刚学会走路的时候，喜欢到处摸，看见冒着热气的开水和汤也想伸手去摸一摸，那时我总是要时刻盯着她，把她拉开。后来，我干脆鼓励她去尝试摸一摸，她小心翼翼地把手伸过去，触到马上缩回来了，说“好烫！”从此以后，她看见冒热气的东西，再也不去碰了。

孩子有时听不进去道理，可以用体验式说服，让事实来说服孩子。

咨询实例：一位二年级男孩不喜欢写作业，下午4点多回家先看漫画，吃东西，到晚上八九点才开始写作业，到了9点多又瞌睡，写作业就烦躁，怎么说孩子都不听。第一个星期，我建议妈妈和孩子商量，不催不唠叨，放手按照孩子喜欢的时间表来写作业，让他自己体验；同时妈妈注意改善自己的教育方式，过了一个星期，亲子关系大为好转。不过孩子的作业磨蹭没有变化。我告诉妈妈，关系好了，可以适当严格要求。

我建议妈妈用上周的体验结果来说服孩子。

妈妈：“上个星期你自己安排时间，回家先看书，然后又干别的，作业到8点左右开始做，结果到10点多才睡，有几天还得早起写作业，这样安排不好是吧？

儿子：“嗯，是不好。”

妈妈：“那这个礼拜呢？”

儿子：“我一定会好好安排，回家马上开始写作业。”

这天下午6点就完成了所有的作业，很是开心！以后虽然有反复，不过逐渐能在6点前完成部分作业。

后来妈妈告诉我：“过了一段时间儿子又有拖拉的倾向，多次提醒效果不明显。决定再让他自己安排写作业一周，结果，很晚才完成作业，早上还迟到了一次。

此时，再和他商量：上周你自己安排，回家就看书，结果有几晚到9点半才完成，10点多才睡，早上醒也醒不来，生活好像有点混乱了，是不是妈妈应该帮助你安排？儿子也挺认可我的话，然后我表示理解他回家想先看书，不过和他约定看书限定在半个小时左右。这样，执行时再有些弹性，他会乖乖地把书合上后，开始写作业。这样每天都这样执行，作业也都能在6点前完成了。

哈哈，先体验后说服的效果还真不错！”

物质奖励能不能用？

鼓励、奖励、惩罚都是行为主义心理学的方法。

鼓励： 这是一种简单易行、效果很好的方式，实事求是、具体地鼓励，百用不厌。鼓励对于孩子信心、动力、自我认可都有积极影响。

物质奖励： 短期之内，物质奖励能产生诱导的作用，推动孩子去体验行为的结果，从而从内心认可这种行为。比如，孩子写作业磨蹭，初期用物质奖励的手段，引导孩子早早完成，有时间去玩，从而体验到及时做完作业的好处，也知道作业不像想象中的那样难，这对于培养作业习惯是有用的。当然，想仅仅依靠奖励解决作业磨蹭的问题，一般是不可能的，这只是辅助手段而已。

儿子以前总是不愿做作业，我听取维尼老师的建议，跟他约定放学后半小时内开始做作业，作业在规定时间内完成，作业完成后马上整理好书包。满足这三个条件就可以奖励10分钟游戏时间，这段时间做得不错，至少让他体验到了早些做作业不是一件困难的事情。当然就像维尼老师说的那样，长久来看，还需要培养孩子的兴趣，多去帮助孩子。

能不能奖励钱？

如果不去找原因想办法，只靠钱来刺激是不可行的，但是偶尔用用也有一定的作用。

一位妈妈问：我女儿学拉丁舞，跳得挺不错，自己在家经常跳，可就是不跳给外人看，为了鼓励她，为亲戚朋友跳一支舞，奖励两元钱，这样她就跳了！也不知这样做对不对。

维尼：孩子不愿意跳，可能因为心里有些紧张，不好意思，或者是因为莫名的害怕。通过奖励，让孩子跳几次，她就体验到没什么好紧张的，这样，以后即使不给她钱，可能也敢跳了。

我女儿以前早上让她刷牙很不情愿，后来妈妈告诉她，如果这十几天刷牙，每天奖励一元钱。她很有干劲地去刷了，坚持了十几天。虽然后来不奖励了，但因为养成习惯了，叫她刷牙一般挺顺利的。她赚到了钱，还因此学会了如何理财。

钱只是奖励手段之一，没有必要对此过于戒备。作为一种辅助手段，偶尔用用也无妨。教育，其实也没必要有那么多清规戒律。

慎用惩罚

美国行为主义心理学家斯金纳提出了强化理论，可以这样解释：孩子的行为如果得到了鼓励、奖励，这种行为就会稳固，如果受到惩罚，就会回避这种行为。但是斯金纳也认为要慎用惩罚，多用奖励、鼓励。

代币法——星星榜

这是一种把物质奖励和精神奖励结合起来的方法，比较适合于10岁之前的孩子。代币法，通俗地讲，就是用小红花、星星等象征物对孩子合理的行为进行肯定，积累到一定数量，可以换取实物奖品。在幼儿园、学校常用，我们也可以学着应用。

维尼育儿经：我家墙上贴了一张很简单的表格，那是女儿的星星榜。每当我发现她有一件值得鼓励的事情，就会让她给自己加上一颗星，并注明原因。

那天，写英语作业时，我发现她自己能动脑写作业、思考，所以，我说：快，给自己加一颗星去，她喜滋滋地去了。后来我发现她听写诚实，又让她给自己加了一颗星…… 她高兴地数着自己的星星：我有八颗星了！再得两颗星就又有一本书可以看了。后来妈妈回来之后，我又把女儿的“事迹”做了“汇报”，妈妈也很配合：不错啊！女儿看着还淡定，但嘴角的笑意告诉我，她心里美着呢。

奖励星星的原因五花八门。只要有一点进步，我都去发现，毫不客气地加星鼓励。我的奖品是书，其他孩子喜欢的东西也都可以。另外，一般一周内就能获得奖品，不要让孩子等待的时间过长。

我只奖励星星，不罚星星。一位妈妈用了我这个星星榜，但是有时会因为孩子的不当表现而罚星星，没几次孩子就不愿意合作了。

这种方法，对培养好的行为习惯有帮助，另外，能够激励、鼓舞孩子，增强信心。

孩子上二年级，我学着用维尼老师说的星星榜来培养习惯，激发兴趣。

我先从生活入手。生活的习惯容易做，不出一个星期，孩子刷牙就认真了，洗漱之后能把脸盆、牙膏、牙杯归位了。从小在家爱光脚的他，偶尔也会心情愉悦地穿上拖鞋。最让人省心的事，不到一个月，他早晨起床很容易，我只是把带有音乐的视频打开作闹钟，其他的事情就不用管了。

每攒够40颗小星星，我会奖励他一本书，酷爱读书的儿子怎么能容忍一个星期才得到一本新书的速度呢？就这样，他的主动性更强了，阅读起来也更认真，他会珍惜每一本自己得来的书籍。不过物质的刺激终究是短暂的，在孩子的兴趣没有减少之前，我和儿子约定好，不用拿他的星星来换取书籍，我会确保书的供应量，星星也还记着。可喜的是儿子依然很开心地坚持着。通过这件事，我觉着，孩子需要的是更为具体的认可，他并不在乎是否可以得到物质奖励。

在学习上，我减少了硬性的要求。只要数学全对，我会给他记五个星，书法练得好，我也给他记多个星。他若能用更多的方法解题，我一样会因为他动脑筋而记星；他如果能够预习，我还给他记星。星星涉及了以前被我忽略的许多“死角”。现在孩子的学习兴趣提高了，尤其是数学，在一次测试中还考了第一名。在学习习惯的形成上，我的体会是，不能以成绩提高为目的，而是要“引诱”孩子学习的兴趣，只要有了兴趣，成绩的提高水到渠成。

这个学期开始，我鼓励孩子多运动，每天晚上坚持和他到附近学校的操场走走、跑跑，坚持的动力一样来自星星榜。孩子远没有我们家长想象的那么物质，只要对正确的事情加以肯定，孩子便获得了满足，就会非常愉悦。

星星榜的本质就是不断、毫不客气地、以鸡蛋里挑骨头的精神去鼓励。

巧用“游戏”改变孩子

有时孩子遇到一些困扰，比如被老师批评或被同学叫外号，此时和孩子讲道理的效果不大好，我们可以通过游戏的形式模拟类似情境来让她来体验如何应对。这种方法比较适合10岁以下的孩子。

维尼育儿经：我女儿开始对被叫外号很反感，但是这在学校是难以避免的，其实最好的策略就是不理睬。所以我们就在家里模拟互相起外号，叫外号，同时表现得很放松，让她体验到这其实没什么大不了的。这样在学校遇到这种情况，她就不那么反感了。

“我儿子被小朋友碰了一下，就觉得是在打他，所以反应激烈，怎么说孩子也不听。维尼老师建议我和孩子模拟相似的情景玩游戏。在游戏中，互相碰一下。先让孩子碰我，我笑嘻嘻地说：碰一下，没关系，碰就碰吧！再去碰孩子，也教给他这样说。逐渐地，孩子就会体验到别人只是碰到他，而不是在打他，'碰一下没什么'也就成了他的习惯性思维。这个问题就解决了。"

"老师和学生"的游戏，对于培养孩子上课的习惯有帮助。

女儿上课爱小声讲话，所以我们一家三口来玩当小老师的游戏。先是我当老师，问的题目是房间里的物体哪些是长方形，一共有几个，孩子很认真地数着，答对了，我表扬她。轮到她当小老师时，她也学着我提出一些问题，我没理会，跟她爸爸讲话，她很尴尬。后来还是配合她，回答了她的问题。我也借机会告诉她，上课小声讲话是对老师的不尊重，告诉孩子换位思考等，从那以后，女儿的听课习惯好多了。

实例：在放手体验中养成好的行为习惯

有时我们可以放手，让孩子到真实的环境中去体验，他学到的东西可能比我们啰唆一百遍还管用。

一位 4 岁男孩活泼好动，爱和别的孩子闹。妈妈总怕他做出格的事情，所以一直自己带着孩子出去玩，总担心姥姥带他出去，万一他情绪失控怎么办？万一他兴奋过头怎么办？

维尼：早晚是要放手的。到真正的环境中，而不是你控制的环境中，孩子也许进步得快。

几天后。

妈妈：老师，今天姥姥带孩子出去玩，儿子被 3 个同学的家长孤立起来了，3 个同学都不和他玩，见了他就走了。就是因为他老用手比画别人，和人争抢地方什么的。不过这次的事情我觉得很好，效果很明显。儿子被 3 个大人训斥了之后好多了。

维尼：放手之初，有些问题是正常的，会产生一些自然的结果，这种结果对孩子会有触动。

妈妈：是啊，这比我说一千遍都管用。孩子很聪明，自己会总结。出现这样的问题，反而是件好事，孩子承受结果的同时，也许能从中领悟到应该怎么做。

维尼：可以借机和孩子讨论一下此事，比如："你这样闹人家都不高兴了，以后不能这样和别人闹了。人家不高兴，你自己也会不舒服吧？"

妈妈：好的，姥姥当时也和他说了类似的话，他点点头，好像听进去了。

多鼓励、少批评、不惩罚

维尼小语： 要用鸡蛋里挑骨头的精神去发现孩子的优点和进步，多多鼓励，当然鼓励也要实事求是；可以批评，不过态度最好平和些，而且要少批评，有时可以睁一只眼，闭一只眼；惩罚，慎之又慎，如果亲子关系不够好，父母又不是很懂教育的艺术，还是不用为好。

鼓励、鼓励再鼓励

“就算是我们大人，听到赞美的话，还会兴奋好一会儿呢！所以我们要时刻留意孩子的优点，在实事求是的鼓励中长大的孩子，自然会变得开朗、自信、懂事。”

俗话说：“好孩子是夸出来的。”在激励孩子的方法中，鼓励最方便、最有效，也不用花一分钱。很多父母在幼儿时期都会鼓励、表扬，但孩子越大，鼓励却越来越少，批评越来越多。咨询时，鼓励竟然成了我必须专门提醒的“秘籍”。

为什么父母吝啬鼓励呢?

“我看不到孩子的一点儿优点，怎么鼓励呢？”

当孩子还是婴儿时，我们的要求较少，心态也比较平和，孩子也比较听话，所以能够鼓励。后来孩子没那么听话了，出现的问题我们又不知如何解决，所以容易心情焦虑，再加上逐渐执着于孩子的优秀，在高标准严要求之下，孩子的长处显得不“长”了，我们还会不由自主地拿孩子的缺点和别家孩子的优点比，所以短处显得更“短”了。这样，我们自然不能鼓励孩子了。

我小时候经常被妈妈拿来和小朋友比，这给了我很大的压力，所以我痛恨这种比较。有了孩子，我从来不拿孩子和其他小朋友比。但是，我对孩子有较高的要求，会拿孩子和自己的要求比。所以总以为孩子有优点是应该的，对孩子的优点视而不见，缺点就看得清清楚楚，这样自然没有劲头去鼓励孩子，还给自己带来了不少压力。

“会者不难，难者不会。”用大人的能力去揣度孩子，自然觉得没啥可鼓励的啦。

前天，儿子和我做算术题，仅有4周岁的他算6和9谁大，5和7中间的数字是几，教了他很多遍，他都不太会。这么简单的都不会，我生气了，还发飙了，最后不欢而散。第二天，我想和儿子继续探讨这个题目，儿子很避讳，一直不想做题。我害怕了，喊来爸爸和儿子一起比赛，开始让他认出1、2、3的数字，他答对了（因为太简单，他肯定能答对），我就鼓励他，做得不错，比爸爸认得还快。儿子来了精神，才和我做了比大小的数学题目，维尼老师说的“鼓励，鼓励再鼓励”真的很有效果。

孩子做得差的方面，怎么鼓励呢？其实只要有善于发现的眼睛，有鸡蛋里挑骨头的精神，总是可以找到孩子相对好的地方，总能发现进步。

比如，可以用鼓励的方法来培养孩子写字认真的习惯。有人说：字那么潦草、难看，怎么鼓励？其实只要肯找，总能找到相对好看、认真、有进步的字。每天鼓励十几个字，孩子就能感受到写字的乐趣，对形成认真的习惯有帮助。

一位小学生语文得了58分，平均分是82分。我分析试卷后发现这也可以鼓励：比如字写得有进步，第一二部分全对了……有些题目本来会做，只是由于某种原因没得分，如果下次注意了，分数会好得多……这样鼓励一下，孩子就不会沮丧，而是信心多多了。

我在女儿的家庭记录本上写上她今天的优点，而以前我真的只看到她的缺点，而且记录的都是缺点。现在我发现，只要肯寻找，每天都能找出来一两个优点，比方维尼老师说的：字写得认真，哪怕只有一个也可以鼓励；桌子收拾得干净；学会整理自己的书包。孩子真的是越鼓励越愿意干。以前只是泛泛地夸你真聪明、你真棒之类，她听了好像没什么反应。

做得不完美也可以鼓励

“从前我不善于发现孩子优点，后来我就像鸡蛋里挑骨头那样去发现孩子的优点，比如，孩子笑了，替我拿东西，早起没迟到，跟我说学校的事，等等。我越是去发现，孩子的优点就越多，状态也越来越好！”

鼓励要具体、实事求是

1. 鼓励不可过头

有些话说着过瘾，但是副作用较大。比如，鼓励孩子：你一定能赢，一定能考好。如果孩子具备了能力，只是信心不足，此时需要父母推一把，“你一定能行”这种鼓励是可以的；否则，这样的鼓励会导致孩子压力过大，遇到不顺利时情绪波动较大，反而有负面影响。

比如考试之前期望自己能考好，而对于不顺利没有心理准备，一旦有些题目不会做，就可能会紧张焦虑，影响答题。一门考试发挥有些失常，心情沮丧，可能引起连锁反应，影响到下几门考试。所以，家长鼓励不要过头，不如说：尽力就好，顺其自然。

一位孩子成绩较差，心气还较高，妈妈鼓励孩子：我相信你，一定能学得好！孩子也想学好，开学之初还不错，但是没过几天，由于换了一个严厉的老师，对他有些打击，再加上基础不扎实，学得不顺利，孩子一下子觉得自己的期望遥不可及，很失望，挫折感太强，结果连课也不想听了。如果妈妈给孩子制定一个可行的目标，比如到期中考试时前进五名，结果就会好得多。

2. 表扬要具体，实事求是

前些年赏识教育很流行，所以，很多父母经常对孩子大加赞赏。

“我女儿3岁，家人对孩子总是大加表扬，比如：你真聪明、你最棒、你真厉害、你最行……本来小孩子就大都争强好胜，在如此表扬之下，她变得很爱面子，不承认错误，不接受现实，很多时候明明知道自己错了就是死不改口，非说别人是错的，还得让别人承认错误，很多事情做得不如别人就发脾气，怎么和她解释都没用。”

“我儿子5岁，从小在识字、数学方面有特长，家人引以为豪。特别是爷爷，对于自己的孙子更是赞不绝口，到处夸赞，满口满心地赞赏，什么你真聪明，真棒。结果，他对自己要求过高，追求完美，游戏不能输，弹琴不能弹得不好，字不能写得不好，结果自我压力很大，有了抽动的症状。”

这种心理的变化是可以理解的。夸大其词、泛泛的表扬，会让孩子错误地认为自己什么都应该做好，不能犯错误，不能做得不好，不好就意味着失败，这样自然脆弱敏感。

有时夸大的表扬会让孩子觉得有压力，也不喜欢，因为感觉自己其实不是那样的。想想我们自己也是如此，我的一位朋友表扬人比较夸张，我被表扬的时候，总觉得不自在，有起鸡皮疙瘩的感觉。而那些实事求是的夸奖，我还是很爱听的。

“有分寸的表扬，对孩子有好处，但是过分表扬就不好了。我儿子在3岁多的时候，有一段时间不喜欢我说他很棒之类的，一说他就生气：我不棒，你老是夸我，我不想听。我当时很无措。后来看了维尼老师的文章之后，我就对他有针对性地表扬，比如他画画好，我就说：哇，儿子，你画的这个飞机真是好看啊，真不错。这样，儿子就喜滋滋地接受了。

这个度怎么把握呢？其实也简单：只要表扬是具体的（针对事情），实事求是的，只要是真心地赞美、真心地分享孩子进步喜悦，而不是为了给孩子压力，就可以大胆地、毫不客气地进行。而且要拿着放大镜找到孩子的优点和进步。

我家有双胞胎，以前当我们表扬一个孩子某方面（比如画画）好时，另一个孩可能会表示不满，为息事宁人，我们可能会说：嗯，你也画得不错。后来觉得如此表扬还不如不表扬，孩子感觉不到父母的真心，虽然被表扬了，但有被敷衍的感觉，所以就改为表扬孩子真正擅长的方面，或者表扬他们真正做得好的方面。比如，这个孩子画面比例处理得合理，那个孩子涂色涂得漂亮，就像维尼老师说的，尽量实事求是，尽量具体。这样就好多了。

也可以实事求是地夸奖孩子的品德，比如可以告诉孩子：“你真是一个好孩子。”因为孩子本来都是天使，即使她有时撒谎，不好好做作业，不小心破坏了东西，也还是一个好孩子。

在《窗边的小豆豆》里，只要碰到机会，小林校长总是对小豆豆说：小豆豆真是一个好孩子啊！这在她心灵深处树立起了信心，使她确信“我是一个好孩子”。这是一句对小豆豆的一生产生了决定性影响、至关重要的话语。

3. 打击孩子的话，不要太实事求是

去年的家长会因为孩子考得不好，老师说了孩子一堆问题，我回到家想都没想就一股脑说给孩子听。孩子当时没说话，可是从后来的交谈中我听出，他把自己归类于坏孩子、学习不好的孩子里面了。我很后悔，之后我就不断鼓励孩子，孩子的自信又慢慢回来了。

今年家长会后孩子第一时间问我老师说什么了，因为他知道最近因为迷恋看书，被老师把书都没收了，他估计老师会告状的。老师的确说他上课看书了，可是我没有直接说他，我说老师说你爱看书是好事，可是上课看就不对了，应该在该看的时候再看，孩子同意了我的观点。

任何事情，都能找到积极的方面加以鼓励，避免给孩子打击。

4. 鼓励多了，孩子会不会对鼓励依赖呢？

那么多表扬、多鼓励，孩子会不会经受不住批评和挫折呢？不必担心，只要慢慢向孩子渗透三种思维等理念，一直被鼓励的孩子也可以坦然面对挫折、批评。

如果我们无条件地接纳孩子，看到孩子的优点，实事求是地鼓励，对孩子的缺点也能理解，这样孩子的内心得到充分的接纳、满足，就不会纠结于外界的评价。表扬了高兴，不表扬也淡定，就不会对鼓励依赖。

我对孩子是非常宽容的，这份宽容是建立在无条件爱孩子的基础上，建立在接受孩子心理和能力现状的基础上。我总是跟孩子说：每个人都有优点和缺点，妈妈爱你本来的样子，我接受优点和缺点兼在的你。女儿因此没有压力，学会自省，学会接受自己的优缺点。

选择性接纳，就是孩子做得好了就接纳，做得不好就不接纳，会使孩子在意别人的评价，对表扬批评反应过度，内心就变得脆弱。

我对孩子要求很严，鼓励和肯定太少，批评太多。孩子自尊得不到满足，对表扬分外饥渴，会用撒谎来换取表扬，逃避批评。

5. 鼓励不是万能的，有时还需要我们去想办法帮助孩子

记得儿子第一次做彩陶时，兴致非常高。刚开始做了足球队的队标，非常开心地拿给我看，但我发现他做得很粗糙，但是看到孩子那么高的兴致，我怕打击了孩子的积极性，我告诉他做得不错，他又高兴地去做第二个作品了。这时我就一直在想，只是夸奖，孩子也无法提高，怎么能在不打消孩子积极性的同时，又让孩子认识到自己的问题呢？他做的第二个作品与第一个作品相比，没有什么提高，我就问儿子第三个要做什么？儿子说还没有想好。我想应该给他一些帮助和指导，就建议他到网上去收集些相关的资料，他采纳了我的建议，我俩一起在网上收集了关于彩陶制作方法和技巧的视频教程。有了正确的指导，儿子的第三件作品是愤怒的小鸟系列，做得非常成功。儿子很开心，我也很开心，这样既没有破坏了孩子的兴趣，又掌握了正确的方法。

你喜欢被严厉批评吗？

“记得孩子曾经说过一句话：你们大人很奇怪，我们做对了事情，你们表扬的时候就那么一句话；而我们做错了事，你们的批评会唠唠叨叨一堆，没完没了！初听这话，我还辩驳说：我们大人都是为你们好！其实，扪心自问，我们大人是多么自负、多么自以为是呀！”

“我小时候被大人严厉批评后，做什么都特别紧张，生怕再做错，又挨骂。”

您还记得这种感觉吗？

与惩罚不同，批评是直接的交流，如果能沟通好，促使孩子的认识有效转变，效果胜于惩罚。

不过，和惩罚相同，在批评之前，我们首先要理解一下孩子：孩子的表现是否是正常的？是否是人之常情？是否有内在原因，批评是否解决不了问题？是否孩子更需要的是帮助而不是批评？是否是由于我们的原因而造成的，该被批评的是我们自己？这样一来，很多事情就没有理由去批评了。

当然孩子有时是需要被批评的，此时我们如果能心平气和地指出孩子的问题，对事不对人，这样温和地批评、探讨有助于孩子的成长。

如果能做到先表扬、肯定，再批评、探讨，孩子更乐于接受。

如果声色俱厉地批评，孩子自然会抵触，甚至会反驳、逆反。想想我们自己，面对领导严厉的批评时，不也抵触吗？如果上纲上线地批评，而不是就事论事，甚至去否定孩子，变成了训斥和指责，成为父母宣泄情绪的手段，效果就不好。

我做过一次调查投票，结果如下：

领导声色俱厉批评时我心里很不爽或有火	150
领导声色俱厉批评时我心里较平静	10
领导讲究方式地批评时我很不爽或有火	9
领导讲究方式地批评时我心里较平静	154

己所不欲，勿施于人。我们自己不喜欢的批评方式，就不要让孩子来承受啦。何况批评不是目的，能让孩子接受才是目的啊！

负面刺激不是一个好办法

有时父母批评孩子，不是为了沟通，而是想刺激一下孩子，让孩子记住，以加深印象。也许这样会有些作用，不过，负面刺激多了，会打击孩子的信心和兴趣，还会破坏亲子关系，孩子不愿合作，甚至对着干。

昨晚上我又和孩子闹矛盾了！早上，我看见孩子在墙上的一张纸上写“从此以后，放弃理想”。看到这个，我心里好痛好痛。昨晚我批评她学习时坐姿不正确，为了纠正她，我提醒得太多，她开始逆反，纹丝未动，这导致我最终发火，随后开始批评。我说：“一旦眼睛近视得厉害，长大后做什么工作都不能被接收。比如，你想做服装设计师，眼睛近视厉害，连图纸都看不清，学校还会要你吗？”这句话刺激了孩子，留在了孩子的心里。于是晚上临睡前，写下了“放弃理想”的宣言。看来我的话的确是刺激了她，但起的是反作用。后来，我们聊天时她告诉我，讨厌我说的“学校不要她”的话，说我总是用自己的思维方式去考虑问题。看来还是少去故意刺激孩子吧，不小心会伤人的！

严厉批评的效果如何呢?

我有时跟二年级的女儿沟通，问她被我严厉批评时心里到底在想什么，她说都在觉得很害怕，对我说的话基本都没怎么听。所以我想，对孩子严厉的批评可能确实没什么用处。

批评，有事说事就可以了，没必要非让孩子承认错误。

我现在越来越感觉对孩子严厉批评基本上是没什么用处的，其实家长的那些道理，孩子都很明白的。孩子做得不好，家长指出来就行了，不用把道理反反复复、严厉地说出来，像我们以前非要孩子承认错误这种就更没必要了。对于孩子确实严重的错误，家长的口气可以很严肃，很郑重，基本上孩子就能够感受到问题的严重了。

想想自己，被严厉批评之后会如何?

“我通过考驾驶证这件事，更能理解孩子遭到严厉批评指责时的心情了。练车过程中，如果教练用包容的态度、激励的语言，学员学起来就比较轻松，没有压力；如果教练着急，态度专横，连吵吵带嚷嚷，学员学得紧张，放不开手脚，反而学得慢。昨天都考试了，还有教练着急上火，我们几个学员又开始议论，幸好没遇到这样的教练。成年人都那么需要理解，更何况孩子呢？”

我们的忠言、良药最好裹上糖衣

想起我学车的时候，教练喜欢训斥，都是成年人，当着那么多人的面，自己很受不了。终于有一天,我跟教练起了冲突。我对他说:我是花钱来学车的,不是来挨训的。教练说:我对你要求严格是为了你好。我回答:过去说良药苦口利于病,忠言逆耳利于行,可是为什么现在很多药都包着糖衣,裹着胶囊?为什么帮助人要讲究方式方法,让大家易于接受?就是这个道理。下次请您把忠言裹上点糖衣发给我,我一定好好接受。这个教练听我这一番话后态度好多了。想想我们的孩子哪一个不想优秀,何必严厉地训他呢?想想我们家长有多少次用逆耳的话去帮助孩子,虽然是忠言,虽然是良药,孩子们愿意接受吗?

态度平和的批评会让孩子幸福快乐。

以前我和老公都对孩子严格要求,孩子稍犯点小错,我们就大发雷霆,每次孩子挨批的时候都睁着无辜的眼睛看着我们,让我们很心疼。自从关注了维尼老师的博客后,我们慢慢地调整教育方式,不那么苛责孩子了,不是原则性的错误,我们都是以讲道理的方式告诉孩子,孩子逐渐变得开朗和乐观了,家里充满了欢声笑语。

态度平和的批评,孩子更愿意接受。

平时我对孩子比较民主,凡事愿意和他商量着来,尽量不对他发火;外婆是最耐不住性子的,一着急就想训斥批评他,一直主张对调皮捣蛋的孩子要严加管教,打骂是必须的。但是孩子最听我的。把他当成自己的朋友来看待,尊重他,他也会回报你的。

有一次,他在幼儿园犯了错误,外婆教训了他,他也不听。于是我就去问他,他敷衍着说:“我们还是别说了吧。”于是我蹲下去,心平气和地对他说:“妈妈不会责怪你,我只是想知道是什么情况,看看妈妈能不能帮你一起想想办法。”他点点头,开始配合地和我说了事情的经过,其实无非就是幼儿园里与小朋友相处时发生了一些摩擦。然后他问我:“妈妈,你能想出什么好办法吗?”我平静地给了他一些建议,他愉快地接受了,并答应我去试试。其实我也不指望和他说一次,他就真能按照我的建议去做,但至少我知道他认真地听,思考了,这对他慢慢积累与人相处的经验一定是会有帮助的。

第三章　父母如何调节好自己的情绪

人在情绪失去控制时大都是不理智的，谈不上智慧，甚至是愚蠢的。所以佛家语："灵台清静，静能生慧，慧能生智"；道家也说"静能生定，定能生慧"；儒家亦认为"静能生慧"。可见，教育孩子，心静有多么重要！如果我们能经常反省自己，放下执着，去理解孩子，改变我们的认知，就会慢慢平和。心静了，父母本身具有的智慧自然显现；情绪调节好了，局面就不会失控了。

父母如何能减少自己的火气

"孩子把一条线段分为五等分，分了那么长的时间，怎么也分不对。我着急了，'你这个笨蛋！'这句话脱口而出。她画一条小河，就是不知道小河是弯的，画到远处，应该把河道画窄一些，她反而画得越来越宽。我生气地说：'你画的是鱼缸，装鱼用的？'并且生气地在孩子肩上捶了两下。孩子当时就走到洗手间，我听到了她的哭泣声和洗脸的声音，显然孩子受了委屈，但是她很快回来了，并且继续画。她感觉到了痛苦，但却不敢反抗我。我的心一下子凉了，这种伤害是最厉害的，伤了自尊心却不敢反抗，从此种下了自卑和懦弱的种子。我知道冲孩子发火不好，总是控制不住，怎么能控制住呢？"

"闺女以前总让我不满意，我心里很生气，但是极力忍住少发火，可是常常忍出内伤，失眠烦躁，隔三岔五就要爆发一次，大发一次脾气。自从接触到维尼老师理念后，非常认同认知疗法，心情不好的时候就看看老师的博文，反省一下自己。现在我感觉进步了很多，面对家人和孩子多了一分理解和认同，然后心情自然平和，火气少多了，不用辛苦地去忍耐、去控制。"

我们现在大都知道不要打骂孩子，最好少发火，但是想控制，却控制不住。发火之后看到孩子可怜的样子，也很后悔，下决心不再发火，但是悲剧还是照常上演。

偶尔发一次火，是正常的、难免的，我偶尔也会忍不住冲女儿吆喝一声。发完火，向孩子道歉，之后好好反省改进就可以了。但是经常发火会伤害孩子，破坏亲子关系。

一般人靠忍耐控制发火，忍耐当然也是需要的，是控制情绪的最后一道防线。人难免会有火气，此时忍耐克制一下，总比肆意发火要好得多。但是忍耐是靠不住的，经常忍不住；即使忍住了，生气也写在脸上，对孩子也会造成压抑。所以，根本的途径在于少些火气，或没有火气，再配合适当忍耐，对孩子的伤害会少得多。

那么如何减少自己的火气呢？这就需要学习认知疗法。

维尼小语： 让我们生气着急的不是孩子，而是我们的执着和对孩子的不理解。

直接让我们着急上火的不是孩子的问题，而是对于问题的看法或认知。所以，不要太执着，去理解孩子，改变对问题的看法，也就减少了火气。

当然，孩子的有些问题也是需要解决的，如果没有这些问题我们也不会发火。所以，先冷静下来，静能生慧，有利于亲子关系，孩子容易合作。这样，局面得到了控制，那些问题就更容易解决，这样生气着急会更少些，从而形成良性循环。

本书提供了一些有效解决孩子问题的方法，比如面对孩子要求的三个原则、管理孩子情绪的方法、解决学习问题的方法等。学会用合理的方法，问题解决了，减少火气也会更容易些。

去除过度的执着，学会放下

适度的执着是需要的，但是过度的执着就成了烦恼和火气的根源。

“如果孩子不能按照我的要求做好，那么我除了生气就是发火。记得孩子上三年级时，早上起床洗完脸后，这儿摸摸那儿摸摸，不知道在干什么，我担心她上学迟到，比较着急，总是吼她快点。有时候，孩子茫然地站在原地，不知所措，那时候，我就更着急更上火了！老公看见我发火，也不开心。他不说话我觉得他不管孩子，说我不对我就觉得自己特委屈，于是矛盾自然爆发。想想自己当时的所作所为是多么可怕呀！自己的情绪带给孩子和整个家庭多大的负面影响呀！”

学会放下，不那么执着，是减少火气重要的一步，这也是本书的重要内容。

我们尽力培养孩子好的生活习惯，但是不过于执着、不强求；和孩子一起努力，但不要求一定优秀，对结果顺其自然；不急于高标准、严要求，先对孩子的标准放低、要求放宽，等孩子适应后再慢慢提高（就像热水洗脚，先放温水，慢慢加热，孩子更适应）；不把孩子的一些表现的意义夸张、放大，上纲上线，知道那些可能是很正常没什么的；不要求孩子一定按照我们的计划来，孩子可以有自己的安排和节奏；不执著于某些所谓“科学”的育儿理念，更重要的是孩子能够健康幸福；需要有规则，但不执着于规则，执行时要有弹性；不过度执着于孩子未来的幸福，当下的幸福也是重要的；不执着于马上解决孩子的问题，不急着逼迫孩子，可以慢慢来。

理解孩子，改变我们的认知，火气就少了

如果我们能理解孩子，就会发现孩子有些所谓的问题可能“很正常，没什么”，不过是人之常情，比如丢三落四、有时说话不算数、偶尔说脏话；有些是有内在原因的，需要我们找原因想办法去帮助孩子，比如不爱弹钢琴，写作业磨蹭、粗心；有些可能是父母的不合理教育方式造成的，需要改变的是父母，比如说谎、私自拿家里的钱、网瘾。改变了我们对孩子行为的认知，发现孩子并不是那么不懂事、捣乱、不可理喻、无理取闹，那么还有什么必要和孩子发火呢?

所以，我们应该做的不是发火，而是找原因想办法。

几乎所有的生气、悲伤、失望、痛苦，都是来自自己的认知，而非别人的行为。孩子不收玩具、不洗脸刷牙让我生气，我的潜台词是：孩子必须每次都收玩具，必须每天洗脸刷牙。老公下班早回家玩游戏让我生气，我的潜意识是：他下班早，我下班晚，他应该准备做饭。我期待老公做的事，他没做我生气，我的潜台词是：你应该做我想要你做的事。婆婆对待孩子的方式让我生气，我的潜台词是：你应该按我认为正确的方式对待孩子。如果我改变自己的认知，玩具并非必须每次都收，小孩子偶尔不洗脸刷牙也没什么，别人要做什么是别人的事，我不能用自己的期待去要求别人，那么，大部分的负面情绪都可以避免了。

消除火气的方法说起来好像很简单，但是坚持却不容易。以前不合理的习惯性思维根深蒂固，已经在很多方面都有体现，“去病如抽丝”，需要每天反省自己：

我和孩子生气着急了吗？我理解孩子了吗？我放下了吗？——去改变自己的不合理认知，等认知变得合理了，火气自然少了。等合理认知成了习惯性思维，脾气就越来越好了。如果火气在积累的时候就去反省，改变认知，效果当然更好。

这是一场修行，如果想轻轻松松改变自己，教育好孩子，是不可能的。不付出努力，怎么会有收获？

维尼小贴士：我在整理案例时，发现中学生家长需要控制自己火气的案例较少。为什么？因为到了青春期，家长发火，孩子逆反，吃苦头的是家长自己，遇到硬的，就不大敢发火了。而小时候，发火了，孩子忘记得快，或者不大反抗，父母无所顾忌，自然敢发火。欺软怕硬，或者等到孩子硬起来才醒悟，虽然也还来得及，但给孩子的伤害已经太多了。

实例：孩子的行为是有原因的

妈妈：女儿的百分数应用题一直没掌握好。于是我带她到一位数学老师那里请教。没想到，在那里，她竟然什么都不会了，做题也不思考，胡乱做。老师悄悄告诉我：这孩子数学好像很不开窍呀？

我知道并不是这样的，于是认为她是不专注、不用心，可能是想和老师家的一个小孩子玩耍（不合理认知一），我还觉得：我们这么远、这么晚跑过来请教老师，你竟然一点不认真（不合理认知二），所以我很生气（有这样两个认知，自然会有生气的情绪），训了她（有这样的认知，自然会有训斥的行为）。

维尼：是不是她去那里紧张（试图去理解孩子，找到她这样表现的原因）？

妈妈：她解释说不是想和别人玩（看来第一个认知不合理，与事实不符）。

维尼：我觉得她不是捣乱、不知好歹，而是有原因的。您觉得她捣乱，不好好学，不争气，那您肯定要生气，想控制也控制不住。所以，我们要先去理解孩子行为的原因。她的表现有些像“大脑空白一片”，也就是过于想表现自己，压力之下反而不会了。

妈妈：您这样一说，我有点明白了，真可能如此。我孩子有这样的特点，比如，她轮滑很不错，一次，我们市里拍城市风光片，老师让他们去表演，结果她一上去先摔了两跤，大跌眼镜。她可能也想表现自己，所以紧张，导致大脑一片空白，看起来什么都不会，好像一点儿也不开窍一样（理解孩子表现失常的原因，改变对此事的认知）。

维尼：所以，你不应该责怪她，她是不由自主的。

妈妈：紧张，想表现得更好，结果弄巧成拙，其实大人有时候也这样（想想自己，就理解孩子了）。另外，我这会儿想起，那个老师把题型归了五类讲给她听，她也可能一时不能接受这样的讲解，有点摸不着头脑，从而紧张。这样看来，的确不用生气。

经过这样的分析，妈妈改变了对这个事情的看法、认知，能理解孩子了，下次遇到这样的情况相信她就不会生气了，更不会训斥孩子了。

实例：每天反省自己，改变认知

孩子上了小学之后，成绩不大好，我开始着急起来了。每天盯着孩子写作业，只要发现有一点错误，我就黑着脸说她；如果还是不会，我心里的火腾地就上来，立马是一顿批评，有时越说火越大，还会隔三岔五地动手。但是却看不到孩子的进步，作业每天都做得很晚。那段时间感觉真是特累呀，心累。

后来我知道了打骂不对，但是火气上来却无法抑制。后来学习了维尼老师介绍的认知疗法，很快就有了进步。在遇到问题时，我学会先去寻找问题表面之下的原因；学会思考问题从孩子的角度出发，考虑她本来的基础，考虑孩子的心情（理解孩子）。

改变了自己的认知之后，就不那么生气了。比如辅导作业时，原来有做错的地方，以前本能的反应就是："这个题我给你说了多少遍了，怎么还写错呢？""这么简单的题都不会，你上课干什么去了（不合理的自动思维）？"现在我会换一个角度思考，改变自己的认知。有时孩子有了错题，我会想，这是有原因的。先看一遍，搞清是哪个知识点不会，还是粗心，然后讲解（理解孩子）。还对孩子说："这次这道题错了，也是好事，你正好可以发现你不会的地方，下次就不会出错了呀（新的合理认知）。"这样想，我自然就不大生气了。

有一段时间，孩子的表姐在我家里住了一段时间。表姐非常优秀，孩子和表姐的表现有明显的对比，我心里不知有多么焦躁。在表姐的对比下，孩子在我眼里是那么不争气，我真有种恨铁不成钢的感觉。后来，又陆续读了维尼老师的几篇博文，逐渐改变了自己的认知，意识到不能老是和别的孩子比，只要孩子每天有进步就可以了(放下执着)。

这样,遇到生气的时候,我不断反省自己,心态就越来越好了,后来就基本没有打骂的现象。就像维尼老师说的,如果基于孩子一生的幸福这个大目标,做错几个题目和考砸几次考试又算得了什么呢？现在的我不会那么急功近利了,每天女儿都快乐地上学、写作业(放下执着)。

在我做出改变后,女儿有了进步,字现在越写越好,成绩有了不少提高,而且学习变得快乐了。以前做作业是一种无奈的煎熬,现在不反感,不排斥,高高兴兴地把作业做完。我们的亲子关系也改善了许多,我现在不会动辄用批评的手段了,更多的是鼓励,说话也比较考虑孩子的感受:"这个字如果写得认真一些就更好了。""这个字是不是写得不大好看呀,改一下好吗？"还在一些事上征求孩子的意见,让她自己说出想法,我肯定并督促执行。孩子真的是天使,她自己说的绝对会做到的,这也是在维尼老师这学到的。

实例：不发火，靠忍耐和下决心是不行的

"开始学习维尼老师的理念时,没有领会到情绪要通过改变认知来疏通,一味地去忍,忍久了憋得想跳楼,人就像个充气太满的气球随时要爆炸。后来通过继续学习,现在基本可以做到不需要靠忍来缓解情绪,而且换个角度来看孩子越看越可爱,自然没火气了。"

天天妈妈的体会:学习了认知疗法以后,我才知道原来是自动思维和习惯性思维在作怪。然后我试着遇事先忍,静一下,想想孩子这些看似不合理的行为,是否存在其合理的成分,是不是在特定情况下是正常和自然的;然后再想想,自己看似合理的想法和做法,是否存在不合理的地方,有没有更好的,更加合理的认知。这对我来说是一个艰难的过程。有时维尼老师的一篇博文会看一下午,做不好,再继续研究。这可能就是维尼老师说的——如果想轻轻松松改变自己,教育好孩子,是不可能的。改变和反思,教育孩子都不是容易的事儿,特别是在习惯形成的初期。这是一种长期的修行。

在儿子起床的问题上,初次尝到了改变认知的甜头;接着是吃饭这件事,再接着是一起讲故事的事情。

以前我总为孩子起床的事生气,孩子也不痛快,和我对着干,而现在呢？

7点40分，我叫醒睡得正香的儿子，他又睡了10分钟，起床小便完，又在床上睡了一会儿回笼觉。我试着去理解他的感受，虽然昨天已经提前睡了30分钟，但是，今天起床时间也变早了，他想多睡会儿也是很自然事情，一个好习惯的养成需要一段时间。我们不也是这样的吗？即使要上班，有时候还特别留恋温暖的被窝。

有理解的法宝，我就心平气和了。我温和地说：儿子，如果躺在床上不做事情，那会浪费很多时间。儿子坐起来说：妈妈，原来时间真的不等我们啊！我冲他笑笑，自个儿忙去了。

孩子的心情很好，自己整理好床，利落地洗漱完，吃了早饭，按时上学去了。看来少了一些唠叨和发火，多一些体贴和理解，孩子就会知道感恩，也很合作。心静了，就有智慧了，孩子就会合作了，起床的矛盾少了，心情更好了，形成良性循环。

实例：六字真言让我调节好了情绪

父母要想减少自己的火气，可以用用六字真言："很正常，没什么"。**也就是凡事去理解孩子：孩子的表现不是捣乱、无理取闹、不可理喻，而是有原因的，其中可能就有我们的原因；或者不过是人性正常的表现，是人之常情，我们成人可能也会这样。所以，很正常，没什么。**有了这样的认知，火气自然少多了。这种思维模式对于家人、朋友、同事都同样适用。

"加入维尼老师的群，了解到了不同个性孩子所表现出的不同问题，我才明白原来自己为之焦虑的问题在很多家庭中都存在的，原来不同个性的孩子会有不同的问题的，这些都是很正常没什么的，这样，我就更容易平静了。"

"我以前生气时只是一味地忍，但实在难受，现在我试着把女儿的行为都看作小孩子的正常行为。我经常告诉自己，这个很正常，耽误几分钟没什么关系之类的。现在感觉自己的情绪不再那么容易波动，也没有再那么要求她完美！感觉她开心多了，我的心情也愉悦得多！"

"孩子周末写了一上午的作业，到了十二点，我们说好要去吃饭，并且去公园玩，下午还要上英语培优班。孩子收拾书包的时候，突然说：哎，还有一项英语培优班的作业没写！我说：不写哪行，赶紧写！孩子就有些不愿意。我看到她对自己的作业不负责，就有些不高兴，孩子说：早知道不告诉你了。我更加不高兴了，这更不负责任了，还有不诚实的嫌疑！结果冷战了两个小时，玩得很不高兴。

维尼老师告诉我：咱们要理解孩子。其实孩子写了一上午作业，本来就有些烦，发现有作业没写自然不爱写，这很正常，没什么。说爱写，能高高兴兴去写才稀奇呢。而且孩子后来的话也是很正常、没什么的。想想我们自己：我们快下班了，有事马上要走了，领导又过来说：有个任务交给你，赶紧加班做一下。此时，你一定会后悔，早知道我早走一些，或者我正好不在办公室那就好了。孩子的表现和我们是一样的，不算撒谎，是人之常情。我恍然大悟。”

咨询实例：

我对家庭教育很重视，学习了很多理论，也知道各种方法，但很难做到，特别苦恼。那时候我总念叨“我要换位思考，但怎么总是换不到位呢？急死人了！”

我心里特别明白，“静能生慧”，在有情绪的情况下，就看不到事情背后的原因，更别说解决问题了。因此，亟待解决的就是自己的情绪问题。虽然有时候表面上控制了情绪，没发火，但我自己内心积累压抑，而且孩子是“读心”的，我内心的感受他能读到，会受到不好的影响。

我常在网上浏览学习育儿知识，偶然间，发现了维尼老师的博客，认真看了之后发现，原来，情绪不是靠控制的，而是靠改变认知来解决的。维尼老师的博客中提到的认知疗法，对我有很大帮助，又在维尼老师这里做了一个月的咨询，我已从根本上解决了情绪问题（不是完全没情绪，而是知道如何解决自己的情绪问题），特别是维尼老师理论中的六字真言“很正常、没什么”，让我的人生观发生了很大变化。

以前面对孩子写作业磨蹭，我总是火冒三丈，对孩子非打则骂。现在想想“小男孩，爱动坐不住，很正常啊！”“做自己不感兴趣的事情，当然会经常找借口上厕所啦，这很正常，谁不是这样呢？”观念发生了改变，其实这就是真正的换位思考啊！想到这些，我就明白了，一方面要对孩子的爱动表示理解，另一方面要努力提高孩子对作业的兴趣，比如采用计时的方式，让他自己和自己比赛，并一直鼓励孩子，让他有好的情绪，把偶然间出现的认真写作业的劲头儿保持下去。

“很正常、没什么”不仅帮我解决了教子时的情绪问题，在夫妻关系、婆媳关系、朋友关系、同事关系中，也发挥了作用。每当我心里念出这六个字的时候，我发现随着换位思考，情绪就消失了，这真的很神奇！每个人做每件事，都有他自己的理由，了解和理解了这些理由，能帮助我们改变认知，解决问题。对了，还有一个前提，就是我们对待他人的态度是善意的，平时多看别人优点和进步，具备发现“美”的眼睛，这也有助于我们的心态积极和心情平和。

维尼：如果我们能去理解别人，就会发现别人的行为其实有他自己的原因，很正常，没什么，也许不是针对我们的。理解之后宽容就容易了。

“很正常，没什么”，这六个字还帮助我拥有了轻松愉快的家庭生活。比如以前遇到任何事情，我都焦虑得不得了，芝麻大的事想得比天大，总处在焦虑和压力之中，经常发脾气或陷入自责不能自拔。在我改变了认知之后，说话方式也发自内心地转为积极、正面、向上了，不论出现什么问题，都明白这“很正常，没什么”，能够关注解决问题的方法，轻松对待。

在我的身教之下，儿子也学会了这种思维和语言模式，有一次因为打了同学，同学家长告状，我慢慢开导儿子，他在明白了道理、找到了解决问题的方法之后，很轻松地说了一句“妈妈，我和同学发生矛盾很正常的，我和最好的朋友都吵过架呢！”那一瞬，我真有欣喜若狂的感觉。虽然是做错了事，但是他能如此接纳自己！有接纳才能有改变和进步啊！孩子的情绪稳定多了，我们之间的亲子关系有了很大的改善；因为我能做到充分地换位思考，说话做事能理解别人、不带刺儿了，爱人对我也赞赏有加；原来我对婆婆意见很大，但我现在也充分能理解她作为母亲和奶奶，对孩子的一片爱心了。

孩子磨蹭时如何不发火？

维尼育儿经：磨蹭是引发父母发火的一个最常见的因素。我一般对女儿挺和气，偶尔发火，大都是因为磨蹭。总觉着她应该开始了，但她一会儿干这个，一会儿干那个，还没开始，终于忍不住冲她吆喝了一声。好在火气一泄，马上知道错了，只能向女儿道歉。不过，这也是我成长的机遇，多次反省之后，发现自己有两个不合理的习惯性思维。

第一个不合理的习惯性思维：时间紧，应该快一点儿

几次发火都由于觉得时间紧迫，所以有些急。其实这只是想当然。时间其实并没有想象中那样紧迫,即使磨蹭耽误三五分钟,也没关系。所以,后来我告诉自己:其实不急,耽误三五分钟没关系。这样默念,自然就不容易发火了。

第二个不合理的习惯性思维:你应该开始了

发火还有个原因,就是总觉得她应该开始了。所以看她还没开始,我的情绪一点点积累,过一会儿她还是没开始,就一下子火了。我后来反省:孩子有自己的节奏,她可以有自己的打算和安排,她正在做的事情是有理由的。女儿自然还有这样“磨蹭”的时候,我在认知改变后,一般就能平静地等待,或者只是温和地催一下。

有一次,女儿在网上查学校作业的资料,半个多小时过去了,只做了两个小部分。开始我有些生气,后来一想,我上网的时候其实也是如此,本来有事情要做,但是浏览到感兴趣的部分,就会节外生枝地看一会儿。理解了,就不大生气了,以后注意适度提醒,逐渐养成习惯就可以了。

有些磨蹭是需要改变的，比如写作业磨蹭；但是有些磨蹭是正常现象，只是孩子的节奏和想法和我们不同而已。

实例：吾日三省吾身

想要调节好情绪，需要每天反省自己的情绪问题。

一位妈妈的自我反省日志：

闹钟准点叫儿子阿天起床,阿天按掉了红色小按钮,倒头又睡去了。想想我们大人,也需要做这样猛烈的思想斗争才起床,更何况是一个一年级的小学生呢。所以当我看见又倒头大睡的阿天,就很温柔地叫醒了他。把他叫起来的时候,眼睛还是闭着的。这时候,我很淡定,全然一副能理解孩子的样子。因为在淡定的情绪后面,有合理的认知。

儿子穿衣服时说手痛,因为昨天划伤了一点点小口子,叫我帮忙穿,我便去帮忙。但心里有一点小火,心想:就这么点小伤口,睡一觉应该没事了。不想穿衣服就说,真会找借口！不过没表现出来,我选择忍着。

写到这里,我发现这个认知是不合理的:他是他,我是我,我这不是想当然嘛！昨天小伤口流了血,儿子有点疼,我为什么非要认为小伤口睡一觉就没事了呢？再加上没睡醒情绪不好,所以叫我帮忙穿衣服也很正常,没什么啊。好在我当时没有发火，但这是我后面发火的重要积累。

维尼：及时清理情绪，不让情绪积累，就会少发火了。

我给他弄好衣服自顾忙去了，他自己找了袜子跑到外面去穿，这时我发现儿子居然拿了一双丝袜。我的天呐！大冬天你穿这个不是要冻死吗？我便一把拿起袜子，对儿子说："这袜子太薄了，要冻坏的。难道就没有厚一点的袜子穿吗？"儿子说他找不到，我就非常生气，和他唠叨起来，态度也不好。孩子能很明显地感到我责备的态度："不是有棉袜吗？穿这双你干脆别穿算了！"儿子很生气，不说话。我帮他拿来棉袜穿上，开始吃早饭，他不肯吃，爱吃的东西都觉得没胃口，胡乱吃了几口就说饱了，跑进房间了。

维尼：我们的情绪影响了孩子，我们生气，孩子也生气。

后来才知道，儿子从抽屉里拿袜子时，刚开始拿出来一条方巾，第二次拿出来一条短裤，第三次好不容易才拿到了一双袜子。儿子想这双袜子虽然不厚，但总比没穿要好，就穿上吧。理解了孩子，才知道真的只是考虑问题的角度不同，不是他故意要气我，也不是他不懂事。在这事儿上批评和数落孩子，真是不应该。我必须继续好好反省自己了。

事情还没结束。我在换衣服时儿子在边上，不出声，也不做事。我便问：儿子，你想要干什么呀？儿子说：我在想这件事情我有什么做得不对的地方。这才让我意识到，我刚才说话的口气是多么凶啊！我马上跑过去跟孩子道歉。我真诚地说：刚才妈妈急了，怕你冷，但妈妈不应该这样说话。以后你做得不好的时候妈妈提醒你，也要注意态度，说话不能凶。

儿子点点头，释然了很多。后来我们愉快地进了早餐，手拉着手下楼了。

我看他心情好转，就顺便在路上问了一下儿子：刚才在想到底有没有做错什么的时候，想了些什么。儿子说：我也觉得没必要生气。我说：刚才你是怎么想到要穿夏天的袜子的？他就把他拿袜子的经过跟我说了一通，我这才知道原因。

孩子其实是自己的一面镜子。我常反思自己，所以儿子也会想想自己有没有问题；我放下家长的姿态和孩子平等地交流，儿子也会把他的心门打开，告诉我他真实的想法。做得不好不要紧，因为我们都是人，我会继续反省自己的。

实例：反省自己，改变认知，就不发脾气了

我曾经以为教育孩子的唯一手段就是压制，只要我的态度强硬，孩子自然就听话。殊不知，这样的教育手段后患无穷，最主要的后果就是孩子的性格变得胆小敏感，遇到事情从来都只会哭泣，没有一点男孩子的魄力。那时的我几乎抓狂了，孩子也出现了抽动的症状。在维尼老师这里咨询之后，我认识到，虽然孩子的性格有天生的成分，但是和我的教育方法肯定也是息息相关的。

认识到问题的严重性以后，我决定改变自己，从而改变孩子。首先应用认知疗法，每当遇到问题时，我先从孩子的角度考虑问题，这样多数事情其实就好理解了，理解之后就能接纳，就不会靠发脾气和惩罚手段来教育孩子了，以后就能做到和孩子商量，或者平和地告诉他应该怎么处理问题。但是，就像维尼老师所说的，不合理的思维方式已经形成惯性，可能当事情刚一发生的时候，马上会有习惯性思维，还没等着自己应用认知疗法的时候，脾气已经产生了，事情又变得不可收拾。所以在我每一次发完火以后，都要及时地反省自己在认知上的错误是什么，这样就能让自己逐渐形成新的合理的认知、习惯性思维。

有几件事情我还记得。有一次孩子洗澡的时候，手臂被喷头软管缠了一下，我帮助他把胳膊绕出来，孩子突然大发脾气，气急败坏地说我推他了。当时我觉得相当委屈，禁不住也向他发脾气。我后来总结了一下，一般我发大脾气都是因为觉得自己好心帮助他，可他不领情还乱发脾气，所以我觉得委屈。这种时候很难控制自己的情绪，以后面对此类问题，我要想明白，其实孩子发火肯定是因为他误会了，或者觉得事情没如他所愿。如果是他误会了，我要及时告诉他我这么做的原因，消除误会，等火气消下去以后，告诉他如何解决此类问题。如果是因为事情没如他愿而发火，我就等他火气消下去以后告诉他有事说事，发脾气解决不了问题，要动脑子找出解决问题的办法。主要考虑以后如何改进，而不是纠结于自己是否受委屈了。当然，等孩子心情平复了以后，我要告诉他我心里的感受，让他知道这样做会让别人难受，所以要尽快改正。

还有一次，中午孩子不睡觉，缠着我陪他玩，我教育了他一顿，但是口气和措辞不大好。我反省，以后遇到此类问题，我要心平气和地告诉孩子：你已经长大了，做事情要考虑别人的感受，比如，别人睡觉的时候，要轻手轻脚地开门，不能把别人吵醒；别人休息的时候，要自己玩或者看书，不能缠着大人。我要改变自己的认知：不是孩子做得不好，不是他不懂事，而是我没用恰当的方式告诉他

应该怎么做。所以我不能乱发脾气，而是要对孩子进行有效批评。发脾气批评他就是进行无效批评，这种批评只能让孩子和我产生对立，并且说出的话比我说的还难听，容易激化矛盾，还解决不了问题。

经过反复反省，慢慢地，遇到同样的问题以后，我就会习惯于用新的认知来考虑问题了，而不会重复自己以前的坏脾气。

维尼：这位妈妈总结得很好，可以说深刻地掌握了用认知疗法调节自己情绪的精髓。父母不良情绪的改变，需要反复反省、思考每一个自己发火的情境，找到自己不合理的习惯性思维。和自己辩论，说服自己，多次之后会在这个具体的事情上形成新的合理的习惯性思维，自然不发火了。积累起来，在很多情形下都能控制，那么父母也就算得上能够调节好自己的情绪了。

过了一段时间，我发现孩子性格有很大的变化，抽动症状几乎消失。最主要的变化就是遇到问题他能够自己解决，哭的次数明显减少。比如以前，他骑自行车摔跤，会趴在地上哭个没完，那是因为遇到这类事情的时候，我看到他哭就会带着情绪骂他："真没用，哭什么哭，爬起来不就行了！"现在，有时候他骑自行车偶尔摔倒了，我只是轻描淡写地说一句，让他自己爬起来，不带任何情绪，这样他也能够做到像个男子汉一样爬起来继续骑，摔得再疼也不哭了。其实，有时候孩子的敏感胆小都是家长逼出来的，是因为家长的情绪吓到了孩子，所以孩子在遇到问题的时候，首先想到的是家长会不会生气，会不会骂他，自然就会越想越怕而哭泣不止。想想我们大人不也是这样吗，如果你做错了事情，别人从理解你的角度告诉你："没关系，下次注意。"那你肯定会心怀感恩，也有信心。但是如果别人看到你犯错误了，就火冒三丈，言语和口气都很凶，那你的心里会是什么感受？孩子也是人，他们的感受其实和大人没有太大分别，只要我们大人能够种下尊重理解孩子的种子，那么他们回馈给我们的就是美好的果实。

今年孩子上小学了。前几天开学，不哭了，也不磨叽了，一切表现良好。老师对他的印象非常好。想想半年之前他的样子，和今天真是判若两人。

快要发火时怎么办

虽然说认知疗法是减少火气的有效方法，但是认知总有不到位的时候，所以，还会有火气，而且有时我们忍了又忍，火气还在积累，那怎么办？此时想少发火，关键是不要让火气积累。火气就像泄露的煤气，积累得多了，一点儿小事就会成为导火索引爆，我们就可能发飙！这是情绪的规律。所以，当孩子让我们有些烦躁生气的时候，不要等着火气积累到无法控制。可以这样做：

1. 冷处理

走开让自己冷静一下，眼不见心不烦，火气可能就不再积累。

中午孩子有造句作业，他说妈妈你教我吧，我说好啊。我就照他书上的词语造了一句，他就变脸了，说这样不行。我说好啊，那妈妈换一句。结果他倒是越来越火了，拍起桌子来："这样不行的！"又嫌我浪费时间，这时候我也有点生气了，尽量平静地说："我又没强迫你接受，你干吗这样呢，好好说不行吗？"外婆也很生气，说："这孩子怎么这样，没见过这样的孩子！"我让外婆不要继续说下去，那样只会让孩子越来越生气。后来我们就都先走开，让双方都冷静一下。我等自己稍微冷静下来，过去提醒了一下上学时间就又走开了。他自己一个人倒是很快写好了，收拾好书包就去上学了。

2. 适时适当表达出自己的不满

有时我对女儿磨蹭有些着急，此时我会平静地说：别这样啊，我有些生气啦！有些情况下我会告诉女儿那样会让人烦躁。这样说，会宣泄一部分情绪，对自己和孩子也是一个提醒。

3. 马上去理解孩子，调整自己的认知，说服自己，力争消除火气

虽然认知的改变可能不够成熟，但这样做会有一些效果。

晚上9点多了，孩子学英语，要跟读，听录音，听了很多遍，我也教了很多遍，就是记不住，怎么教都记不住。跟着读可以，一到自己读就不会了。当时我都快崩溃了，都要抓狂了，真想揍她一顿。我冷静了一下，去理解她，可能句子有点长，之前也没读过，一下想让她读下来可能有难度。其实她也很着急，越着急越读不好。这样想了之后，就不那么想发火了。冲动的魔鬼没有出来伤害孩子。

4. 深吸几口气

生气是有生理基础的，而深呼吸有放松的作用，也会直接改变情绪的生理基础，也能转移注意力，暂时打断火气积累的过程。当我们感觉要发飙的时候，可以马上深呼吸，这比单纯忍耐要好。

5. 让孩子监督

我以前脾气很暴，孩子都怕我。看了维尼老师的博文后，我改变很多。现在情绪有进步，但还有不大好的时候，此时我会对孩子说，妈妈今天心情不好，妈妈想一个人呆一下；觉得自己没有调节好的时候，我也让孩子来监督我；如果我脾气不好，说话大声或者不好听，也让孩子给我提出来。所以现在我和孩子非常和谐，这也让她也知道大人也有错的时候，错了就要勇敢地改正。

6. 发火对事不对人

即使忍不住发了火，也要克制一下自己的言语，就事论事，不要去上纲上线，不要去指责孩子。简单说来，发火对事不对人。

发火了，就要及时向孩子道歉

"其实孩子很善良，大人错了，只要自己意识到了，及时向孩子道个歉，亲子关系就可以迅速修复。"

父母不该发火，但发火总是难免的，犯了错不要紧，只要敢于承认错误，敢于向孩子道歉、认错，那么还是好爸爸好妈妈。就像我们要求孩子那样，知错就改。

我偶尔也会冲女儿吆喝一声，宣泄之后火气没了，会意识到发火是不对的，所以我会马上向女儿道歉。这时如果她还生气，我也允许她有时用小拳头锤我两下，这样她就能宽容大度地原谅我，发火就不会留下不好的影响。我要做的是把这当作自己成长的机遇，去反省自己不合理的认知，以期发火越来越少。

Q：我发火是因为孩子错了，如果我道歉会不会让孩子感觉她做的对呢？也许他会因此认为犯错其实也没什么大不了，下次照犯不误。

家长发火肯定是有原因的，因为孩子粗心、犟嘴、马虎等，也要跟孩子认错吗？

A：为什么发火要道歉呢？这是因为我们发火是不应该的。

如果能理解孩子，就会发现所谓的错误可能是正常的，或者是有内在原因，也可能是父母造成的，所以不见得是错，或者可能不是他的错，或者他需要我们的帮助。所以，为什么要发火呢？发火不但不能解决问题，还会把事情搞糟。

我们要做的是理解孩子，温和地和孩子交流，找原因想办法，去帮助孩子，这样孩子才容易听得进去，容易接受。

"大人真诚地向孩子道歉，其实也就是放下了大人高高在上的姿态，跟孩子处于平等的位置。学习了维尼老师的理念后，忍不住朝孩子大吼之后我都会及时向他道歉，他也会立马原谅我，亲子关系好了很多。"

第四章 如何讲道理、沟通

有人说，讲道理是中国父母最没用的方法，真的是这样吗？非也！其实是因为我们不会讲道理；沟通的秘诀在于先理解和肯定对方；我们还需要理解心理问题的“不由自主性”，这样就会少些苛求了。

怎样讲道理孩子才爱听

“儿子说：我最讨厌听大道理了。我一边引经据典，口沫横飞，他自岿然不动。人是杵在那里，但思绪早已经不知云游到何方了，说完该干吗干吗，一点效果没有。”

“我一直努力地跟孩子讲道理，说到我脸都绿了，但是他还是不听我说，只有我冲他喊时，他才会听我说。”

有人说，中国最没用的家教方法就是讲道理。真的是这样吗？讲道理没用吗？

回顾一下认知疗法，孩子不合理的情绪和行为不是由事情，而是由对事情的认知直接决定的，想改变不合理的情绪和行为就需要改变认知，而讲道理是改变孩子不合理认知最直接的方式。所以，讲道理还是必须的，只是需要讲究策略和方法，能让孩子爱听。

不同时期，讲道理的方式不同

五六岁前，虽然可以讲些道理，但直接讲道理效果不好，可能听不明白，所以不如结合游戏、故事、体验的方法来让孩子体验道理更适合。

孩子还是要管的，方式就因人而异了。我惯常的做法是讲故事，讲完不评论也不发表任何看法。过会儿孩子对我说：妈妈，我做得不对，我不应该像某某一样，因为他这样做伤害了某某某。这样让孩子自己想明白，以后也很少犯同样的错误了。

有一次，她不小心打碎了杯子，我当时也没说什么，睡觉前我给她讲了个《小杯子找伙伴》的故事：有个小女孩生日时，妈妈送给她四个可爱的小杯子当礼物，有一次，小女孩不小心把其中一个给打碎了，到了晚上睡觉时，这三个杯子开始找它们的小伙伴，找啊找，最后在垃圾桶旁边的小垃圾袋里找到了它们的小伙伴。这三个杯子就开始哭了。小女孩被哭声惊醒了，跑过去一看，原来是她的小杯子在哭。小女孩也很难过，对三个小杯子说：对不起，我把你们的小伙伴打碎了，实在对不起，以后我会更加珍惜你们的。三个杯子原谅了小女孩，他们成了最好的朋友，从此以后小女孩很小心，尽量不打碎东西。任何东西都是有生命的，我们要爱惜它们。我家宝贝听完过了一会说：妈妈，对不起，我也对杯子说：对不起，以后我会小心的。

再大些，就可以慢慢讲些道理了。小学前后，是讲道理最适合的时期。进入青春期，孩子想独立自主，展现自我的意志，又不太愿意听道理了，会嫌你啰唆和唠叨，还可能反驳你。此时需要学会适当闭嘴，回到婴幼儿时期，引导孩子去体验道理，这样效果更好。

讲道理，需要“化整为零、打游击战”

维尼育儿经：有一段时间，我有些冒进，常常给女儿讲道理，因为要讲的道理有限，说几次就成了“车轱辘话反复说”，虽然自认为讲得不错，但听多了女儿就不爱听了，所以她会直白地说：我不想听你的大道理。

也不能怪孩子不领情，想想我们自己，也不喜欢别人翻来覆去说同样的话——这就是传说的啰唆、唠叨吧。

但是大道理（我们人生的经验）还是有用的，只是别着急把道理一下子灌输给孩子，不妨化整为零，打打“游击战”。

所以，我会在遇到事情时，会结合事情简明扼要地、有针对性地讲几句，这样每次讲的都不同，有新鲜感，孩子本身也在思考，就会相对爱听些。这样，我的经验智慧慢慢在渗透，女儿也不嫌我啰唆了。

比如，女儿遇到些不顺心的事情，我会顺便轻描淡写地说几句：坏事会变好事啊；多大的事儿，没什么了不起的；不好就不好呗。这样，这些话慢慢变成了她的口头禅，逐渐会淡定些。

有时遇到孩子喜欢的书、电影、卡通，结合里面的人物情节趁机讨论几句，渗透一下思想，这样孩子会觉得有趣，也乐于接受。

孩子都是“顺毛驴”

其实人基本是如此，比如我，虽然能听进不同意见，但也喜欢被鼓励肯定，上来就批评我，也觉得不入耳。所以，何必违背心理的规律呢？

一个孩子精心画了一幅画，一个同学很喜欢，花了50元钱买走了。孩子回家兴冲冲地告诉妈妈，妈妈没有先去理解和肯定孩子的画不错、有价值，而是直接说孩子道德有问题，不应该卖画给同学。妈妈说的话虽然不无道理，但是一头冷水泼下去，孩子自然不爱听，就不想和妈妈沟通了。相反，如果妈妈先和孩子分享他的快乐，再委婉地提出自己的看法，那孩子是不是更容易听得进去一些呢？

讲道理需要共情。

这不是一个非黑即白的世界，父母的看法有道理，孩子不同的想法可能也有道理。简单说来，就是不着急去批评孩子的问题行为，而是先去理解孩子行为中合理的方面，先肯定其合理之处，这样引起共鸣，使孩子觉得父母是自己人，然后我们再提出建议。这样把讲道理变成沟通探讨，就不会引起抵触，容易为孩子所接受。

先去倾听，让孩子说说自己的看法，不是装装样子，而是真的去理解肯定，此后再提出自己的建议，孩子会更爱听。

维尼小贴士：假如孩子对老师不满，那么肯定有自己的道理，老师也有其问题。所以讲道理的三部曲是：

第一步：做孩子的自己人，站在孩子这一边，认同老师有做得不好的地方，也允许孩子发泄对于老师的不满，在家里不管是什么形式都可以。

第二步：情绪宣泄了之后，引导孩子去理解老师。老师水平自然有提高的空间，这也是正常的。而且毕竟学生太多，忙不过来，不可能做到完美，所以，急了，做得不当也是可以理解的。老师的本意还是为了学生好。

第三步：孩子可能也有需要改进的地方，下次如果如何如何做是否更好？

讲道理不如“找原因、想办法”

孩子对学习没有兴趣和信心，能力也欠缺，所以写作业磨蹭。此时如果你苦口婆心讲道理，即使磨破嘴皮子，恐怕也是白费工夫。不如“退而结网”，想办法去帮助孩子，让他体验到进步和成就感，从而激发兴趣，树立信心，逐渐就会养成专心的习惯。

孩子学习没有动力，怎么办？讲道理，激励孩子，是一个方面，还要分析孩子是否兴趣、信心、能力、压力方面出了问题，去实实在在地帮助孩子。

再如，撒谎的根源可能来自父母过于严格的要求，或者批评太多，鼓励肯定却很吝啬。此时，家长只讲要诚实的道理，而不是改变自己，用处不大。

关系铁了，道理就好讲了

想想我们自己，如果你反感一个人，那么无论他说什么，你都会忍不住想反驳他；而如果你喜欢一个人，则会从善如流。同样，孩子喜欢你，关系铁，把你当自己人，对你的道理就不会抗拒；如果逆反，对你反感，即使你说得天花乱坠也没用，油盐不进。

亲其师，信其道。学生只有和老师亲近了，才会信任老师，相信老师所说的，接受老师的教育。同样的道理，只有亲子关系好了，孩子才会愿意相信我们的道理。

情绪糟糕时少讲道理

讲道理也要“顺应”孩子的情绪。情绪不佳的时候，孩子受负面情绪影响，不大能听进去道理，何必逆势而为呢？不妨避避风头，引导孩子宣泄情绪或者转移注意力。等孩子平静下来，理性了，再慢慢地和她讲。

我家孩子早上起床，莫名地发脾气，对我和姥姥的态度很不好，我批评他，他还掉了眼泪。上学路上，我问他：忘没忘昨天晚上妈妈答应你什么事？他说：给我买修正液。我说：对，虽然你今天早上对家长不尊重，不礼貌，但是我还是会给你买，因为我答应你了。然后，他很高兴，我就顺势和他讲了道理，应该怎么做。买了东西，孩子高兴地上学了。如果是以前，我一定会板着脸说教，答应他的事肯定也不愿去做。接受了维尼老师的理念后，我觉得应该讲究顺势教育，这样取得的效果最好！

想想自己，生气时难以听得进去道理，那么孩子也是如此。

让孩子明白为什么这样对他“有利”

本杰明·富兰克林说：“如果你想要说服别人，要诉诸利益，而非诉诸理性。”

看起来很功利，但是很实在。我以前在单位是个热心肠，会劝年轻人好好工作，但我从来不讲什么大道理，我会告诉他努力工作其实对他是有利的，比如能锻炼能力、心情好、得到尊重、发展得好……

和孩子讲道理也是这样的，要能让她觉得这样对她有好处。比如一个女孩喜欢漫画，也立志做这方面的事情，妈妈以前讲大道理劝她好好学习不爱听。后来我建议妈妈讲讲好好学习对于漫画的意义，比如对于漫画来说，其实画画技巧不是唯一重要的，功夫在诗外，思维、人文底蕴、智慧、策略等综合能力也很重要。而目前学习竞争很激烈，需要锻炼提高综合能力，这对于漫画是有好处的。这样，从孩子喜欢的角度去讲，她就可能愿意听了。

体验是最好的说服

我女儿两三岁时，总说不想和小朋友玩儿，只和爸爸妈妈玩。和她讲道理是没用的，所以我带着她和小朋友一起玩游戏，请小朋友到家里玩，她体验到乐趣，逐渐就喜欢和小朋友一起玩儿了。她说，这比和爸爸妈妈玩有意思多了。

青春期的孩子有自己的主意，有时不愿意听父母的道理，所以采用“放手体验式说服”效果更好。

有个初三女孩不想上学，怎么劝也不行。她想开淘宝店，我建议家长支持她开店，结果一两个月没有顾客光临，明白了此路不通；后来又想去打工，过了几天，觉得太辛苦，而且因为是童工还要偷偷摸摸。几次折腾下来，明白了，还是读书好。

有个高中生不想上学，觉得可以通过打工养活自己。妈妈也劝阻不了他，就让他去打工了。去一个物业当保安，因为一件小事被业主骂，诸如此类的事情很多，心情郁闷还不能发作。碰壁之后明白了，打工还不如上学呢，终于回来上学了。

一位初二孩子，以前在班上遥遥领先于第二名，孩子逐渐有些松懈。爸爸提醒，他听不进去，自己觉得很有把握，说多了还不爱听。所以，爸爸闭嘴，让他自己去体验结果。结果期中考试成了班级第二名，不需要说什么，孩子就醒悟了。

维尼小语：如果和孩子说不通，那就不要霸王硬上弓，不妨尝试让孩子自己去体验结果，这样看似会走点弯路，但更有说服力。这就是体验式说服。

我女儿学习还可以，只是以前每天晚上8点多才开始写作业，有时11点多才写完，这让我很崩溃，忍不住发火。这个星期我按照维尼老师的建议，不去催孩子，让她自己安排写作业的时间，自己来体验何时开始写作业合理，在这之后再和她商量时间安排的事情。星期六下午，女儿告诉我，她星期六下午两点就把周末的作业做完了。我觉得很奇怪，平时星期六早上都要睡到10点左右才起床，起来后就东混西混，不会做作业，但那天早上9点左右就起来了，起来就做作业。她还说，星期天她将有一上午的自由时间，她觉得好舒心，可以做她想做的事了。我问她自己安排时间的感觉如何，她说没有了压迫感，还说平常完成作业的时间太晚了。我说，你看早早完成作业的感觉好吧，现在你想做什么都不会惦记着作业了，玩起来就很放松。她觉得我说的很对。

沟通的秘诀

先理解肯定对方，再提出自己的看法

一位妈妈：您好，维尼老师，我儿子现在上大二，每天花很多时间玩游戏，有很多事情跟他沟通不了。我给他提了些建议，他都不愿理我了。怎么办呢？

维尼：沟通的秘诀就是先理解和肯定对方，再提自己的看法，比如游戏的问题，你不要一味地告诉他不要多玩游戏。

晚上妈妈说：谢谢您，照您的方法做了，我首先肯定游戏是可以玩的，玩得开心也不错，但游戏时间太久会伤害身体，自己把握。后来他短信回复了我，又重新加了我QQ好友。看来只要孩子被理解肯定了，还是会和我们沟通的。

与孩子的沟通是很多父母头痛的问题；夫妻之间、同事之间、朋友之间的沟通也是很多人也觉得棘手的。

维尼小语：沟通有一个简单的秘诀：先理解和肯定对方的看法、决定、行为，再提出自己的不同意见，这样对方乐于接受，沟通会顺畅。

这不是出于客套、礼貌，不是虚伪，也不仅仅是策略，实际上，一般来讲，对方肯定有合理之处或者可以理解的地方。

黑格尔说：存在就是合理的。可以解释为：事情总是有原因的。一般来说，我们觉得自己想的、做的是对的才会相信，才会去做。换言之，我们的所思、所为都有自己的理由。虽然这些理由可能有不合理之处，但总有合理的角度和适合的情况。那么孩子、他人也是如此。他那么想，那么做，总有他的理由，总有支持他的想法，至少他觉得在某种情况下是合理的。别人的想法虽然与我们不同，但应该也有合理之处。

在沟通中先理解、肯定、接纳他人，别人会听进去我们的意见，投桃报李，也会理解和肯定我们的。如果能引起共鸣、共情，把我们当自己人，沟通就更顺畅了。

"昨天中午女儿回来有些生气，她说默写明明对了，同学还给她判错。我说哪个字呀，她说是'秀'字。我明白了，她经常把'秀'下边的'乃'字写成耳刀旁。我说：妈妈早就说过你那个毛病，人家没有错呀。她不高兴地说：反正改完了，过去算了。下午经过思考，我觉得自己没从女儿的角度出发，直接否定她，这样的沟通不好。晚上睡觉前我说：今天妈妈下午又想了想，那个'秀'字不能都是你的错。你明明是会的，只是写法不太标准。女儿也说：就是，大家都有错，我该只罚写一半。我连忙说：那既然我们也有一半错误，那下回改正不就没错了吗？我们尽量做好自己的事，别人也就挑不出来毛病了。姑娘高兴地答应了。"

"我接触的顾客大部分是准妈妈和小宝宝的母亲，她们情绪化比较严重，没接触维尼老师时我的心态很不平衡，受影响也会情绪化，嫌她们磨叽、不可理喻、挑剔、没主意，所以在接待沟通时态度语气明显带有情绪。学习了维尼老师理念后，我现在能接纳她们的言语行为，觉得很正常，没什么，发现优点主动赞美，努力去理解和肯定她们，这样沟通时坦然快乐，同时对方也很合作，随之而来的就是业绩增长。"

相反，如果沟通中总是被人否定，谁也不喜欢。

我以前和一位朋友讨论问题，每当我提出一个观点时，他总是先说：不是这样的！然后指出这个观点不合理的方面。这让我感觉郁闷，每次聊天基本都以吵架结束，后来再也不一起讨论了。

亲子沟通也是如此。如果孩子和你说什么事情的时候，你总是急着去批评孩子，那么孩子会关上沟通的门。理解引起理解，对抗引起对抗，这是自然的结果。

态度要平和

沟通需要平和的心态，温和的态度，这样对方容易接受。争论、批评的效果都不如沟通。父母温和地沟通，孩子也能学会这种方式。

我发现，如果用温和的方式和孩子沟通，他会很轻松愉快，我也很欣慰。可如果我不耐烦，心情不好，呵斥孩子，他就会躲避我，拒绝和我说话。

考虑对方的感受

现在的孩子和以前的不同了，我们需要了解他们的感受，这样才能沟通。

与老公沟通时也要注意他的感受。

我是一个性格比较急躁的人，有什么事就直截了当地说出来，会忽略了对方的感受。过去我总觉得，对自己的老公和孩子怎么说都无所谓的。但是实际上，就算是自己最亲的人，也不能不考虑他们的感受。所以，老公总是投诉我太强势，孩子总是喜欢和我拧着来。

在维尼老师这里咨询之后，我终于明白了，沟通时，最重要的不是你说了没有，而是对方接受了没有。如果说出来对方不接受，那不是白说吗？所以要用对方能够接受的语言去表达，让对方能够顺利接受，才是有效的沟通。所以，要去先理解和肯定对方，再提出自己的意见，别人才愿意接受。

我一下明白了自己的问题所在，马上改变了自己的态度。我应该先肯定对方正确的地方，先让对方心中欢喜，然后再以他们能够接受的语气，缓缓指出他们错误的地方。比如，我现在不说：你哪里哪里做得不对，而是说：你这里做得很好，如果那里再改变一下就更好了。或者：我同意你这个观点，不过如果这个地方改进一下是否更好呢？经过一段时间，这个转变给我们的家庭生活带来了巨大的变化。我发现，老公说我强势的次数少了，我的观点老公也能够慢慢接受了；孩子也更能接受我的说法，走上更加规律、自觉的生活轨道上来。

如何与老师沟通

有时我们会对学校老师的某些做法有不同意见，但是又不知道如何去沟通，生怕话说不好会有不良影响。其实大部分老师愿意我们来沟通，老师的做法虽然可能欠妥，但本意都是为了孩子好。所以，我们可以主动与老师沟通，如果方式得当，没什么大不了的。沟通的方式同样是先理解肯定老师，表示愿意配合老师的工作，再温和地提出自己的看法或建议。

维尼育儿经：二年级时有一次女儿说数学老师揪了她的耳朵，她很不高兴，再加上其他的事情，所以不大喜欢老师，也有些反感数学了。于是，我和老师沟通了一次。我表示理解老师的做法都是为了孩子好，这一点我们是完全一致的。也告诉老师我很重视女儿的数学，也付出了很多努力，只是很多事情要慢慢来，所以请老师放心学习成绩。最后也委婉提出，希望以后不要再有类似体罚的事情发生。因为讲究方式，所以"会谈一直洋溢着祥和的气氛"。后来女儿说老师对她挺好的，体罚的事情再也没有发生过。

理解心理的不由自主性

人的心理有时是难以驾驭、不由自主的。想想我们自己，很想不对孩子发火，但总是控制不住；烦躁的时候难以平静；有些行为习惯，比如吸烟、喝酒，也难以改变；决心减肥，但还是忍不住去吃……这就是心理的不由自主性。那么孩子的心理也同样如此，有时也是不由自主的。

害怕

孩子有时会怕黑、怕狗、怕猫，有的父母总觉得这些有什么好怕的？应该勇敢点。但是害怕是莫名的、不由自主的，不是想不害怕就能不害怕的。如果逼迫孩子，虽然有的能克服，但有的孩子会更加害怕，甚至成为心理障碍。此时应该先理解孩子，先接纳孩子的恐惧，顺应他的要求，然后再逐渐让他体验到其实没什么好害怕的。比如我女儿以前怕黑，晚上起床方便时会让妈妈陪着。我们理解她的心理，妈妈先陪着她去，后来逐渐地她就可以自己去了。

紧张

有时孩子不敢举手，不敢当众发言，上台表演紧张，其实这也是一种心理障碍，不由自主，成人发言时有的也会紧张地冒汗。此时不去逼迫孩子，慢慢让孩子去体验、锻炼，可能就逐渐会有进步。

畏难情绪

大部分成人遇到不喜欢的、困难的事情也不爱做，这是不由自主的。所以，孩子有畏难情绪也是正常的。比如我女儿弹琴有段时间觉得困难，就不大想弹，我没有去逼她，而是去帮助她，过了那个坎儿就好了。

发脾气

我们如果不掌握方法，也会经常忍不住对孩子发脾气。那为什么会认为孩子就能忍住不发脾气呢？他也是不由自主的啊！情绪管理需要科学的方法，孩子需要我们的帮助来学会管理情绪。

心理困扰

有位高二的女生，从慢班转入快班，暂时很不适应，成绩下降，情绪低落，不想上学。妈妈告诉她不要管那些，专心学习。听起来很有道理，但是这种心理困扰是不由自主的，不是想摆脱就能摆脱的。妈妈这样说是隔靴搔痒，只能让孩子烦躁。后来我和孩子制定了一些现实可行的解决方案，比如作业怎么做，英语怎么学；又帮助她改变了对于高考、就业的一些过于悲观的看法，缓解了由于成绩下降而感觉没面子的窘迫，她的情绪才逐渐好转。

有一位大一的男生留级了，他知道同学们了解了他的过去，感觉抬不起头来。妈妈说：此时要勇敢面对，挑战自己，战胜自己。话虽说得不错，但是孩子糟糕的感觉是不由自主的，说要挑战自己，孩子却不知道怎么去战胜自己，怎么调节自己的心情，怎么挑战呢？这就有些“站着说话不腰疼”了。

抽动症

孩子有时因为内心的紧张焦虑，而不自觉有些抽动的症状，比如眨眼、耸肩、动鼻子、鼓肚子、清嗓子等。有的父母觉得这是坏习惯，所以禁止孩子这样，甚至打骂孩子。其实这些动作都是对内心紧张焦虑或者不舒服感的一种宣泄，是不由自主的。越是禁止，孩子越难受。不如先接纳，再慢慢改变自己压抑的教育方式，改变孩子脆弱敏感的性格，问题就逐渐解决了。

强迫倾向的行为

孩子有时会有一些强迫倾向的行为，比如所有的纸，必须平平整整的，不能有折痕；必须按照某种顺序来做事；必须按照某种方位摆放物品；必须坐某种颜色的车，如果满足不了要求，就会大哭大闹，发脾气。有的家长以为是任性倔强，可能会用强硬的方式逼迫孩子不要这样做，结果越搞越糟。其实这些可能是强迫倾向的行为，孩子是不由自主的。此时最好先顺应孩子的要求，再慢慢去改变。

追求完美

有些孩子有追求完美的心理，很敏感。比如字写得不漂亮，就会很急躁，甚至发脾气；单词背不下来也会大发脾气；输了就很纠结。训斥打骂，不管用；去硬扭，孩子更生气。其实，这也是一种心理障碍，用渗透三种思维的方法效果更好。

奇妙的认知咒语

为什么本书的副标题是“和孩子一起幸福成长的心理魔法”呢？其中一个原因是：和魔法一样，我也有几句咒语——认知咒语。有时默念几句认知咒语还是很管用的。

当孩子让你不满意的时候，默念“很正常，没什么”，心里会平静些；当你辅导孩子，看到孩子连很简单的题目都不会做时，默念“接纳孩子学习的现状”，就会静下了，不会去骂孩子笨了；当你焦虑烦恼的时候，默念三种思维，会淡定些；当你工作压力大的时候，默念：“做能做的事，其他的顺其自然”，压力就会减轻。

面对孩子的要求，默念：“适当满足，适当拒绝”“先说好，再说不”；“规则执行有弹性”，就理性了。

生气着急的时候，想想不是孩子让我生气着急，而是我的执着和对孩子的不理解让我生气。

想严厉训斥孩子的时候，想想“负面刺激不是一个好办法”。

孩子做的不让我们满意，默念：“习惯的培养需要一个过程。”

当为孩子将来是否能考上重点大学而担忧的时候，告诉自己：“努力去做，顺其自然；成绩不好，不是漆黑一片。”

找不到东西的时候，说服自己：“东西反正不会丢，想找的时候找不到，不想找的时候自己就出来了”，就感觉不那么纠结了。

担心的时候，告诉自己："一般没问题，实在有问题也顺其自然，听天由命。"就不那么忧虑了。

一般人觉得心理学高深复杂，但是理解透了，原理却很简洁，也很好用。当然，还需要好好思考，所谓运用之妙，存乎一心。

意志品质和能力的培养

责怪孩子没有意志力用处不大

说起孩子的意志力，很多家长都头痛。孩子，你怎么不能坚持一下？怎么没有克服困难的精神？是啊，如果孩子的意志力再强一些，好像很多问题就容易解决了。不过根据发展心理学的研究，孩子意志力的培养是一个逐渐发展的过程，到了 18 岁之后才成熟，所以，现在孩子的意志力相对弱一些也是正常的。

如果孩子有兴趣、能力、信心的话，意志力还是不错的。比如踢球、玩游戏，很累也能想方设法坚持、提升。现在的学校学习强度那么大，很多孩子也坚持得很好，让我都佩服。

想想我自己，我是一个意志力很强，也很能坚持的人，但是如果让我坚持去做不擅长、不喜欢、无动力的事情，也会感到困难，而且在习惯、兴趣培养的初期，坚持也是费劲的。

孩子也是这样，所以，如果你觉得孩子意志力不行，首先要从兴趣、信心、习惯、能力、认知、动力等方面找原因，只是责怪没有意志力用处不大。

注意力的关键是兴趣

一般说来，孩子有兴趣的事情都能专心，比如看动画片、玩游戏，所以一般不是注意力出了问题，而是兴趣出了问题。因此最重要的要是培养孩子的兴趣，有了兴趣，慢慢养成习惯，自然专心。没有兴趣，即使孩子以前注意力不错，也容易不专心。培养兴趣比做注意力训练更有效。

如何培养孩子的创造力

说起孩子的创造力，大家总觉得需要有什么奇思妙想，或者有新奇的点子，或者有崭新的创意。当然，这也是创造力的一种，但是孩子创造力更需要的思想不受太多的束缚，没有太多的条条框框。系统工程有一项重要的原理：综合就是创造。能够解放思想，自然能把很多已有的东西综合借鉴，新的应用就是创造。

父母处事灵活变通，有弹性，多让孩子做决定，鼓励孩子独立思考、探索、试错，父母不用权威压制，孩子思想没太多的束缚，创造力自然会增长。当然，要在适应现实的前提下给孩子更多的自由空间，适当的指导、帮助、约束还是需要的。

第五章　如何帮助孩子管理情绪

很多家长头痛孩子常发脾气，爱哭闹。怎么办？情绪是有规律的，了解其中的奥妙，掌握方法有利于帮助孩子管理好情绪。

情绪的奥妙

我们经常会遇到孩子的一些情绪问题，比如生气、发火、烦躁、失望、悲伤、紧张、焦虑等。情绪本身并无好坏之分。比如忧伤的情绪，淡淡的也颇有诗意，也算是一种享受；适度的紧张，有利于激发人的能量；适度的生气，是自然的反应。如果孩子自己能应付，我们可以放手让他自己去处理、体验，逐渐成长；但是如果情绪反应过度了，孩子会感到困扰、痛苦，可能学会了常发脾气，或造成心理问题，此时孩子需要我们的帮助。

维尼小语：促进孩子的心理健康有一个简单的原则，就是不要让孩子带着糟糕的情绪入睡。所以，帮助孩子学会管理情绪是很重要的。

孩子生气了，发脾气了，父母通常会比较烦。其实，**如果应对得当，孩子的每一次情绪问题都是促进他心理成长的机遇。**

让我们先读懂情绪的奥妙，情绪管理的方法也就是自然的了。

情绪有生理的基础

情绪不是单纯的心理体验，而是有生理基础的，与神经、肌肉、内脏、激素、多巴胺等多方面的因素有关。

情绪受生理状态的影响

比如，小孩子困了、饿了、没睡醒时，相对容易发脾气、哭闹，显得不可理喻。这是情绪的规律，父母可不要错怪孩子任性啊。此时可能需要哄哄孩子，转移注意力，或者暂时顺应他的要求，和他较真就没必要了！

情绪受自主神经活动的影响较大

自主神经虽然在我们的地盘上，但是却不听从我们意志的指挥。所以，如果很生气了，想忍住不发火，有时是做不到的；烦躁了，想马上安静下来也难。

情绪容易持续一段时间

比如对某件事很生气，当你不去想它时，还是可以感觉到情绪的存在，这与生理有关，有些生理因素不会马上就消失。比如那些激素分泌了，总要过一会儿才能被稀释吸收啊。自主性神经兴奋了，会继续兴奋一会儿，不可能戛然而止。

所以，孩子生气发脾气了，不要指望说他一句就能马上停止，不妨让他宣泄一下；孩子写作业烦躁了，不可能马上平静，可以看看动画片，玩一会儿转移一下注意力，平静下来再去写作业。有时可以开开玩笑，逗逗孩子。

儿子发脾气，我会微笑着并用夸张的动作对儿子说：魔法解除，魔法解除！意思就是告诉他坏脾气魔鬼来找你了，妈妈帮你解除，一会儿脾气中的娃就会破涕而笑了！

转移注意力的方法，对于情绪的调节简单有效。

维尼育儿经：我女儿一年级时，有天因为一些事情，晚上7点半才开始写作业。她本来情绪就不大高，又看到有一大堆作业没完成，就有些烦躁，所以连最拿手的生字也写错了，导致改了好几次，因此更加烦躁了，写着写着有点想哭。

我劝她不用烦躁，但是不大管用。在烦躁的情绪之下，道理是听不大进去的。如果坚持写下去，不但烦躁不会马上消失，而且可能越烦躁越写不好，越写不好越烦躁，成了恶性循环。

所以，虽然快8点了，作业没写多少，但我还是让她先停下来，找了部好玩的电影给她看，看着看着她就高兴得笑起来了。过了七八分钟，我看她情绪状态大为好转，就让她继续写作业。

结果，在一个好的情绪之下，女儿很专心，刚才惹麻烦的生字写得很顺利，没用多长时间就把作业认真地完成了。

如果烦躁时还让孩子去坚持，勉强写作业会如何？哭、烦躁、父母发火，不知什么时间写完；而停下来，用七八分钟去转移一下注意力，看看电影哈哈一笑，直接改变了情绪，一切就OK了。我遇到孩子烦躁的时候，常常给女儿看一集《蜡笔小新》《哆啦A梦》，六七分钟之后，孩子就不再烦躁了。

这种转移注意力的方法是普遍适用的，对成人也有效。当我们郁闷、不爽、悲观、烦恼的时候，最好先到户外去散散步，运动一下，转移注意力，让情绪逐渐平和。如果在房间里一直想来想去，可能难以摆脱坏情绪。

改变认知，就改变了情绪

正如认知疗法所指出的，直接决定情绪的不是事情，而是对事情的认知。

笑笑同学与爸爸妈妈玩组词接龙的亲子游戏，由于接错了词，理应接受“刮鼻子”的惩罚，可是笑笑忽然莫名其妙地耍赖哭闹，并以排山倒海之势痛痛快快地发了一通脾气。后来笑妈找到了原因，是因为笑笑想赢，想第一，不想输。

所以，改变对事情的认知，形成合理的习惯性思维，情绪也就合理了。我们可以通过渗透三种思维的方法让孩子坦然面对批评、输赢和压力。

我在做晚饭，宝宝来问我：妈妈，我的小鸡玩具找不到了，你知道它放在哪儿吗？我：昨晚是你自己放玩具的，我不知道哦，你没找到么？宝宝：我忘记放哪了。顿了一下，又说：算了，不找它，到时候它自己会出现的。我偷偷地乐，宝宝在这类事情上，已经学会了顺其自然。记得以前孩子东西找不到的时候总是着急，甚至发脾气，哭着闹着要我帮忙，无论如何也要找出来啦。后来我从维尼老师那里学了一个方法。遇到这种情况总会和她说：东西反正不会丢，想找的时候找不到，不想找的时候自己就出来了。时间久了，就成了她的口头禅。所以，遇到这种情况，她就变成淡定妞了。

要想改变孩子的认知，最好等孩子平静下来再讨论。闹情绪的时候，讲道理的效果不好。

为什么愤怒的情绪会把我们变成魔鬼？

为什么很多人看到孩子磨蹭的时候，无名火起，此时可能冲着孩子吼、骂，甚至揍孩子。这是因为愤怒也是一种生理感受，让人很不舒服，会驱动人去做点什么宣泄掉才会舒服。

孩子也是这样的，如果生气了，会通过哭闹、发脾气，摔东西来宣泄，像个小魔鬼一样，这其实很正常。

“冲动是魔鬼”，人在生气发脾气时都是难以理性的。比如我们生气了，会做出打骂孩子、伤害自己宝贝的事情，那自然难以苛求孩子生气时能够理性。所以，孩子在有情绪时即使看起来不可理喻也是正常的。

高兴激动时也是如此，有人会大喊大叫，有人会倾诉！所以，当孩子高兴地告诉你让他自豪的事情时，这很正常，不必定性为炫耀。

有了不良情绪，及时宣泄出来比闷在心里要好。

一位妈妈有时很生气，会和老公说上两个小时才罢休。她也意识到这样不好，只是不由自主，难以自控。这就是情绪的驱动作用。我建议她生气的时候，找一个布艺玩具，尽情地折腾它，把情绪宣泄出来，就不会去烦老公了。过了几天，妈妈告诉我，这个方法管用了。有一次，她很生气，开始和老公唠叨。但是这次老公躲开了她，到孩子房间睡觉去了。她无处可诉说，心里很难受。后来找了个淘汰的玩具，使劲折腾它，拿它撒气，过了10分钟，感觉火气消了，也累了，就不想唠叨了。

孩子在学校生了气，感到很愤怒，是需要克制的。但是回到家里，我们可以主动建议孩子拿枕头、被子撒气，宣泄出来就会好多了。

有人禁止孩子发脾气、哭闹，这只是把不良情绪压抑了，它没有消失，还在孩子体内汹涌澎湃，最终还是可能会损害孩子，有的会抽动，有的孩子自残，甚至导致心理性格的扭曲。这就像PM2.5超标，一两天没什么问题，但是持续下去，后果就严重了。

对于不良情绪，还是应该给它找个良性的出口，及时化解，别让它积蓄在体内作乱。

中午儿子和我闹了一通。晚上洗澡前，儿子让我泡菊花茶给他喝，后来我们都忘了。两个人进了卫生间之后，他突然想起来说：妈妈，你忘了给我泡菊花茶了。我说，哎呀，对不起妈妈忘了，现在你衣服都脱了，等洗好马上给你泡吧。他说不行。其实若是平常这种情况，我马上会好好哄着他的，但是今天我还没从中午的事情中缓过来，火一下子上来了，冲他大吼：你想怎么样啊？再闹一回是不是？闹吧闹吧，反正天天要闹的！他也彻底生气了，冲我大叫。

妈妈因为没有及时清理中午的情绪而失控发火，孩子也是这样。所以，有不良情绪要及早宣泄、梳理，不然累积在心里，可能就一点就着。

孩子发脾气，我们是不理，还是倾听、安慰、哄哄?

很多人以为孩子生气、发脾气时应该不理睬他，但这可能让孩子更生气。此时可以去抱抱孩子，哄哄孩子，告诉他我们知道他很不高兴，让他倾诉心中的不快。有人理解关注，有人倾听，情绪就容易平静了，这也是心理咨询中共情的方法。我们烦恼时，有人愿意听我们说说话，心里就会舒服得多。

以前儿子发脾气的时候我们都不理他，觉得晾他一下就好了。但慢慢发现这种方法并不是很有效，甚至适得其反，孩子的脾气越来越大，一发起脾气来就要很长时间才会消气。后来我看了维尼老师的博文，慢慢地理解孩子的心理，他生气的时候其实是希望得到我们的关注，所以适当地表示关心和慰问还是很必要的，不要认为孩子生气的时候去哄他就是惯孩子、纵容孩子，孩子的心是敏感的，我们的冷落会让他觉得我们不爱他。哄哄孩子，让他在生气的时候尽快地平复下来，这个更重要。

当然，如果孩子发脾气了，适当的冷处理也是需要，但是目的是先冷静一下，再及时去帮助孩子，而不是给他脸色看。

维尼育儿经：女儿的性格脾气都不错，不过那天晚上回来却有些异常，写作业容易烦躁，隔一会儿就大声说："讨厌！"我莫名其妙：我们惹她了？过了一会儿，她又说："请你们不要和我提XX的名字！"这才知道，原来和好朋友闹矛盾了。既然不能硬拽着她去追问，那就看看她自己能不能把情绪处理、消化掉。我只是给了一个毛绒玩具让她撒撒气，一会儿她的情绪就稳定了，后面就一直笑呵呵的了，当时我觉得事情就算过去了。

第二天晚上，开始写作业表现还正常。不过，有时还会蹦出一句：讨厌！后来妈妈没有按约定的时间回来，有了这个导火索，她的小宇宙终于爆发了，发了挺大的火，哭了。

她说："我一直忍着，憋着，现在憋不住了。"原来今天好朋友又好几次惹她了，再加上昨天的委屈没有及时帮她疏导清理，叠加起来就觉得分外委屈，所以才会一直说"讨厌"，终于爆发了。

我搞明白缘由之后，赶紧去帮助她应对情绪。安静地听她诉说这几天发生的事情，有和好朋友的事，有和托管班其他同学的事。我主要是倾听，理解她的委屈。偶尔插几句，有的事情会肯定她是对的；有的事情也让她理解好朋友和其他人。倾诉本身就是对情绪很好的一种宣泄，事情说出来，影响的动力就少多了。最后又让她宣泄,拿被子来撒气。

一会儿,她不哭了,表情轻松多了。问她感觉如何?她说舒服多了,不再憋着难受了。我说以后如果有委屈别憋着,回家赶紧告诉我们,我们会帮助你的,她答应了。在这之后,就一直高兴了。

第二天早上,我问女儿,还生好朋友的气吗?“不生气了。”原谅她了吗?“原谅了,还要一起玩儿。”情绪过去了,人也就理性了。在有情绪的时候不宽容是正常的,我们也不必对孩子要求太高。

孩子发脾气的“罪魁祸首”可能是我们

大家可以体验一下,当孩子发脾气的时候,我们内心是不是烦躁,也想发火?那么我们着急发火的时候,孩子的感觉也是如此的。所以,如果我们经常对孩子发脾气,孩子自然容易生气烦躁,可能就学会了发脾气。

有时是我们的做法让孩子生气、发脾气

谁也不喜欢被强迫,如果总是强迫孩子按照自己的要求来,孩子自然可能发脾气。家长对孩子的限制太多、要求太严,孩子得不到自由,自然要通过发脾气来反抗,以获得自由。谁也不喜欢被惩罚,不喜欢被严厉地批评,为什么觉得孩子就能心平气和地接受呢?

有时我们太死板,不知道灵活变通也是孩子生气的原因

今天孩子说一天都过得很开心,晚上睡觉前聊天,他突然想起明天下午的美术课作业没完成,那时候已经10点,我说太晚了,明天早上起来画或者明天中午回家画。他说不行,要马上画一会儿。因为昨天晚上十点才睡,今天早上六点多就起了,我就没同意。

孩子很不高兴,大叫大嚷,还打我,我生气了,就打了几下枕头。后来孩子也是带着气睡着的。事后想想又挺后悔的,如果让他画,估计也就晚睡半个小时,没有什么大不了,还是我太执着了。这样让他生着气睡觉,比晚睡更不好。

别火上浇油

孩子本来已经生气了,已经有点想发脾气了,此时别去较真,别去惹他,更不要对着干,不要发脾气教训孩子。因为那样一来,有的孩子会被压抑,有的火上浇油,脾气更大了。对抗引起对抗,顺应换来合作。

午饭前孩子大闹了一回,起因是没有找到小玩具,他一直在生气不肯吃饭,我们不理他，他大哭。我后来把他的玩具找到，也很生气，一下子甩给他，还说了他几句，他更生气了，手里还拿着玩具大刀乱舞。看来我这是火上浇油啊！

更不要对着干

以前宝宝一哭，我就发脾气，于是宝宝哭得更厉害，局面难以收拾。通过学习维尼老师的理念，我渐渐变了，宝宝哭了，我试着转移他的注意力，顺着他，哄哄他，再给他唱首歌，或者跟他一块唱，他很快就乐了。宝宝总是会说：妈妈要对我温柔。我就笑笑对他撒个娇：还不够温柔吗？哈哈！

孩子有了情绪，先理解接纳

“女儿回家的路上突然露出很伤心的神情，原来是因为她虽然写作业很认真，但是老师没有肯定她。她说：我好伤心，好失望。虽说对大人来说这是小事，可对看重老师评价的孩子来说，确实会失望。我表示理解她伤心的心情，认同她的努力、认真。小家伙的情绪稍微好转了些，我趁热打铁说：老师可能也是忘记了，这也正常；而且老师肯定还是不肯定，你都是认真的，所以也没什么啊！她看来是听进去了。”

“女儿刚上学对写作业有兴趣，不久就有些反感了。我理解孩子以前每天都是玩，突然每天都要写作业，不适应是正常的，所以她有情绪时，我就跟着孩子一起‘谴责’老师：是啊，怎么今天还有作业呢？有人理解，她的气也就很快消了，同时，对孩子的作业大力鼓励，过了一个多月，她就适应了，不再抱怨烦躁了。”

孩子有情绪时，不要太较真

大人情绪不佳时，容易不理性，孩子也如此。此时如果去和他较真，孩子不但听不进去，还可能火上浇油。不如先顺应孩子，等他情绪平静下来，再好好和他谈。

不过于执着于对错，学会给孩子面子

我还是一个毛头小伙子的时候，是一个喜欢坚持“正确”的人，而且相当理直气壮，不管别人的感受。当时认为，坚持正确的事情能有错吗？所以有时会引起冲突。一个好友却不那么较真，他的人缘很好。有次我和他人冲突之后，和他

探讨此事。他简单地说了一句：要学会给人面子，即使你是对的，也要给人面子。

我若有所悟，“给面子”这个概念是我以前所没有的。后来终于领悟：有时不要过于执着于事情的正确与否，如果不是原则问题，即使自己是对的，也要给别人面子。不给面子，本身就是不正确的。

和孩子之间的关系也是如此，如果不是原则问题，可以不那么较真，学会给孩子面子。

孩子有情绪的时候已经不理性了，何必去较真，何必去争论谁对谁错呢？即使自己对了，也可以给孩子面子，适当妥协顺应，先让孩子情绪平静了，再慢慢说。何况孩子不一定错了，错的可能是我们自己。比如孩子要求吃零食，父母生硬地拒绝，孩子哭闹，这其实是我们的做法不合理。有时我们和孩子都有合理的一面，或者孩子犯错不过是人之常情，又何必较真呢？

昨晚临睡前，两岁半的儿子非说我的枕头是他的（我俩的枕头一模一样），于是我让他用他自己的枕头，可他不乐意，哼哼起来，最后带着情绪睡着了。早上醒来还记得这事，继续哼哼不高兴，说枕头是他的。不知所措之际，我想起了维尼老师的理念。于是我笑着说：原来这是儿子的枕头啊，妈妈认错了，还以为是我的呢（因为枕头一模一样，孩子搞错了也是正常的，所以没有必要去较真）！你高兴点，不要生气了好吗？这时奇迹发生了，儿子笑了，很开心，而且乖乖地穿衣服起床。如果非说不是他的枕头，恐怕一早上都不痛快。

暂时顺应孩子的要求，先处理情绪

孩子生气、着急了，给他个面子，顺应、满足他一下，等他消了气，情绪好了，又变成可爱的宝贝了。

一位爸爸：多多玩网易识字游戏只得了 4 颗星，很生气，非要得 5 颗星。4 颗星其实也不错呀，我们主要是要认识这些字，但他还是耿耿于怀。看看 11 点了，赶紧熄灯睡觉，他闹着说还没讲故事呢。看他情绪不太好，我就满足他一下，拿出手机打开手电筒，我说妈妈要是知道你这么晚睡觉又要担心，会数落你的，我们小声点哈。然后小声给他讲了一个红袋鼠的故事。讲完故事，他得到满足了，就主动说爸爸晚安，睡了。顺应孩子心理，几分钟时间换来心理的平静。

维尼育儿经：一次女儿马上要去上课，发现很喜欢的米妮水壶的密封圈丢了，这样水壶就不能用了，所以她的眼泪一下子就出来了。我也理解她的心情，因为那个水壶的确很可爱。这次我没有说很正常、没什么，而是说：我上网看看能否维修，不行再买一个。她一听，有了盼头，眼泪也就止住了。但是我后来没有买到，也不能维修，只好作罢。晚上回来，和女儿说了此事。因为情绪早已平静，她说不用买了，上学用另外一个水壶吧！

实例：先关注情绪，再关注对错

维尼育儿经：早上7点，女儿想起来今天要交一个WORD课件，却突然发现前几天精心制作的课件没有保存好，成了空白文档，她一下子急了起来，我看到这样，心想别去火上浇油了，把到了嘴边的两句话咽了下去："昨晚收拾书包时怎么没有准备好呢？怎么会忘记保存呢？女儿问我："现在做来得及吗？"那天要7：25分出门才来得及坐班车，还没吃早饭。不过我说："来得及。"她就赶快开始重新做。我又安慰她，实在来不及，我送你上学，咱们8点走，不耽误上课。她安静下来，居然有条不紊地按时做完，匆忙吃了两口饭坐班车去了。

遇到这种情况，我们也会着急，如果别人再冷嘲热讽，会更加着急，乱了方寸，做得就更慢了。此时不去较真，不去批评她的失误，先处理情绪，安慰她，反而会顺利解决。

不妨先哄哄孩子

今天女儿（3岁）午觉醒来，我发现女儿因为出汗，衣服湿了，女儿还没彻底睡醒，就不想换衣服。我觉得不要逼她，所以笑着抱抱她，然后说火车钻山洞啦！女儿还是不想穿衣服，我又拿出玩具小熊去钻她的衣服，这下她可完全醒了，开心地穿好衣服上学去了。孩子没睡醒，闹腾一阵很正常，大人不妨哄哄，用我们的冷静智慧让孩子更开心快乐吧！

冷处理还是冷暴力

冷处理是在孩子情绪激烈的时候，暂时走开，让自己和让孩子都冷静一下，等情绪平静下来再商量，再处理。冷处理也是等孩子情绪平静了，或者在孩子主动示好时，我们再微笑面对。

有一次女儿发脾气，对爸爸有意见，用白纸画了个猪头，打了叉，上面写了"猪头滚开"，贴在她的房门上。我知道她很生气，按照维尼老师的理念，我先冷处理，没去管她。过了几天，姨妈到我家看到了她房门上的画，说可以想象出她当时的愤怒。等她回家，我和女儿说姨妈来过了，看到你的这个作品，也感觉到你的愤怒了。她很不好意思地说，你们为什么不把它拿下来？第二天那个作品就不见了。冷静下来了，孩子就能认识到行为有问题，自己会去思考是否应该改变。

什么是冷暴力

“维尼老师，我每次教育批评孩子后，没多久就跟他和好了，像没那回事一样，这样好不好？婆婆和老公都认为，要么不说，要么说完就两天不理他，让他好好记住。可能大多数人都是这样的吧，他们说的对不对？”

老公的建议就属于冷暴力，这也属于惩罚的一种。我不建议惩罚，所以也不建议使用冷暴力。冷暴力就是用不理睬的方式逼迫孩子同意我们的要求，或者是让孩子战战兢兢，印象深刻。所以，即使孩子平静了，也继续对他表现冷漠。

孩子对冷暴力是什么感觉呢？在《爸爸去哪儿》中，石头觉得爸爸郭涛不理他的时候，就是不爱他。原话：“不爱我就是不理我嘛！”在孩子心里也许就是这样理解的吧。

“我也是从小在冷暴力的环境中长大，每当这样的时候，我的内心就非常痛苦，甚至想过一死了之。现在有了家庭，和老公有矛盾时，也会用冷暴力对待他，想想这有多么可怕！自己小时不愿承受的现在却原样给了老公，直到他主动认错。如果我的孩子长大后她会怎么做呢？太可怕了！”

“曾经我也把冷暴力当作冷处理，女儿发脾气，我就不理她，她主动找我说话，我也不理她，不跟她一起上学放学，不跟她一起出去玩。我自以为这是冷处理，没想到给女儿的杀伤力还是很大的。看了维尼老师的博文，我才真正清醒地认识到自己的过错，才下定决心改变自己，给女儿无条件的接纳和关爱。现在女儿开朗、阳光了好多。”

有时冷处理或冷暴力意味着冷漠

我特别怕妈妈不理我。20 多年前，我关上门，用手撞墙好几个小时，为了表达自己的愤怒，可是母亲采取冷处理和冷暴力，这个情景至今历历在目，心寒得很。

如果我们的教育方式合理，孩子就会合作，情绪也稳定，那么就不需要用到冷处理或冷暴力。

面对孩子的要求，我学着应用维尼老师说的三原则，还真让我和孩子改变了不少，孩子显得通情达理了，不再动不动就哭闹，我好像也没有那么多脾气了。我家住在小高层，没有电梯，孩子有时候会要求我抱着他上楼，以往我会一口回绝，孩子哭闹，情绪不好，我心情更不好，大家都不愉快。现在我先和他商量："你再爬两层，妈妈再抱好吗？"他都会高兴地自己爬几层，然后再让我抱他。有时候在我的鼓励下，他也会自己爬到家，这样下来皆大欢喜。现在去超市也很自觉，不会闹着要买东西，也会克制自己的欲望，其他方面改变也很大。所以，不需要冷暴力或者冷处理了。

冷处理有时不如去哄哄孩子

我女儿四岁，一个半月前还每天哭好几回呢。我崩溃到了极点，一个人带孩子什么都不能干，还总是带着坏情绪。看了维尼老师的博文，我在她哭时不再冷处理了。因为我家孩子不吃这一套，下次她会哭得更频繁、更狠。现在她一哭我就先哄哄，转移注意力！这才发现原来她一哄就不怎么哭了。哎，我以前太失败了！然后，她想干什么或要什么时，只要那些对她不构成伤害，一般都会满足她；需要节制的，我会适当满足。想想我小时候也会顽皮，也会馋嘴，这没什么大不了的。如此一来，她就乖了不少，哭闹少多了。

孩子发脾气怎么办？

如何理解接纳孩子的脾气

谁都会发脾气，孩子当然也会，这很正常。孩子偶尔发脾气没关系，也是成长的过程。但是如果经常哭闹、发脾气，就让人头痛了。

我们先来理解孩子的脾气。

孩子有时发脾气是正常的。比如"起床气"现象、困了、饿了、累了，都容易发脾气。**孩子发脾气的某些表现也是正常的**，比如生气了就可能通过哭闹、摔东西来发泄；再如发脾气时难以马上就停下来，也有些不理智；已经生气了，一件小事就会一点就着，引发脾气；学习压力很大时，也容易发脾气。

孩子有时发脾气是有原因的。比如性格追求完美、过于争强好胜，会因为一点小挫折就发脾气；如果和同学发生矛盾，或者班里发生了不愉快的事，孩子自己解决不了，但又不得不面对，就容易发脾气。

孩子有时发脾气是因为我们。我们不好的情绪和语气会直接影响孩子，让他发脾气；我们压制、拒绝、限制孩子太多，而且态度生硬，孩子也容易发脾气；太较真，火上浇油，也会让孩子发脾气；不及时帮助孩子宣泄情绪，转移注意力，不去哄哄、安慰他，导致情绪更差；在孩子着急的时候不去帮忙还冷嘲热讽；不合理的惩罚、严厉的批评、打骂也会让孩子发脾气。

如果能明白孩子发脾气的原因，就不会觉得孩子发脾气是无理取闹、不可理喻的，就容易接纳，心情平静了，就有力量去帮助孩子处理情绪。

我家小儿子（平时挺爱生气的）上学前班，在下午接他放学回家的路上，会经过一个小广场，边上有几个秋千，他很愿意玩。这天我和他说，你提前跑，跑到那里可以玩一会儿。结果玩秋千的人太多，没能玩上，他就生气了。我问他，没玩上是不是很不高兴啊？是不是很想玩啊（先理解接纳）？他说是。我慢慢和他说，人这么多，没玩上很正常啊，改天妈妈提前来接你，早点去玩就可以了。他一下子就不生气了，还说回家自己做个荡秋千的手工，就这样有说有笑地回家了。自从读了维尼老师的文章，先从改变自己开始，尝试理解孩子，这样就能平静下来。再顺着孩子说，去接纳他的感受，再和他商量解决问题的方法，这样孩子很愿意听。慢慢地，孩子的情绪越来越好了。

“孩子越发脾气，我越不理”，行不行？

我家孩子原来也爱发脾气，我的处理原则是，你越发脾气我就越不给你解决，让孩子知道发脾气没用。现在他都是以商量的口气跟我说话，因为他知道发脾气只会什么都得不到。

这是让孩子体验发脾气的结果，属于行为主义方法的一种。目前看来是有效果的，但这是一种压抑、对抗的方法，处理不好，副作用不少。有的孩子个性不强，会顺从、屈服，不再哭闹，“乖乖”听话了，但是心里是气愤的。

记得小时候我很想吃小白兔糖，很希望妈妈买，可妈妈怎么也不肯买，那时候虽然服从了，但内心也是很愤怒的。

有的孩子则会直接反抗，哭得更凶，脾气更大了。这还会让他学会模仿妈妈处理问题的方式，变得不接纳别人的情绪，不好商量。或者学会这种方式：我就是不答应妈妈的要求。

"孩子从小就被我压制，不允许他乱发脾气，有些事情他不好好跟我说，我就不同意，不理他。这样的结果是，现在孩子变本加厉地发脾气，可以说把小时候没发的都发出来了。"

"我的儿子虽然只有5周岁，但是事情不如愿时会发脾气，摔东西，自己摔门去了别的房间。起初我和老公都用不理他的办法，后来我发现这样根本不解决问题，并且孩子下次遇到事情还会发脾气。孩子生完气，等他冷静了之后，我们必须要去引导，和他一起分析事情的原因和经过。其实，我发现孩子发完脾气后，一直在等待我们大人去他身边搭话，也就是说孩子也需要台阶下。比如昨天晚上我们一家三口一起做游戏，儿子几次三番地想把游戏从头到尾独立完成，但是中间老出错，爸爸就提醒他了，这时候，儿子就恼羞成怒地责怪爸爸提醒他，干扰了他，让他没有顺利完成。之后就生气摔门去了别的房间。我开始没有理他，听见儿子在房间摔被子，嘴上还说：都怪爸爸，不用他提醒，批评爸爸。3分钟后，房间里没有声音了。以前我会说，爸爸是为了你好，你乱发脾气干什么？这次我想应该先理解接纳孩子的情绪，进去抱着儿子。儿子很惊讶，问我：你干什么啊？我说，我知道你很生气，所以抱抱你，安慰你一下啊（先接纳）。儿子受宠若惊。之后我和儿子说：爸爸提醒你也是好意，为了你能够在更快时间内完成（我们做游戏有时间限制）。所以，你也要理解爸爸的好意，是不是啊？我知道你想更好地表现给爸爸妈妈看，我也理解你啊。儿子开心地笑了。于是我顺势说：你是不是和爸爸道个歉啊？儿子爽快地答应，走到爸爸跟前说：爸爸，我做错了。之后整个晚上都是笑声不断。有了矛盾，家长要比孩子先迈出第一步，没有必要和孩子较劲。"

维尼：孩子发脾气，如果不理睬，效果如何不可控。而先理解接纳，再去"找原因想办法"会稳健些，副作用也小。

顺应孩子的心理，是否会让他脾气越来越大？

代表观点1：如果按照维尼老师的方式教育下去，孩子最后是不是脾气会更大？虽然不赞同"棍棒之下出孝子"之说，但是一味忍让和迁就，还有所谓的理性教育，是不是会让孩子不知道尊重别人的感受，自己想什么时候发脾气就发脾气？

讨论：父母学会理解孩子，孩子也会理解父母；假设父母不去理解尊重孩子的感受，怎么指望孩子能理解尊重别人的感受呢？我儿子之前就爱发脾气，大哭大闹，我和他对着干，状况越来越糟。按照维尼老师的理念，我儿子越来越像个小天使了，这是我之前怎么也想不到的。

代表观点 2：现在我们"迁就"孩子，在家里这么认同理解孩子，将来走上社会了，谁还会买孩子的账呢？

讨论：维尼老师的教育理念并不是一味忍让和迁就，而是顺应孩子心理，先说好，再说不，先接纳孩子的情绪，理解孩子的合理之处，然后在合适的时机适当地引领孩子。这样教育出来的孩子，有足够的自信、自尊和自强之心，脾气也会好起来，懂得理解、尊重和包容他人，自然也就会得到更多人的认同和理解。家长千万不要因为担心以后有人会"损孩子"，就自己先下手"损孩子"！

孩子发脾气管理全攻略

要想让孩子少发脾气，第一步要先改变自己，改善教育方法，不去做压抑、强迫孩子的事情，少些生硬、死板，多些灵活变通；少训斥惩罚孩子，少向孩子发火。这样孩子的脾气就会少得多。

再去理解孩子发脾气是正常的或有原因的，自然不应该惩罚、训斥，从而接纳孩子，心安静下来，就不会去火上浇油，或者发脾气镇住他。

先处理情绪，后处理事情。可以转移注意力、帮助发泄，帮助孩子解决他的问题，倾听他的想法，也可以开玩笑逗他开心，哄哄他，也可以走开让自己和孩子都冷静一会儿。此时不要和孩子较真，不要非坚持原则，灵活变通一下顺着孩子来。等情绪好转了，再处理事情，去渗透合理的认知，去和他商量如何解决问题。

孩子情绪管理的重点在于如何使孩子少发脾气，少生气，而不是发了脾气怎么办。所以，改变我们的教育方式，向孩子渗透合理的认知是最重要的。

实例：孩子哭闹怎么办？

儿子非常喜欢汽车。有一天，我们同意他坐在汽车驾驶员的位置上，他开心地摸着方向盘，伸出小手去按每一个他能看到的按钮，最让他高兴的就是按喇叭时发出的嘀嘀响声。但是担心会吵到邻居，所以只让他按了两下就催促他出来了。没想到他回家后找个由头就哭了起来，他爸爸感到莫名其妙，想要发火。

这时，我搂着儿子说："你是不是没玩够汽车呀？"他点点头，哭得更厉害了。

我又说："这是我们第一次摸真正的汽车。方向盘、油门、刹车的踏板，还有那些按钮，特别是喇叭一按还能嘀嘀地响，真的是太好玩了，可惜我们不能多按，不然邻居该受不了啦（理解孩子）！"

他哭着说："我好伤心呀，我还想接着按喇叭。"这时我没说什么，只是搂着他（接纳孩子，允许宣泄情绪）。

他哭了一会儿，我感觉不像刚才那么厉害了，我就说："要不咱们看一会儿动画片吧（转移注意力）！"他同意了，过了一会儿，他的情绪就好转了，我问他："现在感觉怎么样？好些了吗？"他说："好多了。"所以我们讨论了一下，让他知道为什么不能在小区里不停地按喇叭。他明白了，说好下次在没人的地方可以多玩一会儿（改变认知）。

实例：孩子过于追求完美，经常发脾气怎么办？

追求完美是人类前进的动力之一，很多孩子天生就有追求完美的倾向，比如三四岁的孩子大都想争第一，输了会哭，被批评也会哭。如果家长不会引导，甚至鼓励孩子争强好胜，那么就会变得过于追求完美，并渗透到各个具体的事情中，比如写字、背单词、做题都会过于追求完美，形成不合理的习惯性思维。这样，孩子就会因为一点小事没做好、不如意而发脾气、烦躁、哭闹，显得很脆弱。如果想改变，就需要父母在一件件具体的事情上持续渗透合理的思维，形成新的习惯性思维。

我的儿子小河今年四年级，从小有些追求完美，常常莫名其妙地大发脾气。孩子一年级时只要听不懂，就会发脾气，以致影响到课堂；在家做作业时对自己要求也高，比如字稍稍写得不满意，就会发脾气；如果用橡皮不小心把字擦黑了，也发脾气，甚至打自己的头；作文想写得工整，总要改来改去，心情不好；遇到数学难题还会生题的气；经常担心考试考不好，成绩不好就会大哭一场。心情总处于烦躁之中。

我们在北京找了一些知名专家，但效果一直没有，甚至有加重趋势。后来决定在维尼老师这里咨询，没想到只经过几次的咨询，孩子就有了质的改观。

第一次咨询，维尼老师先给我讲了用认知疗法来改变孩子追求完美的习惯性思维，从而从根本上解决情绪问题的思路。也让我去理解孩子发脾气的不由自主，这让我猛然醒悟。以前我没有理解、接纳孩子的脾气，每次孩子在发脾气时，我总是不断地让孩子学会克制情绪，现在才明白这是错误的。

在老师的指导下，我们慢慢去改变孩子的习惯性思维。比如，孩子每天都因为写不好字而生气，所以每次做作业前我和河爸会告诉孩子，其实字好不好看没什么，这不是什么大事，爸妈写得还不如你呢。刚开始孩子不能接受字写得不好，会生无名火。当他有情绪时，我们会去接纳孩子的情绪，理解字写不好对他来说是大事，告诉孩子有情绪不用控制，让他打枕头，这样很奏效，情绪一般会很快平静。等他情绪平复后，再去做作业，中途我也让他用看电视去缓解紧张情绪。这个过程中我不批评他，等他做完作业，我会鼓励他今天表现不错。等情绪慢慢有了改观，我和河爸继续渗透淡化的思维：字有时写得不好，很正常，没什么大不了的，只要我们逐渐有进步就可以了。孩子也说，其实我字写得挺好的，好多同学还不如我呢。慢慢地，孩子不再为字不满意而发脾气了。

维尼：改变过于追求完美的性格，需要结合具体的事情，一个个地去具体地说服孩子，改变在这个事情中的习惯性思维。比如字迹工整的问题、题目做不出来的问题、英语背诵的问题……在这些具体的事情中用三种思维来说服孩子，使孩子学会放下，不再纠结。解决七八个问题之后，三种思维逐渐会成为新的习惯性思维。

比如孩子遇到不会的题目会抓狂，等孩子平静的时候爸爸可以用三种思维有针对性地详细分析为什么不需要纠结，使孩子信服：不会就不会吧，没什么了不起。然后逐渐在遇到不会的题目时让孩子运用新的思维说服自己，这样这个问题就会解决了。

孩子大发脾气之后也知道这样不好，他说：虽然明知道这样纠结于“字写得好不好”不对，但好像内部有个小人在拉着我要这样做。维尼老师说这是孩子真实的感觉，他很理解。其实没有小人，是对于完美的追求驱使他不由自主地去为了看起来工整而改来改去……孩子明明知道这样不应该，却忍不住地去做，这就是心理的不由自主。所以不要去批评，不要靠吼叫去压制他，而是理解、宽容、接纳他的脾气，再去改变认知。

这样做的效果渐渐显现。在以前，孩子背英语单词和课文时总会因为背不会而发脾气。后来有一次背英语课文，孩子有点不熟练，就立刻放下书对我说，妈妈，我快着急了，可能要生气，我现在先不背了，休息一下，一会儿就好。我说好，过了几分钟，孩子就好了，没事了，又继续开始背英语了，结果这次就没有发脾气。

当他慢慢地改变自己的认知时，背英语发生了改观。每次背诵，即使背得不好、不顺利，他就会说很正常，没什么，重新来，不会因为背不下来而发脾气了。每次我们都会鼓励孩子，你现在每天都做得有进步。

在我们不断鼓励和认可下，现在他的情绪问题基本解决了，孩子不再焦虑、发脾气了，每天快乐地上学。

实例：小魔鬼是怎么样渐行渐远的

我的孩子今年6周岁，性格比较追求完美，遇到事情不知怎么解决就会哭闹，他也会执着于一件事情，我不同意，他就一直哭，一直闹。有人会说，哭几次没人理他，以后就不会哭了。但从小时候起，如果他无理取闹，大发脾气，我们都不理他，我每次都会跟他说："你哭吧，想哭多久就哭多久，你要知道哭闹对妈妈来说是没用的！"他如果不好好商量，想用哭闹达到要求，我基本上不会屈服。照理来说，如此教育下长大的孩子，他知道哭闹没用，应该是很讲理的，但是并非如此。我自认为是个称职的妈妈，有原则，不溺爱孩子，孩子的事亲力亲为，从未假手于人，但是孩子还是朝着我希望的相反方向发展，我也觉得自己越来越无力。

春节那段时间，孩子脾气非常火爆，每天一点小事就大哭大闹，又不懂礼貌，不讲卫生，简直像个小魔鬼。这让我们全家都手足无措，我自己极其焦虑，一想到孩子的种种问题就想哭，所以决定到维尼老师这里咨询。

维尼老师与我讨论我和孩子之间每天发生的事情，这让我慢慢看到了自己的问题，学会了管理孩子情绪的方法。

1. 不要用自己的不良情绪去影响孩子

谁都不喜欢别人带着不良情绪对自己说话，孩子也是如此。有一天，我们吃蛋糕，孩子把蛋糕上的红豆都挖掉，丢得满地都是。

以前，我心里马上就冒出这样的想法：这孩子怎么教都教不出来，又乱扔东西！有这样的认知，情绪肯定不好，说话也不好听了。孩子听到我带着情绪的话，自然也很烦躁，哭闹就难免了。

现在,我改变了自己的认知,理解他:孩子可能是着急吃,所以没大注意。所以很平静地说:“怎么能这么乱扔呀,地上多脏呀!”孩子也很不好意思地笑了。我要求他捡起来丢掉,他也很干脆地过来捡,只是要求我帮忙捡,我也答应了。两个人高高兴兴地把地板清理好了。

维尼:有时我们的烦躁、着急就是孩子哭闹的导火索,我们的情绪会直接影响孩子的情绪。

2. 碰上事情先理解孩子,和他共情

有一次,孩子说他在学校做错题,同桌说他了,所以他不高兴,不要再理同桌了。

以前,我会说:有什么大不了的事,值得你这么生气啊?孩子本身就委屈,我再不理解他,他就更放不下情绪了。

现在,我会抱抱他说:“是啊,妈妈能理解的,本来题做错了,自己就不开心,别人还说你,当然会不高兴了。”还会跟他开玩笑说:“女孩子嘛,总是会啰唆点的,你看妈妈不是经常挺啰唆的,你就这只耳朵进那只耳朵出呗!咱们男孩子不要和女孩子计较了,你看爸爸从来都不跟妈妈计较的。”孩子听了就乐了,这事也就过去了。

维尼:这就是共情的力量,孩子感觉父母理解接纳他,会感觉好多了,父母再劝他就更容易接受。

对孩子的情绪、行为,要先理解接纳,再寻求改变。

儿子在外面玩旁边有个一般大小的小朋友在玩玻璃弹珠游戏机,儿子很感兴趣,凑上去看,那小孩不让看,推开他。儿子不高兴,发脾气哼哼起来,我劝他别急,公众场合要排队,等别人玩好了你再玩。儿子还是不高兴,看来劝得不在点上。过了一会儿,儿子趁那家长不注意,重重推了那个孩子一下。我大声说道:你不能这样,下次再这样,我要打了。这时儿子更气了,朝我也拍了一下。我顺势冷静了一下,想了想小孩为什么会有这样的表现,顿时,我蹲下握着他的手问他:你刚才是不是因为小朋友推你,你生气了,所以你也推了他?儿子说:是的,我生气了,所以推了他。我接着说:哦,原来是这样的,那下次要用嘴巴说,让小朋友不要推你,不要动手好吗?儿子瞬间情绪好转,这事就过去了,一会儿又开心地玩起来,别的小朋友凑过来,他没拒绝,哈哈大笑起来。站在孩子角度理解孩子的行为,孩子的坏情绪很快就调整好了。

3. 气头上不要火上浇油，等冷静下来再讲道理

有一天，孩子写作业的时候，有不懂的地方问我，他对我讲的不太满意，有些生气。我和他说了很久，他也不听，躺地上闹了一下，不过有进步，没有大哭大闹。

以前，我肯定要压压他的脾气，在气头上训斥他，导致孩子越来越生气，最后两败俱伤。

现在，我走开，让他和自己都冷静一下。过了一小会儿，他跑过来，拿走了桌上两片面包，还把手上的小玩具丢在厨房地上，就跑开了。我让外婆不要说任何话，免得火上浇油。又过了一分钟，外婆悄悄和我说，孩子躲在客厅门口往这边偷看呢。我也乐了，然后我们两个笑着过去找他，孩子也笑了，乖乖地过来吃饭。我发现对待孩子的脾气，短时间的冷处理还是有效果的，你越和他说话，他越冷静不下来。还有维尼老师所说的，不要火上浇油非常正确，事后我和他说扔玩具不对，让他把刚才扔掉的玩具收好，他也乖乖地去收好了。

维尼：别去火上浇油，先处理情绪，再处理事情。情绪平静了，孩子就好商量了。

4. 妈妈学会放下，不过于执着，孩子就开心了

向维尼老师咨询的一个月，我想通了很多事，很多东西都放下了。比如孩子睡觉和讲卫生的问题，还有玩具乱丢不收拾，这些我都放下了，觉得都不是很重要，慢慢来吧。退一步讲，就算他长大了也改不了这些毛病，只要心理健康阳光，又有什么大不了？我现在对孩子要求很少，不要求他收玩具，晚上睡前如果他不愿意，随便抹一把也就上床睡觉了；偶尔我也允许他在床上吃面包，吃完简单漱口就睡觉。这些在以前看来都是溺爱啊，违背培养孩子好习惯的原则。但是我觉得身教大于言传，家里都不是什么坏人，只要不是没原则地宠，孩子也坏不到哪里去，所以没关系。

我对自己说，慢慢来，不着急，孩子这样很正常，没什么。心态放平了，倒也不觉得怎么样：摊了一地的玩具，我帮着收也开心的，而且唠叨批评也少了。

唠叨少了，给孩子放松自在的空间，孩子自然开心了。

想起去年这个时候，天热了，孩子一定还要穿着棉毛裤，我觉得太热了，坚持不让他穿，他闹得厉害。现在想来自己真是可笑，他自己爱穿就穿着呗，这么大的孩子了，自己不知道冷热么？小时候有一次我给他理发，他不愿意理，我就发脾气，把他关在浴室里，说今天一定要剪。现在想想真难过，我真的伤害了孩子。有段时间孩子特别不爱洗澡，我软硬兼施一定要他洗。幸好，现在改变还来得及，是我太在意的性格，才导致孩子追求完美。

维尼：看来孩子以前发脾气有妈妈教育方式的原因啊，太过执着。现在放下，去掉执着，学会顺其自然，让孩子舒服自在，他自然没有那么多脾气了。

5. 慢慢渗透三种思维

针对孩子追求完美的性格，我慢慢给他渗透三种思维等淡化的思维，逐渐有了效果。有一天，爸爸给孩子买了个机器人，孩子说，以前那个机器人好像比现在这个还要好，可惜坏了。我说，以前那个没坏的话，爸爸怎么会给你买新的呢？以前那个坏了不也挺好，有什么大不了的。我还想继续说下去，孩子抢了我的话说："对啊，只要不是我故意弄坏的就行了，是不是？"我突然很感动，孩子进步太大了，以前因为这种事，他隔很久想起来都还要闹一下的。孩子慢慢对很多事情不那么过分在意了。那天晚上他让我找一本书，我没找到，他自己去找也没找到，他也没怎么样，顺手拿了另外一本叫我讲，这在以前又要闹得天翻地覆了，今天他一副淡定的样子。

维尼：有了合理的认知，孩子就会逐渐变得淡定，情绪自然稳定了。

6. 小魔鬼变成了小宝贝

经过了一个月的咨询，孩子越来越开心，发脾气他自己也不乐意啊！以前那个小魔鬼好像已经渐渐走远了。

咨询之后过了半年，孩子又有了不少进步，淡定了很多，脾气有了很大的改善，玩具摔了也不大哭闹了，越看越可爱了。亲子关系更是有了很大的改善，孩子有一次还说："我真幸运，有这样的妈妈。"

维尼：孩子是天使还是小魔鬼其实在于父母，不同的教育方式使然！

维尼老师让我面对孩子的时候不再觉得手足无措，虽然我有时还是会烦躁，会发脾气，但是我也能接纳这样的自己，觉得挺正常的，是人都有脾气的，努力去改变就行了，今天比昨天好就行。

维尼：接纳孩子，也要接纳自己啊！

实例：改变孩子的紧张焦虑从父母的改变开始

一位二年级女孩有一个不雅的夹腿习惯性动作，妈妈向我咨询。我分析这个动作是紧张焦虑的一种外在表现，就把重点放在如何减少孩子的紧张焦虑上。一个月的咨询之后，孩子各方面有了较大进步，紧张焦虑大为好转，那个动作也自然消失了。

有了宝贝以后，我和大多数家长一样，什么都想给孩子最好的。我看了很多育儿书，自认为可以做一个好妈妈了。

在上小学以前，孩子的成长之路基本平稳度过。进入小学之后，问题却频繁出现，如过于追求完美、好胜心强、讨厌写作业、考试或做计时练习异常紧张等。

我开始迷茫和焦虑，问题到底出在哪里？看了维尼老师的博客之后，决定求助老师。

第一次向老师咨询，老师给我抛出了许多问题，从这一问一答的环节中老师找到了问题的所在：习惯性动作的原因是紧张焦虑，紧张焦虑来自追求完美或过于争强好胜。老师也给了我一些建议和方法。后来我也认真地反省了一下：以前我是个自以为是的妈妈，因为看了点育儿书籍，知道点皮毛，在教育孩子问题上就变成了家里的权威。天生急脾气的我遇上慢性子的孩子，那叫冰火两重天，事事都嫌孩子动作太慢（这无疑给孩子贴上了标签），时常不停地在一旁催促，这使孩子很在意做题的速度；小时候在家玩游戏为了让孩子开心，我们基本都是扮演输家的角色，这是孩子以后输不起的根源之一。细细想来，犯下的错误太多，就不一一赘述了。

第一次沟通后，运用老师的方法实践了一周，效果不明显，难道维尼老师的方法失灵了？带着这些疑问又开始第二次沟通，在这次的沟通中我恍然大悟。我犯了一个很严重的错误，孩子的很多问题因我而起，改变应该从我开始，而不是孩子，只有自己改变了，孩子才会改变。为什么这样说呢？在接触老师的理念后我常常告诉孩子：不着急，慢慢来；努力就好，结果顺其自然，等等，可我在说这些话的时候，我的表情和眼神出卖了我，我其实很在意、很着急，我的心口不一让孩子迷失了方向。在此要反思，要改变自己。

维尼：三种思维在使孩子变得淡定方面是比较管用的，但是家长要想用这些思维去渗透、影响孩子，首先要做到自己内心真正地淡定，否则嘴里说着很正常没什么，心里却很焦虑，孩子无法相信啊！眼神和表情会暴露一切！孩子更多的是在用“心”在感受我们传递的理念啊！

恍然大悟之后，逐渐有了不少进步。下面说点我和孩子具体的变化吧！

1. 写作业磨蹭

以前我总是高标准严要求，写不好就让女儿擦了重写，这无疑破坏了孩子写作业的兴趣，孩子对写作业心生厌恶，总是写写玩玩，一个小时可以完成的作业磨蹭到一个半甚至更长。这样，孩子没时间玩不高兴，我也跟着着急上火，对孩子说教发火就在所难免了。如此一来形成恶性循环。

现在的我真心地做到写作业不催促，只是适当提醒，对于作业不再老是盯着写得不好的，有一个字写得好也积极表扬，孩子真的改变了，不但速度上去了，对写作业也不那么畏惧了。

维尼：鼓励、鼓励，再鼓励，很简单的方法，只要是具体实在的鼓励，百用不厌！

2. 体验胜于说服

一年级孩子的周末作业并不多，我的本意是想让孩子在周五辛苦一点都做完，周末就有大把时间到户外玩耍。一开始孩子对我的提议不太理解，作业周五做一点，周六再做一点（对此我也表示理解，想想也是上了一周的课，有些累了，周五做完全部作业是有点痛苦），可每到周六写作业，孩子都会表现得有些烦躁，嘴里念叨着，要是昨天做完作业，今天就可以畅快地玩了（这时候显然有情绪，我会表示出理解）。这样的情况持续了好几周，说实话，我心里有些着急，怎么体验了几周还是没有达到我预想的效果呢？就在我心里纠结要不要再次游说的时候，转机出现了，前不久的周五，孩子主动提出要在周五完成全部作业，对于孩子的话我有些半信半疑，我只回答了一句：作业是你自己的事，你做主吧。意外的是孩子真的做到了。后来孩子告诉我周五做完全部作业，这个周末玩得太爽了，体验到甜头了。

维尼：妈妈不去唠叨，让结果说服孩子，有时效果更好。

3. 关于紧张

以前孩子因为紧张不能做完课堂练习时，我总是会唠唠叨叨地说一大堆道理，结果可以想象，孩子更加烦躁，有时候会岔开话题，无疑这样的说教是失败的。现在我遇到这样的情况会告诉孩子：一般可以做完，万一没做完也没关系，我们再练习就是了（这句话是维尼老师教的）。起初说了几次，孩子没有太大的改变，随着说的次数多了，孩子起码在家基本不会为了做题而紧张了。

维尼：习惯性思维改变了，情绪也就变了。

维尼老师建议在家里多做计时的模拟练习，这样孩子在多次练习后心里有数，也知道自己大概能做完，就不是那样紧张了，而且逐渐成了习惯性思维，就好多了。虽然在学校里紧张的情况还会出现，但是我想，改变只是时间问题，要耐心等待！

维尼：我们无法在课堂练习，但是可以在家做模拟练习，加速形成新的习惯。

4. 不把自己的想法通过"合理"的手段强加给孩子

为了充分体现家庭教育的民主，我遵循着凡事都和孩子商量的态度，可几年下来，孩子却越来越怕我，好多话想说又不敢说，这是咋回事？经过和维尼老师沟通，我才找到"元凶"：看起来民主的背后隐藏着强权。我总是希望孩子凡事可以顺着我的指引前行，在和孩子商量事情的过程中，如果孩子不能随我的心意，我便开始威逼利诱。无奈之下，孩子只好顺了我的意，可孩子的心却离我越来越远。现在我只给孩子一些建议和引导，决定由孩子自己做出，哪怕是不合理的、错误的（原则性的问题除外），也让她自己体验——体验结果胜于说服！

目前我和孩子的状态都在朝着好的方向发展，当然情况有时会反复，这很正常，在此特别感谢维尼老师的帮助，一个月的咨询能达到目前的效果是我开始没能预见的，可以说是惊喜。

最后我想说：改变孩子，从改变自己开始，我们播下健康的种子，一定会结出甜美的果实！

第六章　如何调适孩子的性格

孩子的性格有天生的成分，但是受后天环境的影响也很大，其中父母的影响是最重要的原因。解铃还须系铃人，所以，孩子的性格改善首先要从父母的自身改变做起。如果掌握了改善性格的方法，就可以事半功倍。

改变孩子的性格，从父母的改变开始

孩子的性格有天生的成分，但是受后天的影响也很大。父母、同学、老师都会影响孩子，其中，与孩子朝夕相处的父母对孩子性格的影响最深。

1. 问题性格，父母造

孩子不知不觉中会模仿父母

我女儿1岁多的时候，有一次我训她，后来发现她跑阳台上对着玩具乌龟学我的口气在教训乌龟。

父母对孩子挑剔、苛责，那么孩子自然可能学会这种方式，对自己苛责，对他人不宽容。

我以前太着急，不懂得理解和接纳孩子，每当孩子不合我的意，就会发火，导致儿子遇到事情也是采用同样的处理方式。孩子真的是一张白纸，你在上面画什么，他就呈现出什么。

父母的情绪会直接影响孩子的情绪

父母的情绪会影响孩子的情绪，时间久了，相应的性格就形成了。比如父母经常对孩子发火，这会让孩子烦躁，所以可能导致脾气暴躁；在父母言传身教之下，他可能也学会用发火的方式来解决问题。还有一种可能，孩子害怕父母发火，内心压抑，可能形成自卑、胆怯、压抑的性格，也可能学会撒谎以躲避发火。

“我对待孩子没有足够的耐心，有时候会对孩子发脾气。现在孩子长大了，对我们动不动就发脾气，我才意识到自己曾经的粗暴已经影响到孩子了。”

“因为我经常对女儿发火，现在她不高兴也会发火、吼人，甚至会破坏家里的东西，踢门，猛开或猛关衣柜门。”

思维模式也会传递给孩子

家长会很容易把自己夸大的思维模式复制到孩子身上，即使家长不打不骂，什么也不说，家长紧张的表情、沮丧的态度也会让孩子感到事情很严重。

一位高中女生告诉我，她对此深有感触。

维尼：你有这样的经历？

女生：不是有，而是经常有。虽然父母嘴上说没什么，但是他们那种失望的表情总是让我很紧张。

在父母的严厉苛求之下，孩子会在意别人的眼光，内心胆怯；或者追求完美，总是不自信。

“童年父母对我的苛求给我的性格留下了一些伤疤，成年后的我很敏感倔强，不愿听到别人的否定，所以我经常牺牲自己的感受去成全别人，这一度给我的工作和生活造成困难。”

“在母亲的冷暴力和压抑之下，我学会看脸色，内心很压抑。长大后，不自信，在乎别人的眼光，面对领导会有诚惶诚恐的感觉，和陌生人说话怕遭到拒绝，有时产生无由来的抑郁。”

2. 改善孩子的性格，从父母的改变开始

“在没认识维尼老师之前，我随心所欲地教育女儿。认真阅读了老师的博文之后，我开始改变自己，孩子也有了很多变化。以前外甥来我家，我发现女儿训我外甥时说的那些话，和我以前训她时一样。现在我特意告诉她应该怎样和弟弟说话，同时我也改变了对女儿的教育方法。现在女儿经常指正我对外甥的教育方法，俨然是一个小小教育家，说得很有道理。”

“儿子五年级，有一天，儿子回来兴奋地告诉我：‘妈妈，我的同桌这次数学考了 92 分呢！老师也夸他进步很大。他请教我应用题时，我还称赞他解题思路很好，只是要讲究解题方法。’这个同桌虽然成绩不出色，但是很刻苦。他妈妈的期望很高，要求他每天还要做课外作业。孩子的手都写出老茧了，虽然孩子心里很反感，但是又不敢违抗。后来，在我的鼓励下，儿子主动写了封信给那位妈妈，或许是被儿子的话语感动了，那位妈妈再也没让她的孩子做额外的作业，那个孩子的成绩反而提高了不少。维尼老师的理念在潜移默化地影响着我，让我以平等、理解、宽容、欣赏的眼光看待孩子，我的孩子自然也会以同样的心态看待别人，还有什么比这更让人欣慰的呢？”

“儿子很倔强，以前的我是‘你犟，我更犟’，甚至都动过手。有了维尼老师的六字真言‘很正常，没什么’之后，我也释然了，跟孩子较什么劲啊！你跟他犟就是教他跟你犟，孩子就是家长的复印件，还真是这么回事，对待很倔强的宝宝，更不能跟他犟。其实没什么，不妨先适当满足他，等双方都冷静一会儿再说。现在儿子明显比以前能调节好自己的情绪，因为‘很正常，没什么，顺其自然’的思想，妈妈天天在给他渗透。”

实例：我改变了，孩子的性格就有了很大的变化

家庭教育真是“种瓜得瓜，种豆得豆。”播下苦涩的种子，就会收获苦涩；播下甜蜜的种子，则会收获甜蜜。一位妈妈看了我的博文，改变了自己，用了几个月的时间就让自己和孩子从苦涩走向甜蜜，孩子性格有了很大的变化。

维尼老师：

您好，看了您的文章，不但对孩子有很大的帮助，对我自己的心态，对我生活的各个方面都有很大的帮助。就如您所说的，教育孩子最大的问题是家长本身，没有教不好的孩子，只有不懂得教育的家长，对此我深有体会。看您文章改变最多的是我自己。女儿在2005年出生，我们自己把她带大。那时我们不懂教育，我的脾气本来就急躁，生活压力又大，常常心烦意乱，对待孩子不是疼爱和呵护，而是当作出气筒，轻则骂，重则打，而且打的时候从来都是很用力的。如今想想好心痛，那么小的孩子，当时承受了多大的委屈和伤害啊！

不过虽然我的脾气不太好，但是从心里来说对女儿还是很疼爱的，只是我这个人太苛刻，太追求完美，太不懂得理解和尊重孩子，而且敏感消极，很多事情总是往坏的一面来想，也总是以大人的标准来要求一个才一丁点大的孩子。

孩子本来还是很阳光活泼的，胆子也很大，可后来我们处处管着她，要求她，不让做这个，不让做那个，不要吃这个，不要吃那个，总是担心这个，担心那个，弄得她胆子越来越小了。

再加上我野蛮粗暴的教育，不懂得理解孩子，总是把自己当作判官，来主宰

着她的一切，孩子稍有不从就非打即骂，孩子虽然说聪明伶俐，可做什么事情都是畏畏缩缩的，总是担心我会骂她，很多想法不敢对我说。孩子也不敢在我面前撒娇，因为知道撒娇没有用。妈妈说不准做的事情，她都不敢去尝试，很多孩子吃的零食她没有吃过，孩子们最喜欢的玩具她不敢找我要，看到别人的孩子有很多钱可以买零食和玩具，她心里痒痒的。

由于我管得太严了，虽然我号称买东西可以商量，可实际都是我在做决定，所以后来她就开始偷偷拿我的钱出去买东西。哭也许是每个孩子的天性，当她委屈和不开心的时候，会自己躲在房间里蒙头大哭，可我不但不去安慰她，当我听得烦的时候还会让她憋着不准哭，如果还哭我就会大打出手，越哭越打，直到不哭为止。想想孩子多可怜，受了委屈没人理解、安慰，还不让哭，她的心里是多么难过、多么无助啊！

身教之下，对待其他的小朋友，女儿也像我一样霸道，不懂得去理解别人，往往出现了矛盾，她也像我一样用简单粗暴的方法来处理。我渐渐发现孩子不但性格改变了，而且经常会说很无聊。这么大的孩子应该是很开心、很快乐、无忧无虑的，为什么会感到无聊呢？

维尼：性格有天生的成分，但是后天也会受父母的影响。这个孩子就是在严厉粗暴的管教和压抑之下，由快乐活泼变得感到无聊，由胆大变得胆小，也变得霸道，不理解别人。

幸运的是，我看到了维尼老师的博文，每一篇文章我都很喜欢，觉得每一篇文章里面好像都有我的身影在晃动，那个张牙舞爪的自己，是多么丑陋！

我明白是自己出了问题，开始反省自己。孩子真的没有错，如果我能宽容一些，理解一些，能站在孩子的角度去想，也许孩子就不会这样胆小，就不会来骗我，就不会在受到委屈时一个人偷偷地哭泣。

猛然惊醒之后，我改变了。

现在很多事情我都放开手让她自己去做决定；出现问题时，我不再着急上火打骂；我学着尊重孩子，理解孩子，宽容孩子，现在孩子不再动不动就哭泣了。

早上睡不醒，我不再着急地骂她快点起来，而是慢慢地哄着她，理解她，我自己还不是一样赖床不想起来，何况是孩子呢？以前如果打破了一只碗，我就会骂她那么不小心，总是毛手毛脚的；如果是现在打破了一只碗，当她无助地望着我的时候，我会笑着摸摸她的头说，没关系的，不就是一只碗吗？没什么大不了的。

孩子以前很少让我抱，因为我不想抱她，我觉得孩子不能娇宠。现在我的想法就不同了，我觉得孩子很快就要长大了，以后我想要抱也抱不动了，我要多抱抱她，享受这种乐趣。

以前孩子比较喜欢爸爸，因为平时爸爸很少骂她。倒是我常常骂她，总是感觉女儿哪里都不好，都没达到我的要求。现在看看别的孩子，其实很多还不如她呢！我改变了之后，女儿现在比较喜欢我，以前睡觉前她要爸爸讲故事，现在她要我讲。因为爸爸会责怪、强迫她跟着读，她用哭来抗议。现在我看了维尼老师的博文，我理解孩子，晚上都要睡觉了，哪里还有精神去思考问题、去跟着我们读，她想要的只是静静地听。

我现在睡前和她谈谈心，问问学校的情况，问问她开不开心，这些都是在她愿意的情况下引导她说的。有时她也会告诉我不开心，因为我说她了。

她不怕我了，也不怎么哭了，对很多事情也不再那么执拗了，很通融和好商量，而以前的好商量其实是因为惧怕我而被迫服从。

对于她的一些要求，我会适当满足，不像以前用没有弹性的规则来要求她，所以她也不再偷拿我的钱，她想要买什么东西会征求我的意见。我尊重了孩子，孩子也同样地尊重我。有些时候，我们会坐在一起看电视，如果是以前，她自己坐在另外的凳子上，现在她都是直接跳到我的腿上，让我抱着一起看。

虽然现在我的心态有了很大的变化，但有时还会忍不住发火，语气带有责怪的味道，但已经不打她了，已经慢慢地学着用欣赏的眼光来看待女儿的一切。

维尼：妈妈改变了，孩子的性格也很快有了改善。

改变孩子的性格要顺势而为

我家孩子太低调了，我说带他去参加聚会，他回答：不高兴。我让他在亲戚朋友面前表演节目，他回答：不愿意。让他参与班委竞选，他回答：我不想。让他积极举手发言，他总不愿举手。怎样能让孩子变得勇于表现自己呢？

孩子的性格总需要完善，如果方法得当，性格的确可以逐渐改善。但完善成什么样子，是首先需要考虑的。很多人希望孩子外向、健谈、敢于表现、善于交际，因为这样会吃得开。但这是否适合孩子，是否太过勉强呢？性格不是橡皮泥，想怎么捏就怎么捏，勉强去改变反而会适得其反，性格的改变需要顺势而为。

所谓顺势而为，就是要顺应孩子的特点和愿望，不要只按照自己希望的标准去塑造孩子的性格。孩子本来是一棵小苹果树，园丁可以做些修剪，除掉有病虫害的枝叶，施肥浇水，结出甜美的苹果，但非要把它变成自己喜欢的梨树就不妥了。

“是啊，我们总想按照自己的想法去改变孩子，而不是按照孩子的特点来顺应，结果往往事与愿违。”

各种性格特质各有优劣

有过人生阅历之后才知道，不同的性格倾向各有长处和短处，并不是可以断言优劣的。比如外向和内向，勇于表现和低调，张扬和谦虚，热情和沉静，浪漫和现实，个性十足和随和，多愁善感和理性平静，到底哪个好？很难说啊！在同样的工作单位，不同性格的人都可能发展得好。不同性格特质的人都会有适合的工作和爱情。只不过，对于具体的工种，某种性格倾向的人可能会更适合一些。

同一性格在这个场合可能如鱼得水，在另外一个地方可能就不适应了。比如勇于表现自己，在需要彰显个性的公司可能需要，但在某些单位就可能会被解读为爱表现、不谦虚、不踏实，而且你向往的性格未必适合现实。

我儿子之前就是很多人希望的那种外向性格，很阳光。但因为敢于表现，上课经常插嘴，被老师定性为哗众取宠。现在内向了许多，不插嘴了，但老走神。

所以，没必要勉强孩子在性格上动大手术，在现有的基础、特点上顺势完善就可以了。孩子天生会具有一些性格特点，成长中也会形成一定的性格倾向，如果孩子自己觉得舒服自在，对学习和生活又没什么障碍，那就不必做大的改变。

有时孩子的性格需要完善

1. 过度 过于爱表现自己，过于争强好胜，过于自信，话太多，都不好；不敢表现自己，没有信心，自卑，不敢说话，也不好。过度，可能就需要适当纠偏。

2. 构成障碍 如果性格倾向构成障碍，就需要改变了。比如发脾气太多、过于追求完美、过于犹豫、不敢当众发言、表演太紧张、社交恐惧症，就需要帮助孩子克服障碍。

3. 是否喜欢 有的孩子不喜欢表现自己，不喜欢说话，喜欢安静，不喜欢交际，这没什么。但是有的孩子不喜欢自己不敢表现的性格，不喜欢自己不会说话、不会交际，不喜欢自己说话没底气，此时就需要帮助孩子，让他学会欣赏、接纳自己的特点，或者寻求改变。

孩子曾经跟我抱怨过，说：为什么班里某个同学人缘好，一下课大家都围着他？为什么我的朋友少？我了解了一下，那个孩子比大家大一岁，性格大大咧咧，见识也多，经常带新鲜好玩的玩具去学校玩。而我的孩子性情安静，偏内向，但是脾气挺好，跟同学相处得挺好。我告诉孩子：朋友多了很好，但你也有好朋友，朋友在精不在多，虽然不被很多人簇拥着，但依然能拥有幸福快乐的人生。

改变性格不可勉强

性格的改变有时需要一个长期的过程，不必只争朝夕，可以慢慢来，不要去逼迫孩子，不要去勉强改变。

有个孩子小时候见到叔叔阿姨一般不问好，妈妈觉得孩子没礼貌，就逼他必须问好。结果孩子逐渐心生恐惧，发展到对一切交际都排斥。我女儿小时候也不大问好，我随她去，只是偶尔在她问好的时候大加鼓励，她没有心理负担，逐渐地体会到问好没什么可怕的，过了两三年也就常常问好了。

改变性格不能靠硬性要求，要讲方法。比如孩子爱发脾气，需要找到孩子发脾气的原因，或者改变父母的做法，或者改变孩子的认知。如果只是要求孩子不能发脾气，或发脾气时压制，就会让孩子受到压抑，而且问题还得不到解决。

改变性格要顺势而为

依靠孩子原有的、与众不同的特质，顺势引导发挥他的优势是最有效率的做法，在此基础上再顺乎规律地去完善、发展性格。

儿子到了陌生环境，碰到陌生的人，都需要适应一会儿才和别人打招呼，而我希望孩子去一个地方就和小朋友打成一片，就和陌生人打招呼，所以每次出门孩子都不高兴。认识到这个问题后，我知道儿子需要预热一下，就多陪陪他，等到他预热好之后，再让他去和小朋友玩或和别人打招呼，这样他开心多了。

苹果树、梨树，都可以结出甜美的果子来！

我的女儿从小活泼调皮，做事迅速但马虎。而我特喜欢女孩子文文静静的，于是给孩子提了很多的要求，试图改变她，最终闹得我和孩子都疲惫不堪，在经历过很多失败后我才明白，还是顺其自然好。于是，在遇到孩子的行为不是自己期望中的样子时，我会对自己说：顺其自然，慢慢来。现在女儿长大了，爱打扮，爱漂亮，文静了，女孩气十足。以前想当然认为的缺点却成了孩子的优点：活泼调皮，思维就敏捷；做事迅速，说明雷厉风行，敢作敢为。前几天，孩子参加了一次拓展运动，所有的项目她总是一马当先，冲锋在前，获得了老师的赞赏和同学的拥护。想想自己在孩子小时候对她提出的一些不切实际的要求和勉强改变孩子性格的举动，是多么可笑呀！

“三岁看小，七岁看老”也有偏颇之处

很多人是在孩子出了问题之后才开始学习家庭教育的，但是醒悟的时候，孩子已经上了小学或中学。所以，有些人很没有信心：是不是来不及了？孩子的性格已经形成，童年的创伤无法抚平了？

“孩子不想当众表演节目，不想举手，我就把这当作不自信的表现，心里想：小时候不自信，长大也是这样可怎么办？所以非常焦虑。”

“我孩子已经上五年级了，以前对她过于严厉，打骂训斥太多，当时对孩子可能会有一定的伤害。现在觉醒了，每次想到这些，都会深深自责、焦虑，真担心会给孩子带来不可逆转的影响啊！”

父母的这些担心都放大了童年事件对于孩子性格心理的影响。我国有“三岁看小，七岁看老”的说法，这有一定的道理，因为七岁的时候，一个人的性格有了基本的轮廓。但是在整个成长期，包括小学、中学、大学，孩子的性格和心理都是可以改变的，青春期之后的变化更大。即使工作之后，甚至四五十多岁也是可以改变的。对我自己来说，高中以后的经历对我性格心理的影响更大。所以，如果孩子目前的性格有些不如意，不必沮丧，在整个成长期都会有改善的机会。

如果以前对孩子造成过伤害，只要现在改正了，就还来得及。孩子都希望和父母相亲相爱，只要父母真正改变了，几个星期亲子关系就会有大的改善，温暖的家庭环境有助于抚平那些伤害。如果我们勇于向孩子承认错误，让孩子尽情倾诉以前他所受到的伤害，那些伤痛就不会一直埋在他心里，造成持久的痛。

当然，孩子性格心理的改善需要方法，也需要长期的努力。

孩子高中没住校，每天回家都热烈地告诉我们班上发生的事情。在我的引导下，孩子的性格变得越来越开朗，学习也慢慢适应，感觉慢慢在提高。维尼老

师说，不要过分强调童年对一个人的影响。说得太对了，我都40多岁了，不也在老师的指导下改变很多吗？更别说一个刚刚15岁的孩子了。

实例：如何改变孩子倔强、爱发脾气的性格

我以前自认为自己是一个讲原则、负责任、有奉献精神的母亲，无奈孩子性格太倔强。看了维尼老师博文之后，才发现正是自己造成了孩子这样的性格。我按照维尼老师的理念去做，经过三个月，孩子的性格一天一天变得像天使，现在懂事了很多，听得进去家长的建议，对家长的要求也越来越合作了。比起以前那个性格刚烈、倔强、爱发脾气、爱哭闹的孩子来说，就像换了个人似的。

严格要求让孩子脾气变坏

孩子小的时候，可谓体弱多病。因为怕生病，所以对孩子过分地关注，不让他这样，不让他那样，主要是因为怕危险，怕生病。而孩子却偏偏是一个好奇、喜欢冒险、淘气的小男孩，不让他干的事情他偏要干，后来大人着急了，强行制止，他就大哭大闹，在地上打滚，嗓子都哭哑了。

维尼：限制太多，孩子不能按照自己的意愿去做，没办法，只能倔强，因为只有这样才能满足自己的心愿。因为经常被拒绝，所以自然会发脾气、哭闹。相反，如果给孩子较多自由，家人也好商量，孩子通过和家人商量就可以满足自己的要求，就没有必要倔强、哭闹了。

因为他如此爱哭闹、叛逆、倔强，所以我经常感到心情焦躁。因为任何道理他都不听，哄也哄不好，所以我的耐心很差，经常发火批评他。那时我的想法和很多家长一样："我也不能因为他哭闹就依着他啊，什么事都依着他，没原则地溺爱，以后长大了脾气更了不得，所以我得压着他，树立自己的威信。"

维尼：这的确是很多家长的习惯性思维，总怕溺爱孩子，总怕惯坏了孩子，结果走向反面，去压抑孩子，严格地按照原则、规矩办事，结果孩子脾气很差。

我一直以为这样做没什么不好，因为我不想纵容他的坏脾气，不想对他溺爱，我要对他"讲原则""严格要求"，期望他最后能改掉自己的坏脾气。但是这样的做法，非但没有让他的坏脾气改掉，反而越来越坏。

现在孩子快5岁了。3个多月前，看了维尼老师的博客，我开始逐渐意识到，不是孩子有问题，而是家长有问题，家庭教育有问题。我开始有意识地改变自

己的习惯性思维。说实在的，要改变自己，并不是容易的事情，有时还很痛苦。

1. 改变了做法，孩子的反应就不同了

我开始有意识地改变自己的教育方式，并且惊奇地发现，好像有效果。

吃饺子 一天晚上，姥姥做了丰盛的晚餐。孩子却非要吃饺子，快要发脾气和哭闹了。换作以前的我会说："你自己不早点说要吃饺子，姥姥辛辛苦苦做的饭，比饺子有营养，怎么这么不懂事？快给我吃！"孩子一定是哇哇地哭，然后说什么也不吃饭，哭闹一晚上，大人生气，局面失控。

那天的我，心里念叨着"尊重理解和接纳"，说："宝贝，我知道你很想吃饺子（要理解孩子，确实很想吃饺子），咱们去饭馆吃新鲜的好不好？"孩子说："太好了，我终于能吃到自己最喜欢的饺子了！"他高高兴兴地跟着我去了，吃了一大碗饺子，然后高高兴兴跟着我回来，一晚上没闹事。

维尼：孩子看似不合理的要求也有合理之处，暂时顺应孩子的心理，皆大欢喜。妈妈这样好商量，孩子就学会了商量。

洗澡事件 叫孩子到浴室洗澡的时候他还在玩贴画。叫了几次，他又要找一张贴画，而且请求："妈妈，你跟我一起找吧！"

以前的我会说："洗了澡再找，要不水凉了。"孩子："不行，我现在就要找到！"我开始生气："已经耽误这么多时间了，怎么这么不听话！"孩子："我就是要现在就找到！"我肯定是越来越生气，开始发火，最后孩子开始哭闹。

那天的我学着顺应孩子："好吧，那我帮你一起找！"找了一会儿，还是没找到，我说："看，我们两个人找了半天都没找到，要不洗了澡再来找吧！"孩子："没找到，好难过啊，你重新给我买吧。"以前的我会说："自己不收拾好东西，找不到了又要买，浪费钱，不给买！"然后孩子又是一顿哭闹。那天的我先说好，再说不："好吧，我答应你，你确实很喜欢那个贴画，找不到了很难过。妈妈答应你合理的要求，但是你也得答应妈妈合理的要求，就是现在去洗澡。"孩子："好吧。"

一晚上相安无事。

维尼：其实以前妈妈非要坚持自己的意见和做法，也是一种倔强；现在能去听听孩子的意见，不再倔强，那么身教之下，孩子就能慢慢学会不倔强。有时我们只是看到了孩子的倔强，没想到自己也是这样。

打水枪 孩子拿起水枪，装了水在屋子里开打。以前我会禁止他在屋里玩，孩子却非要玩，我发火生气批评，夺过水枪，孩子哭闹打滚。这次我让他玩了一会儿，然后去替代性满足：“咱们到楼下去打树叶，看谁打得准。”

孩子：“太好了！”一晚上都玩得兴高采烈。

维尼：灵活变通，替代性满足，孩子也就合作了。

2. 常见问题的处理

爱吃零食，爱看动画片，爱买玩具，是很多孩子的共同特点。

吃冰激凌 天凉了，孩子要吃冰激凌，我想起了“先说好，再说不”。

我：“好吧，但是答应妈妈，因为现在天已经很凉了，以后会越来越冷，今天吃了以后咱就不吃了，行吗？”

孩子：“好！”

之后果然很长一段时间没闹着要吃了。前几天晚上在楼下玩，他看到一个小孩在吃冰激凌，他反而批评那小孩：“这么冷你还吃冰激凌，你还要不要你的肚子了？”

买玩具 孩子要买陀螺，以前买过两个，我还是答应他了，只是约定以后不再买陀螺了。后来他又要买无极战车，我也答应了，只不过约定两个星期之内不买玩具了。过了两天，他又要求买，我拿出约定和他商量不能买了，他也痛快地答应了。

维尼：适当满足，适当拒绝，先说好，再说不，这样孩子挺好商量的。

3. 孩子的变化

其他还有很多例子，比如午睡睡不着，就不强迫他睡，只是事先约定好晚上早点睡；比如在家时，仍然喜欢让我喂饭，让我穿衣，让我擦屁屁（在幼儿园这些事情都会），我都会答应，但会对以后提出要求。这样先说好，再说不，不去断然拒绝，顺应孩子的心理，他没有被惯坏，反而变懂事了，性格变好了很多。

有一次，我没控制住自己的情绪，严厉地批评了他，但是他并没有哭闹，只是说：“妈妈，我不这样了，你别生气好不好？”然后向我解释，其实他是不小心跑到路边上，不是故意的。后来我也向他道歉，说对不起，妈妈不应该对你发火，但是妈妈生气是因为担心你。不管怎么样，在面对我激烈的情绪时，孩子没有像以前那样采用激烈的情绪跟我对着干，而是如此冷静理智地向我解释，我已经很感动、很感动了。我突然发现，这个小人儿真的长大了很多，进步了很多。我也经常表扬他的这些进步，由此进入良性循环。而这也仅仅是在采用维尼老师教育方法3个多月后。

维尼：有好的亲子关系，即使偶尔发火也不会引起孩子的强烈反应。如果亲子关系不好，每一次发火都会引起孩子哭闹。

当然，孩子现在有时还会发脾气哭闹，以前的我一是只看到孩子哭闹的表面，没有深究其哭闹的原因；二是不了解“孩子每一次的不良情绪，都是促进心理成长的机遇”，所以往往严格要求他不能这样发脾气。哪知越是压抑，孩子越是气不顺，就越是火气大。现在学习了维尼老师的理念，如果遇到他实在要哭闹，那就平静地让他发泄，一般15~20分钟（最多30分钟）后，尽情哭闹、发泄完了不良情绪，就又是一个很懂事的孩子了。这个时候再平静地跟他讲道理，告诉他生活中总会有一些不如意的事情，哭闹不解决问题，遇到不顺心的事要积极寻找解决问题的方法，他就很容易地接受了，从而逐渐形成“遇到问题积极寻找解决办法而不是发泄情绪”的思维，希望对他长大以后的做事方式有帮助。

如何培养孩子的自信

孩子的自信心是很重要的，那么如何培养呢？

什么样的养育会让孩子不自信？

父母想培养孩子的自信，首先要知道什么样的养育方式会让孩子不自信。

不给予孩子充分的理解和肯定，孩子容易不自信。

一位成年人的回忆：童年印象最深的是父亲的呵斥与打骂。印象中父亲从没抱过我，没夸过我一句，甚至没对我笑过。我的大部分童年时光在恐惧中度过，不知道父亲什么时候会大发脾气，不知道将会为什么事而挨打。三十多年过去，我尽了最大努力，依然没能得到父亲半句肯定。在我几十年的生活中，一直没有自信，总希望获得别人的欢心，希望能让他人高兴，过分在意他人的评价，许多时候，活得太累。

如果父母总是批评打击孩子，孩子一直战战兢兢、提心吊胆，那么不自信就是自然的了。

另外一位成年人：父亲对我生活上很关心，但在精神上很苛刻。在我做错事或者让他不满意的时候，他会不顾及我的尊严，在众人面前说我是猪脑袋，智商低。当时我怎么都接受不了，感觉自尊心受到严重的创伤，越来越自卑，因为这种话听多了还真以为自己很笨，做什么事都不如别人。

有条件的爱容易让孩子不自信。这会让孩子认为自己不配得到，他会患得患失，没有安全感，他会习惯于在乎别人的看法，不自信。

被无条件爱的孩子会有安全丰满的内心，呈现出来的状态也会比较自信。对孩子无条件接纳，孩子坦然做自己的事情，没有恐惧，自然不会太在意别人的看法。

要求太高容易不自信。并非优秀的人就自信。如果一个人对自己的要求很高很严，达不到就觉得失败，那么他就容易不自信。同样，如果父母对孩子的要求又高又严，总觉得孩子表现好是应该的，表现不理想就大做文章、上纲上线，那么孩子自己也会忽视优点、放大缺点，自然容易不自信。

“看了维尼老师的理念，我终于知道自己为什么不自信了。我就是一个追求完美的人。我觉得做得好是应该的，所以常常觉得没有达到自己的要求，说话做事都没有底气。”

“在小时候，妈妈对我要求很高，想让我出类拔萃，总希望我可以做到像她想象中的那样好。这导致我心理压力很大，总觉得我已经努力在做了，却始终达不到妈妈的要求，最后让她很失望。高中的时候成绩中等，我感觉自己是个笨小孩，很自卑，上课注意力不集中，考试的时候心理素质不好，成绩和自己的努力不成正比，最终没考上自己理想中的大学，直至现在都很自卑。我现在也做妈妈了，我会努力当一个好妈妈，用鼓励、赞赏、肯定的语气和孩子交流，我不希望她有多大成就，只希望她能有一个自信、快乐的人生。”

如何帮助孩子树立自信心

自信来自成功或进步的体验。这种体验可以来自实际的成功或进步。这需要孩子自身的努力，也需要父母帮助孩子取得进步，参考本书第 340 页《如何帮助孩子树立学习的信心》。

另外，认知疗法告诉我们，直接决定“成功体验”的不是事情本身，而是对事情的认知。事情就在那里，在不同的认知之下，会有不同的体验。所以，我们要学会帮助孩子去发现成功、长处，淡化失败、挫折。

1. 学会用三种思维淡定、积极地看问题。

遇到挫折，先去淡化消极的体验，再去寻找进步或积极的方面。比如，孩子看到别人舞蹈好而自卑，可以告诉孩子，每个人有自己擅长的方面，比如孩子的性格好、体育好……而且别人可能专门训练过，孩子没练过，舞蹈没那么好就很正常了（很正常，没什么）。

孩子考试成绩不理想，可以告诉她，成绩波动本身是正常的，我们顺其自然，考得不好也是发现问题的机会（坏事变好事），而且总可以找到有进步的方面。如果孩子形成了这样的习惯性思维，就会淡化挫折感，获得更多积极体验。

2. 多鼓励孩子

自信的人有一种习惯性思维：更多地关注自己的优点、进步而非缺点不足；自卑的人则相反，总盯着或放大自己的不足，而对长处和进步视而不见，或觉得不值一提。这种思维模式与父母的引导有关。父母多去实事求是地鼓励和肯定孩子，孩子也会习惯于关注自己的优点和进步；父母淡化孩子的缺点和失败，孩子也会有平常心。

我的孩子原来非常聪慧，但我以前控制不好情绪，孩子有一丁点做不好的事情我就发脾气，加之我和老公吵架冷战，孩子逐渐变得很敏感脆弱：见人都躲着走，别人跟他打招呼能把他惹哭；快 3 岁了，不会说话；买来玩具都不敢去探索着玩，一点点小事就哭闹 …… 那时我很不理解他为什么不自信。维尼老师的一句话震撼了我："孩子的自信来自成功的体验"。这真让我惭愧，因为我是一直在给孩子失败的体验！从那之后，我用认知疗法调节自己的情绪，允许孩子犯错，多鼓励他。他逐渐开朗自信起来，见人就说话，能玩好各种玩具，还用自信的语气说："这是我的，不是妈妈的，妈妈你别乱碰！"而且会在我生气的时候，安慰我；在我发脾气的时候，镇定地说："别吵了，别喊，妈妈！"时不时还会捉弄我。我的心情也好了很多，内心的痛苦、对孩子的愧疚和自责少了许多。

父母发自内心的欣赏，会让孩子更自信。

"当我心态平和不再着急，就能感觉到孩子的进步。孩子看到我发自内心的欣赏更觉得自己不错，自信心十足，现在进入了良性循环。"

"我现在回想起来父母的养育，感觉我是在爱中长大的，环境宽松而简单，而且耳边一直有妈妈对自己的肯定，从小就夸我能干，心灵手巧。渐渐长大的我早已经了解自己并非出类拔萃，而且现在也没有别人成功，但骨子里是自信的，朋友说我自我认可度高。这样的我，一直做着我自己，保持自己的本性，我感到很幸福。感谢父母给予我这么好的养育！"

反之，如果父母看到孩子长处、优势觉得理所当然，不进行肯定，孩子也会觉得那不值一提；父母对孩子的缺点、失败大做文章，那么孩子也会过分关注自己的缺点、失败。

温和平静的批评，会让孩子理性地看待自己的缺点、不足；严厉的批评则会让孩子放大缺点，而这正是自卑者的思维模式。

以前觉得孩子不听话，老师也说孩子好像总是满足于现状，也就是说不怎么上进，当时还百思不得其解。看维尼老师博文多了，突然有一天想明白了，这是因为我总是觉得孩子做得不够好，对他的鼓励太少，孩子缺少前进的动力，自然也就无所谓的样子了！再看看现在，因为经常鼓励孩子，孩子好像总是很有信心，还说他要怎么怎么样。家长怎样做真的太重要了。

需要注意的是，表扬或鼓励要实事求是、具体。如果泛泛、夸大的表扬，比如你真棒、真优秀、真聪明，会让孩子对自己有错误的感觉，以为自己真的卓尔不群，真的很优秀。而当进入到真实的生活中，体验到别人的真实评价时，就会有挫折感：原来自己不是那样优秀啊！继而焦虑、沮丧，时间长了，反而不自信了。

3. 帮助孩子树立合理的自我形象

我们都知道要自信，但"信"的是什么呢？是相信自己优秀吗？是一定能做得比别人好吗？如果是这样，那么大多数人不会自信了，因为优秀的一定是少数。

自信，首先要对自己无条件接纳：不是觉得自己一切都好，而是诚实地认识自己的缺点和优点。对于优点，可以反复说服自己，真心地"相信"这是自己的长处；对于缺点，安然地接受，就像接受夏天的炎热和冬天的寒冷一样，承认自己在某些方面可能不如别人，这"很正常没什么"，这样放低姿态、脚踏实地，忐忑、焦虑、纠结会少许多。同时，也要有发展的眼光，相信自己会比原来有所进步。这样反复说服自己，经过多次训练，就逐渐形成了一个自信的自我形象。

我二十多岁时还不太自信，所以有一次花了几个小时去分析自己的优点，相信这些确实是自己的长处；对于缺点也老老实实承认，不过认为某些缺点是可以通过锻炼改进的。这样做了几次自我剖析、说服之后，逐渐就坦然自信了。

4. 让孩子体验到自己的力量

如果父母能够理解和尊重孩子，多让孩子自己做决定，多让孩子自己去尝试，适时放手，去体验自己的力量、能力，那么孩子的自信会自然生长。

实例：鼓励，让孩子变得自信

我儿子今年8岁半，我很注重孩子的学前教育，小学前他各方面发育得不错，是个健康活泼的孩子。但上小学的第一天老师就给我打电话，说你家孩子太活泼，喜欢接老师的话。老师还曾评价：骄傲、自满、满不在乎。

我听了心里难过、伤心、失望，孩子真的那么差吗？我对他进行批评教育，严格要求，但老师还是说孩子自制力差，上课爱说话。我用心去改变孩子，但换来的还是老师对孩子的不认可。老师一再强调，孩子是个资质很好的孩子，有天赋，但要是放任下去就会养成骄傲放纵的坏习惯，学习光靠聪明是不行的。

后来我对孩子的学习很焦虑，看他写得慢时就不停地催，看他写得不好时就在一边呵斥他，甚至还曾动手打过孩子，我想让他成为老师喜欢的好孩子。

慢慢地，我发现孩子变了，变得沉默，变得爱发脾气，变得不自信，变得对新鲜事物没那么大的兴趣，变得写作业慢慢腾腾、磨磨唧唧了（虽然孩子每次考试成绩都还不错，能达到门门优秀）。我开始担心起来，也更加焦虑起来，我的焦虑也时刻在影响着孩子和家人。每天只要我在家，就感觉家中气氛很紧张，孩子做什么都缩手缩脚的，做什么都达不到我的要求，我总在不经意中找出孩子的毛病缺点。我也会为孩子的一次小小的错误睡不着觉，我会为老师一次无意中说孩子犯下的小毛病而心焦。

后来看了维尼老师的博文，觉得这些文章好像是针对我写的。我开始认识到自己的心态有问题，太在意孩子的一举一动，太在意老师对孩子的小小评价。

我慢慢去改变自己：孩子写作业慢了，我就偶尔提醒他，不再当监工了；老师再说孩子有这不足那不好时，我也能客观地对待了。过了一段时间，感觉孩子真的进步了，又变得活泼了，我的焦虑也缓解了不少。孩子又喜欢和我聊天了，每天放学时我去接他，他都会喋喋不休地对我讲学校的趣事……

到了三年级，孩子表现得特别好，上课认真积极，作业也积极地去写。但是在第一次月考后，我又开始焦虑了，孩子的数学语文都只考92分，刚达到本班级平均分。说实话我当时很失望，但受维尼老师教育理念的影响，调整了一下认知，我又变得很淡然，没有批评孩子，而是先看看孩子的试卷，从试卷中找出孩子的问题，我告诉孩子考试成绩不重要，重要的你能从这次考试中得到教训。

之后，只要孩子有一点点小进步我就鼓励他，以增强孩子的自信心。在和老师的交流中，我也委婉地请求老师，在孩子有小小进步的时候也适当地表扬他，让他知道自己不是差孩子，只要努力就会有进步。

孩子在慢慢地变化着。昨天孩子上学以来第一次主动问我老师有没有表扬他，以前都是担心老师批评他，怕我回家训他。看来家长的态度、老师的认可对孩子影响很大。令我欣喜的是，经过沟通，孩子的班主任老师说话方式也在变化，用她自己的话就是先认可孩子，再指出孩子的不足，给孩子信心。

我自己改变了，孩子就自信多了。

实例：如何改变孩子脆弱敏感的性格？

儿子今年不到 6 岁，上幼儿园大班。孩子比较活泼聪明，有时候比较追求完美，是个稍微有点较真的孩子。有时候一个手工做不好，或者玩具拼不好，自己就气得哭。平时和孩子玩纸牌，孩子都是喜欢赢，不喜欢输，输一次两次还行，多输几次后就不高兴了，有时候还会哭。所以一般玩牌的时候，为了让他高兴，我们都会让着他。每当看到孩子哭的时候，我都会很担心，觉得孩子的心理太脆弱了，需要采取什么措施慢慢纠正。

于是，我开始采取维尼老师的方法，运用“没什么大不了，那又怎样？”等理念，对孩子进行潜移默化的渗透。对于孩子的教育，我个人认为不可急躁，要慢慢来，做到“润物细无声”才会有比较好的效果。和儿子玩牌的时候，在我连续输了几次后，儿子说：“妈妈，你又输了。”我说：“输了就输了，没什么大不了的，不是吗？下一次我会赢。”听到我这样说，儿子也笑了，等到他再输的时候也会说“没什么大不了的，下次我会赢。”经常给他渗透这些观念以后，儿子再遇到这样的事情，就不会急躁了，如果什么东西找不到了也不强求，说过两天它自己就会跑出来了，不像过去那样，找不到就哭，闹着让你必须替他找到。

昨天晚上写老师布置的拼音作业，由于刚开始写字，儿子还没有掌握好规律，写“ü”的时候，音调标在了两点之下，我让他把所有标错的音调擦掉重写。写了一遍之后，儿子有些累了，不愿意写，我说：“你看，你写得这么好，只有这一个写得不好，你看着好看吗？”儿子说：“其他都写得很好，就那一个写得不好，那又怎么样？没什么大不了吧？”他倒是挺会学以致用的，会用我的话来教育我了。我笑了，是啊，就这一个写得不好有什么大不了的呢？这会儿不想写就不写吧，大不了吃过饭以后再让他重写就是了。

运用维尼老师的理念，我跟儿子的关系很好。平时比较尊重孩子的意见，多跟他商量，尽量不骂孩子，用孩子喜欢听的声音跟他讲话，当我用温柔甜美的声音跟儿子说话时，儿子就笑了，变得很好说话。孩子还是喜欢温柔的妈妈呀。

如何让孩子做到宽容

宽容的性格对人的心理健康和人际关系都很重要，那么如何做到宽容呢？

父母对孩子宽容吗？有人要求孩子宽容大度，自己却对孩子苛求、挑剔，要求太高、太严，一点儿也不宽容。朝夕相处，这种思维、行为模式自然复制给孩子，让孩子怎么学会宽容呢？如果我们能够习惯于理解宽容孩子，那么孩子自然学会理解宽容我们，将来也会理解宽容同学、朋友、同事、爱人。这就是身教！

宽容的基础是理解

一位妈妈说："我和孩子说了很多次要宽容同学，但是好像没有用。"是啊，如果孩子觉得同学很有问题、差劲，那自然难以宽容了。

回顾一下父母如何做到宽容孩子：如果父母不理解孩子，觉得孩子捣乱、使坏、不懂事，那么自然难以宽容孩子；如果能理解孩子，明白他的"问题"表现有内在的原因或是父母造成的，或者本身是正常的，那么就容易宽容了。

同样地，想让孩子学会宽容大度，就首先要帮助孩子去理解同学，理解了，就容易宽容了。

另外，当孩子因为和同学有矛盾而愤怒纠结时，我们要先理解他的合理之处，顺着他说，待孩子宣泄出心中的不满，情绪平静了，再尝试帮助他理解同学的合理之处，这样他就容易宽容了。

影响孩子宽容的因素

1. 太较真

有些事情确实要认真、坚持，但是同学之间的事情有时是难以说清楚谁是谁非的，也大多是小事，没有必要太较真。

2. 太要强

孩子太过争强好胜，会把很多小事放大到胜败、输赢，或者有无面子的高度，这样自然会纠结、在意，就容易发生矛盾，难以宽容。

这两种情况都可以渗透三种思维，让孩子把事情看得淡些，不放大事情的意义，学会顺其自然。

咨询案例：聪聪是二年级的小学生，常和小朋友有些冲突，虽然能忍住不动手，但心里很生气，有时气得哭。

妈妈说了一件事情：班上的孩子排队玩打沙包游戏，孩子打完之后要赶紧跑到队尾。聪聪跑到队尾之后，下一个孩子小杨紧跟着跑过来，但没站在聪聪的后面，而是跑到聪聪的前面。聪聪认为小杨搞错了，觉得自己有理，所以坚持让小杨到自己后面去，而且找了前面的孩子做证。小杨不肯，两个就吵起来，都很生气，后来就发展为打架，鼻子都打出血了。

妈妈不知道问题出在哪里？只是觉得孩子应该忍住，不要去打架。

其实这不是问题的关键。生了气之后，人都是不理性的，难以宽容，所以吵起来，甚至打架就是自然的事情了。那么怎么能不生气呢？

如果聪聪能够站在小杨的角度考虑：小杨可能匆匆跑过来，没有看清楚聪聪在他前面，所以是搞错了。这样理解小杨，不那样较真，可能就宽容了，也就不会生气，后面打架的事情就自然不会发生。

孩子为什么太较真呢？细问之下，原来妈妈以前告诉孩子要讲理，要坚持自己认为正确的观点。这会让孩子太较真，自然容易闹矛盾。我建议妈妈告诉孩子有时不要太较真，并逐渐向孩子渗透三种思维，如果能做到心态平和，不那么容易生气，自然会宽容些。

坏事变好事：有些事情看似吃亏了，但所谓“吃亏就是占便宜”。一个人能吃亏，对人际关系肯定好。

很正常，没什么：如果聪聪想，小杨插到我前面是因为没有看清楚，这很正常，没什么大不了的！自然就会平静了。

顺其自然：插队就插队吧，也没什么。

如果有这样的习惯性思维，孩子心态平和，就容易宽容，就不会经常和小朋友闹矛盾了。

一个多月后。

维尼：孩子最近人际交往如何？

妈妈：嗯，好多了，好像很久没听到他和同学有什么不愉快了。

维尼：那就好，看来还是有些作用的。

妈妈：偶尔也有不愉快的情绪，但一般过一会儿，自己就好了。

维尼：不愉快时，要及早主动帮他宣泄，不要让同学间的矛盾积累。

妈妈：好的，他现在比较能站在别人的角度思考问题，另外，他也会找老师帮助解决，不像以前一根筋了。

如何改变孩子急躁的性格？

维尼育儿经：我女儿三四岁时脾气有些急，有时急得又蹦又跳地哭。有时一个小玩具找不到了，她急得要哭了。此时，我会和她说："东西又没有长腿，跑不出咱们家，所以不用急，等你不找的时候可能就找到了。"渗透得多了，她遇到这种时候自己也会说："找不到算了，不找自己就出来了。"所以逐渐不着急了。

有时孩子会为一些小事而着急。东西忘记带了、东西弄坏了、拼图拼不好了、作业不会做了，都会着急。为什么着急呢？就是因为放大了事情的结果，觉得不得了。想想我们自己，如果觉得一个事情不得了，也会着急的。尤其是如果家长不能接纳孩子出的差错，批评训斥，孩子就更容易放大事情的后果，从而急躁。

所以，想改变急躁的性格需要让孩子逐渐认识、体验到有些事情很正常，没那么严重，有些是没什么的。

我们也要做好身教，当孩子因为小事而着急时，常和他说：这很正常，有什么啊？东西坏就坏了呗，可以再买，以后小心就可以了；忘了就忘了，没什么，下次记着就可以了；拼不好就拼不好，没啥，谁都有拼不好的时候；作业写错了就写错了，改过来就是了。同时，我的态度也是很放松的，让孩子逐渐体验到有些事情没那么严重。逐渐地，这些话也成了她的习惯性思维，遇到这些情形她会自己说：没什么，慢慢来。丢就丢了呗，又怎么了。所以，现在她一般不太急，比较从容，因为没什么可着急的，急什么呢？人生的从容淡定比那些小事情重要多了。

其实这个方法对于成人同样适用。

Q：这是否会让孩子觉得什么都无所谓？不珍惜东西？

A：对已经发生的事情要先接纳。是这些无所谓的小事情重要，还是孩子的心情重要呢？急躁的孩子大都过于执着，所以纠偏是需要的。而对于太大大咧咧的孩子，就需要反过来，适当教育他们要珍惜东西，适当执着一点。

第五篇
心理问题早知道

家庭教育中可能会遇到一些心理问题，轻微的如害怕、多动、抽动，严重的如强迫症、抑郁症，如果能够及早预防、及时识别、合理应对，会更顺利地渡过难关。

第一章　孩子常见的心理问题

由于压力比较大，家长的教育方式不合乎自然，因此，现在的孩子更容易产生一些心理问题。我们需要了解相关的知识，懂得如何预防和应对，越早越好！

如何让孩子爱和小朋友玩

多与小朋友玩对于幼儿的性格发展、心理成长都有好处，但如果孩子不爱和小朋友玩，怎么办呢?

维尼育儿经：我女儿五六岁以后很喜欢和小朋友一起玩儿，有时间就泡在一起，开心地玩各种各样的游戏。看着她们玩得不亦乐乎，笑脸绽放，我心里也是暖暖的。但以前她可不是这样。由于老人以前很少让她和小朋友玩儿，两三岁的时候她在外面很拘谨，小朋友玩她从来不参与，最多在旁边看着，常说的话是：我不和小朋友玩，只和爸爸妈妈玩儿。

“爱和小朋友玩儿”本来应该是孩子的天性，但是女儿为什么不喜欢呢？解决问题，总要先找到原因。我分析，是因为她没有体验到“和小朋友一起玩儿”的乐趣，也不知道如何去玩儿。但是和她讲道理，告诉她“和小朋友玩儿”如何有意思，讲解如何去玩儿，即使说得天花乱坠，她也不为所动。所以，我开始借助游戏，吸引她参与，让她体验到玩的乐趣，也学会如何去玩。

那时女儿看到小朋友们在那里玩游戏，也喜欢站在旁边看，但是让她参与就退缩了。此时需要我出手加以辅助啦！我和女儿一起参与到孩子们的游戏中。那时，有个流行的游戏叫“老鼠偷油”，谁都不愿意当猫，孩子们看到来了个大人愿意当猫，自然欢迎。有我在，女儿也放心地和她们一起当老鼠，玩得非常开心，哈哈大笑。我也返老还童，玩了好多种孩子们的游戏。这样，女儿逐渐喜欢上和小朋友一起玩游戏，体会到一起玩的乐趣，逐渐和她们熟悉起来，性格也比以前大方了。开始需要我陪着，后来我逐渐减少参与的程度，她可以在我看着的情况下，自己和小朋友一起玩游戏了。

有了进步之后，我又为女儿创造一些游戏之外的交往机会，比如互相串门，约小朋友一起玩，找同学家的姐妹们玩。慢慢地，她逐渐学会并喜欢上这种玩儿。后来，搬来了两个小朋友，她们年龄差不多，有共同语言，能够玩得起来。我帮助女儿和她们交上了朋友。开始我带女儿去小朋友家，她非要我陪着；后来我逐渐减少了陪的时间，最后她们自己玩得很开心，把我甩到一边去了。

至此，大功告成。

其实，孩子不和小朋友玩，是因为对交往有一种莫名的恐惧，这需要家长的辅助，逐步来克服，这在心理咨询中叫作系统脱敏法，也就是逐步减少孩子的恐惧。

小时候多和小朋友玩，开心幸福，在玩中学会了如何和别人相处，如何解决相互之间的矛盾，如何处理事情，如何合作，也会模仿其他人的优点，辨别别人的缺点。这些都是重要的学习，一生受用。而且性格自然也会大方开朗些。这种游戏的方法对于自我封闭、有交往行为问题、貌似自闭症的孩子同样是有效的。

我儿子 6 岁，他经常打、拉、拍、搂抱其他小朋友，所以 5 次被幼儿园劝退。社会交往能力弱，从来不主动参与游戏，小朋友做游戏他能从人群中间穿过去而视若无睹，跟眼睛完全没看到，耳朵完全没听到一样。再大一些的时候，有小朋友主动和他交流，他看一眼就走开了，然后自己玩自己的，对于别人和他说的话没什么反应，基本只和我们说话。维尼老师建议我用游戏的方法，带着他一起和小朋友玩，这样他会有兴趣，也可以及时纠正他的行为问题。开始他没兴趣，慢慢找到了他喜欢的游戏之后，他能慢慢参与进来了。在交往中，我也告诉了他一些需要注意的事情，这样慢慢有了不少的进步。以前一直没有想到带着他一起玩，和他说了很多次，一点儿也不管用。

不必逼迫孩子克服害怕

凌晨 1 点钟的时候，我和老公刚刚睡下去，就听到 6 岁的女儿喊我们说要去厕所。我们就说自己去吧，把电筒给你，她不肯，非要我们陪着去。我们就说我们不睡觉，在床上看着你，但无论怎么说她就是不肯去，在床上哼哼唧唧的，我感觉自己火直向上冒，然后就说要去就自己去，不然就拉在床上。她听后就大声地哭起来了，我越听越是火冒三丈，然后就把她骂了一顿。我潜意识里知道我自己不该发火，可就是控制不住自己，总是觉得那么大的孩子了，也太娇气了，连自己上厕所都不肯，总是给我说怕鬼怕坏人，我也无数次告诉她说世界上是没有鬼的，所有关于鬼的一切都是人们自己编造的。至于坏人嘛，我们的门都锁着，锁得死死的，坏人没有那么容易就能跑进来的。再说了，爸爸妈妈也都在家里，有事情了你叫一声就好了，干吗非要爸爸妈妈带着去呢？

这位妈妈不理解，害怕是不由自主、莫名的，靠讲道理是不管用的。我记得大学校园附近有一条窄河沟，体质不如我的同学轻松越过，可我就是不敢跳；体操课有跳马项目，我总不大敢跳。道理都明白，就是莫名地害怕。成人如此，何况孩子呢？所以，对于孩子的害怕，我们应该先接纳顺应，再慢慢寻求改变。

孩子说害怕，一般是真的害怕，我们只告诉她没啥可怕是不管用的。有一天，我要外出办事，女儿说她害怕自己在家（最近看了一会儿鬼片）。我想了个办法，把她喜欢的歌曲打开，这样就不害怕了。

先接纳顺应，孩子放松下来，慢慢就淡忘了害怕。女儿有段时间因为看了鬼片而害怕一个人下楼，我们就先陪着她，逐渐就忘了这回事儿了。

女儿从小怕狗、猫。五六岁时她走路时看到猫和狗都会紧张地让我抱起来，我心里觉得好玩儿，就笑眯眯地抱她起来，放松地和她说：那猫狗还怕你呢。后来回老家，家里养了一条狗，女儿又觉得好玩，又有些害怕，她就让我去逗狗，自己远远看。我也没嫌她娇气，就去逗狗玩儿，她看着觉得有趣，后来回青岛她还想念那条小狗呢。逐渐地，她现在看到狗不用我抱了，只是有点儿紧张地抓着我的袖子，等狗晃悠过去还冲人家比画。这样，虽然还有些怕，但好多了。

这是一种系统脱敏的方法。所谓系统脱敏，通俗地说，是把克服恐惧分成很多小步，每一小步都能较轻松完成，之后进入下一步。

大学时上体操课，我对跳马总有莫名的害怕，助跑到马前就不大敢跳了。后来我首先练跳山羊，先让跳板近一点，完全不怕之后再把跳板移远点，直到距离达到标准，这样就能放松地应对山羊了。再练横马，跳板的距离也是逐渐加大，直到在标准距离时也能放松跳过去了。最后练纵马，用同样的方法，最后在很远的距离上起跳也不害怕了，而且动作很飘逸，竟然全校体操比赛中荣获冠军。

有一位孩子刚上一年级，他对于上课有些紧张和恐惧，不肯进教室。我建议妈妈和老师沟通，先不去勉强他。最初妈妈陪着在教室外走廊溜达两节课，能自己进去了；后来逐渐变成一节课后能进教室；后来妈妈不陪，一节课后可以进教室；过了两个星期，体验到原来进教室没什么，就可以正常上课了。

说实在的，小时候谁都有过害怕的体验，在大人眼里莫名其妙或者不值得一提，但是在孩子的世界里却是充满恐惧。那种感觉我有过，小时候怕鬼，妈妈还不停地说：哪儿有鬼？赶紧睡觉去。越是这么强调，就越在想到底哪儿有鬼，鬼是什么样子的，然后自己发挥无穷的想象力把鬼再刻画一遍。

理解接纳孩子，孩子害怕的感觉慢慢就淡化了。

孩子害怕的问题确实需要先顺应孩子的心理，而不是去逼迫他克服害怕。年前因为家里进来了小偷，我女儿本来都是一个人睡觉的，从那天开始一定要家长陪着才能睡，可能被吓得不敢一个人睡觉。我刚开始担心养成习惯改不过来了，后来咨询维尼老师，老师建议家长先陪孩子一起睡。其实时间长了，她就逐渐忘记这件事了，现在已经能自己一个人睡觉了。

我提倡顺应的方法。还有一种暴露疗法，就是让孩子充分经受恐惧的冲击。比如恐高症，暴露疗法就是让孩子置身于高处，去体验没什么可怕的。这种方法有时治疗效果不错，但是有的更恐高了。因为效果不确定，所以我不推荐这种方法。

孩子口吃怎么办

“我们对女儿从小就比较严厉，每当她做了什么错事或是说话不清楚时，都会训斥她。到了初中后，她说话特别谨慎，生怕说错了或说出不得体的话。所以逐渐就成为口吃，在紧张时尤其严重。在回答老师提问时，会担心自己结巴，这种感觉和注意的交互作用，更加剧了口吃。”

“孩子有时讲话急会有些口吃，我会骂她，但是我发现越骂她越严重。”

心理问题就是这样，越是关注过多，越是强行纠正，可能会更糟糕。本来偶尔出现的情况变成会心理问题，成为难以治愈的顽疾。

幼儿偶尔结巴，在孩子语言发育时期经常可以见到，大多数只是暂时的，在没什么压力的情况下可能就会自然消失。

我是一位“70后”，小时候口吃就很严重，特别是在幼儿园期间，一着急，急得满头大汗却说不出来。我回想一下，越是大人在我面前说：“不着急，慢点儿说。”我越说不出来。如果是很放松的时候，比如和小伙伴一起玩，很少出现说不出来的时候。从上小学三四年级后，就不知道什么时候就好了。

如果口吃经常出现，需要一些引导。口吃是不由自主的，大部分与紧张和压力有关，越紧张口吃得越厉害，所以刻意纠正既效果不好，还会让孩子增加心理压力，形成口吃和紧张的恶性循环，这样还不如不管，责怪、责骂更是大忌。

在孩子偶尔出现口吃的时候，我们首先要做的是淡化此事，或者减轻孩子压力，可以轻描淡写地告诉他：这没什么，一般人紧张了，说话都会有点结巴呢！

然后在日常交谈中逐步引导孩子。父母与孩子说话的时候要放松自然。如果孩子一时没接上来，也不要急着提醒，切忌说："你看，怎么又口吃了！你不能想清楚，把一句话一下子说完吗？"我们可以自然而然地继续往下说，使孩子沉浸在自然交谈的气氛中，不去注意自己是否口吃，这样逐渐养成放松、自然、从容的说话习惯，在这种情绪和语速习惯下，口吃现象自然逐渐缓解。

我家孩子小时候有一段时间口吃严重，严重到了有一次走在路上见到我的同事，我让她叫阿姨，还没等她"啊……啊……"完，人家就走了。孩子的自尊心也受到伤害，很长时间见了别人都不打招呼。幸好我知道这是孩子语言发育跟不上思维发育，也就是嘴跟不上脑子，经常是脑子想到了，嘴里还没有组织好合适的词汇来形容，因此就口吃了。这是正常情况，我不让任何人批评她，她口吃了，我就微笑着等着她说完，口吃得太厉害了，我就让她慢慢说。碰到同事，邻居，她不愿意打招呼就不打吧，我也不勉强。那一阵子，谁当孩子面说她口吃我就跟谁急，就是害怕她越紧张越口吃。这个过程持续的时间还挺长，好像有一两年的时间，以至于中间有一阵子我都坚持不下来了，准备领她到儿童医院去看看，可是最终还是没有去。终于，孩子不再口吃了，现在老师评价：语言特别优美！

孩子自慰怎么办

自慰是一种正常的性行为，所以，现在一般不称为手淫，与道德关系不大。孩子越大，自慰的现象越普遍。

玩弄生殖器

孩子从两三岁起，就可能会有玩弄生殖器的现象。这种情况的出现有偶然因素，越是制止、批评、惩罚，越会激起孩子的兴趣，反而强化。说白了，这不是什么坏行为，无关道德，最好淡化，或温和地提醒一下，可能不知不觉中就消失了。

前段时间我也为儿子这样的事情头疼苦恼过，开始是提醒，说服，甚至动过粗，我请幼儿园老师也天天提醒他，但是一天比一天厉害。后来求助维尼老师，老师告诉我这很正常，要淡化。所以我和老师都不太关注他这件事情，现在儿子这样的行为反而几乎看不到了。

夹腿综合征

学龄期儿童，特别是女童，可能会有夹腿综合征。这属于一种自慰行为，有的是不由自主的。

一位二年级的女孩，在课堂上做测试卷以及在家里写作业时，常常不由自主地夹腿，身子扭动，妈妈说了多次也不见改变。经过讨论分析，我发现这种情况都是在孩子紧张焦虑的情况下出现的，其实质是对紧张焦虑的习惯性宣泄，和抽动的原理是相似的。所以，我建议妈妈不要给孩子施加压力，也不必有意去纠正这种行为，反而应该理解和接纳，减少孩子因此而产生的自责和压力。我和妈妈想了些办法，孩子的紧张焦虑逐渐减少。这样虽然没有就直接纠正夹腿的行为，但是夹腿现象自然消失了。

青春期自慰

青春期自慰很正常，很普遍，与道德无关，无需指责。只要不是太频繁，对身体也没什么太大影响。最大的影响就是因此而自责、有罪恶感，觉得做了见不得人的事情，导致恐惧、自责、压力太大。所以，如果孩子知道这很正常，就没什么危害了。

所以，无需大惊小怪，这只是说明孩子在长大。

如何预防孩子同性恋的倾向

同性恋现在不是什么稀奇的事情，中学生同性恋已经不是什么新闻了。有的孩子表现出一些倾向，让父母担心，比如男孩偷穿妈妈的丝袜、裙子。

我个人是理解和尊重同性恋的，之所以说要预防，不是歧视，而是出于现实压力的考虑。部分同性恋与后天的环境有关系，所以，预防还是有一定作用的。

从小注意塑造孩子的性别角色

性别从生理上来看是天生的，但性别的心理角色与后天的塑造有关，比如，生活在纯女性家庭的男孩子容易有“娘娘腔”的倾向。有的父母给女孩子留短发，不给穿裙子、漂亮衣服，形成假小子的形象，结果同学们会像待男孩子那样对待她。

防止孩子形成对异性的错误印象

有的家长告诉女孩要小心男孩，甚至说男孩不是好东西，这可能造成孩子对异性的排斥。有的老师为了管理的方便，排斥男女之间的交往，告诉女孩：男孩子都很讨厌，这也容易造成女孩对男孩的偏见。有的女孩见多了娱乐圈里的看似完美的帅哥，而现实中的男生看似差距很大，也可能会认为男生没有吸引力。

不要禁止异性的交往

有的家长把学习放在第一位，其他的很少考虑。为此目的，告诉孩子不要和异性交往、接触。初中以后的孩子往往有情感的需求，如果你禁止了异性的交往，他(她)就有可能转到更隐蔽的同性那里去，而且对异性的真实情况更加没有体验。

现在孩子的观念与上世纪六七十年代的人不同，他们有的把同性恋看成一种时尚，而且中性文化很有市场，所以，禁止异性交往，可能会增加同性恋的可能性。

保持交流的通畅

父母和孩子保持交流、沟通的通畅，这样才可能及时发现孩子心理的变化，早期干预。当你发现孩子对异性不感兴趣的时候，就要考虑这方面的风险了。当孩子还处于萌芽状态或选择的十字路口的时候，恰当的引导还是有效的。

强迫症的相关行为

妈妈：维尼老师，孩子5周岁了，不知道为什么很任性，我和他讲道理，一点儿也不管用。比如有次已经坐上公交车了，看到又来了一辆他喜欢的颜色的公交车，车已经开了，他非要下车去坐那辆，大哭大喊。他心里认定一个东西，想让他改变，感觉他会很痛苦，所以他会很坚持。另外，在以前，如果有很多气球，他一定要某一颜色的，如果拿不到那个满意的，他不会选择其他的。

维尼：这可能不是任性，而是有强迫倾向，所以，就会非要某种颜色的气球，非要坐某种颜色的汽车，这样才安心，不然，心里很不舒服或者难受。这需要顺着孩子的想法来，先让他放松下来，不能强行纠正，那样会让孩子很紧张。

妈妈：谢谢您的提醒。近几天一直对他使用冷处理和威严的方式，看来又走弯路了。

维尼：建议多用淡化的思维去改变他的习惯性思维，比如常渗透：这个颜色的公交车不错，别的颜色也挺好的。

妈妈：是啊，以前这种现象更为突出。看了您的博文之后，我总和他说无所谓，差不多，哪种颜色的气球都好看，他也逐渐会接受其他颜色的了。看来还是要用这种因势利导的方法啊！

1. 两类强迫倾向的行为

第一类： 床单一定要整整齐齐，不能有一点折痕；所有的纸，必须平平整整的，如果折了，就会大哭，并要求换一张；一定要某一种颜色的东西，不给就会哭闹；去熟悉的商场超市必须走固定的入口，走了别的入口哭闹不止，要求倒回来重新走；电梯按钮必须自己按，别人按了就大发脾气。

第二类： 下车后总要反复确认门是否锁上；总觉得手脏，会反复洗很多次；上大便必须全部脱下裤子；反复数路边的树、楼房上的窗口、路过的车辆和行人。

很多父母认为孩子这是任性、无理取闹，所以觉得不能娇惯孩子，会去强行纠正、制止这些行为，结果孩子大哭大闹，行为却一点也没有消退。

这两类行为有两个特点：第一，不由自主地去做；第二，如果不能得到满足，就会感觉难受、紧张、焦虑。这与强迫行为的特点是相似的。

所谓强迫行为就是指明明知道持续存在毫无意义且不合理，却不能克制，从而反复出现的行为。强迫行为有不由自主的特性，自己也控制不了，如果不去完成，感觉很不舒服，或很难受。

不过，这种行为只是别人看起来毫无意义且不合理，自己还是觉得有必要如此的。比如，反复洗手是因为他觉得手不干净，而手的确不可能很干净，所以他需要反复去洗。

第一类行为在四岁之前可以称为"秩序敏感期"行为，如果上学之后还是如此，就称为刻板行为或仪式化行为，也属于强迫倾向的行为。

女儿有些秩序敏感期的行为，有时不小心把她的东西弄乱了，忘了拿东西，她很不高兴。看了维尼老师的文章以后，我在安抚好她的情绪后会在事后改变她的认知："爸爸妈妈是不小心的，弄乱了我们也可以再弄好，没有关系的。"刚开始一段时间她不接受，后来慢慢有所改变。比如，前几天和她一起出门，她的几本书忘在家了，刚开始紧张了一下，不过又说："算了吧，忘了就忘了吧。"

第二类行为属于典型的强迫倾向行为。

不过，父母也不必太担心，因为大部分孩子这样的行为不应该被诊断为强迫症。强迫症有一个要素是"反强迫"，就是一边有着仪式化、刻板的行为，一边极力想摆脱，为之而痛苦。如果孩子没有意识到这种行为是不应该的，也没有摆脱的想法，也不为之苦恼，就没有“反强迫”，所以严格来说不是强迫症，只是可以定性为有强迫性质的行为。

2. 如何预防和应对

网络上对强迫症有妖魔化的倾向，其实没有说的那样严重，如果能够接纳它，没有反强迫，也不对生活构成太大的障碍。可能很多人都曾经有过类似的经历或体验。我二十多岁时就有一些强迫症状：比如反复检查钥匙在不在兜里，门有无锁好，煤气是否关上。不过我能够接纳这种行为，虽然稍感困扰，但也没有什么大的影响。最后，通过认知行为疗法，逐渐克服了这些行为习惯。

如果父母强行纠正这种行为，孩子会认为自己不能有这种行为，极力摆脱，但又不由自主，这就形成了反强迫，变成了真正的强迫症了。

我儿子每天早上会花十几分钟来整理床铺,铺的被子有一点褶皱就会觉得难受,我想强行纠正,结果孩子觉得这样总去做无意义的事情很不好,又开始因此而焦虑,压力增大,后来逐渐发展为台灯必须在桌子正中,椅子也必须在桌子的正中间,强迫症状更严重了。

从性格特点来看，追求完美、对事情有较高标准、谨慎小心、事事要求正确的人容易出现强迫行为。所以，如果我们对孩子少些高标准严要求，多渗透“三种思维”等淡化的思维模式，对于预防强迫症有帮助。

如果孩子较小的时候出现了仪式化或刻板行为，需要及早引起注意。有些可能会自行消退，但有些会变成强迫行为。如果已经有了这一类的行为，父母首先要做的不是禁止而是淡化，顺其自然，告诉他想做就做，没什么大不了的。这样，会减少压力、焦虑，没有反强迫，有助于行为的消退。

比如孩子明知道多次洗手没有必要，但还是无法摆脱洗手的愿望，反复去洗手。如果孩子因为自己的行为而痛苦，非常想摆脱，这是比较糟糕的；但是如果他能接纳自己的行为，心情平静，只是多次反复洗手而已，影响不是很大。

在接纳之后，如果想改变这种行为，较有效的做法是反复渗透淡化的思维，让孩子不再执着于某种方式，不过需要较长的时间，不能着急。

维尼育儿经：我女儿曾经有一段时间扎辫子会反复扎好多次，因为她追求扎得完美。我和她说已经不错了，她觉得不满意还要再去扎。这也是一种强迫倾向的行为。后来，我一边允许她反复扎多次，一边抓住机会渗透：扎得差不多就可以了，没什么关系，其实别人不大注意。慢慢地，过了三四个月，这个行为不知不觉就消退了。

“我儿子5岁，爱发脾气，容易紧张，爱追求完美，东西要摆整齐，对准，画得不好就大哭大闹，摆得不好也大哭。现在总是觉得手上有水，不停地搓手指，觉得有水就要擦，而且擦很久，同时大哭，很难受的样子。如果让他洗手什么的就会大哭。我向维尼老师请教，老师判断这是一种强迫倾向的行为。老师说孩子想擦手是不由自主的，不要制止，而是顺着他，想擦就擦，以很平静放松的态度对待这件事，让他感到这没什么。所以，有一次，说手湿了，开始哭，我马上说湿了我帮你擦擦。还不太高兴，我就一直擦，边擦边喂他吃饭边玩，心情逐渐好点了，问我：“擦好了吗？”我说再擦擦吧。一会儿又说：“擦到大拇指了。”我马上笑着说：“原来擦错了。”一会儿，又问擦好了吗，我说再擦擦吧。又过一会儿，估计他自己也够了，就跑去玩别的了，我拉着他说别走，再擦擦。他也哈哈大笑起来，我们就逗着玩似的一会儿玩一会儿擦。这样慢慢，过了几个星期，他说手湿的次数越来越少，擦的时间也越来越短，也不大因为这个而哭了。”

实例：孩子抑郁了怎么办?

抑郁状态是一种情绪和认知交互作用的恶性循环。在抑郁状态下，只对灰色的、负面的方面敏感，放大其影响，而对乐观、积极的方面感觉迟钝，所以认知是消极的，受此影响，会更加悲观、难过，所以走出来较困难。如果孩子暂时陷入抑郁状态，首先要给予支持，帮助调节情绪。然后，在状态较好的时候，改变孩子的认知，让孩子看到积极乐观的方面，改变对于事情负面影响的夸大看法。

女儿读高二，去年8月下旬，她晚上回到家，说：“妈妈，你开导我一下吧，我好烦的，不想读书了。”我这才意识到女儿情绪不对劲。她情绪低落，没聊一会儿就哭了，哭得很伤心和无助，她说，“你每天这么辛苦，我花那么多钱，成绩不好怎么办？看到别人开开心心都学得这么好，我觉得好孤单，就想哭。我想换班，回原来的普通班，我不想在这个班里垫底，待在这个班我特别烦。”我才发觉自己太粗心。最近几天，女儿一直都有话想和我说，但我不是累了就是自己睡了，没和她好好聊过。自己觉得给了她吃的、用的就很好了，还觉得和我小时候比她多幸福啊！怎么会有这些莫名的烦恼呢？

看到女儿的状况，我很惶恐，我用最大的耐心、所有的招数来宽解女儿的心，可过了十来天女儿还是情绪低迷、痛苦和烦躁，所以我向维尼老师咨询。老师判断是抑郁状态，建议主要通过改变认知来减轻孩子的压力，同时慢慢调节情绪。有了维尼老师的指点，我也明朗和坦然了很多。但这真是一个反复折腾的过程，有时早上上学还好好的，中午就会突然发信息给我，“妈妈，我坐在教室里很烦。”我心疼女儿无法排解的郁闷，我内心也有崩溃的感觉，这样的情绪什么时候才能好起来呢？维尼老师建议我多陪她，我只能在午饭时间打电话聊，晚自习前偶尔给她送吃的，陪陪她。女儿见到我常常抹眼泪。这段时间为了陪伴女儿，我身心俱疲。女儿也问我，“妈妈，我怎么还没好啊？要多久才好啊？”

维尼老师用三种思维来帮助她分析。一是坏事会变好事，这场风波早晚都会到来，高二出现比高三出现好，这种经历对她心理成长的作用比学习多少知识更重要。二是很正常，没什么。现在不想学就不学，多大的事呢？我们学的是文科，看书自学容易得多。从普通班突然进入重点班，不适应也很正常。三是学习努力就好，至于能学什么样，顺其自然。只要正常发挥，还是能考上大学的，至于是一本还是二本，没有太大区别，将来关键还要看个人的综合素质。

9月份，女儿有无数次想休学的念头，维尼老师说先看看。后来看女儿在学校那么难熬，我也想让她休学算了。老师说，再坚持几天。后来女儿状况好多了，情绪好的时间越来越长。有时我不理解孩子，忍不住在维尼老师那里抱怨：“孩子怎么想那么多没用的呢？什么不想不就行了？”“晚上回家要玩一个小时的电脑，12点才睡。”维尼老师说：“相信孩子是想好的，她是克制不住自己情绪才会这样。”“玩电脑就玩电脑吧，也是宣泄情绪。”这样想，我也没那么焦虑了。

值得庆幸的是，过了一个多月，女儿安然地走过来了，相信经历了一些状况的女儿会更坚强。这学期，女儿回家也不玩电脑了，脸上笑容也越来越多，人也快乐起来了。我原来对女儿寄予厚望，盼她各方面都优秀，出人头地，但是没有注意帮她减压，反而是在加压。我现在是将孩子的学习彻底放下了，孩子心灵的健康和快乐比什么都重要。

今年这学期，女儿的同桌休学了。听女儿说，这学期她同桌常绝食、割腕，最终休学。其实如果能像我女儿一样及时地疏导，同桌也能顺利地读书上大学，这一休学，有的孩子就再也没有勇气踏入校门了。

维尼：这位女孩当时陷入了抑郁的状态，在这种情况下低落的情绪对认知的影响很大，对于事情积极的一面感觉迟钝，对于消极的一面感觉敏感，情绪容易低落，陷入恶性循环。要想走出来，只能慢慢改变认知，多给孩子以支持，多陪孩子聊天，以调节情绪，这样慢慢形成良性循环。这个周期至少需要一个月以上。

小心“被”精神病

精神分裂症（简称精分）听起来可怕，但更可怕的是，本来不是，却被诊断为精神分裂症。虽然精神分裂症有严格的诊断标准，但是目前精神科医生水平参差不齐，部分可能根据出现幻听、幻觉、妄想等症状，就马上诊断为精神分裂症。

其实，单纯的幻听可能是一种正常的心理现象。比如我们很多人会有这样的经历：手机铃声没响，却好像听到铃声响了。一个正常人，在极端情绪之下，也会出现幻听、幻觉、妄想。

一个高中的孩子，很叛逆，有段时间情绪波动激烈，也表现出有幻觉的症状，妈妈很担心，把她送到精神病院门诊，医生只根据幻觉这个症状就马上诊断为精分，住院两周。但是后来医院专家查房，明确说明不是精分，只是有情绪障碍，所以出院。但是这两周的住院却给孩子留下了难以磨灭的伤痛。

现在孩子的心理健康情况让人忧心，有时会在压力很大的情况下出现一些精神症状，此时应当谨慎，不要轻易定性为精分。

一个沉重的话题说出来是为了避免不必要的悲剧的发生！

第二章 孩子貌似“多动症”怎么办

有些孩子貌似多动的症状其实并不是注意力缺陷障碍，而是因为没有规则意识、太自我随性、或者学习没有兴趣。所以，采取相应的措施去改善多动的行为，不需要治疗就能改善。

这些是多动症吗？

“孩子上课不认真听讲，下课追跑打闹，经常打痛别的同学，站队推别人，不会回答的问题还举手，控制能力差，做操不好好做！老师和我们说了很多次都不管用，这可怎么办？”

这是所谓的多动症吗？先看看多动症的定义：智力正常或基本正常，但学习、行为及情绪方面有缺陷，主要表现为注意力不集中，注意短暂，活动过多，情绪易冲动，在家庭及学校均难与人相处，日常生活中常常使家长和教师感到没有办法。

在我看来，不少所谓的多动症其实是“伪”多动症。因为多动症是注意力缺陷多动障碍的俗称，而这些貌似多动的孩子，做喜欢的事情时，比如看动画片，玩玩具时注意力很好。

小孩子，尤其男孩，本身就好动，容易坐不住、走神，这是自然表现，并不是什么“症”，大部分随着成长自然会逐渐改善。为什么表现多动，是有原因的。比如不知道要遵守规则，不怕老师，对学习、上课没兴趣，习惯还没有培养好。

老师和学生的游戏，对于预防多动有帮助，可以从三四岁开始玩。

前段时间，5 岁的女儿在上英语课外班的时候，老是在凳子上动来动去，用手一会儿摸摸挨着的同学，一会儿摸摸挨着的桌子凳子，在舞蹈课上纪律也不好。维尼老师建议多玩老师和学生的游戏来让孩子懂得上课的规则。所以，我会经常和孩子玩这样的游戏，具体做法是让孩子扮演老师的角色，我和动物玩具扮演学生的角色。在课堂上，我时而摸摸左边兔子的耳朵，跟她说悄悄话，时而拍拍右边乌龟的背，女儿一开始只是有点严厉地叫我的名字，然后就叫我起来讲故事,故事讲完后,我认真地听她讲了一会儿,然后又装着坐不住的样子,女儿又严厉地点我的名,最后忍无可忍地抱着我说:“妈妈,能不能听我说?气死我啦!”语气带有无奈和撒娇的意味。见时机已到,我说:“看,同学们都在说话,不听老师讲课,老师是不是很难过呢?”女儿点点头。“那从今天起,我们做一个不一样的自己,相信自己好吗?”我看着女儿的眼睛说。女儿使劲地点头回应我。在之后的几节英语课堂上,我真的看到了不一样的孩子,那个上课老摸东摸西的女儿不见了。

实例:自我、随性是多动的一个原因

孩子貌似多动,首先要分析内在的原因。

维尼老师,这阵子我很苦恼,昨天老师又请我去学校了,而且所有任课的老师都跟我反映,说孩子上课玩东西,不注意听讲,还有时自己哼着歌,全然不顾是在上课。排队的时候和别的同学闹着玩,拉着同学满操场跑。以前说他还听,现在不仅不听还跟老师顶嘴,老师罚他站,他跟老师说不站着,凭什么罚我?课堂上老师让写拼音,他直接说我不写。我们家比较开明,凡事都尊重孩子的意见,他是那种比较西化的孩子,有些太过自我,随性。

他也能明白什么是对的,什么是错的,但是上小学都一个月了,不仅没改而且更厉害。这是多动症吗?

第一次咨询

维尼:孩子的“伪多动”表现与西化的教育有关系,尊重孩子的意见本身是不错的,但没有注意让他尊重别人的想法,学会守规则。这需要慢慢改变孩子的习惯性思维。

妈妈:您说的对,可能就是因为没有遵守规则的概念。跟他讲道理,他能听进去,但是做的时候又忘了。

维尼:以前他认为有做自己想做的事情的权利和自由,这已经成为习惯性思维了,现在要让他意识到还要守规则,这需要一个过程。不过,只讲大道理不行,可以每天问问在学校的表现,结合这些具体的事情来探讨,比如排队打闹为什么不好,上课唱歌老师是什么感觉?

两周后

妈妈:您好,最近孩子表现还行。有些老问题,不过老师反映他不再顶撞老师了,也能遵守纪律,还得了几朵小红花,但是有几天作业没记住。

维尼:在他表现好的时候多鼓励,有问题的地方不必训斥。可以和孩子探讨一下,他自己对此事是怎么看的?

妈妈:他也觉得上课不听讲不好,可是管不住自己。还有他觉得没记住作业不是大事,也不承认打扰了别人,他觉得自己的行为不是打扰别人。

维尼:这就需要继续改变他对这些具体事情的认知,比如为什么需要记住作业?为什么打扰了别人?和他心平气和地探讨。

妈妈:好的,我们会找机会跟他讲。我也不奢望他一下子就能改好,毕竟男孩子好动是天性。

两个月后

维尼:孩子最近如何?那些表现还有吗?

妈妈:挺好的,老师说他现在特懂礼貌,作业也记得住,有时上课走神,排队时跟同学说话,不过老师拍他一下就改过来了。男孩子难免小动作多了些,我们也不说他。

实例：有效沟通有助于改变多动

儿子 4 岁多了,不知道害怕老师。在幼儿园上课时,注意力时间不长,一节课到最后几分钟很难坚持。有时会跑到凳子上站着,有时做出搞笑的行为吸引同学注意力,还会拒绝老师的要求。曾怀疑过孩子是否有多动症,但是他看动画片、亲子阅读、玩沙都很专注,看了维尼老师博文,我没给他贴上多动症的标签。

维尼：很多孩子的所谓“多动”行为仔细分析都是有原因的。

比如在幼儿园吃蛋糕,孩子吃了很多。老师问大家:蛋糕好吃吗?其他小朋友都说好吃,只有他说:好难吃呀!原来是因为他吃多了,吃得都想吐了。妈妈提醒,上课时要认真听老师讲课,眼睛要看着老师。孩子不屑地说:“那都是傻子,一句话都不说。”

维尼：孩子如果有这样的认知，自然不会去认真听讲。这就需要去沟通，以改变他的认知。

我想了一些办法。一是及时了解儿子在幼儿园的情况。儿子开始不愿意说，我就先说出我们学校发生的事，儿子听起来很有趣，之后他也激动地噼噼啪啪地说出来他在幼儿园的事情。沟通时注意态度要温和，这样孩子觉得你尊重他，也不怕被训斥、批评，才愿意和你说，也愿意听你的。

二是和老师沟通，了解孩子情况，这样才能有针对性地改变他的行为。比如孩子跟我说玩丢手绢游戏，他一次也没有玩到，孩子哭得很伤心。后来从老师那里了解到是因为孩子没有遵守游戏规则导致。我就给孩子分析不遵守游戏规则的弊端。然后拜托老师在玩游戏时提醒孩子遵守，这种情况就逐渐少多了。

当孩子不知道遵守规则的时候，一定要让孩子懂得为什么这样不好，态度要坚定一些，让他知道这是需要遵守的，不可以随心所欲。同时也要注意方法。

老师教小朋友玩蒙台梭利教具二项式，儿子总是拒绝老师，说："我不要你教！"于是跑了。我想这是因为他不懂得不应该拒绝老师。我和孩子玩"老师和学生"的游戏，让孩子当小老师，体会被拒绝的感觉。再和他说道理："宝宝，你是不是很喜欢玩小老师的游戏呀？如果小朋友都不听你招呼，你难过吗？"儿子点点头。我又说："所以今天老师也很难过，为了不让老师难过，我们不再拒绝老师好吗？"在这之后就好多了。

讲道理，要用这个年龄段孩子能理解的方式，他才能明白。比如孩子被老师批评了，他会跑。我就将班上同学对老师批评时的态度，用讲故事的形式讲给了儿子听，他听得津津有味。听进去之后这个问题就好多了。这样，过了几个月，孩子这些貌似多动的行为越来越少了。

第三章　抽动症的治疗

抽动症状的本质是对内心紧张焦虑的一种习惯性宣泄，所以我们需要改变自己的教育方式，不去压抑孩子；可能还需要改变孩子过于追求完美、争强好胜的性格，减少孩子自身的紧张焦虑。我的家庭教育的理念和方法会让孩子放松快乐，恰好适合于抽动症。

实例：为了拯救你，我的宝贝，妈妈甘愿付出一切

人们常说，妈妈是最伟大的，为了孩子可以牺牲一切，只要孩子健康、快乐。可是为什么，我们这样爱孩子，孩子还会得抽动症呢？现在才明白，虽然我们爱孩子，但是爱的方式不对。

我的孩子从小胆小，脾气也不好，爱大声喊着说话。有段时间我和他爸爸教育孩子的意见不统一，再加上工作上的不顺和生活的琐事，我经常把火发在他和爸爸身上，孩子深受折磨，他不知所措，惶恐不安。那段时间里，我发现孩子不快乐了，他和我们之间的玩耍少了，脾气更糟了，而且会大声和我说话。

孩子的小学老师非常严格，我的儿子很调皮，爱搞小动作，爱说话，上课注意力不集中，有时候甚至会离开座位。老师几乎天天把他留下，天天说他，批评他，回来后我们也批评他，但他总改不了，还是天天被留下。一年级上学期，老师呵斥，父母训斥，一天我发现孩子的头和脖子像打冷战似的抖动，原来是被老师关入了小黑屋，后来诊断为“抽动症”。自此以后到处寻医问药，但是都没有效果，时好是坏，症状也由眨眼、吸鼻到抖肩，交叉出现。我和老公陷入了苦苦的挣扎之中。我们开始反省，是自己给孩子压力大了，刺激到了孩子，当然与老师太严厉也有关系。

维尼：孩子本身就比较胆小敏感，加上老师家长来轮番施加压力，还有小黑屋的刺激的诱发，有了抽动症状，是一个自然的结果。

后来看了维尼老师的博文，才知道抽动症并不是什么大问题，可以通过改

变教育方式逐步改善。读了之后我感悟颇深：本来自己是爱孩子的，却因为教育方法、方式不对，爱孩子的方式不对，结果造成了这些问题。

孩子一年级时数学不好，连10以内的加减法都不会做。在辅导他作业的时候，我经常发脾气，甚至说他"你咋这样笨"。我有种恨铁不成钢的感觉，因为我从小到大都很优秀，孩子咋没不像我？我性格急躁，所以训斥孩子，甚至是打。孩子在学校被老师说，回家被父母说，小小的孩子如何承受？承受不了当然要以某种方式发泄出来，所以也就如维尼老师所说的，有的孩子害怕，受委屈会哭出来，有些就没事，大大咧咧，有的（像我们的孩子）是细腻型的，就会以抽动的方式表现出来。我一度深深责怪自己，有时候会泪流满面。

我把维尼老师的博文打印装订成册，每天早中晚都要看一个小时。每次看都有新感悟，我开始改变教育方式，用维尼老师的认知疗法，先改变我自己，然后去理解孩子。我和老公一同看维尼老师的博文，因为我觉得家庭教育要同步，氛围要一致。经过我和老公的努力，过了二十多天，孩子状况非常好，身上基本不抖动了。他的眼神首先发生了变化，变得有灵光了；他爱笑了，也不大声喊着说话了，他愿意和我们亲昵。有次孩子突然问我："妈妈你咋不和我发火了？"我问儿子："是现在的妈妈好还是原来的妈妈好呀？"儿子贴着我，搂着我的脖子说："现在的。"我们在床上打起滚儿，嘻嘻哈哈地玩闹起来。

不光孩子好了，我们夫妻感情也好了，家庭氛围更好了。孩子并没有病，他只是心理受到了压抑，让孩子把内心的压抑释放出来吧，让他痛快地玩耍，不要总对孩子说"不行"，说"这个不能做，那个不能做"，让孩子放心大胆地去做吧，我们需要做的就是陪伴好，理解、宽容、接纳。

半年之后，我和老公的教育理念同步了，我们常带孩子一起玩，他很快乐，在学校也有进步，上课不乱说话了。和老师沟通后，老师的批评少了，鼓励多了。

现在孩子也变得豁达，一般的小事情他不会动怒。他经常说的一句话是："天上飘着五个字——啥都不是事。"他会很容易原谅别人的错误，并乐于帮助别人。他变得越来越自立了，越来越不怕黑了，爸爸出差的时候他会跟我说："妈妈不用怕，晚上我保护你，我是家里的小男子汉。"我很欣慰，看到孩子能够健康成长是我最大的幸福。至于抽动，已经没有了。

抽动症是怎么回事儿?

目前抽动症儿童越来越多，较常见的抽动症状有频繁地眨眼、挑眉、伸舌、舔唇、摇头、耸肩、发声、清嗓子等。有这些表现不代表是抽动症，但如果经常出现，就需要考虑抽动症的可能性了。

抽动症的本质是什么?

我在20多岁的时候，四肢、腹部、头皮、脖子、下巴等部位都曾经不由自主地抽动过，持续了几年时间。这段经历，让我对抽动症有了切身的体会。

我认为，**抽动是对于内心紧张、焦虑，身体不舒服、头脑疲劳的一种习惯性宣泄动作。**

我们可以观察到，孩子放松、舒服、平静的时候，这些动作很少，相反，紧张、焦虑、兴奋、疲劳、瞌睡、生病时动作就较多。

抽动其实是一种无意识的放松，它和心理咨询中用到的肌肉放松法（用于减轻焦虑恐惧）是相似的，都是先紧张一下，再松开。比如腹部肌肉放松法就是尽量收紧腹部，好像别人向你腹部打来一拳，你在收腹躲避，保持收腹10秒钟，然后放松。它和腹部抽动的区别在于它紧张的时间较长，而且是主动紧张；而抽动是下意识地短暂（一两秒）紧张；相似之处在于都是通过肌肉紧张，之后自然获得放松。所以，抽动有好的一面，孩子下意识地通过抽动，来缓解、宣泄紧张焦虑或者不舒服感，这是人的一种自然的生存本能。

看到孩子抽动，父母可能感觉难受，但是孩子自己并不难受，因为这缓解了他的紧张焦虑。当然，如果太频繁，肌肉疲劳之后会有些不舒服。抽动是不由自主的，孩子无法自控，所以，要求孩子不要动是没有用处的。如果提醒太多，会增加孩子的压力和紧张，反而加重抽动。

抽动症是最简单的心理问题，抽动动作只不过是一种习惯性动作，本身没什么，最多看起来奇怪。它是一种信号，提醒我们关注孩子的心理状态，放松快乐就是一剂最好的良药，不紧张焦虑，抽动自然减轻了。

抽动症的成因

抽动动作最初出现的原因有多种，比如眼睛不舒服引发眨眼，嗓子不舒服而清嗓子，或者经历强烈心理刺激的突发事件。如果孩子原来就经常紧张焦虑，那么这些偶然出现的动作就可能成为习惯，形成抽动症。

抽动症的形成有一定偶然性，不是必然的。孩子的紧张焦虑总要以某种形式表现出来，有的发火，有的自残，有的强迫、抑郁、焦虑，有的会抽动，抽动是其中比较轻微的一种。

孩子的紧张焦虑有的来自外界，包括家长压抑的教育方式、老师的严厉、学习压力大等；有的来自孩子过于追求完美、争强好胜、敏感脆弱、急躁的性格（追求完美的孩子可能同时有抽动、强迫症状）。

另外，诊断为抽动症之后，家长压力可能很大，如果把自己的紧张焦虑传递给孩子，也会加剧孩子的紧张焦虑。

如何逐渐改善抽动症状

什么情况下抽动症会越来越严重呢？这是父母最担心的。通常有三种情况：一是父母不改变教育方式，孩子开始逆反，矛盾增多，更加紧张焦虑；二是孩子的性格问题越来越严重，学习压力越来越大，紧张焦虑增多；三是孩子看到别人异样的眼光，导致过分在意抽动，压力增大。反之，如果父母注意从这三方面改进，孩子的症状不但不会严重，还会越来越缓解。

应用我的家庭教育理念和方法，会让孩子放松快乐。孩子有了抽动症之后，很多人都知道要对孩子宽松一些，但是不知道如何把握好度，有的什么也不敢管了。而我的家庭教育方式能够体现严格和宽松的平衡，顺应孩子的心理，他会放松快乐，变得懂事好商量，也会合作，愿意接受我们的帮助和指导，有利于学习等实际问题的解决。

孩子的性格问题，可以通过渗透合理的思维模式得到改进，参考第 250 页《如何帮助孩子管理情绪》，第 273 页《如何调适孩子的性格》。

为了减少孩子的压力，建议父母少带着孩子到处求医问药，那样孩子会被贴上有病的标签。另外，可以向孩子渗透淡化的思维，比如告诉孩子，这只是一个不好的习惯，有人爱放屁，有人爱吐痰，这些动作这只是一个不大好的习惯而已。

用三种思维减轻父母的焦虑

孩子被诊断为抽动症之后，父母可以用三种思维说服自己：

坏事变好事。孩子的抽动症状出现得早也是好事，它能暴露出我们教育的问题或孩子性格的问题（这些问题本来就是存在的），促使我们及早解决这些问题，这也是我们和孩子成长的机遇。如果晚出现，那么这些问题会越来越根深蒂固。

很正常，没什么。抽动是最简单的心理问题，本身只是对紧张焦虑的习惯性宣泄，不是什么大问题，只是看起来奇怪而已，需要关注的是孩子的心理状态。

顺其自然。已经如此，就接受现实。孩子的动作会持续一段时间，出现就出现吧，那样会缓解他的紧张焦虑，感觉舒服。

这样父母的焦虑会慢慢减少，心态变得平和，对孩子症状的缓解有好处。

吃药是否有用

西药会暂时缓解症状，但是副作用较大；有的中药对调养孩子身体有帮助，让身体舒服些；有的中药能直接调理情绪，所以会起一定作用。但这些都不治本，试想如果家庭教育方式不改进，性格不改善，孩子经常紧张焦虑，那么只是吃药，效果自然不乐观。所以，我不建议用药。

实例：顺应心理，孩子的抽动好了

在儿子出现抽动症状以前，我一直认为自己是一位非常用心、非常讲道理、非常合格的妈妈。我读了很多育儿书，早教也做得不错，儿子显得聪慧。但我对他期待太高，要求他每门功课尽量要考到100分，考不到就去追问他原因。不会的题目我讲两遍就很不耐烦了，总认为这么简单的题目怎么就不会呢？常常为一点小事就暴跳如雷，大喊大叫。

小时候我的父亲对我要求很严格，我也会下意识地要求孩子事事做到完美，有一点没做好就会批评他。而更可悲的是我还一直认为自己是一个讲道理的妈妈，现在想想，那只不过是以讲道理的名义强迫孩子接受我的想法。他爸爸和我观点相同，认为孩子要从小管教，不能养成坏习惯，否则长大后就会一事无成。好好的孩子在我们夫妻的苛求下终于得了抽动症。三年级的时候孩子突然出现频繁点头、摇头的症状，我一开始不以为然，当时我们不清楚，还一味地要求孩子控制，认为是一种坏习惯。

维尼：很多人不懂得抽动症是不由自主的，要求孩子控制，反而加大了孩子的心理压力。

后来医生诊断为多发性抽动症。吃了很多药都基本无效,孩子还受了不少罪。后来接触到维尼老师的博客,我如饥似渴地看下去了。我看到了自己身上的很多问题和不足,下定决心要从自身做起,改变态度和教育方式。

我儿子抽动症厉害时,头几乎一两秒摇一次,有时哭着说头摇得疼,吃了一两年中药都没明显好转,孩子上课注意力无法集中,学习成绩直线下降。五年级时,孩子跟我谈心,说他现在是班上的差生,学习不好,老师也不喜欢他。

面对这个苦果,我不断反思,顶住全家的压力果断停药,按维尼老师的方法改变自己,用心理学的方法来帮助孩子。我对待父母和公婆以前总是不耐烦,说话很大声,让老人很不高兴,现在我经常抽时间陪父母和公婆说话,和他们谈心,注意自己的口气和态度,让他们觉得高兴。在对孩子的一些问题我也不再着急,遇到孩子因为题目不会而烦躁时我会安慰他,不用急,慢慢来,等心情平静下来再给他讲解,一步步引导他自己说出答案,让孩子的自信心逐步地恢复。孩子不想学习的时候也同意他先放一放,玩一会儿,心情好了再去学。有什么事情尽量和孩子商量着办,多听取和尊重孩子的意见,让他自己做主,在他下了决心但有时却没做到的时候不去责怪他,因为大人有时也会有坚持不下去的时候。我会提醒他,再鼓励他下一次接着做到自己定好的事。我学会了理解和尊重孩子,孩子有些什么想法都会告诉我,和我一起讨论,说各自的想法。

维尼:我的理念不是针对抽动症的,但这恰好是一种让孩子平和、愉快、放松的方法和理念,孩子放松了,自然就没有抽动症状了。

孩子的抽动症状也终于慢慢好转,现在不注意都看不出来了,不过那真是一个考验家长耐心和毅力的过程啊!更让我高兴的是他对家里老人的态度也比以前更亲密了,跟老人说话的态度大有改观,老人们都很高兴。

有一次,他不想洗澡,我生气了。他说,其实我自己觉得舒服就可以了,一天不洗也没什么关系的,这有什么大不了的呢?我仔细一想,对呀,儿子什么时候不知不觉地接受了这种平和的理念了,我为什么还要那么执着呢?

今年9月份开学以来,他的各方面表现都有很大进步。不过如果儿子没有生病,我就不会去学习,不会去成长,那么今后可能会带给儿子更大的伤害。

实例：改变教育方式，改变孩子敏感的性格

一位男孩4岁多有了抽动症状，妈妈在我这里咨询了一个月，改变了教育方式之后，孩子的症状基本消失。过了一年多，孩子因为过于追求完美、争强好胜的性格再次出现抽动症状，妈妈采用三种思维的方式，孩子症状慢慢减轻。在这个案例里，包含了导致抽动的两大因素：父母的不合理教育方式以及孩子的容易紧张焦虑的性格，很有典型意义。

2012年4月

4岁的儿子春节后一直有干咳等症状，诊断为抽动症。我一听就开始着急了，上网查资料，结果越查越紧张，越紧张就越焦虑。所以，我向维尼老师咨询。维尼老师告诉我："抽动症是一个最轻微的心理问题，不大影响生活，孩子也不大难受。而且，在4岁就暴露出家庭教育的问题，及时解决，这是你和孩子共同成长的机遇。"这让我放松多了，不那么担心了，遇到孩子干咳的时候，我就想：咳就咳吧，能舒缓压力也不错，慢慢来。

在后面的咨询中，维尼老师没有针对抽动症进行治疗，只是结合具体的小事发现、解决我教育的问题，给孩子放松快乐的环境，少一些紧张焦虑。

比如让我纠结的吃饭问题，我学着不去管他，玩着吃就玩着吃吧，像维尼老师说的"先理顺关系，再寻求改变"。

爸爸总觉得儿子哭不好，说这样软弱，维尼老师建议我鼓励孩子宣泄，想哭就哭，不要压抑孩子，后来他遇到不顺心的时候大哭，之后情绪很快就好多了。

以前从来不给他买膨化食品，现在想：吃就买点吧，不再像以前限制那么严格；对于孩子玩游戏看电视，我原来限制得很严格，后来我改变了认知，不再觉得"电视、游戏猛于虎"，对时间约定之后执行时有弹性，我发现得到满足后孩子很乖很自觉，也讲道理；限制少了，有些事情慢慢让他自己决定，他不像以前那样干什么总要请示我，放松多了。

我纠正孩子问题的态度也好多了。有一次他吃了一会儿手，因为手上有蜡笔，所以我说了他，不过不像以前那样气急败坏地说，而是温和地告诉他手上有蜡笔，不能放到嘴巴里。我对孩子的要求越来越宽松，而以前老是给孩子提要求，不想想这些要求其实自己都未必能做到。

维尼老师建议我多和幼儿园老师沟通，减轻孩子在幼儿园的压力，这是我

以前没有注意的，沟通之后对纠正孩子行为问题很有帮助；以前孩子对和小朋友玩不大感兴趣，也不会玩，他经常去推、拍、打小朋友，维尼老师建议我带着孩子一起多去和小朋友玩游戏，慢慢地，他也开始惦记着和小朋友玩了，在玩中学会了处理矛盾，开始用语言交流，而不是直接去抢玩具。

最近感觉自己越来越放松，对很多细节不再关注，孩子也跟着越来越放松；我自己能感觉到焦虑在慢慢离我而去，孩子干咳等症状慢慢地减轻，基本好了。虽然后来偶尔也还会有几声，我也不再那么关注了。改变需要一个过程，我自己的心态有时候还会有所反复，何况是孩子呢！

2013年8月

在咨询维尼老师之后，孩子情况一直不错。过去一年多，孩子突然出现了干咳、摇头等症状，而且有不断加重的趋势，所以再次找到维尼老师。

维尼老师和我一起寻找压力的来源，我突然想起来，孩子总是争强好胜，事事都要赢，如果他输了，还会哭鼻子抹眼泪的。孩子还有追求完美的倾向，写作业的时候每个字都要写得板板正正，有一点出格的地方他都要擦掉重写。维尼老师判断这次出现抽动就是由于过于追求完美的性格造成的，他自己给自己施加的压力太大，最近学钢琴的事情诱发了抽动症状。维尼老师让我平常多给孩子渗透三种思维、输了也没什么等淡化的观念，用孩子能听懂、能明白的方式告诉他为什么输了也没什么，平常多说，碰到什么事情都向他渗透，慢慢把这个观念变成他自己的口头禅。

老师给我指明了方向，我回家就开始一点点执行。和他玩剪子包袱锤游戏，我先跟他爸爸玩，然后输了就说："输了也没什么呀，并不能说明我不行。"如果赢了就说："赢了也没什么了不起的，也不是因为我有多厉害。"然后示意他爸爸也这么说，他爸就跟着我这么说，后来他也加入进来一起玩，慢慢他也跟着学会了，他输了自己也说："输了也没什么大不了的。"

学钢琴不顺利的时候，我就说"刚开始不会很正常，没什么呀。我刚开始的时候也不会的，多练就好了。"，压力小了，弹琴时他摇头的频率就少多了。

看到动画片里的阿迪做错了事，差点把蚂蚁们淹死，我就说："你看，阿迪不小心做错事情了，做错事情很正常，改了就好了。"以前他从来不会承认自己做错了事情。

作业他不满意了就去擦，我就在他旁边说："写得不错啊，不用擦。稍微出来一点没事的，很正常啊。”我也写字，故意把其中几个写得七扭八歪的，他让我擦了重新写，我说：“不用擦，我好久不写字了，刚开始写不好很正常，没关系的，不是我不行，我多练练就好了。”后来讲故事睡觉，在故事里他也总是要求做游戏他赢，我在里面也加上这些话，逐渐渗透。

孩子喜欢玩飞行棋，他总是千方百计赢我。我就跟他说：“这种棋运气很重要，运气好了就能赢，运气不好就会输，输了也没什么，并不是谁输了谁不行。”

我自己也想明白了，事情既然出现，也是好事，现在出现比将来出现再纠正要容易得多。孩子摇头的频率在慢慢减少，一个月左右，摇头的情况就没有了，变成了轻微的眨眼睛。现在孩子能主动让我们赢，不再像以前一定要他赢了。

2014 年 4 月

孩子的症状一直没有中断，但现在基本很少了，我一直在坚持给他渗透输了也没什么的观念，现在他输了有时已经能坦然接受了，有时候还会有点不高兴，但不会像以前那样反应强烈了。现在每天晚上我跟孩子谈心，他会跟我谈谈一天的心情，或生气、开心、遗憾的事。我就趁机向他渗透一些淡化的思维，效果还不错，对情绪有帮助，他更放松了，症状也越来越轻。

更多关于抽动症的案例参考本书第 30 页和第 233 页。

第六篇

孩子学习需要我们的帮助

如果孩子学习的能力、兴趣、信心都一般，那么就需要我们调节好自己的情绪去帮助他，等各方面越来越好时再逐渐放手。进步和成就感是兴趣最好的老师，信心来自成功或进步的体验。

适度帮助孩子学习

现在研究如何提高孩子学习成绩的书籍、文章很多，大部分都在讨论如何把孩子培养成天才、精英，或考入名校，但是能够有这样成就的孩子毕竟不会超过1%。大多数孩子都很普通，甚至学习存在困难，这就需要我们的帮助。

由于各种原因，我在上学前没有给女儿做多少早教，识字不超过 20 个，数学也只教了 10 之内的加减法。由于基础一般，所以，上学后在数学应用题、阅读、作文等方面遇到了不少困难，写作业最初也磨蹭。经过一两年的耐心等待和帮助，女儿在兴趣、信心、动力、习惯、能力等方面都有了不小的进步。所谓坏事变好事，这也让我拥有了如何教育基础一般孩子的亲身实践经验，这种亲身的经历是最宝贵的。从咨询的实践和读者的反馈来看，这种方法普遍适合于学习一般或遇到困难的孩子，对于学习好的孩子也有借鉴意义。

学习不要指望有什么速效的灵丹妙药。如果我们能一天天坚持，对孩子一点一滴地有效帮助，几个月、几年下来，孩子取得进步就是自然的了。

维尼小贴士： 建议大家重视启蒙教育，不过启蒙教育最好从有趣、好玩的方式进行，比如尹建莉老师用小卖部游戏教孩子数学，用指读的方式教孩子认字，这样有了较好的基础之后，上学之后会学得轻松，对兴趣和信心是有利的。

如果上学之前只是玩儿，孩子悟性一般，父母又不善于帮助孩子，那么上学后会遇到不少困难；不过如果上学前用生硬的方式强迫孩子学知识，也会早早破坏孩子的兴趣。

好孩子是鼓励和帮助出来的

好孩子是鼓励和帮助出来的！帮助孩子不断取得进步和成就感，加以鼓励，孩子的兴趣和信心就会增长，从而不断从成功走向成功，这比从不断的失败中走向成功要容易、可靠得多，尤其在这个学习压力很大的时代。

学习是孩子十几年内的一项主要任务，如果学得不好，也难以真正地快乐。所以，学习重要还是快乐重要，本来就不是对立的选择。鱼和熊掌，最好兼得。

一位爸爸：以前我觉得学习成绩不重要，因为现在工作与上什么大学关系不是那么大，只希望孩子多读点书，有比较强的学习能力，有比较好的承受能力，成绩好坏无所谓。看了维尼老师的博文，我改变了认知，看来还得重视成绩，不为好工作，为的是孩子当下的自信和快乐。

我们先调节好情绪和心态，处理好亲子关系，孩子合作了，愿意接受我们的帮助，这样，或者直接辅导提高，或者传授方法，帮孩子学得轻松些，帮他取得进步，体验到成就感，再及时、实事求是地鼓励肯定；自信建立在成功体验之上，进步和成就感又是兴趣最好的老师；有了兴趣和信心，孩子的学习就逐渐进入良性循环了，等孩子能力提高了，好习惯慢慢养成了，之后再逐步放手，孩子自然就喜欢学习了。之后再像"热水洗脚"一样逐渐提高要求、标准，孩子也愿意接受。

我已经经历了维尼老师说的先处理亲子关系，再培养学习兴趣，之后逐渐严格要求学习的全过程，实践证明这是正确的。

当然，帮助的方式很重要，如果是训斥、挖苦讽刺甚至打骂之下的帮助，还不如不帮，这样的"管"还不如"不管"。

为什么孩子的学习需要帮助

《樱桃小丸子》中，妈妈说："小丸子，连写作业都需要帮忙的孩子是没有出息的。"很多人可能就是这样想的，所以看到孩子学习遇到困难也不去帮助，本意也是想让孩子开动脑筋，培养独立思考、解决问题的能力，学会自主学习，但是结果很糟糕。

我辅导孩子数学题，一般只给孩子点一下，不肯多讲，让孩子自己想去，结果有时他想破脑袋也不知道如何做，灰心、气馁、烦躁，觉得自己笨，最后讨厌写作业。

教育需要因材施教。如果孩子的兴趣、信心和能力已经基本具备，就可以放手让他去挑战困难，独立思考，问题解决了对孩子是一种锻炼和激励，兴趣和信心也会增长。

但如果孩子能力一般，学习遇到了困难，自己无法解决，作业会做得困难，测验成绩不好，被老师批评，经常受挫，兴趣、信心受到打击，而且作业需要改错，被惩罚，所以作业更多，所以不爱上这一门课，进一步听课效果不好，作业更不会做，不爱做，厌学……进入恶性循环。

有的父母疑惑，为什么上世纪 80 年代父母都不大管孩子学习，现在我们就需要帮助孩子呢?

时代不同了，以前父母都不管，现在都在管，如果我们不帮助孩子，就是逆水行舟不进则退，落后了。而且现在学习的难度、强度大，超前，如果孩子能力基础一般，兴趣信心还脆弱，就过早放手，孩子力所不能及，挫败多了，就会挫伤兴趣和信心，不爱学习。

“我女儿刚上一年级的时候，做作业就是慢一点，其他都不错，也会一直坐在那里比较认真地做。后来我不陪、不管，让她独立做作业，她却变得磨蹭，不爱写作业。她看不懂题目，经常遇到不认识的字，基础也一般，理解方面有一些问题，我却一直没有去帮助她，她总是遇到困难，就不太喜欢写作业了。”

先加辅助，逐渐放手

教育有一个重要原则就是“量力性原则”或“可接受性原则”。含义是教学一定要适合学生的知识和能力水平，防止发生教学低于或超过学生力所能及的限度的情况。“力所能及”是我们对孩子提要求时所要经常想到的。如果总是用超过孩子能力太多的标准要求孩子，对孩子学习的兴趣、信心都是一种伤害。

相似地，教育还有一个重要原则就是“循序渐进”。如果孩子兴趣、信心、能力还不足，我们要先帮助孩子，少让孩子经受困难的打击，学得轻松、愉快，兴趣、信心、能力加强了，再逐步放手，孩子就喜欢挑战困难了，这样就稳步进入良性循环。所谓“教是为了不教，管是为了不管”，开始不放手是为了以后更稳健地放手。

对于兴趣、信心、能力都不错的孩子，开始就可以放手，但是对于一般孩子，一开始就放手，不管孩子，不对孩子学习的兴趣、信心、习惯加以适当引导，结果不可预料。

“别人告诉我，学习是孩子自己的事情，一上学就不要管孩子的学习，让孩子自己学去。我听信了，结果孩子现在上三年级了，还是反感写作业，对作业没兴趣。”

“孩子做作业磨蹭，经常开小差，厌学，每天作业都要到晚上11点左右甚至更晚才完成。三年级时，我接受一位心理老师的建议，不再催促孩子做作业，由她自己安排时间，我们只给予鼓励。结果，孩子放学后随意玩耍，经常到晚上9点后才开始做作业，到12点多甚至1点才完成作业，有时早上还要提早起床做作业。我们多次表示担心她的睡眠太少，影响健康，但她不以为然。几个月不管，不但没有进步，反而更差了。”

所以，我提倡先加辅助，再逐渐放手。

“我开始也是试图放手，可孩子刚上学其实还不能管住自己，他需要我，并且特别反感我说‘你自己定’。后来我决定认真陪他，一边肯定他的进步，一边后撤，就这样一个一个山头让他占领，没过一个月，他就很乐意我离开，有需要再叫我，也能专心写作业了。”

“孩子这学期比上学期表现好太多，上学期我对他的学习几乎不管不问，到考试时，和他一起抱佛脚，我做家长的都乱了阵脚，更何况是孩子呢？考试成绩可想而知。这学期一开始我就帮助他打好基础，所以学习起来很轻松，作业很认真地完成，考试进步了很多，学习有信心啦！维尼老师说得很对，适时帮助孩子很有必要。”

维尼育儿经：我女儿一年级最初写作文，老大不情愿，磨磨蹭蹭，就是不愿动笔，写起来也容易烦躁。一百多字，经常要两个多小时才写完。很简单的一段话，怎么就这么难呢？不过想想也能理解，没写过作文，很多字都不会，自己写确实困难啊。所以，我先全程参与，和她讨论如何写，有些句子也和她斟酌，不会的字就写给她看，这样她就轻松多了。之后再逐渐放手，独立完成的句子越来越多；她越来越多提出自己的意见，有时候会否定我的建议。这样她对写作文就不打怵了，每次都是主动叫我和她一起写。写出好作文的时候，就让她读给妈妈、姥姥听，得到赞扬，就有了成就感。她渴望作文得“优好”，所以，我会帮她润色，自然经常得到好评，兴趣和信心大增。之后，我逐渐减少参与，大致和她讨论一个提纲，让她自己去写，有问题时再讨论。能自己写出来，她挺高兴。到了三年级，大部分作文都能独立写了，没思路时我才指点一下。这样，经过循序渐进的帮助，她的兴趣、信心、能力都培养出来了，作文越写越生动。

“儿子指着作文题说：妈妈，你来帮帮我吧。要是以前，我会说，你先写吧，如果不会写的话再叫妈妈，自己的事情要自己做啊。然后他就会气呼呼地乱写一通或干脆不写，跑开去玩了。然后我就生气，上火，叫他等等，一个不愉快的夜晚就开始了。看了维尼老师的博文之后，这次我说：好啊，我来看看。就走过来看了下题，说你原先写的开头挺好啊，可以接着往下写。他说后面怎么接啊，我就指点了几句，不等我说完，儿子已经急不可耐地说我会写了，就开始奋笔疾书了。结果写得很认真，很通顺。”

即使孩子开始学习顺利，已经放手了，还是要保持关注，及时发现孩子的问题。

“我儿子以前完成作业很自觉，进入三年级之后，我们完全放手让他自己完成作业，再加上工作很忙，没有时间管他，结果就养成了一直看故事书，不想做作业的习惯。”

“在这点上，我反省过无数次。我小学学习挺好，让父母很省心，初二时缺乏自制，父母还是不多过问，成绩下滑。高中自己应付了事，高三才明白要学习，用了一年的时间学了三年课程，勉强考了一所二流大学。”

Q：父母多去辅助，孩子是否会产生依赖性呢?

A：这与辅助的方法有关。比如辅导数学题，如果直接给他讲如何做，孩子不动脑，可能会有依赖性。如果把难题分解为几步，每一步都是孩子可以自己思考完成的，引导孩子自己想出来，这样会有成就感，从而激发兴趣和信心，有了挑战难题的动力，自然不会依赖。

“网络游戏”的教育理念很高明

不少孩子痴迷于网络游戏，不少父母在痛心之余，感叹：如果孩子学习能像玩游戏这样着迷就好了。当然，网络游戏除了本身有趣之外，其“教育“理念的合理性也是吸引孩子的重要原因。其理念和“先加辅助逐渐放手”有异曲同工之妙。

《魔兽世界》资深玩家王子于说：入门时，网络游戏通过很简单的方式让玩家掌握基本操作，然后通过升级等手法给予玩家一定的奖励和满足。当然，在游戏过程中你会遇到不少挑战，但至少不会遇到挫折，这就树立了玩家们克服困难的信心。同时，在游戏初期，级别提升的速度是很快的，随着玩家不断想获取新的满足，级别提升会变得越来越慢，这是一个循序渐进的过程。但不要紧，尝到甜头的玩家已培养起了对虚幻世界的耐心与兴趣。

一句话,网络游戏的"教育"前期一切以培养兴趣为目标。

中期,网游玩家已不满足于单一的升级系统,他们需要探索新的东西,于是,不同的虚拟空间、不同的级别系统等新鲜事物的加入,极大地满足了玩家们探索猎奇的心理。当然,在这段时间内,玩家会遇到不少挫折。不过,前期培养的信心和兴趣,让挫折变得不是问题。

后期,更困难的挑战、更漫长的升级,对于玩家来说已不成问题,因为兴趣、信心、耐心,皆已具备。

看到这里,我们可以发现,网络游戏的"教育"模式,致力于对"学生"兴趣的培养、信心的树立、耐心的形成,无论是否有教师引导,"学生"始终保持对"知识"的极大兴趣。

同样的,孩子都是想学习好的,但是他目前可能处于某种困境而不能自己走出来,比如对学习没兴趣,厌学。所以,只是相信孩子有成长的力量是不够的,还需要去帮助他,先培养兴趣、信心,逐渐形成习惯;先加辅助,逐渐放手。有了兴趣和信心,就能经受住挫折了,就有了自我成长的力量。一开始就给予太多的挫折,让孩子自己去挑战困难,结果可能会使孩子失去信心和兴趣,甚至厌学。

孩子不爱写作业,管还是不管?

孩子需要我们的帮助和督促,有时不管是为了管。

实例:是"帮助"还是"管"?

孩子感觉你在管他,自然不太欢迎你;感觉你在帮助他,就会欣然接受。

女儿上了初一,刚开始还积极主动学习,后来成绩一路下滑。我又急又气,说她不听,帮她不要,叛逆!到了初一下学期,从班里的前20名掉到了40名之后!

我反复读了维尼老师的博文,我现在面对孩子不那么着急了。女儿发现我不暴躁了,交流就多起来,也不大逆反了。

关系好了,我变得心平气和,所以她也不反对我的帮助了。开始帮她整理错题集,订正错题之后让她找老师请教,但女儿一贯不愿问老师,以前就因此积累了很多不会的知识点，结果上课听不懂，所以不爱听，作业也成问题，恶性循环。

孩子特点如此，也只能顺应。我数理化还行，就开始指导她做题，才坚持了两周，她对我的信任和崇拜指数直线上升。她说："妈妈，我发现和你一起做数学物理作业是一件很愉快的事情！"太开心了！她很高兴地接受我的帮助，同学也会打电话来寻求她的帮助，可以看出来她很兴奋，很自豪。

孩子上课能听懂就爱听了，慢慢就跟上了老师的步伐，作业的出错率也很快降低了，进入了良性循环。不到一个月的时间，期中考试成绩一下子提升了240多名。我刚开始陪着做每一道数学题，过了一个月，只需要她有疑问时点拨一下就可以了，她找回了自信。

我好欣慰，孩子也很高兴。她现在的学习状态一直不错。我们关系也很好，这是我梦寐以求的理想状态啊！

原来我一直被灌输的思想是早日培养孩子的独立性，学习是孩子自己的事情，让她学会担当，结果越着急越适得其反。其实有的孩子真的不那么强大，她是需要帮助的。我想对孩子说："我是你妈妈，是这个世界上最希望你好的人，我想帮助你"。孩子分得清好坏，也是向上的，当孩子遇到困难时，如果家长给予的不是指责而是帮助、温暖和爱，那我们的孩子一定会顺利度过青春期，朝着理想目标前进！

"不管"是为了"管"

有些事情孩子不愿意去做，此时不"管"不逼迫，让她自己去体验，让事实说服她。比如我女儿开始不愿意练习听写，那就听她的，成绩差了，她就很配合地来练习啦。

如果家长太"上赶子"（上赶子，指主动接近或讨好，过于主动或一厢情愿反而办不成事情），孩子会觉得是为父母学习的。是啊，不然为什么父母会那样着急呢？父母适当放下，孩子才知道学习是自己的事情，这就是欲擒故纵。比如我女儿说不想写作业了，我就说"不想写就不写呗"，她就要考虑一下老师的批评了。

不去强迫孩子，孩子不反感，不对着干，她反而会主动考虑如何做对自己更好，主动性就显现了。

到了逆反期，很多孩子会以“我不学习了”来对抗父母。如果父母对学习不那么执着，让孩子知道学习是自己的事情，他就不会想到用这样的方式来反抗了。不过话说回来了，如果父母能放下执着，孩子可能就不逆反了。

适当督促还是需要的

孩子毕竟还是孩子，需要家长帮助他建立起学习的良性循环，所以，还是需要适当督促，只是要讲究方式方法。

我小时候不爱写作业，不是因为不喜欢学习，而是因为我爸爸老是在我旁边，让我压力很大，让我对做作业感到非常害怕，以至于撒谎说没有作业。

如果孩子习惯还没有培养好，做作业就需要适度陪伴，比如安静地坐在附近，看自己的书，创造一个好的学习气场、氛围。这样可以温和地提醒一下孩子，也方便回答孩子的问题，帮助孩子解决困难；还可以去发现孩子写得认真的字而鼓励他，发现做得好的题目而表扬他，对专心写作业及时肯定。这种陪伴孩子不会排斥的。以后逐渐坐得远些，或到另外一个房间，只是偶尔过来督促一下就可以了。

辅导孩子如何做到情绪平和？

放下对于学习的过度执着

我从孩子入小学就开始焦虑。眼睛只盯着分数，都看不到孩子其他的优点。

学习成绩不理想不是漆黑一片，我们努力帮助孩子学好，但是对结果顺其自然，这样心态就会比较平和。孩子都是想好的，不去逼迫孩子，亲子关系好了，孩子愿意合作，反而会萌发出主动性，也许会有意外的惊喜。

孩子上初中，看了维尼老师的博文之后，最近我改变了方法，不再一味地要求孩子的成绩，不再总要求他努力学习，我们的关系正在缓和，快成为朋友了，这几天发现他的学习比以前更自觉了。

接纳中国教育的现状

中国学校教育存在太多的问题，但是我很少会去抱怨，因为那基本是徒劳的。

有时抱怨也是在推卸责任，不抱怨意味着自己承担起责任。不怨天，不尤人，拿出勇气，提高自己的家庭教育水平。

很多人说："教育体制不好，我不在乎孩子成绩如何，只要让他快乐。"但是十几年的学习生涯，如果成绩一直较差，想快乐也不容易啊。

所以，不如接纳现状，帮助孩子适应体制，思考如何能相对快乐、认真地学习。这虽然不容易，但却是一个可以完成的任务。

事情是相通的，孩子如果能认真地做好学习上每一件需要做的事情，好好去思考、分析、规划、总结，对于其他事情也有启发，也是一种成长。

小学的学习，慢就是快

孩子一年级，我看到他成绩不理想就很难受，几天都睡不好觉，着急、焦虑，这怎么办？孩子压力也很大，看到同桌考了一百分，直接就哭了。

妈妈自己不淡定，把对成绩的关注、焦虑传递给了孩子，孩子背负着如此沉重的压力前进，会不会被压垮呢?

其实，小学的学习，慢就是快。

小学的知识虽然与中学有不少联系，但又有很大的不同。小学学习好的，进入初中未必好；学习差的，初中也有重新开始的机会。所以，小学学习好当然不错，不理想也不是漆黑一片。当然，英语、阅读、作文的基础最好在小学就要打好，数学的计算也要过关，这些与初中的联系较强。

六年的时间足够长，不着急，可以慢慢来。先多注重兴趣、信心、上进心、习惯、阅读、心理等方面的培养，这样，即使开始成绩一般甚至不好，后来也会逐渐好起来，而且后劲足。

学习成绩一般也是好事。我五年级之前成绩很一般，但这样的经历让我遇到成绩波动时也能坦然接受。而那些从小就优秀的孩子，觉得自己学得好理所当然，成绩下降时会相对脆弱些。

顺应学习、成长的规律来培养孩子，虽然看似慢一点，实则是快的。教育不是一朝一夕的事情，可以慢慢来。

我经常看维尼老师的文章，所以对待孩子学习很淡定。我孩子今年上一年级，之前也没有学什么东西，刚上学的时候出现许多问题：写字比别人慢，作业不能按时完成，考试有时候会做的题目他居然也不做，在那里玩，经常被留堂，老师天天发信息叫我们在家好好说说孩子。我们顶住了所有的压力，没有给孩子压力，用一种好的心态去帮助孩子。孩子考得不好的时候，我们没有斥责孩子；考得好的时候，我们说这是你努力的结果；在分数方面，我们没有给孩子压力，现在孩子慢慢迎头赶上来了，学习越来越有兴趣，各方面的习惯也越来越好。

接纳孩子学习的现状

我们辅导孩子学习的时候，如果孩子总是不懂，当我们疑惑孩子怎么这样简单的题目都不会，马上要发火的时候，跟自己念一个咒语："接纳孩子学习的现状"，心情可能就会平和多了，训斥挖苦孩子的蠢事就避免了。

孩子有些作业不会写，所以会经常问我。我想："你也和别的孩子一样每天背着书包上学，那么就应该自己学会知识，应该能掌握好，为什么会有这么多问题？怎么别的孩子没有这么多不会的？"有时辅导孩子，启发了一下，孩子没有想明白，就想：这么简单的问题，我点到了，你应该明白啊！这样，经常没有辅导几分钟就会发脾气，训孩子，结果孩子在训斥之下茫然不知所措，好像更笨了！面对孩子茫然、可怜的样子，我觉得自己过分了，但总是控制不住自己。后来，我都不敢辅导孩子了，那只会让她学习没信心、没兴趣。

是啊，面对这样的辅导，孩子可能脑子一片空白，原来会做的题也不会做了，显得更笨了。

发火还是因为心态不好，而心态平和的关键就在于认知的转变。

如果认为孩子应该会，应该"一点就通"，那么必然会生气，想忍也忍不住。而接纳孩子的现状，认为孩子这样的表现"很正常，没什么"，就不会生气了。

"难者不会，会者不难"，我们觉得简单，对孩子来说可能挺难。不要总用自己当年学得如何轻松来度量孩子，孩子与我们悟性不同，而且现在学习的难度大大超过了从前，孩子不会也正常。每个孩子的悟性、基础不同，孩子的现状与父母教育不当也有很大的关系，所以，更应该理解接纳，而不是去责怪。

这段时间，我参加了一场专业考试。考试前，参加过考试的同事都说：不难，很好考，看看书就行了。可是，当我捧着书的时候，却觉得很难。这时候，我才充分地体会到了老话说的"难者不会，会者不难"。我也深深体会到，当孩子面对难题时，我们说："这么简单的题，你怎么就不会？"这是对孩子的伤害！

所以，要接纳孩子学习的现状。

另外，认知积极了，情绪就好转了。

孩子题目做错了，好事啊，如果全对了，怎么发现问题呢?

有不会的题目，很正常啊，这也是孩子提高的机会。

讲了几遍没懂，正常，也可能是我们讲的方法不对，需要调整一下。

考得不好，也是好事，此时即使你什么也不说，孩子也会反思。

理解孩子，改变我们的认知，接纳孩子学习的现状，心情就平和了，孩子也会欢迎我们的帮助。

接受能力的现状

每个孩子都是不同的，在学习方面的能力特点也各不相同：有的语言能力强，有的记忆力好，有的则擅长理解分析。如果方法得当，孩子的短板经过努力是可以有所提高的，但是可能在很长一段时间之内还是短板，所以要先接纳，再慢慢改变。着急了，会打击孩子的信心。

孩子写字有时会写错，我给她指出来了，有时要反复五六遍以上才会写对。我急坏了，干脆说她：“你太有主意了，人家怎么说你也不改！”并且大声地要求她说出到底为什么这样，她一般都说不出来。几经痛苦后，我意识到她可能在文字记忆力方面暂时是短板，应该先接纳她，以后再慢慢鼓励。我的急躁只会让她讨厌写字，更没信心。

六字真言：很正常，没什么

孩子都是想好的，他的有些表现其实是正常的，比如，放学后想玩会儿再写作业，或者想按照他喜欢的顺序写作业。有些表现是有原因的，比如写作业磨蹭，不爱学习，可能是兴趣、信心、动力、能力出了问题，不能简单地说他捣乱。

对于孩子的问题，首先要理解，然后去接纳，再找原因想办法去帮助他。我们应该更多关注如何解决问题，而不是追责、问责、指责。

看到孩子的进步

每个人基础、悟性不同，总和别的孩子比会徒增烦恼，不如多看孩子的进步。

昨晚上初三的女儿提及考试成绩，然后看着我，我抱了抱宝贝，祝贺她的进步。受维尼老师的影响，我开悟了。“做最好的自己”，以前我眼睛看着那些学霸孩子，看到的就是孩子的差距。我突然发现和她自己相比，她何尝不是在进步呢？她望着我的眼神让我羞愧，我曾经有那么多的抱怨和不满意，其实是多么伤孩子的心呢！不接受现状就是自寻烦恼，看到长处比盯住不足对谁都好！

实例：作业从“不管”走向“适当地管”

一位爸爸：我女儿小学四年级，作业磨蹭，经常开小差，每天作业都要到晚上 11 点左右才完成。学习成绩由一年级的第四名，下降到班级排名中下水平。三年级下学期，更是有了厌学的情绪，经常说作业太多了，没有时间看书和玩耍，心情烦躁，只要我们一催促，她就哇哇叫，闹情绪。我尝试完全放手让她自己来安排作业，结果却越来越糟。

后来我开始学习维尼老师的博文，意识到放手不管必须有个过程，女儿还未具备相应的自我管理能力，这样放手下去，不良习惯会越来越顽固。

找原因，想办法。女儿做事拖拉、作业慢，根本原因是她还不具备时间意识、管理能力和学习能力，并非她捣乱。我要想办法增强她的能力和信心，同时要平息自己的烦躁，耐心帮助、鼓励她。

维尼：理解孩子，明白孩子的问题都是有原因的，不是故意捣乱，不是不懂事。我们要做的是“找原因想办法”，帮她改进，而不是训斥、批评。

适度陪伴。针对她作业不专注、中间随意开小差、做事拖拉等问题，我和她协商，采用代币法给予精神鼓励，再结合适当的物质鼓励。同时在她做作业时，尽量陪伴在旁边，一起看看书，创造学习氛围。同时向孩子强调“需要爸爸帮助的话，请告诉爸爸”，以帮助她而非监督她的姿态参与她的学习。同时让她作业中间没有机会随意玩耍，等她体会到专注完成作业的好处并逐渐形成习惯后，再慢慢放手。

计划要有弹性，对孩子的要求“先说好，再说不”，适当满足，适当拒绝，给予她一定的自由。学习中间休息时，她会要求玩一会儿电脑游戏，周五放学后，会要求去同学家玩和吃晚饭，我们都和她约好时间，时间超过了会提醒她，可以略为延长，而不是强制结束。

这样实行了三个星期，女儿做作业不开小差了，比较集中精神，速度提高了，和我们的沟通也顺畅了，提到作业不再烦躁，有时还开心地对我们说："爸爸妈妈，我的作业已经完成了，很快吧？"女儿能自觉执行约定的事情，有了很大的进步。

如何培养孩子的学习兴趣

一位妈妈的回忆："小时候，语文英语学得很好，老师总夸我，越夸劲头越足。学习真是一件很愉快的事，当你沉浸在知识的世界里，那是一种享受。有句话叫：徜徉在知识的海洋中，那种惬意和收获的满足感是很美好的。"

学习知识原本是有趣味的，做题也是一种智力游戏，当解出一道难题或写了一篇好文章时，也颇有成就感，所以学习本来是可以有兴趣的。学习兴趣的重要性不言而喻，那么我们怎样培养孩子的兴趣呢？

如何做会破坏兴趣

训斥、发火、惩罚

条件反射原理：如果学习经常与不愉快的事情联系在一起，比如被打骂、强迫、惩罚、指责，那么时间久了，就会形成条件反射。孩子一学习就会想起这些不愉快的体验，逐渐就厌恶学习了。

急于高标准严要求

有些人恨不得让孩子马上优秀，所以在兴趣、信心、能力、习惯还没有培养好的时候，就对孩子高标准、严要求，勉强为之，这样容易破坏兴趣。

比如，孩子写字不认真或不美观，就要求擦掉重写或惩罚写几遍，本意是为了让孩子认真，但是增加了作业量，又让孩子厌烦，从而讨厌写字。

背诵课文，要求没有瑕疵。这就需要多背几遍，而且总背不好孩子也会烦躁，讨厌背诵。实事求是地讲，背得一字不差对提高阅读和写作水平都没多大作用。

默写，错一个罚写十遍；口算，错一道，罚写十道，这就是让孩子反感的节奏啊！其实学习是一个反复巩固的过程，当时全对，也会遗忘；当时有些瑕疵，以后也有机会巩固，并不需要每次都全对。

孩子写作业已经烦躁了，不想写了，还让孩子善始善终、坚持到底。这会使孩子越来越烦躁，讨厌写作业。而停下来，让孩子看一集的蜡笔小新，七分钟后哈哈一笑，烦躁烟消云散，再平静地写作业不是更好吗？或者早些睡觉，第二天早起写也可以啊。

有的孩子基础和能力一般，父母就急着培养孩子独立完成作业的能力，不去帮助孩子，生怕形成依赖性。写作文，字不会写，让孩子自己查字典，查十几次，既花时间又烦躁；作文怎么写自己想去，但是孩子不会写，自然畏难，不喜欢作文；题目不会做，让孩子自己思考，结果想来想去不会做，就不爱做题了。

有一次，孩子数学有三道题自己不会做，爸爸让他自己思考怎么做，过了好长时间，他自己还是不得法，爸爸才给他讲解，直到10点整，才做完作业。孩子本来成绩就差，这样对数学越来越没信心、兴趣。后来维尼老师建议及时讲解，把题目的解答分成几步，每一步都引导孩子能够自己想出来，这样一来，孩子不那么畏难了，自己想出来也很高兴。

学习总与这些不愉快的感觉相伴，那么兴趣自然碎了一地。

我儿子就是这样的情况。特别是作文，他有困难，我们又不想每次都帮他导致依赖，所以让他自己完成，结果他丧失了兴趣和信心。

学习是不得不做的事情吗？

孩子有时不想写作业，父母会和孩子说：我也不想去上班，但是能不去吗？言下之意，学习虽然你不喜欢，但是不得不去做。如果孩子认为学习是一件苦差事，只能坚持、忍耐，那么自然无法产生兴趣。

盯着孩子的不足

有人用鸡蛋里挑骨头的精神去找孩子的不足。做题，总有做得不好的地方，达不到要求就批评孩子；讲解题目，总觉得这么简单，讲了几遍还不懂，就火了，怎么这么笨啊？分数考得不低，但如果成绩达不到要求，在父母看来也是失败；学得好的学科视而不见，学得差的总盯着……不足要找总是有的，但这会给孩子带来源源不断的挫折体验，兴趣还能在吗？

给孩子太多的压力

父母期望过高，总给孩子施加压力，过多地关注学习，会把学习变成沉重的事情，不是每个孩子都能把压力变成动力的，有的会厌学，甚至被压垮了。

维尼老师，我真的觉得自己快有神经病了。我是一个高三的学生，家人总是认为我能够考一所好大学，但事实真的是与愿相违，我跟家里人说过了复读的事，开始他们还有些商量的余地，但就在前不久他们说给我算过命了，我复读考不上。我现在是真的绝望了，一边是自己的在学校的各种压力，一边是家里的压力，我真的快崩溃了，我不想读书了，我想放弃……

可以先关注孩子的快乐，再关注学习。

以前上学之前我都是一句话："在学校要认真听课。"现在我不说这话了，改成了："宝贝，在学校一定要高高兴兴的哦！"以前下班第一件事就是问她作业做完没，现在问："宝贝今天在学校里有些什么开心的事，给妈妈讲讲。"让她觉得妈妈更多关心的是她快不快乐，而不是只关心学习。当然学习也要过问，只是放在后面。关注点不同，效果就不一样了，宝贝现在开心多了，学习也有了兴趣，喜欢和我分享，不大和我顶嘴，我能和孩子轻松地沟通了。

进步和成就感是兴趣最好的老师

我与一位高中女生的对话：

维尼：为什么你能从不想学习，变得对学习这么执着？

女生：是进步的快乐，还有升学的压力。我自己也能从学习中找到快乐。

维尼：是啊，学习有进步，本身就是很爽的事情！

学习看起来枯燥，好像是个苦差事，但是只要能不断有进步和成就感，兴趣就会增长。正如王金战老师所说的："差生是反复遭遇失败的打击后才产生的，让一个差生变好，就是让他反复享受到成功的喜悦，他就会慢慢地变好了。"

所以，如果我们想帮助孩子培养兴趣，就要多去帮助孩子获得进步和成就感，去反复体验成功的喜悦。不过前提是重视孩子的感受，有良好的亲子关系，帮助孩子也要有一个好的态度，不然，用心再良苦、方法再好也无效，甚至热脸贴上冷屁股。

1. 传授方法

维尼育儿经：英语辅导班刚开始要求背单词的时候，我女儿感觉有些困难。想想也理解，那些字母组合靠死记硬背既枯燥又不容易。开始我没大管，结果单词测验经常错得较多，有时因此被留下。所以，她比较烦背单词，有时会闹情绪想罢工；而且"恨屋及乌"，说不想去学英语了。此时需要老爸的帮助了，我给她讲解“自然拼读法”的单词记忆法，和她一起分析单词发音和字母(组合)之间的联系、规律，这样背单词就轻松顺利多了。再帮助她养成反复读写等背单词的好习惯，单词听写成绩很快就不错了。等有了进步和成就感，逐渐对背单词这样枯燥的事情也有了些兴趣，我就甩手不管了。

有的孩子不爱背课文，可能是因为觉得困难吧。建议在平常多播放课文的录音，听熟了，自然背得轻松，这样就不那么讨厌背课文了。

学习是讲究方法的。比如，做数学应用题要学会画图；考试完要学会试卷分析；做英语阅读要先读题目再看文章；做选择题要学会排除法……父母可以帮助孩子插上方法的翅膀，这样孩子更容易取得进步，兴趣自然得到增长。

2. 重视细小的进步

人人渴望成功，但成功本无大小，微小的进步、一点儿做得好的地方也可以看作成功。从小事入手，去帮助孩子取得点滴的进步体验，这是每个家长都可以做到的。

在家里多给孩子练习听写，课堂听写会有好成绩；作业错误较多，可以帮助孩子检查，老师会评优；督促孩子预习，会让孩子听课消化得好，作业完成得轻松；作文写好后帮助润色一下，会得到更好的评价……虽然事情不大，但孩子因此会经常获得进步和成就感。

3. 鼓励、鼓励再鼓励

用鸡蛋里挑骨头的精神去发现孩子的进步，实事求是地去鼓励，从而让孩子体验到成就感，这是每个人都有条件做到的。进步或者不足，想找都可以找到，是想培养兴趣还是破坏兴趣，就看你盯着什么。

有一个字写得认真，就可以鼓励；一个小题目做得不错，也值得肯定；有五分钟学习专心，也可以表扬一下……进步和成就感一点点在增长、积累，兴趣就是自然的了。

即使孩子做得不够好的地方，也可以找到好的方面。比如考得不好，也能找到一些做得不错的题目；字不算漂亮，但总能找到有进步的字……

妈妈：女儿昨晚是8点半背好课文的，她按照我们约定的时间完成了，虽然背得不太熟，但我还是表扬了她，说她按时完成作业了，她很高兴。

维尼：是啊，有进步就可以鼓励。

妈妈：以前我几乎没有鼓励过她，看到的都是她的不足，看不到优点。换位思考之后，发现可以鼓励的地方还是不少的。

不要幻想有什么妙招能让孩子一下子就有兴趣和信心，不要小看这些点滴的积累，润物细无声地慢慢滋养，才是兴趣培养之正途。

4. 辅导孩子渡过难关

如果孩子够不到果子，就给他一个合适高度的桌子，让孩子跳一跳或者翘起脚就能摘到果子，这样总能有收获果实的成就感，自然激发兴趣和信心。如果你在旁边看着，孩子自己怎么跳都摘不到果子，那他会丧失兴趣和信心的。

当孩子遇到困难，自己难以克服时，我们辅导孩子突破难关，会帮助他收获进步和成就感。

“女儿小学学习很好，不大用我们操心。但初一的数学难度突然增大，而且进度还很快，班级几次小测试的平均分都不及格，女儿的作业、测试成绩当然也一塌糊涂，这令女儿很灰心、很焦虑。

国庆最后两天，爸爸和女儿闭门学习数学。之后，女儿的几次数学测试都考了第一。她不但克服了对数学的畏惧，重新有了兴趣，还带动了其他学科的信心和兴趣。”

维尼育儿经：我女儿上学后遇到的最大困难就是数学应用题，由于对题目的理解能力问题，她对于加减乘除该用哪个经常搞错。她对数学有些畏难情绪，再加上数学老师年轻没经验，有时会打击她，所以，那时她不大爱学数学。所以，我花了很大力气去辅导她突破这个难关。有人说突破应用题要通过阅读，虽然有些道理，但这毕竟不是直接的提高，而且数学的语言和文学语言不一样，所以还需要专门的训练。我和她一起做了不少应用题，不过，一般只让她列出式子，专门训练对题目的理解能力，这样她也轻松些；我循循善诱地引导，教给她画图的方法，在我的引导下，她往往能自己做出来，自然有成就感，觉得有趣味。逐渐地，应用题水平在进步，她也喜欢这种训练。另外，也注重阅读，再通过结合生活实际给她提些问题，让她更好地理解数学语言在实际生活中的含义。经过了一两年，应用题水平有了不少提高，现在应用题成了她数学最擅长的题目。有了进步和成就感，她对数学，包括其他学科的兴趣和信心都在增长。

5. 让孩子去捅破窗户纸

辅导作业有一个小技巧，就是引导孩子做题，但尽量让孩子自己说出答案，这样他会有成就感。

20 年前侄子到我家来度寒假，他本来不爱写数学作业，我引导他，启发思路，让他自己说出答案，他感觉这是自己做出来的，所以很有成就感。过了几天，他主动提出要写数学作业。

如果遇到难题，可以分解成多个步骤，每一个步骤都是孩子自己可以想明白的，但就像一张窗户纸，由孩子自己去戳破，在他看来这是自己做出来的。

我辅导一位初中生做一道电学的物理题，据说班上只有 4 个孩子做出来了。我把这道题分成四步，引导他一步步做，稍加提醒，尽量让他自己完成每一步，最后他做出来了，很高兴：原来这个题目不难，物理挺有意思的啊！

6. 示弱而不是做权威

我们辅导时也会出错，此时大大方方地承认，不去树立什么权威的形象，孩子没有束缚，会更敢于探索。有时还可以学会在孩子面前示弱。

“我用示弱的方法让 5 岁多的儿子学习很奏效，弱得我连 10 以内的加减法都要儿子教了。儿子还挺美的，说：晚上回来我再教教你。”

“孩子上初中，有一次，一道数学题不会做，拿来让我做，我看了一下，这是一道比较简单的几何题，分析孩子之所以说不会做，是因为没有认真思考，心里很浮躁，嚷着作业多想逃避。我想起维尼老师曾经说过，要学会在孩子面前示弱，便假装在思考，过了几分钟，说妈妈不会，虚心向孩子请教。结果到了晚上，他拿着题目来找我，说：妈妈你别再说你初中学得有多好，这么简单的题目也做不出，看我的。看他认真地给我讲解题目的样子，我的心里偷着乐了。简单的一句话：学会在孩子面前示弱。我和老公反复讲，一定要随时随地记住这句话，要让孩子自己学会表达，让他找到学习的成就感，而万万不要说：这么简单的题你也不会（以前老公经常这样讲），那样会直接打击了孩子，让他看不到希望。”

7. 考试成绩的提高

我们平常去辅导孩子，考试之前再帮助孩子复习，成绩提高了，是最直接的成功体验。提高考试成绩是有技巧的。比如孩子基础不错，但是某些题型不掌握要领，有的分数丢得很可惜，这就需要针对这些题型专门练习。我女儿语文以前照样子写句子这类题总做错，我专门陪她练习了几次，就很少错了。

如果自己控制不好情绪，请老师辅导（比如大学生家教）也是可以的。这也算是孟子所说的“易子而教”吧。

我儿子六年级的时候，门门功课倒数，数学竟然只考20多分。维尼老师建议我找老师先集中精力辅导数学，几个月过去了，数学考了80多分。这给了孩子信心，也让他体会到学习的乐趣。升入初中后又是崭新的开始，他发奋努力，学习逐渐步入中游的行列。

8. 灵活变通，让孩子对做辅导材料有兴趣

要想加深对知识的理解，提高学习成绩，需要做题练习，但是做多了不就成了令人厌烦的题海战术吗？所以，不妨变通一下。有时我会和孩子一起做，不用搞得那么严肃，欢乐一点，孩子会感兴趣一些。另外，可以灵活一些，比如数学应用题，只要求女儿列出式子，不做计算，不写答案；练习语文阅读题，有时只是说说应该如何做。这样抓住核心，既减轻了负担，又达到了训练的目的。女儿对这样的训练很有兴趣，有些像智力游戏。

“要期中考试了，老师发了很多复习题在邮箱，我为了不给儿子增加负担，也是采用了这种办法，儿子很配合，还要和我比赛谁想的答案更好。这和维尼老师的方法不谋而合呀。”

“我让孩子做题时，先让他口述作答，把答错的标注出来，再让他单独做标注的题，这样既有针对性，又节约时间，直到全会、搞懂为止，每一科目都用，孩子有兴趣做。”

再比如错题本原来是孩子自己整理的，但是耗费时间较多，而且不系统。如果孩子在家时间比较多，家长可以灵活变通一下，帮助把选择题或大题录入文档，制成试卷，让孩子反复练习。这样减轻负担，提高效率，孩子进步快，体验到成就感，兴趣会更浓。

引导孩子体会学习的乐趣

我们可以抱怨学习枯燥，也可以引导孩子体验学习的乐趣。

维尼育儿经：有一次，我和女儿预习数学，她第一次学字母代替数字的加减乘除，开始摸不着头脑，后来搞清楚了，解题顺利，她就觉得挺有意思。后来学了运算的结合律、交换律，以前计算起来很麻烦的题目，用这些定律就简便多了，她觉得挺奇妙的。这就是数学之美吧。

朋友家孩子上初中，他原来觉得地理很枯燥。其实地理不是靠记忆的，需要动脑分析思考，就像智力游戏一样。我和他一起分析了几道题目，他说：原来地理也挺有意思的啊！

抓住孩子学习兴趣的敏感点

孩子偶尔会有兴趣做一些看似打乱学习计划的事情，此时顺应他的兴趣可能更好。比如说好要写作业，但是孩子想看会儿书，这也是一种学习啊，喜欢看，就看一会儿，总比以后劝他看书要好得多；有时本来计划写作文，孩子突然想练口算，这也不错啊，做有兴趣的事情效率最高；有时我女儿想去试试电脑的一些功能，即使作业还没做完，我也不去扫兴，计算机知识也是需要学习的……

与之相反，要避开孩子的厌恶点。谁都有不想做事的时候，此时硬逼着孩子去做，会让孩子厌恶学习。不如顺应心理，让他自己安排。比如我女儿周日的英语辅导班作业，我一般要求当天写完，但有时她说今天不想写，我也不勉强，反正那是她自己的作业。

兴趣培养，不要指望“毕其功于一役”，需要每一天，每一件事都用心，一点点地积累进步和成就感，少去做侵蚀兴趣的事情，这样用一两年的时间，兴趣就能培养出来。

辅导孩子学习的几个主张

我们想帮助孩子，培养孩子兴趣和信心，就要学会辅导。

紧张的气氛让孩子变笨

如果辅导时总是发火，孩子紧张沮丧，头脑可能一片空白，好像真的变笨了；相反，如果有友好、亲昵、鼓励的气氛，孩子仿佛也变聪明了。

是“讲”还是探讨?

讲题时最好别一口气讲下来，那样孩子缺乏互动和参与，会听得打瞌睡的。最好采用启发式辅导，把题目分解成孩子能轻松完成的几个步骤，每一步先引导他自己去解决问题，让他自己捅破窗户纸，实在想不出来，再提醒一下。遇到理解不清的知识点，再回头看书、探讨，力争搞清楚、透彻。

错了也要鼓励

辅导时，用发现的眼睛找到好的方面毫不客气地鼓励，而不是找问题批评、打击。错题也是发现问题的机会，如果都做对了，怎么能发现问题，解决问题，从而提高呢?

孩子真的需要鼓励，原来我不相信辅导，前一段时间女儿化学很差，结果找个老师只辅导了三节课，就有了飞跃式的进步，直到现在女儿对化学还保持极高的热情，分数自然就好。问其原因，女儿说老师的鼓励让她知道自己能行。

兴趣比知识更重要

辅导是为了以后可以放手，所以，培养孩子的兴趣和信心，有了学习的动力，比教了多少知识更重要。

以前我总是盯着孩子作业的数量和质量，所以看到孩子达不到要求，就很烦，忍不住会发火，结果孩子不喜欢做作业，形成恶性循环。现在，听了维尼老师的建议，更加注重孩子的兴趣培养，更多地鼓励孩子，孩子对作业逐渐喜欢了，数量和质量也都上去了。

帮助孩子学得轻松

如果孩子能力可以，就让他去挑战困难；如果能力不足，就帮助孩子，把学习变得容易轻松些。这就是“因材施教”吧。

如何帮助孩子树立学习的信心

大家都知道学习的信心很重要，所以会告诉孩子：“你要自信，要对自己有信心，相信自己能行。”但是这样有时收效甚微。信心不是靠说出来的，也不是想有信心就会有信心的。

信心来自成功、进步的体验

我们可以帮助孩子获得实际的进步和成功的体验，培养兴趣的方法其实也适用于树立信心。

对于上小学的孩子，比较容易做到。比如，帮孩子听写生字、单词，经常体验到好的听写成绩；帮助孩子检查作业，常常得到老师好的评价；期末考试帮助孩子复习，取得较好成绩；作文帮助孩子修改润色一下，得到老师的鼓励；适当辅导，帮助孩子顺利理解知识点；传授方法，让孩子学得轻松……

孩子亲身体验到进步和成功，信心就一点一滴地树立起来了。

当然，最开始有些“人造”成功的意味，不过，所谓“送上马，扶一程”，这有助于培养孩子的兴趣，树立信心，激发动力，形成习惯。再逐渐放手，孩子慢慢能自觉、独立地学习，有稳定、持续的进步，信心就稳固了。

对于上中学的孩子，如果有能力的话，也可以辅导孩子，帮助理解知识难点，传授好的学习方法，培养预习复习等好习惯，这样上课听得轻松些，作业完成得顺利些，信心自然增长。

认知变，信心来

事情在那里摆着，但是如何看，就有讲究了。

比如孩子考得不理想，你可以批评他：怎么这样简单的题目也做错了？为什么这样马虎？这样孩子信心会受到打击。但是如果换个角度，改变一下认知：“孩子，这些题目你本来可能做对，如果这些分数加上去，那样你的成绩也会不错的啊！咱们来分析一下原因吧。”这样孩子的信心就能树立起来了。

孩子总体成绩不佳，你可以盯着那些发挥不理想的科目大做文章；也可以去找到孩子发挥相对好的科目加以鼓励，对其他的淡化。

如果孩子上学后成绩不好，你可以批评打击他，但也可以安慰鼓励他：“孩子，你上学前没有学东西，别人学了很多，开始你的成绩自然不如别人。这很正常，咱们慢慢会赶上去的。”这样，孩子的信心就得到了保护。

孩子不擅长某门功课，你可以怪他笨。但是换个角度看，每个人都有擅长和不擅长的方面，这很正常，咱们承认现实去努力就可以了。

孩子字写得不好看，你可以罚他重写，让他讨厌写字。也可以天天找十个他有进步的字（虽然还是不好看），加以鼓励，这样他也就有信心和兴趣了。

有时，打击还是增强信心就在一念之间。想帮助孩子增强信心，总能找到可以鼓励的地方。以鸡蛋里挑骨头的精神找出孩子的优点，实事求是地鼓励、鼓励再鼓励，信心自然增长。

“晚上女儿写口算作业时，做了几道题就开始发脾气，说为什么这些题都那么难。我平静地走到她身边，搂着她问：怎么了，需要我帮忙吗？女儿靠到我身上说：现在还有很多作业没做完，又要写好久。我陪她聊了会儿天，她平静下来了，我才知道原来今天的口算是多个数字的加减混合运算，以前只有两个数字口算，女儿看到后就觉得很难，有点畏难心理，担心做不完，所以才哭闹。于是我温柔地告诉她，不要怕，我们可以先算两个数字，把前面的两个数字的得数算出来，就成了一个数字，再跟后面的数字加减，最后还是两个数字的加减法。女儿边听边点头，说：妈妈，我知道怎么做了。这就是维尼老师说的，先接纳孩子的情绪，帮助她把看上去很复杂的问题细化、简单化，让她有信心去做。女儿听完了我的讲解，开心地写完了口算作业，两页口算题全对。”

“我儿子二年级，平时成绩一般，有一次做数学培优题（比基础知识要深的题型），靠他自己就解答出来了，我及时给予了鼓励。之后遇到培优题，如果解不出，我就用维尼老师的分步引导，让他自己说出答案的方法，让他体验到成就感，就算解不出也不责怪他。坚持了一个学期，我总会肯定儿子在难题前敢于分析的勇气，肯定儿子有数学方面的才能。这样儿子遇到这类难题时就会静心思考解答，正确率非常高，孩子也越来越有信心。而我以前总认为他该懂，该会做，结果会在他做错题的情况下责骂太多，导致他信心和兴趣都不高。”

维尼小贴士： 检查作业的一个小技巧：检查出错误，也不要打一个红红的大叉，不妨把错误圈出来或打个问号。这样对孩子的刺激会少些。

先考虑兴趣再考虑习惯

大家都知道孩子习惯培养的重要性，阅读、学习、思考的好习惯对人的一生都是有益的。假如做作业、弹钢琴养成了好习惯，不用我们多说什么，孩子就顺利地去做了，这自然是我们希望看到的。孩子有了良好习惯，我们也就可以从“管”转变为“不管”了。

很多人都听说过“21 天习惯养成法”。我认为合理的解释是：坚持一段时间，孩子可能会养成某些比较简单的习惯。但那些复杂的习惯可不是坚持 21 天就能养成的，比如写作业专心的习惯。如果孩子没有学习的动力和兴趣，没有主动培养习惯的意识，父母单方面勉强去坚持，去逼迫，却不考虑孩子感受，不讲究方法，结果会引起孩子的抗拒，那么不要说 21 天了，几年也养不成好的习惯。比如有的孩子在父母逼迫之下，越来越不爱练琴了。

“正如维尼老师所说的，我用了整整3年的时间坚持去要求孩子，但没有注意方法，孩子非但没有养成学习的好习惯，还有了一身的坏毛病，而且变得叛逆。”

“当我第一次看到21天习惯养成法时，奉为真理，会刻意去培养习惯，无论是对自己，还是去帮助孩子。最终发现，很多习惯是无法通过这种方式有意养成的。痛苦纠结之后决定，还是顺其自然地去努力吧！”

培养孩子的学习习惯首先需要关注孩子的兴趣和信心，有时需要去找原因，想办法，注意处理好亲子关系，让孩子愿意合作。如果仅仅是坚持，只是去逼迫孩子，要求孩子，常常会失败。

我的儿子非常调皮，有着超强的语言表达能力，酷爱读书。美中不足的是厌恶学校教育，对作业深恶痛绝，缺乏自制力，从一年级起就是先玩耍再写作业。更为糟糕的是，他在课堂上也拖拉，经常把课堂作业带回家补，最讨厌的是书写。

我觉得学习的习惯最重要，所以我用过许多的方法，比如“作业换粮食计划”：如果做不完作业，就没有饭吃。开始有点效果，但后来孩子反感、抗拒，不但破坏了亲子关系，还更不爱学习了。

后来，维尼老师告诉我，孩子不爱学习的时候，要把兴趣培养放在第一位来考虑，不要用惩罚的方法，以破坏兴趣为代价去培养习惯。

我这才恍然大悟，现在想想，自己的认知的确不合理啊。作为家长，我被“习惯”二字绑架了，正因为知道学习习惯的重要性，才过度重视。为了习惯，忽略孩子的感受，破坏孩子的兴趣，这样的做法本末倒置，不仅习惯培养不好，还竹篮打水一场空。兴趣是我们家长首先要考虑的，习惯养成应该建立在学习的愉悦体验之上的。

我以前知道与孩子交朋友的重要性，但从来没有上升到建立良好亲子关系这个高度。和维尼老师咨询后，我意识到亲子关系是家庭教育最为核心和基础的，这个做不好，其他的无从谈起。只有改善了亲子关系，教育才能润物细无声，否则都是雷声大，雨点小。

我以前在孩子面前表现出来很强势，让他以为妈妈就是老师的翻版。通过维尼老师，我了解到，在学习压力面前，孩子起初是很不爽的，家长的作用在于帮助他适应，帮助他克服困难，而不是一味地催促、胁迫。

所以，我学着不去强迫孩子写作业，让孩子自己体验行为的结果。比如，他愿意玩就玩，总要回家的，也知道要写作业的。做不完作业，我不给签字，没有签字他会自己着急的，第二天一定会适当调整一下。

另外，我以前对孩子的鼓励还是吝啬了些，不利于激发孩子的学习兴趣和动力。所以，我学着拿着放大镜找孩子的优点、亮点，分明是乱糟糟的书写，我还要说："哎呀，还是这个漂亮的字吸引我的眼球！"

经过几个月的努力，我和孩子的关系比以前更近了，在交流上没有障碍，孩子再不用担心他说了实话会有什么严重后果。学习上虽然还有些拖拉，但是书写比以前有了很大的进步，他对写作业的反感也在减少。在学习习惯的形成上，我的体会是，不能为了习惯而培养习惯，要"引诱"孩子的学习兴趣，只要有了兴趣，习惯培养就会容易得多。

努力培养好习惯，但要慢慢来

与生活习惯不同，学习习惯不能太顺其自然、太随性，最好还是养成一定的好习惯，比如写字认真、验算清楚、及时完成作业、知识学习透彻、预习复习等。这些习惯有利于学习成绩的提高。

但是，习惯的培养需要一个过程，要慢慢来，开始要求不要太高太急。另外，和规则相似，习惯也可以灵活、变通、有弹性，考虑孩子当时的感受、状态，比如，孩子实在不想写作业，想先玩会儿，也未尝不可。

"孩子上一年级，可是课业非常重，语文数学老师轮流占用美术音乐课来做练习，有时连活动课也要用来上课。布置的家庭作业也不少，所以我非常理解她，宽松对待她的作业问题。回家来不愿意写作业，我也不逼她，有时也允许她写了一半就跟我去逛逛超市，回来再写。她现在能自觉写作业，有时稍微提醒一下就行了，不再像刚开学时那样为了作业的事弄得我烦躁、她抵触了。这就是灵活和变通吧！"

学习态度不好是因为兴趣、信心等有问题

我女儿上三年级，写作业磨蹭，很烦写字，字写得潦草，写作业的时候经常

烦躁。我也知道需要控制自己的情绪，但是有时一想到：你怎么就不能端正学习的态度，认真一些呢？就会忍不住生气。

很多父母把孩子的学习问题归于懒惰或学习态度不好，其实这只是表面现象，因为孩子做喜欢做的、擅长做的事情并不懒惰，态度也好啊。

所以，孩子学习出了问题，一般不要归罪于学习态度不好或懒惰，那样没有用处，要从孩子的兴趣、信心、动力、能力、习惯、认知等方面找原因。

维尼育儿经：我女儿学钢琴，有几天坐在那里磨磨蹭蹭，不大想弹，看起来学琴态度不认真或懒惰。我和她交流了一下，原来是她觉得难，而且现在不大喜欢弹。找到原因，我就想办法去帮助她。我对钢琴一窍不通，就找了一个蛐蛐钢琴网客户端软件，可以播放小汤的曲子，还能形象地标示出五线谱对应的钢琴键盘和时值。有了这个软件的帮助，相当于请了一位绝对耐心的老师，有它的帮助，她慢慢琢磨着就会弹了。另外，我还想了一些激发她兴趣的办法，调动她弹琴时的积极性。等她不觉得困难，也有了兴趣，学琴的态度自然好了。

严格要求要像"热水泡脚"

先宽松些，慢慢提高要求和标准

孩子，在上学之初，我总想着要让你养成好的学习习惯。或许是我太紧张了，所以事事对你严格要求，按时弹琴，按时做作业，做得不好，还要忍受我严厉的斥责，你总是在我大声的呵斥中，睁大眼睛看着我，流下无辜的泪水……

生活习惯可以随性一些，但是学习习惯最终还是需要标准高一些，要求严格一些，这样有利于提升成绩，所谓"严师出高徒"是有一定道理的。不过我提倡严格要像"热水泡脚"，先宽松些，再慢慢提高要求和标准。

给孩子热水泡脚，如果开始的温度就很高，他会抗拒；如果先用温热的水，等脚适应了，再逐渐提高温度，孩子会舒舒服服、不知不觉地接受越来越高的温度。那么，对孩子学习的要求也可以如此。也就是先把要求放低，宽松一些，先注重培养孩子的兴趣和信心，注重处理好亲子关系。等孩子合作了，再逐渐提高要求。这就像热水泡脚，孩子逐渐认同较高要求，并逐步内化为自己的内在要求。等孩子的兴趣和信心已经培养好了，能自觉学习，好习惯形成了，再逐渐放手，这是再从严格到宽松、从管到不管的过程。

比如孩子的独立思考能力是必须要培养的，最终也需要严格要求。但是如果孩子能力还不够，就不要急于要求孩子独立思考，而是先在他遇到困难时多去启发引导，帮助他解决难题，从而逐渐培养兴趣、信心和能力；此后再逐渐放手，慢慢引导孩子独立思考，最后鼓励孩子自己挑战难题，此时，因为能力已经具备，挑战难题会进一步激发他的兴趣和信心。

严格和宽松只是相对而言，与孩子的感受也有关系。只要亲子关系好，孩子肯合作，我们的要求能成为孩子的内在要求，并逐渐形成习惯，他就不觉得有多么严格、多么束缚，我们不断提高要求，孩子也愿意合作。

这种逐渐严格的方式符合教育的两个基本原则：量力性原则，循序渐进。所以，对于各种能力水平的孩子都适用。我们当下的要求总是孩子力所能及的，或者踮踮脚就能够着，再循序渐进地提高要求。

维尼育儿经：上学之初，女儿没有学习过多少数学，字也认识得不多，所以我对她的学习开始要求比较宽松，等她的兴趣、信心和上进心都培养得比较好了之后，再逐渐提高要求，比如写字要认真，时间要抓紧，作业要透彻清楚，期末考试应该做不少模拟试卷。由于关系不错，有了各方面的基础，实施起来较顺利，她对这些越来越严格的要求也能欣然接受。

如果不考虑孩子的感受和能力，急躁、硬性地实施高标准、严要求，可能会让孩子压抑、烦躁、难受，这样一来，学习总与痛苦相伴，自然会破坏兴趣，甚至导致厌学，而且容易发生冲突，破坏亲子关系，导致孩子逆反，甚至故意不好好学习，结果事与愿违。

如何让孩子欣然接受严格的要求

1. 严格不等于生硬和死板，可以灵活、有弹性

维尼育儿经：马上就要进行期末考试了，所以，早晨和女儿商量做几套我买的数学试卷提高一下，她痛快地答应了。吃完饭，她说想先看会儿《查理九世》，这个可以适当满足：行，那就看十分钟吧，也顺便消消食儿。时间到了，我建议按顺序做，但女儿想先做应用题。嗯，可以灵活些嘛，按照孩子的方式来，心情愉快不是更好吗？做到一半儿，她觉得有些累，想休息一会儿，这也无妨啊，让她弹了一会儿钢琴换换脑筋。做完了，给她讲解，我也嘻嘻哈哈的，在愉快的氛

围中把卷子讲完了。

这样貌似不严格，但顺利地完成了额外的学习任务，没有厌烦，没有抗拒，甚至可以说是愉快的。所以，女儿对这样的高要求自然愿意合作。

不过，这种看似随意的严格要求主要用于习惯培养的初期。到了后来，我就逐渐让她按照模拟考试的完整要求来独立做试卷了。

2. 落实要求不靠指责和惩罚，而是用鼓励和督促

维尼育儿经：我女儿二年级时字迹比较潦草，以后考试会因此吃不少亏，所以，我决定严格要求书写的认真。但是，要求上严格，执行起来却貌似宽松。我很少批评她的潦草，也不惩罚她重写，因为重写是一件烦人的事情，会破坏写字的兴趣。我先好好和她谈了谈，说明了为什么写字要认真。然后，在她写作业时经常找到她写得相对好或者有进步的地方，给予真诚的赞美，一天有时会表扬十几次，她自然美滋滋的，体验到认真书写的愉悦，对我的要求也欣然接受。逐渐地，她字迹越来越工整，大约用了一个月的时间，潦草的问题基本解决了。

3. 孩子能做到需要一个过程

维尼育儿经：我希望女儿养成阅读的好习惯，但是因为上学前没有教她识字，根据量力性原则，我没有要求她马上做到，而是慢慢去激发她的兴趣，慢慢等待能力的提高，到了三年级她才很喜欢自主阅读。

4. 是要求孩子，还是孩子的自我要求？

对于学习，严格要求有时是苍白的，不如去培养孩子的兴趣和信心，去激发动力，这样更有效果。孩子会对自己有要求，自觉地学习。

有时孩子的问题有内在原因，比如写作业磨蹭，只是严格要求专心可以说毫无用处。此时更需要找原因，想办法，去帮助孩子解决问题。

5. 亲子关系好了，要求会更有效果

一位妈妈和孩子的关系不错。孩子上学前学习的东西很少，基础一般，一二年级时妈妈采用放手的方式，注重阅读，不大去管孩子的作业，结果孩子的学习成绩越来越差，几乎是倒数第一名。妈妈寻求我的帮助，我建议她加强辅助孩子学习，对孩子提出较严格的要求，同时注意方式不要让孩子反感，以促使孩子学习取得进步。这样孩子尝到了进步的甜头，就会激发兴趣，树立信心。因为亲子关系不错，妈妈管的态度也好，所以孩子对这样较严格的要求比较配合，学习计划顺利实施，不久，孩子的考试成绩就有了不少的进步。

考试的技巧及心理调节

学习的目的不是为了考试，但是成绩是重要的，考得好也会让学习更快乐些。要想提高成绩，对知识的扎实掌握是最重要的，但是考试也是有学问的，不会考试，学得好也可能考不好。

1. 考试答题的策略

我当年擅长考试，这源于对试卷的反复总结分析。试卷分析，重点研究为什么该得的分数没得到？比如时间分配有问题、紧张慌乱、答题策略不合理、细节有问题等。找到合理的解决方案，在模拟考试中有针对性地训练，形成习惯，无谓失分就少了。

这是个很大的话题，我只是抛砖引玉，提几点自己的经验供参考，意在提醒注意考试的策略。

时间分配

中学考试，时间紧张是常见矛盾，如果最后没有时间，会做的题目也来不及答就很吃亏。

数理化之外的学科，我建议预先做一个简单的时间表。比如英语，标注单项选择、阅读理解、综合填空、作文完成的时刻（也可以更细一些），最后预留 10 分钟左右的机动时间。考试时，做完某一项目时看看时间，如果提前完成某一项目，后面的就可以从容一些；否则就要加快答题。这样会心里有数，从容不迫，否则突然发现时间不够了，很容易慌张；答不完题，就更吃亏了。

对于数理化，策略不同，可以两轮答题。第一轮有些大题如果看了一两分钟没思路就先放下，先做有把握的题目。这样，应该得的分数基本得到后，再回头做那些大题。第二轮也不要在某一题上纠缠过多的时间，等最后有了时间再研究。

仔细做完，不检查

只要时间允许，就宁肯做得慢一些、仔细些，不留过多的时间检查。因为第一印象是最敏锐的，后来再去检查，受第一印象左右，一般看不出来错误，而且还可能把本来做对的改错。最后检查时重点看有疑惑的地方。

凭直觉

有些选择题，直觉是最准确的，如果你觉得拿不准，就凭直觉选择一个答案接着往下做，不要在一个题目上过多反复考虑，那是浪费时间。

2. 如何避免考试紧张慌乱

考试适度紧张是正常的，但是过于紧张甚至慌乱就糟糕了，那么怎么预防和应对呢?

父母应该给孩子减压而不是加压。孩子都是想考好的，没有必要多说，否则会把过多的压力传递给孩子。父母可以告诉孩子，努力去做，对结果顺其自然。

面对考试，孩子要对自己有信心，但不要信心太足。因为考试成绩总会有波动，总会有一些意外的情况，要有心理准备：六七门考试中有两三门不理想是正常的，有部分题目做得不好也是正常的。有了心理准备，遇到意外情况就不那么慌张了。

在考试过程中，遇到不顺利，可以用合理的认知来说服自己。

感觉某一科目难，不好做，此时要告诉自己：我觉得难，别人可能也觉得难（和同一水平的同学比较）。考试比较的是同学之间分数的差异，虽然自己分数不高，别人也可能分数不高，所以没关系。这样一想，就不那么慌乱了。

有时某一门发挥得不好，可以告诉自己：大家都有发挥不理想的科目，我在这一门发挥得不理想，别人可能在另外一门发挥得不好。这不是自欺欺人，而是客观的规律，这样就容易镇静下来了。

遇到不会做的大题，告诉自己：别人也不见得会做，我争取得一些过程分，先做其他题目，有时间回头再研究。这样就不会一边崩溃，一边纠缠于一道题目了。

还要有 0 ∶ 0 的心态，考试有好多门，考完每一科目，都要告诉自己，现在是 0 ∶ 0，就像运动员在比赛中常常想的那样。这样，自然会平静些。

这些训练需要在模拟考试时多次进行，从而形成习惯性思维，这样对考试保持相对放松的心情有帮助。

实例：孩子写作业磨蹭、不专心怎么办

很多孩子写作业磨蹭、不专心，父母绞尽脑汁却难有什么改进，真是让人头痛啊！

维尼育儿经：我女儿刚上一年级的时候写作业也很磨蹭，而且不专心，一会儿说说话，一会儿想玩娃娃……经常拖到9点多才写完，我们也跟着煎熬啊！怎么办？第一次经历这样的事情，还要摸索啊。想来想去，还是要先试着理解她，接纳现状，找原因，想办法去解决。女儿也希望作业得到老师的好评，

也想学好，所以，磨蹭、不专心不是在捣乱，而是有原因的，她也不由自主。

分析有以下几方面的原因：上学之前没有学过多少知识，刚开始写作业自然会感觉困难，有些畏难，自然不愿意写，所以我需要想办法帮她学得轻松些；写作业的兴趣、习惯还没有培养起来，自然会不专心，那么就要培养她的兴趣和习惯；她有时心情烦躁，这样就难以安静地写作业，所以要帮助她平静下来；她还没有意识到作业是自己的事情，感觉好像是为了我们而写作业似的，她那时会说："我不给你写了。"这个认知需要改变。

知道了原因，我想了些办法来帮助她。

保持愉快平静的心情

我理解孩子：她不是故意捣乱，不是不懂事，而是有内在原因的。有这样的认知，我们的心情自然平和多了。没有了父母焦虑、急躁的骚扰，孩子也容易心情平静。

孩子有时自己也会烦躁，此时我尊重情绪的规律，不是勉强她继续写，而是让她停下来，看一两集《哆来A梦》，逗得她哈哈大笑，烦躁烟消云散，这样再去写作业就会专心多了。

孩子有时因为不会写而着急，此时我就常常渗透合理的思维，告诉她学习的进步是需要一个过程的，爸爸也不是一下子就懂得那么多东西的，有不会的题目很正常，没什么，她逐渐就淡定多了。

父母有时喜欢给孩子安排写作业的次序，以为这样更合理，但孩子可能不喜欢。其实按照孩子的想法来，差别也不大，她还会感觉舒服顺畅，心情愉快。

遇到困难，她也容易烦躁。此时我们会去适当地帮助她，而不是要求她自己解决。有人帮忙，她感觉自然好多了。

对于孩子的一些要求适当满足。我们的目标是孩子能够一直专心地写完，但是这需要一个过程。在此之前，孩子必然会有想干这个，想干那个的愿望，此时可以适当满足。心情愉快了，有利于专心。

经常在愉快的心情下写作业，孩子感觉写作业也是愉快的；经常在烦躁的心情下写作业，会感觉写作业也很烦人。这就是条件反射。

让孩子明白作业是自己的事情

如果父母着急地催孩子写作业，她自然可能认为是在为父母写作业：如果不是你们的事情，你们那么着急干什么？

所以，当女儿不想写作业的时候，我不去劝她写，而是说："反正这是你自己的事情，不写就不写吧！"因为担心老师的批评，孩子自然不敢不完成。这样，她就逐渐知道作业是自己的事。

我们一般不会坐在她身边看着写作业，而是坐在一边看自己的书，或者到别的房间干自己的事情，有时过来稍作提醒，或者鼓励一下她做得不错的地方，这是一种让孩子舒适的"管"。

适当辅助

教育要循序渐进，我建议先加辅助，再逐渐放手。当孩子觉得作业困难的时候，急于培养孩子的独立性、自主思考的能力，会让孩子畏难、厌学。

所以，讲解数学难题时我会讲得比较细，孩子容易理解，而不是让孩子自己想；不会写的字可能直接写出来给她看而不是让她查字典；困难的问题我会去辅导她；帮她好好检查作业等。

辅导的态度也比较耐心，如果急躁发火，会增加她对写作业的厌烦。

有了我的帮助，女儿作业轻松些了。等她的兴趣习惯培养好了，我再逐渐放手，很多事情慢慢让她自己独立完成，独立思考。

要求先放低

我们开始不要求女儿学得有多好，把作业做好就可以了。有的妈妈把晚上的学习安排得太满，结果孩子只好在写作业的时候磨蹭着玩一会儿了。

背诵课文，我也不要求一字不差，毕竟背得那么完美也没有用处。而有的父母要求一点儿也不能错，这样就可能反复背多次，让孩子烦躁。

逐渐培养兴趣

用了这些办法，孩子写作业更顺畅，这种进步本身就会激发她的兴趣，也让她能够享受写作业的过程。字写得漂亮，口算熟练，只要有进步，我们就毫不客气地具体表扬。因为有我们的检查，作业自然会评优，会得到老师的鼓励。

进步和成就感是兴趣最好的老师，兴趣就是这样一点一滴培养的。

不惩罚，多鼓励

很多父母要求太高，口算错一道，罚几道；字写得不认真，擦掉重写；这种惩罚一方面会增加作业量，另一方面会让孩子厌烦作业。同时又很吝啬鼓励，生怕孩子骄傲。

我正好相反，不惩罚，只鼓励。孩子有点小的进步，就给她记一颗星星；字只找写得好的去鼓励，不纠结那些不好的；哪怕她只专心了 5 分钟，也“毫不客气”地鼓励，学得不好的时候就淡化。

批评当然也会有，只是比较平和，这样她容易接受。

另外可以在早些写完（或写完一门）作业时，答应陪她玩最喜欢的游戏，或者早写完早出去玩，这样，孩子会期待着写完。

养成习惯

不指望一口吃成胖子。习惯的养成不是一两个星期的事，所以有些反复很正常，要允许她有时表现不好。只要坚持这些原则和方法，孩子逐渐就会养成好的习惯。

我女儿用了一两个月的时间，专心的时间越来越长，辅助越来越少，作业完成得越来越早。因为心情放松，没有干扰，所以，写作业也专心从容了。看着她专心的样子，真是享受啊！

体验早做完作业的好处

随着女儿自己写作业的能力越来越强，我鼓励她早些在托管班写完作业，如果她能做到这一点，回来就让她放开手脚玩儿。逐渐地，她体会到了早完成作业的好处，到后来，回家时作业已经基本完成了。

走向自主学习

随着孩子的习惯越来越好，兴趣越来越浓厚，我开始逐步减少辅助和提醒。我让她自己多独立解决问题，自己把握完成作业的进度。如果在这方面做得好，我会奖励她星星，以促进她养成自主完成的习惯。

至此，大功告成！

实例：如何不再为孩子写作业而抓狂？

安安妈妈在我这里做了一个月的咨询，顺利地解决了写作业磨蹭的问题。

我的女儿现在上二年级，感觉孩子存在很多问题，不自信、爱烦躁，特别是写作业方面有时很让我抓狂，经常要磨蹭到晚上 10 点钟，曾经有一段时间我特别无助和痛苦。经朋友介绍，在维尼老师这里咨询了一个月，现在过去两个月了，我和孩子的生活已经有了不少改善和进步，我对女儿和自己都有了信心。

我一个深切的体会：永远不要抱怨自己的孩子学不好，只能怪自己不会教。

第一次向维尼老师咨询，我就像倒苦水似的，把小孩的诸多毛病全部讲出来。维尼老师告诉我，不要胡子眉毛一起抓，要讲究策略，某些问题先放一放，多宽容，先去抓住重点，这样有助于有效解决问题。

这句话给我指明了方向。以前简直不能想孩子的事，一想就心痛：比如作业磨蹭、做事不专心、对大人没礼貌、为人处世任性、做事没节制，等等，太多太多。说起她，我就一肚子火。长此以往，对她对我都有很大影响，严重影响了亲子关系。现在学会了把某些事情放下，学会理解和宽容，这样孩子好像没有那么多问题了。

经过沟通，我才发现自己身上的习惯性思维多么可怕！

维尼：很多家长想当然地形成了很多不合理的习惯性思维，因为已经形成习惯，所以意识不到它们的存在，更不可能去反思它们是否合理。

1. "你应该会"

辅导孩子的时候，我总想着：这么简单的题，你应该会！所以，如果孩子不会，我会大怒。这种习惯性思维一直伴随着我，但我不知道这是不合理的，导致一年级时她的学习让我万分痛苦，却找不到解药。以前经常因此对她大吼大叫，看着她那种不解的眼神，我的火就特别大，还因此狠狠地打过她，现在想起来非常懊悔、心痛。

因为频繁如此，形成条件反射，后来一说到学习（特别是数学题），她就有点害怕。现在才知道这个习惯性思维是不合理的，才明白不懂得接受孩子的学习现状，是无形中造成孩子对学习恐惧的直接原因。

现在我懂得：存在的就是合理的，孩子对题目不会、不懂、不明白都是有原因的，不是我想当然认为的"你应该会"。比如前些天，有一道题：30的一半是多少？她看了几分钟都没有写出来，我当时又火大了，特别着急。可她越看我着急，就越是做不出来（这就是头脑一片空白的状态）。过了半天，她才支支吾吾地说："3不是单数吗？怎么会有一半呢？"听到她这样说，我才忽然想到，这是因为她对单数、双数的理解还不够牢固，所以才会出现这种状况。顿时，我的火气全消了。正如维尼老师所说的：我们都应该通过现象去冷静、理智地分析"孩子不会"的深层次原因，如果发脾气，只会把孩子越推越远。

2. "很正常，没什么"

我一直是一个比较追求完美的人，所以对待孩子，一直高标准、严要求，现在想来真是大错特错！

以前每当9点我就认为她应该睡觉了，不去，我会发火；看电视说看一集，为啥看完后你还要赖，我又发火；说好只买一个礼物，看到好的又要买第二个，我也会发火，觉得她说话不算数；晚上要求9点前上床睡觉，如果9点还没洗澡，我也会发火。可每次一发完火，又后悔得要命，对孩子的伤害已经造成，这令我和孩子痛苦不堪。

现在我很用心地去领会“很正常，没什么”这六字真言，发现真的很有魔力，给了我很大的启发。孩子毕竟是孩子，就算调皮点、随性些，又怎么样呢？为什么我一直把她当成人来要求，而不能把她当作孩子来看呢？而且我想当然地认为：你就该服从我的安排，因为我所做的一切就是为了你好！这种不合理的习惯性思维给她造成了很多伤害。在我的硬性安排下，她渐渐烦躁，渐渐缺乏自信，这是我以前不敢面对和承认的。

因此，维尼老师告诉我：读懂孩子的心很重要，你一定要站在孩子的立场理解她，孩子不是故意捣乱，孩子的表现都是有原因的，有些可能是正常的事情。这样家长的态度和心情肯定不会那么急了，情绪好了，孩子感受到你的温暖，会觉得你理解她而更加信任你。

维尼：过于勉强的高标准严要求是容易伤人的；不合理的习惯性思维也害死人啊！

3. 只靠控制自己的情绪还不够

我向维尼老师咨询时问过这样的问题：为什么我拼命地去控制自己的情绪，但孩子的学习习惯还是不好呢？还是不听我的话，还是不能实现既定的目标，不能执行计划呢？

维尼老师告诉我：学习涉及很多细节问题，光靠控制情绪是不够的，家长的情绪控制只是必要的第一步。一定要有方法，一定要有解决思路，从一个个细节入手去改善，逐步培养兴趣、信心、习惯，这样才能逐渐进步。

比如学习的计划性，以前我总想让她自己来制定和控制时间，并按计划来实施，可她总达不到我的要求。遇到这种情况，以前我总会指责她怎么没有时间观念，总是拖沓，还经常为此与她发生冲突。经维尼老师指点后，我发现教育孩子绝不是孩子一方面的问题，需要双方长期的配合、理解。家长控制脾气是一方面，还要帮助孩子克服执行过程中的难点（而不是只让孩子自己去执行），让她享受到进步和成长的喜悦后，就会逐渐进入良性循环。

维尼：解决孩子的写作业问题，家长的情绪控制是必经的第一步。因为学习需要有一个快乐的心情，家长脾气不好，就会导致孩子学习时有一个糟糕的情绪。但是家长情绪控制好之后，还需要从很多细节入手，改变以前的错误做法，更好地去帮助孩子。做对了，孩子才能更好地进步。如果只是情绪好了，具体的措施没有跟上，孩子的进步可能也是不大的。

4. 从细节入手帮助孩子的学习

维尼老师帮我找到了不少细节的问题。

过去我规定8点前必须完成作业，如果完不成就不签字。这个方法开始有些效果，但用了一段时间后，我发现如果一说8点，她就会特别慌张地写字，字写得相当潦草，我更火。而且她一听我说时间，就会特别紧张。

我以前经常会因为字写得不好而把她作业都擦掉，这样会破坏孩子的兴趣，她觉得烦，不愿做；现在维尼老师建议写不好不要擦，而是去经常鼓励孩子字写得相对不错的地方。实际证明效果不错，孩子的字比以前认真了。

以前为了培养她独立思考能力，她有不会的题目，我也不去帮她。当她寻求我的帮助时，我的习惯性思维是：你怎么这么不愿意动脑筋！其实她真的不会，而不是故意不做，此时我应该去辅助她，而不是把她往外推。在孩子觉得困难的时候，还逼着她自己想，只会使她烦躁，感到困难而厌烦学习。所以，现在我会及时帮助她（启发引导式的帮助，在我的引导下她可以自己想出做法来），她遇到不会的题目时就不那么烦躁了，而且信心也增强了。

维尼：妈妈用于培养独立性的方法不能说错误，只是时机不对。比如当我的女儿兴趣、习惯培养好了之后，我会更多地让她自己去想，去动脑。而这之前，我会较多地辅助她。

以前为了培养她的自主性，我往往等她来叫我检查作业。由于她目前还达不到这样的自觉性，导致无形中浪费了太多的时间。维尼老师建议写完作业后尽快检查，帮助她及早完成学习任务，做得好给予一定的小奖励，坚持两周（奖励在习惯形成的初期会有一定的推动作用）。所以现在作业一做完，我就会主动检查，帮助她体会“早做完作业早去玩”的乐趣。

维尼：初期帮助检查作业，有利于得到老师的好评，对于激发兴趣是有帮助的，等情况稳定了，再逐渐放手。

过去，我一直试图寻找一种简单、快速教育孩子的方法，希望能够立竿见影，可是我越着急，情绪越控制不好，亲子关系就越糟糕，孩子越不往我预想的方向发展。

通过两三个月的学习，我发现，教育孩子还真不是一件简单的事，有许多需要思考反省的地方。

整个过程中虽有反复，偶尔也会忍不住发脾气，但事后很快就能想通，也不会像过去那样钻牛角尖了。

维尼：偶尔发脾气是难免的，对自己也要接纳。

举个写作业的例子吧。

放学回家，我对她的要求是休息一会儿就马上写作业。某天放学，女儿说："妈妈，今天我在学校里做了一半作业，回家想先休息10分钟，看下央视第九频道，行吗？"过去，我肯定会说："不要了，快点做完再看，这样又轻松又有效率。"可女儿明显会不乐意，即便去写了作业，也是在心情不佳的状态下完成的。

那天，我想了一下，同意了，先看10分钟也不影响写作业啊，何况能使她有个好状态（写作业有个好心情很重要）。她看了10分钟，又要吃水果。过去，我肯定不同意，而且会大怒。那天，虽然我已经有点不高兴了，但还是同意给她剥个橘子吃。女儿可能已经感觉到了，吃完后，很主动地对我说："妈妈，我去写作业了，你过来陪我。"然后在我的脸上狠狠地亲了下，说："妈妈，我爱你。"这时，所有的不悦烟消云散，女儿高兴地拿出作业本快乐地写起来。我为刚才的不悦感到不好意思，能够理解和包容孩子多好啊！如果像以前那样，一个晚上估计又要在战争中度过了。

维尼：灵活一些，顺应孩子的心理，孩子会高兴，亲子关系更好，孩子会更合作。

由于我态度上的改变，具体做法的改善，以及不断鼓励，孩子的自觉性明显有所提高，过去每天晚上作业要写到10点，现在基本上在7点前都能完成，等我检查完，也不过8点多。我高兴，她也轻松。

第七篇
陪孩子安然走过青春期

如果我们一直采用理解、尊重、接纳的养育模式，孩子的青春期会安然度过。如果孩子已经逆反，就需要先不去管，更多地顺应孩子的心理，等关系好转了，再慢慢去影响孩子。

警报拉响：孩子进入青春期了

为什么青春期会让很多父母头痛？冰冻三尺非一日之寒，这是因为家庭教育本来就存在问题，一直在压抑孩子，只是孩子以前反抗意识不强，很多问题被掩盖了，而进入青春期之后，孩子自我意识增强，有了更多独立、自主、自尊、自由的要求，如果还按照压抑的方式去教育，那么，出来混早晚要还的，播下压抑的种子，迟早会收获痛苦的果实。

“从幼儿园到小学毕业，一直是我管闺女。她一直特别听话，学习上进。我特别地强势，所有的事都是按照我的意愿去做，一直还觉得自己是个称职的妈妈，把闺女照顾得挺好。可是就在闺女上初中的时候问题出现了，闺女上的是住宿学校，开学以后闺女就像一块长期压缩在狭小空间的弹簧突然释放了，一下子就无法控制了。初一的前半学期我整天生活在惶恐之中，生怕闺女从此无法调整过来，后来逐渐地悟到自己应该调整教育方式了，可是该怎么做却无从下手，总是以失败而告终。直到看到维尼老师的博文，才让我知道如何去做。我改变之后，孩子的情况以及亲子关系越来越好了。”

“儿子小时候，我经常纳闷，他怎么那么大度，挨过训，一转脸没事人似的和我亲热。现在完全反弹了，每次和他冲突后，我就像得了健忘症似的，继续关心他的一切，真是出来混早晚都要还的！”

不过这也是好事，正是孩子的反抗促使我们反思，改变自己。如果孩子一直忍耐而不表现出来，我们还会以为自己是对的，会给孩子带来更多的压抑和痛苦。

不过，即使以前没有压抑孩子，孩子也不算叛逆，到了青春期也需要重新审视自己：是不是充分尊重了孩子的想法？是不是给了孩子较多的自主自由？是否考虑了孩子的感受？是顺应孩子还是和孩子别扭？

我的教育理念正好适合青春期，如果从小就这样教育，青春期自然顺利度过。

“孩子进入初中以后，自我的意识在慢慢成长，不再是以前那个很多事情会听我的小孩子了。我没有意识到孩子的转变，还在用家长式的命令来解决问题，现实无情地告诉我，这已经行不通了。

比如说孩子进入初中以后，明显睡得比以前要迟，早上起不来，我叫了几次不起，就开始生气，不停地催促。出门前我一直唠叨，孩子带着气出门了。和维尼老师沟通以后，发现这根本不是问题。孩子迟到自有老师批评，我在家里干着急有什么用呢？另外，孩子一定会迟到吗？我以前根本没有想过这个问题，只是沿用以前对待孩子的办法，天天催促他。这之后，我就不再催促他了，每天早上起来做好饭，叫他起床，时间到了再提醒一下。孩子自己就会一骨碌爬起来，匆匆吃好饭出门。孩子心情好了，我的心情也好。"

"儿子上初中，昨天下午，老公说儿子的同学一家晚上请我们吃饭，因为这个同学一直考第一，所以我也想让他们好好交流一下。告诉儿子后，谁知他脸立刻就变了，质问我，你们答应一起吃饭，经过我同意了吗？我说，你们两个一起吃饭，相互交流一下多好啊！儿子立刻反驳说：不去，在学校我们也说话。我火了，最后儿子极不情愿地下了楼，在上车的那一刻，我突然想起维尼老师的理念，跟老公说好把饭局推掉了，然后跟儿子道歉，领他去超市逛了一圈。他也觉得自己做得不对，也跟我们道了歉。儿子现在到了青春期，是要尊重他的意见了，现在想想也许他觉得自己的学习不如人家，在一起会有压力的。"

了解青春期孩子的想法

让我们走进几位中学生的内心，了解他们的感受，尝试读懂孩子。

爸妈总是逼我学习，不是我不爱学习，而是我讨厌他们的这种方式；他们总是让我长大后做医生；老说你看人家 xx，考上 xx 大学，然后，也让我考上 xx 大学。我心里其实一点也不快乐，压力大，家长一直喜欢比。但是每当我抱怨时，他们就说我脾气大。妈妈说：那我以后不管你了，有你这样的吗？

一切都是为了孩子好，却让孩子很受伤。

这个世界，利益、面子已经成为家长的必备物质，这已经刺伤了不少儿童，真可笑。我本来是乐观，随心所欲的一个人，每天叽叽喳喳的，好像永远不能停歇似的。而现在的我，却被无聊的家长刺得遍体鳞伤。不再外向，只能像刺猬一般保护自己；不再快乐，只好在心里默默咀嚼伤痛，让它变得不那么伤人。

你听，我们伟大的家长同志又开始说那些所谓的教育真理了："你看人家

XX，成绩那么好，人家好好学习。而你呢，学习又学不好，做家务活又不行，你还能干吗啊？没用。

亲爱的家长同志，不知道是哪一位在上次考试成绩优秀的时候大声夸赞我的歌声很好，你们很无聊哎。暑假之前不知道是哪个人大声说只要用功暑假让我尽情地玩，又不知道哪位在暑假时说你不学习别人都在学习，你必须学习，学习是为你好。你们都是骗子，无聊。

你们以为自己是上帝，来告诉我们所谓的真理。真正的真理，你离我好远！

如何进行青春期家庭教育

实例：先去理解理解和接纳孩子

我和儿子（高二）多年来冲突不断，一个重要原因就是不能接纳他，常常否定他。我不断告诫自己要接纳孩子的优点和缺点，可是一遇到具体问题，我仍然不知道怎样接纳。

孩子有一天回家满脸不高兴："物理老师真变态，我看见他就恶心。今天我忘了带物理作业，结果他突然宣布班级规定，忘带作业的同学扣班级 2 分，还要连带学习小组成员一起被扣分。扣我的分也就算了，连小组同学的分也一起扣，他啥意思呀！我以后永远不交物理作业了，他有本事使劲扣吧！"

我听到这些话，气不打一处来。心想："儿子八成是忘记写作业了，故意给老师说忘带了，老师识破了他的谎言，他才恼羞成怒。再说了，老师宣布惩罚规定也是对学生负责任的表现呀。自己不好好学习，却迁怒老师的做法，这样的孩子我如何接纳呀！"

维尼老师说："孩子的看法也有一定道理呀，老师实行连带惩罚确实有些过分了。"我很不服气："如果老师听之任之，岂不是对学生不负责？"维尼老师说："你说的有一定道理，可孩子讲的也有道理。你要先理解肯定他合理的成分，先接纳他的情绪、看法，等他平静下来，再提出你的看法，孩子是不是更容易接受呢？如果你一上来就否定孩子的意见，他怎么能学会接受你的建议呢？"

突然明白了，接纳是要站在孩子的角度上，用孩子的头脑去感受，才能理解孩子的情绪和认知。理解了孩子，接纳起来就不那么难了。理解肯定孩子的合理方面，接纳孩子的情绪，孩子就不需要逆反了，也就能和我们沟通商量了。

后来孩子与物理老师又发生了一次较大的冲突，我首先理解肯定了孩子的一些做法，待其冷静后，又站在老师和旁观者的角度，指出了他的不妥，孩子欣然接受了，主动向老师认错，并答应改变自己的学习态度和为人处世的方法。

维尼：我们学会理解和接纳孩子，其实是很好的示范，让孩子学会理解接纳别人，从而解决人际交往的问题。因为对别人的理解和接纳是人际交往的关键。

实例：降低要求，多顺应孩子的心理

儿子上高中，在学习问题上，我与孩子经常冲突。我深入反省自己：我一直都强烈盼望孩子考上名牌大学，至少也得是个一本院校，而且我也坚信孩子有考名牌的潜力。目前成绩不太理想是由于他本人不够努力，用于学习的时间过少造成的。所以只要看到他多玩一会儿，就会认为他不够努力，宏伟的目标难以实现了，一下子就着急、上火、生气，想都没想指责的话就脱口而出。

一直以来，我对孩子的教育付出了大量的心血，尽管走过弯路，可我不放弃，一直学习、改变，而儿子虽也有改变，可我总觉得他改变不够大，远没达到我心目中的理想状态，委屈抱怨不知不觉转化为愤怒并转嫁到孩子的身上。

由于这两种习惯性思维根深蒂固，一遇到孩子学习稍稍松懈，或多玩一会儿游戏，我往往先是提醒催促，接着唠叨指责，最后是大吵大闹，一发不可收拾。

要改变现状，就必须改变不合理的习惯性思维。怎么改变呢？仔细想想：

考名牌大学真的有那么重要吗？比孩子的幸福还重要吗？考名校是妈妈的愿望还是孩子的愿望？妈妈的愿望让孩子去实现，这合理吗？一直以来，我把没有考取名校当作人生的憾事，所以，我把孩子培养成功当作自己最大的成功，也是最大的幸福。所以，才会这样执着，自然容易着急。

我为孩子付出那是自愿的，是家长的责任，为什么一定要孩子用成绩来报答？说白了是我的功利心在作祟。家长对孩子的爱是付出不计回报的，孩子现在还小，不懂回报也很正常呀。

这样一想心态就平和多了。想起了维尼老师说的：先理顺关系，再寻求改变，在学习这个敏感问题上，先要降低要求，学会顺其自然，等亲子关系好转了，孩子愿意合作了，再慢慢严格起来。

实例：如何应对青春期孩子的情绪

孩子今年六年级，但是好像已经进入青春期了。暑假我和孩子搞得一团糟，起因是他用手机一天到晚地看小说，我担心他的眼睛，所以阻止他不要看。后来觉得靠他自己控制不住，就把手机没收了。这就成了僵局，接下来我说什么他也听不进去，天天赌气，而且天天买小零食、饮料，他知道吃这些东西我会不高兴的，就这样我们闹了好多天。别人建议冷处理，我尝试了几天发现真没用，他更听不进我的话，而且天天板着脸，搞得全家气氛紧张，心情不好。

维尼老师说孩子因为手机被没收，出现这样的反应是正常的。孩子已经逆反，和他对抗、严格没什么好处，只会把事情搞糟。最好先顺应孩子，适当满足要求。和维尼老师沟通几次后我的心平静了好多，慢慢接纳了现状。后来我找机会跟他说话，学着顺应孩子，不去和他对抗。

现在几个月过去了，没怎么发生过类似的情况。维尼老师的“先说好，再说不”很管用，这样既顺应了孩子的要求，又坚持了我的一些原则。虽然刚开始有点难度，慢慢就很自然了。这样他得到满足，就不会产生冲突。再说孩子得到满足后，他也不好意思再跟我提过分的要求，而且要求时都是用商量的口气。

维尼老师建议尽量不要让孩子生气，当时我觉得很难，心想怎么可能让孩子不生气呢？后来在生活中慢慢去体会，每次看到孩子有点不高兴时，我就不说了，先暂停，出去一会儿，等我溜一圈回来，孩子也差不多忘记不开心的事了，在平静的情况下说一件事，双方就比较理智了，不会赌气也不过分生气。

我也尽量让自己每天保持好心情，无形中也会把好心情传递给孩子，再说自己心情好了，就觉得孩子有时候稍微过分的要求也正常。我有时想说他时会经常用唱歌的语调跟他说，他也会这样回答我，氛围很好。

学会妥协，不较真

妥协是为了更好地坚持

孩子进入青春期后，有了更多自己的想法，不愿意被父母限制和控制，但是其实他还是需要父母的建议和帮助的。不管不行，禁止、命令、要求的方式孩子又不爱听。此时就需要有所妥协，“先说好，再说不”，孩子才会合作。

比如，学校禁止带手机，但孩子非要带手机去学校（可能需要手机，不少同学也偷偷带），可以先答应孩子，同时提出几个要求，比如，一定要设置为静音、上课不能玩等。顺应了孩子的要求，他也愿意接受我们的要求。如果坚持不让孩子带，孩子反感，破坏亲子关系，还可能非要带，或在上课玩。这就是以退为进吧。

和孩子成为一伙儿的

中学有很多规定，比如手机、头发、着装，这些规定虽不够人性化，但可以理解，因为只有规定得比较硬性死板才能方便实施。不过，这些规定本身并不一定就是合理的，孩子执行时想变通灵活也可以理解。我们可以和孩子做一伙儿，帮助他们处理好学校规定和自己需求的矛盾。这也是不得已而为之，因为如果完全站在学校一边，貌似有理，但孩子可能不听；而如果能和孩子一伙儿，他反而会听进去你的建议，不去明目张胆地违反学校的规定。比如孩子不想把头发剪那么短，这可以理解，那可以建议把长度理到临界值，孩子不那么反感，老师那里也能交差。

不要太较真

对于逆反期的孩子，有时无法坚持我们的原则和规则，只能不较真，睁一只眼闭一只眼，先顺着孩子，把亲子关系处理好了，再适当有所坚持。

我孩子上高中，周末回家会玩十几个小时的游戏，不过在学校学习还很自觉，学习也不错。我知道孩子这样不太好，但是孩子逆反，无法劝阻，很焦虑。维尼老师也认为不应该玩这么长时间的游戏，但劝我先顺应孩子，保持一个好的亲子关系。后来孩子在一个本来应该留学校的周末，以补课为理由向我提出要回家（主要目的是想玩游戏），我温和地坚持了一下自己的原则，让孩子自己想想这样是否适合。后来孩子就没有坚持要回家了。

不过于坚持自己的意见，是为了以后更好地坚持，在关键时刻坚持。

实例：少去干涉孩子

我女儿上初一，维尼老师认为她成绩还可以，也有一定自觉性，所以建议我尽量不干涉她，多让她自己做主。我如果管得多了，她挺反感，也起不到作用。不干涉，她自己也会调整。以前上过英语班，她说太枯燥，不想上，我同意了。后来英语没考好，她有些着急，说要找个老师辅导一下，这次她乖乖地跟老师学了。以前她数学不太好，她也让我买了课外练习，考试前认真地做模拟题。

以前总觉得她没有上进心，现在发现如果不干涉她，她的上进心反而很强。很多事情都是平衡的，你对她紧了，她反而生出逆反的想法，不想做；管得少些，她反而自觉些，成绩差了就自然会抓紧一些。

实例：体验是最好的说服

进入青春期，说多了，孩子觉得你烦；无所作为，听之任之，是不负责任。所以，多引导孩子自己去体验是较好的选择。

以前每个周末对我来说都是一种煎熬，因为上初一的女儿对学习已到了厌烦的地步，尤其是写作业，不催就磨蹭着不写，你催她还烦，有时催了也白催。我们的关系日趋紧张，矛盾也愈来愈多。有时只要我一张嘴她就跑，抑或双手捂耳不听，真是令我欲哭无泪。

我看了维尼老师的博文之后，我准备月考前不再说她了，让她自己去体验结果，回头想想写作业磨蹭也不是一两年的事了，想立马改正也根本不可能，还要慢慢来。这天晚饭后我看起小说来，不再像以前那样催她问她了。后来大约8：30分，她来问我数学题，我一看这次随堂测试只得了47分（有史以来最低），要是以前我早就嚷开了，这次我不但没嚷也没生气，只是逐一给她讲解，每算对一个得数，每列对一个式子，我都说“很好”来加以鼓励，大约到10：30分，才全部把错题讲完，她感觉很好。

就像维尼老师说的，接受孩子的现状才能做到心平气和，因为知道孩子这段时间生病没学好，对她的成绩充分理解，所以才能不急不躁、不发怒、不生气地给她讲解。在这种轻松的氛围中，她理解得快，也能积极思考。

回想以前，一看题目那么简单，题还没讲就先劈头盖脸嚷一顿“这么简单还不会，不就一个公式的事吗？课堂上你怎么听的，人家谁谁与你一个班一样学，人家咋学习那么好？”这样就把孩子给嚷懵了，她心里光生气了，哪还有心思听你讲？所以有的题讲了两三遍她还没听懂，她越听不懂，我就越来气。孩子听不懂事小，内心对家长的抵触情绪却越来越多了，导致关系紧张，孩子不会的题目也不愿问了。

月考后的一天，中午放学回家，她不好意思地笑着说：“数学考砸了，才得了68分。”我无言地笑了笑，她见我笑又说道：“在你意料之中？”娘俩真是心有灵犀。见我没生气，她又有点得寸进尺地自我安慰道：“没事，这样进步的空间大。”她这种淡定的心态真令我哭笑不得。我以前觉得她这是不思进取的表现。

“这段时间我不管你，退步了吧？”

“不行，以后你还得对我盯紧点。”听到这句话我心中窃喜，我要的就是这个效果。我先让她完成当天的作业，然后共同分析了试卷。

哈哈，不去唠叨，不去逼，让孩子体验是最好的说服呢！

青春期的孩子有时比较犟，有时可以放弃说服，让他自己体验。

“孩子喜欢看足球比赛，晚上10:30时，决定先休息一会儿，准备看下半场比赛。我试图说服他，早点休息。儿子不干，理由是，前几次德甲，英超比赛都因要半夜起床错过了，这次必须要看了，态度十分坚决。我放弃说服他，自己先休息。11:20时，还在看，我催他睡觉。儿子说马上就完。我说：明天早上我可不会叫你起床，迟到就迟到。他说不叫就不叫，继续看比赛。早上我故意晚10分叫他，而且只叫了他一次。他一声不响穿好衣服，虽然没洗漱吃饭，但也没像以前那样因为晚出发而说抱怨的话。”

“我女儿上初中，有些厌学，总想开个网店，觉得自己有想法，有思路，可以赚不少钱。我答应了她，给她一笔启动资金。她很有热情地把网店开起来了，还精心设计了页面。结果一个月过去了，没有迎来一个真正有购买意愿的顾客。这下她明白了，赚钱不是那么容易的，还是老老实实学习吧。”

青春期沟通的秘诀

我和一位高中女生的对话：

女生：不知道怎么回事，很多时候我都和父母聊不来，有时我会一味地顶撞。他们总是说我太固执，谁的话也听不进去。其实并不是这样，他们只认为自己对，即使说错了那也情有可原，可是，我要是说错了的话，他们就会狠批我一顿。他们总认为，父母是天。

维尼：是啊，谁也不喜欢别人这样对待自己。

女生：其实每次谈话前他们都抱着来和我商量的态度，但是，由于他们的方式不对，最后总弄得不欢而散。

维尼：你觉得他们用什么方式好呢？

女生：尊重吧。尊重我的看法和决定，提出他们的建议，但是不强求我听他们的。不要觉得你是我父母就应当怎如何如何。

维尼：先找到你看法中合理的方面，再提出自己的看法，但听不听在你。

女生：是这个意思。

沟通是倾听、交流，而不是辩论

到了青春期，很多父母感觉难以和孩子沟通，是孩子出了问题吗？其实孩子只是自然成长，长大了，是我们原来的方式不适应变化了，或者我们的沟通方式本来就是不合理的，只是在青春期暴露出来而已。

了解孩子的世界

难沟通的原因之一是没有共同语言，孩子觉得父母过时落伍了。所以不妨去尝试了解和欣赏孩子的世界。比如有的父母看到孩子看动漫、玩游戏就反感，这样怎么能沟通好呢？不妨去接触一下当下流行的网络游戏、动漫、网络小说、玄幻小说，摘下有色眼镜来看，就像我们当年着迷的金庸武侠小说，家长和老师都觉得不入流，现在却已经成为经典。

学会倾听

沟通不仅仅是说，倾听有时比说更有效。不过，倾听，不仅是听听而已，而是要让孩子感到你的认真、有共鸣。

孩子以前总是说："你从来不认真听我说话。"想想也真是。我上班，孩子上学；我下班，做家务，孩子写作业。孩子今年该上初三了，本来亲子交流的时间就不多，孩子有时候给我说一些他们班上的趣闻呀、同学的可爱呀什么的，我都是有一搭没一搭地听着，因为我是初中班主任，所以觉得孩子说的无非和我班上的孩子说的大同小异，听孩子说话的神情不够专注，孩子说一会儿就觉得没意思了。长此以往，孩子就不再给我说学校里的事情了。

我从维尼老师那里知道如果不去认真倾听孩子的话，孩子发现后就会拒绝和我们有更多的交流，这样亲子关系会逐渐疏远冷淡，不利于家庭教育和孩子的成长。所以我们要做会倾听的家长。

意识到这个问题后，我及时改变自己的做法。哪怕我正在电脑前忙工作，孩子给我说学校里的事情，也会马上表示关注，并且追问孩子：这个事后来咋样了？孩子现在比较愿意和我交流，我有时也刻意学一些我班上学生的话来和女儿对话。比如孩子们经常说：哦买噶，我说：我们70后的人也会说呀，我们说的是中文"我的老天爷呀"，你们说的是英文"我的老天爷呀"，意思一样啊。每当这时候，女儿也会和我一起讨论他们同学中的流行语，亲子关系非常融洽。

沟通而不是辩论、说服、批驳

很多父母和孩子交流，不是讨论而是辩论，总想着想把孩子辩赢，辨服。但辩论往往是没有好结果的，各自坚持自己的看法，父母还觉得孩子强词夺理。

有的人看起来是要沟通，但不去理解、倾听孩子的想法，目的还是说服孩子相信自己的道理，这样单向的沟通是无效的。

有时候我们一定要孩子认错，把孩子批驳得体无完肤还不罢休，其实这样会让孩子逆反，孩子即使知道自己有错，出于自尊心也不承认错误。

以前我总是着急让孩子按照我的来，为了说服孩子，会和孩子说一大堆道理，孩子听得眼神都空洞了，我录了音，自己都觉得自己啰唆得很，我女儿说：你说的不一定是对的，为什么一定要听你的？后来维尼老师建议我先去理解和肯定孩子的想法，再简短地说自己的看法，这样孩子慢慢能听进去了。

先理解和肯定孩子的想法，再提出自己的意见

沟通的一个秘诀就是先理解和肯定孩子的看法，再提出自己的建议。如果轻易否定或忽视孩子的看法，着急说自己的道理，这样就是自己找堵——堵住和孩子沟通的渠道。

孩子为什么常说“不晓得”？

妈妈：我有时问孩子一些问题，他直接就说不晓得，不知为什么？

维尼：看来孩子可能不愿意和您沟通啊。举个例子看看你们是怎么交流的。

妈妈：最近有个老师打学生耳光的事，我问如果他是这个学校的校长，他会怎么办。他居然说：先消灭证据，再在学校内部处理那个老师。

维尼：呵呵，他说得也有道理啊，现实中有些校长确实会这样做的。

妈妈：我给他说应该先带老师去给那个被打的学生道歉。我们是不是应该引导孩子正向思维啊？

维尼：您说的是正统的思维方式，也有道理。不过现实比较复杂，这个世界不是非黑即白的，没有标准答案。鼓励孩子有自己的见解，他才爱思考，才愿意说出自己看法。如果他说一个观点，您觉得与您想灌输给他的思想不一致，去批驳他，他就不愿意说了。

妈妈：看来这种讨论应该各抒己见。原来是我一直灌输自己的看法，所以孩子才常说“不晓得”啊！

孩子愿意和我聊天啦

小岩上初一，和妈妈交流越来越少，妈妈想聊天时他就忙着干自己的事情，不理妈妈，甚至妈妈一说话就烦。

妈妈讲了两件事。一次，孩子说有个实习老师（大学本科）留校了（当地很好的初中），孩子觉得奇怪，怎么他能留校呢？妈妈马上说：实习老师也是大学生，怎么不能留校呢？孩子不做声了。其实孩子的疑惑是合理的，这所中学一般要求有五年的教学经验，所以本科生能留校确实是很少见的。

还有一次，孩子说有个老师水平一般，他上课的时候很多同学都不爱举手。因为老师曾反映孩子上课时不爱举手，所以，妈妈一看机会来了，想趁机教导一下，就马上问孩子：你举不举手？孩子识破了，一句话把妈妈堵回去了。

孩子说一个事情，如果父母愿意倾听，理解和肯定他的合理之处，他说得高兴，自然会愿意和父母交流；相反，如果父母急着去影响孩子，不理会孩子说什么或者急于否定孩子的想法，急于说自己的道理，孩子觉得“堵得慌”，会反感这种单方面的沟通，多次下来，自然不想交流了。谁爱自己找堵呢？

所以，我建议妈妈少去想着影响孩子，先放下自己的想法，去理解和肯定孩子，去倾听，这样孩子逐渐愿意聊他的事情，在这之后，再适时提出自己的看法。

过了两个星期，妈妈高兴地告诉我，建议有了神奇的效果。她真正放下了，不想着去灌输、影响孩子，而是去倾听孩子，现在孩子很愿意和父母聊天，那轻松的语气就像和他同学一样随意自然。而且亲子关系有了改进，有次妈妈不小心搞坏了孩子的东西，他也不像以前那样生气；也愿意帮助做家务了。

孩子抱怨老师怎么办？

一位初二女孩很逆反。我发现妈妈有一个问题：凡事都从自己、老师的角度去劝说孩子。比如孩子本来一直第一，最近考试得了第二名，就被老师罚站。孩子说这个事儿，妈妈第一反应就是：老师也是为了你好啊！孩子白了她一眼，不再说话了。

此时，首先应该理解和肯定孩子：这个老师的确有些过分啊！等孩子平静了，再尝试让孩子理解老师：老师太年轻，没有经验，有些做得不到位的也正常。

妈妈恍然大悟，她说以前还真没有从这个角度去想过。从此转变方式，首先去理解和肯定孩子。只是过了一两个星期，和孩子的沟通就顺畅很多，孩子甚至和妈妈探讨起她喜欢的帅哥的事情了。

孩子抱怨老师，那么必然有合理的地方，此时要先理解和肯定，顺着孩子的话说，承认老师做的可能有问题。这样孩子情绪平和了之后，再试着让他去理解老师的难处。最后，再提出我们自己的看法。

实例：顺应孩子，他高兴了，就愿意沟通了

我自己的心静下来以后，不再急功近利，就能顺应孩子（高二）的心理了。他这次月底回家，我提前把自己想跟他沟通的问题想好，想好沟通方式，他说先在外面玩一下午再回家，我开始没有答应，后来想到孩子已经在学校学一个月了，玩一会儿又如何呢？所以就答应了。孩子准时回家，吃完晚饭后，高高兴兴地上了我们约好的网络课。第二天虽然起床很晚，几乎中午了，我也没急，而是快乐地给孩子准备午饭，同时给他安排了学习任务，他高兴地接受了。晚饭后我们聊了很多，孩子不再像过去那样消极抵抗了，能安静地跟我讨论了。这个假期我们没再吵架，都很高兴。

孩子的创意

孩子上初中，一天晚上我回家，他已经把晚上的菜准备好了，我鼓励他很有创意，把土豆、香菇和洋葱搭配，切成丝，又洗好了，我们大人是不会想到这样备菜的。我立即把他备好的菜按照他的要求去做了，结果晚饭他吃得很高兴。我按照维尼老师的“先顺应孩子，再提出自己的建议”的方式，在吃饭过程中，我适时说了一句，要是洋葱不掺杂在一起就更好了，因为洋葱要先洗再切，切后最好不要再用水泡，那样口味会更好。孩子一边吃，一边说：原来是这样，非常愉快地接受了我的建议。如果这句话放在做饭前说，他一定会说我挑刺，又要有口角之争了。

先放下自己的想法，去倾听，去理解和肯定孩子，等沟通顺畅了，亲子关系好了，再以恰当的方式去影响孩子，这样效果更好。

恋爱的那些事儿

很多人害怕孩子恋爱，因为一般会或多或少影响学习，这样的担心可以理解。不过，中学时代的恋爱一般是纯洁美好的感情，很少有功利目的，这与工作之后有所不同。现在的孩子一般情窦初开得比父母当年更早一些，感情也丰富细腻，

所以，有这样的需求很正常。虽然我们不必鼓励孩子去恋爱，但如果已经是进行时，还是先理解接纳为好。

如果想减少恋爱对学习的影响，让孩子少些迷茫不安、手足无措，我们就需要和孩子有良好的沟通，让孩子把我们当朋友，愿意谈这个事情。所以，早早采取开明一点的态度，虽然可以建议孩子中学期间不谈恋爱，但是也告诉他理解此事，不必害怕告诉我们的时候会挨训。这样，如果已经恋爱了，我们就可能给他一些好的建议，避免他像没头苍蝇一样乱撞。最糟糕的是失恋的影响，如果他有父母可以倾诉、出主意，对缓解情绪是有帮助的。当然，如果处理得好，恋爱也可能会激发孩子学习的动力，促进学习。

“儿子六年级时，有一天回家告诉我，班上有个女生说喜欢他。开始儿子不理会，后来女孩又找了他几次，他有些茫然，我也有些束手无策。后来看到维尼老师关于早恋的文章，我反复地读了几遍，采取不否认的态度，以探讨的方式沟通，儿子每天就把两个人发生的事情讲给我听。当他遇到问题时，我也适时给他些建议。这样一路走过来，我发现其实根本不是什么早恋，只是孩子对异性的一些好奇和欣赏，接触一段时间后，好奇没有了，也就恢复到同学的状态了。”

“高一时我暗恋班上一位男生，弄得自己上课都没心思听，对自己的想法又羞又惭愧。有一天我忍不住把这个小秘密告诉了母亲，她说：“哎呀，这很好呀，你和他一起好好学习，以后和他考同一所大学，假如你俩能够结婚那就太美好了！”这句话让我特别感动，我也不再为自己青春的萌动感到可耻，只是为了这个小秘密默默地努力。十年以后，这个男生成功地成了我的另一半，连我自己想起来都像做梦一样；我很珍惜我的家庭，因为我始终相信我的这份美好的姻缘是母亲祝福来的。假如当初她发现我因为男女的念头分心而打击责骂我，我说不定反而会走上早恋的道路。”

实例：亲子关系是安然度过青春期的关键

记得孩子小学毕业的那个暑假，和女儿谈了恋爱的问题。我说：中学首要的任务是学习，你那么优秀，千万不可以谈恋爱哦！女儿问我：为什么啊？我直接回答：哪来那么多为什么？听大人的话没错的。我那时认为小孩子不需要懂得那么多，听大人说的话就行了，根本没有把对孩子的情感教育放在心上，更别说正确的引导与交流了。

在七年级住校的一年里，除了周末回家之外，我们几乎没有什么交流，我也对孩子住校的事情不闻不问，可以说对孩子没有关心、没有沟通，我关心的只是成绩。暑假里我感觉到孩子有了些情绪上的变化，但是一看学习成绩还是那么好（全校第二），我就疏忽了孩子的变化！八年级时我开始陪读，放学后孩子自己在房间学习，到点休息，我们依然没有交流。

后来老师告诉我女儿成绩下降了，是因为谈恋爱。我开始监视孩子，偷翻书包，回家后也用命令的口气训斥她，完全不给孩子解释的机会。在这样的怀疑与管制下孩子越来越逆反，眼神中充满了仇恨与反抗。成绩自然也下降，而且还没有了信心和目标！八年级成绩直线下滑，对我说谎，对异性依赖，我真的不知道如何是好了。

后来我看了维尼老师很多的博文，才恍然大悟，认识到了自己的错误。我一直以为自己爱孩子，但给孩子的却是有条件的爱，当孩子不按照我的要求去做时，我会使出各种手段强迫孩子去做，毫不顾及孩子的感受，更别说倾听了，结果是问题由小变大、由简单变复杂，变得一团糟。

惊醒之后，我决心改变自己，学着用维尼老师的理念首先去改善亲子关系。

沟通

有一天我和女儿沟通恋爱的事，就像维尼老师说的那样，先表示理解，再提出自己的建议供她参考。我说，我能理解你们的交往，也祝福你们的未来越来越好。但是目前我希望你们暂时把这段美好的情感放一放，把学习的事情抓一抓。你们都是优秀的孩子，妈妈祝福你们，也请你们学会管理好自己！我愿意改变自己，与你一起成长。

我告诉自己，先接纳、放下这个事情，细心观察默默陪伴，让孩子了解我的想法后自己来处理。开始孩子也在观察、怀疑，也在顾忌。当我真正顺应她的时候，孩子也逐渐在改变。虽然他们还有信息传递，但我感觉到孩子的情绪稳定了许多，会深入地思考一些问题了，偶尔也跟我交流一下。

礼物

有一次我发现孩子书包里有礼物，我看到了没说什么。后来我发现孩子藏来藏去的，就跟孩子说："你书包里的东西妈妈看到了，放家里吧，妈妈看你背了几天了，妈妈理解你！"孩子欣然接受，拿出来放在了桌子上！并说她是搬家时候怕我知道才放到书包里的。我们心照不宣地知道礼物的来源，我已经跟孩子沟通过的事情就要相信，不再重复，这样就避免了孩子为了解释而说谎。

成绩

从小学到初一我从来没关心过孩子的学习，每次见面就问周考成绩，好了会鼓励一下，坏了就唠叨个没完，不知道帮助孩子去正确面对成绩，及时分析总结。到了七年级，孩子不爱说成绩，学习经常偷懒，在我面前演戏。八年级多了物理课，由于学习状态低迷，物理成绩不理想，青春期的逆反也越来越严重。此时我还没有意识到问题出在我这里，还是一味地强制管教孩子。结果孩子需要我们的时候就亲近下，过后就形同陌路。我很苦恼也很纠结，很恨我自己！

但是还要冷静下来，就像维尼老师所说的，先放下对成绩的关注，去改变自己的认知，让自己平和，之后再去改善亲子关系。

我学会放下家长的架子，平等地与孩子相处，相信孩子！面对孩子出现的问题我都会去理解她，然后告诉自己这很正常、没什么，接纳孩子的一切，顺其自然。我相信只要自己变了孩子就一定会变，每天感恩孩子带给我成长的功课。我去发现孩子的优点，适当鼓励表扬赞美。随着时间的推移，我们的亲子关系越来越好，我也能适当提要求、制定规则了。

今年四月份，一模考试过后，当孩子把成绩单拿出来的一瞬间我和爸爸的心还是沉了下来，我们的表现孩子也感受到了，当时爸爸就拿着成绩单开始数落孩子，孩子情绪很低落，竟然赶爸爸走，说不用爸爸陪，妈妈陪就好了。我没说话，只是默默地告诉自己，没什么，接纳孩子，顺其自然，还来得及，相信自己的孩子！其间我一直不时地看着孩子，用心和眼神陪伴她，给她信任和接纳现实的力量！孩子感受到了，当我调整好自己的情绪时，我真诚地、不带评判地说："我希望我们一家三口人相亲相爱，以后有事情我们一起分析解决，你能说出你的感受妈妈非常高兴。爸爸妈妈也需要学习改正，我们都需要时间。相信你能理解我们，我们也相信你是个优秀的孩子。只要你快乐就好，这次考试不算什么，包括中考也不算什么，只要你努力了就行了。那我们一起分析吧。"孩子欣然接受，认真地分析了各科的失误点，然后又认真地制定了各科的方案。

中考百日倒计时开始时，我告诉自己一切顺其自然，只要孩子尽力就好，我也教给孩子用认知疗法调节情绪。早晨孩子会按照自己制定的时间按时起床、洗漱、上学。孩子逐渐感受到我的改变，亲子关系更加好了，话也多了，积极地跟我说成绩的事情,愿意听我“唠叨”,有情绪也能自我调节得很好。我有了积极的改变,孩子的信心也逐渐增强。五月孩子二模成绩是欣喜的,也相对稳定了。探讨志愿时孩子由原来的没有目标、考哪里算哪里,到现在的敢说冲击省重点,并开始为之付诸行动了。对孩子的真诚和信任,让孩子轻松快乐了。

中考之后,妈妈告诉我,孩子考上了理想的省重点高中。

亲子关系处理好了,貌似复杂的青春期问题就容易解决了。

实例:顺应心理,让我们安然度过青春期

悦妈:我女儿从小学到现在(初二),每到周末和节假日,都要先玩够了才肯静下心来好好做作业。曾经有一段时间,爸爸说要培养孩子的好习惯,一定要孩子先完成作业再带她出去玩,结果孩子整个双休日都“泡”在书房里,作业照样要“磨”到周日晚上10点钟左右,根本没有比周六先玩早完成一丁点儿,而且害得一家人都陪着耗在家里,心情也很糟糕。试了几个星期都是老样子。后来,爸爸想通了,孩子的好习惯不是一两天就能养成的,我们可以灵活一些,先顺应孩子,只要能完成作业,先玩再学也可以。现在孩子想先玩,我们同意,结果她觉得自己占了大便宜,玩过之后,她就能开开心心地安排学习了,效率也很高。后来,她慢慢体验到如果先玩后学,有时估计不足,周末很紧张,所以她也听取我们的建议,先抓紧时间做一些作业,这样后面出去玩也就不担心了。

维尼:先顺应孩子的心理,多让孩子自己去体验行为的结果,这样孩子会自己考虑调整,也容易听取我们的建议。

孩子学业负担重,压力大,每天八九节课上下来,放学之后已经很是疲倦。女儿经常会说,太累了,不想做作业了。这时候,我就静静地听,让她宣泄一下,或者说“是很累的”、“辛苦啦”,不去多加“开导”。因为我知道哪怕我们叫她不要做作业,她自己也是绝对不肯不做的。她只是实在太累,发发牢骚而已。

维尼:孩子有了情绪,先处理情绪,接纳,倾听,允许宣泄,不着急讲道理。

我们理解她、同情她、相信她、顺应她的心理,在合适的时候,我们会引导她更合理地安排时间,有的作业不要太过认真(这样有时间去仔细做重要的作业),有的抄抄写写的作业我们帮她做一点,这些她愿意听。

有时候,被老师误会,受到严厉批评,孩子会非常委屈,回家号啕大哭,甚至

对老师破口大骂。这时候，我们也先让她“发飙”，等她情绪的风暴过后，再以同理心加以劝解，说父母小时候碰到类似的事情也会很委屈、很气愤；老师出发点是好的，是想教育孩子，帮助孩子，但老师的时间、精力很有限，很辛苦，有时候也会心情不好，不要太放在心上等等。孩子也就能由阴转晴。有一次我和女儿聊天时说起自己读初中时，因为数学老师对自己不好，就赌气上课不听他的课，结果数学成绩一落千丈，后来上了高中还学得很是艰难。女儿听后哈哈大笑：“妈妈，你傻呀！你读书是替老师读吗？”听了真是又汗颜，又欣慰！现在，碰到什么事情，女儿一般都能理解老师的苦衷，凡事先看老师的优点、长处，也能以平常之心接纳老师的不足之处。

维尼：遇到孩子对老师不满，要先顺着孩子说，肯定老师不合理的地方。待情绪平静，再引导孩子理解老师。

孩子初中后学习很努力，进步很大，现在成绩很优秀，我们希望她能争取保送重点高中，这样她的中考压力就能轻很多。要保送，就要参加很多的竞赛，争取多加分。有的项目孩子喜欢，她会全身心投入地去做；有的项目很容易得奖，获得加分，但孩子不喜欢，死活不肯。我们说得多了，她就发狠话说：宁愿不要保送，不要重点高中；不喜欢的事情，哪怕参加了，心思不在上面，也是做不好的；初中阶段读书很辛苦，自己想做点喜欢的事情。最后，我冷静下来想想，保送、读重高真的有那么重要吗？要以孩子的快乐作为代价吗？其实未必。我们眼光放长远一点，孩子哪怕以后只是读普高或职高，她有思想，有主见，综合素养比较好，也能获得比较好的发展。所以我们也就顺应孩子的心理，不再去勉强她。这样表面上可能会失去一些宝贵的加分机会，但孩子能够健康快乐地成长，这才是更重要的。人生是马拉松，不是百米冲刺，孩子的长远发展，孩子的综合素养的培养才是关键所在。

顺应孩子的心理，孩子感受到自己作为一个小大人的尊严和价值，感受到父母对她的呵护与关爱，孩子就能比较平静客观地看待学习和生活当中的种种事情，就能和家长形成良好的亲子关系，就能不断听从家长的引导，不断增强自信、自强之心，不断增强自己的内力，自主、自觉地茁壮成长。

我从孩子读六年级时开始系统学习维尼老师的博文，自己、女儿和家庭都发生了很大的改变，每天积极进取，不断进步。

实例：走出逆反的漩涡

女儿以全区第一的优异成绩小学毕业，当时我认为女儿很棒，不用我们操心。可是初一住校一年后孩子成绩出现了波动，那时候我们不以为然，认为这些都是在学习生活中应该出现的。初二我开始陪读，这一陪读好多的问题就接踵而至。青春期，早恋，学习成绩的直线下滑弄得我焦头烂额。孩子也一度在这种混乱中对学习失去了信心，可是我还是按照自己的意愿管教孩子。在强硬的教育管制下，孩子变得更加冷漠，眼神里充满了反叛。我想改变和女儿的关系，可是付出许多却看不到一点点的效果，我简直要疯掉了，跟孩子喊，跟老公吵闹。其实现在回头想想，当时就是没有放下家长的架子，认为我是你妈，我管你都是为你好，你就该听我的。没有想到孩子已经长大了，已经有了自己的思维，需要我们平等对待，真诚沟通。

后来我看了维尼老师的很多博文，我决定放慢脚步，放下身份，平等地面对孩子。我给女儿写了有生以来的第一封信，我看到女儿感动了，虽然女儿什么都没有说，但是我们之后的相处有了改善。我的心里轻松了一些，孩子脸上也有了久违的笑容。

但我说话音调有些高，语气不太好，孩子的回应也比较少，也不耐烦，嫌我唠叨。我又忍了一段时间，尽量调整自己的心态。但由于一次头发事件又爆发了，这次我说到第三句时控制住了（从前都是说痛快了为止，不管孩子的感受）。并在孩子走后自己后悔发脾气，当晚在孩子上床熄灯准备休息时，我鼓起勇气对孩子说：对不起，妈妈今天不该跟你发脾气，并抱了下孩子（这是我第一次跟孩子说对不起）。那一刻我的内心如释重负，我想孩子也是一样的。

从此，我和孩子的关系又进了一步，我们的语气都温柔了，态度都和蔼了，眼睛可以彼此看着对方说话了。我也能从孩子口中知道学校的一些趣事，孩子对一些人和事的看法和见解也愿意与我分享。

逆反期：“不管”是为了“管”

如果孩子小时候父母太过强势，要求太高太严，强迫孩子学习，禁止孩子做那些父母觉得不合理的事情，孩子到了青春期有了自主自由的意识之后，就会通过逆反的形式来获得自由，会有意无意和父母对抗，做那些父母不让做的事情。

小时候强迫孩子，孩子即使委屈，也只能服从。但是到了青春期，孩子不想听父母的，父母也没办法。虽然父母不高兴，也只能顺着孩子来。

教育有句名言：“管是为了不管，教是为了不教。”对处于青春期逆反中的孩子来说，可以反过来说：不管是为了管，为了更有效地管。

有不少遭遇青春期困扰的父母向我咨询对策，我给出的建议是：先别和孩子拧着来，先少去管教和改变孩子，先多顺着孩子，多按照他们的意愿和要求来（即使违反了你的某些原则也只能如此），优先处理好亲子关系，等关系好了，沟通顺畅了，有了理解和信任，孩子合作了，再逐渐去影响和改变孩子。

有人质疑，这不是在宠着孩子、惯着孩子吗？没错，看起来这和娇惯孩子很相似，但实质是为以前对孩子的严厉、压抑而买单。当关系已经陷入僵局，较真、对抗只能使关系更紧张，最后拿孩子毫无办法。所以，如果不想放弃的话，只能先理顺关系，再寻求改变。退，是为了进。

如果太较真，过于坚持原则、约定，会让孩子更加逆反。

一位爸爸：我儿子现在初二，有时晚上要求玩电脑游戏，我们不同意，他也不闹，第二天就不去上学。如果让步的话，让他玩，就去上学。

后来请教一位心理咨询师，按照他的建议，我们制定了家庭公约，明确每个人的责任义务。对儿子特别提出玩电脑的规则，平时不能玩，礼拜天可以玩多长时间，如果超时，第二天就不能玩，并且要求严格按照规则执行。制定规则以后，儿子本来是答应的，但是到了约定时间就是不肯下来，经过一遍遍催促，才勉强下来。那么按照规则执行，第二天不许玩，他就闹，甚至动手打她妈妈，自然也就不会去上学了。

根据咨询师的建议，我们明确表示，只有先去上学，才能玩电脑，只有你做好了自己分内的事，才有权利享受玩电脑的权利，所以，就一直不许玩，一直僵持着。每天孩子一回家就和他妈闹，始终要求要玩电脑。如果说要先上学再玩电脑，他就说不让玩电脑就不去上学。为此，发生了很多冲突。

最终，我们这种硬碰硬的方式失败了，孩子不上学了。

对逆反期的孩子特别需要灵活变通有弹性，不要太较真。如果孩子对父母有成见，父母本来正常的管教也会引起反感。所以，还是先避其锋芒，韬光养晦为好。这也是不得已而为之。

我孩子上初三，不想上学，和很多辍学少年交往。我强迫他上学，结果孩子压力很大，出现了心理问题，基本不听我的。维尼老师建议我先去理解和接纳孩子，不去逼迫他，沟通时也肯定那些辍学少年身上的优点……逐渐孩子的心理正常了，也能如实说他和那些少年的事情，我们的关系好多了。

有时只能让孩子自己觉醒。不去管，顺应孩子的心理，他自己可能反而会去考虑如何走好自己的人生路。

“我家附近的一个孩子，高中不学好，他爸打他，把镐把儿都打折了，都没用。后来他爸让他跟着去工地打工，累坏了，自己觉悟了，回学校找校长谈，要复读一年，校长被感动了，后来考上二本了。”

如果孩子逆反很严重，只能完全不管，顺着孩子，处理好关系再说。

维尼老师，两年前孩子刚开始表现出厌学，有叛逆迹象时我就接触到您关于逆反的理念，但也许是没痛到深处，当时我对您的一些观点还不是十分认可，导致走了好长一段弯路。在后来的实践中证明，您的观点的确是正确可行的。对于青春期逆反的孩子，只能放手，孩子想怎样就只能顺着他，先搞好亲子关系，这样才能改变僵局。幸好，我迷途知返，陪着孩子一起走了这段弯路，现在我们关系在慢慢好转，也有了正常的交流。孩子有一年的时间拒绝上学，自我封闭，昨天去新学校上学了。

经历过的人才知道，对于逆反严重的孩子，家长对孩子真的是没有办法，做什么错什么，只能先改变自己的心态，慢慢让孩子能接纳自己，关系好了一切都好说！

实例：一位旅日华人妈妈的咨询故事

我在儿子小学四年级时，和他来到日本。我们是再婚家庭，儿子本身天性活泼好动，而我的日本爱人喜欢看书，性格上的不和，造成他们之间逐渐产生了隔阂，儿子有了强烈的逆反。我爱人看到孩子没完成作业的时候，开始是吼叫后来干脆就是打，这期间因为作业没有按时完成和说谎不改的恶性循环，孩子越来越讨厌学习。我则每天都担心：如果他作业没有完成，又要挨骂挨打。

维尼：看来在日本，家庭教育问题和中国是相似的。其实这是普遍规律，只要是过于执着，又不知顺应孩子的心理，不懂得方法，当孩子出现问题时，就容易用打骂来解决问题。这位日本爸爸其实是很有责任感的，但是好心却办了坏事。

我总和爱人保持一致，孩子对我渐渐失去信任感，这种恶性循环持续到现在，孩子开始厌学，曾经两周左右不上学，我打电话和发短信他都不回。在日本如果高中不毕业很难找到正式工作，所以那时真是天天以泪洗面。就在我最无助的时候，在国内的朋友向我推荐了维尼老师，我看了博文之后决定直接咨询。

当我把孩子和家庭情况向维尼老师讲了之后，老师告诉我首先要理解孩子、接纳孩子，先多顺着他，等关系好了，再逐渐寻求改变。

孩子在另外一个城市读书，我在学校附近给他租了一个单间，隔一天去孩子那里。刚开始去孩子那里的时候，孩子经常很晚回家，说句心里话当时真的是又伤心，又生气。想想为什么孩子不理解我这做母亲的辛苦，若是以前我早就开始大声数落他了。但是想想维尼老师的话，也就能按捺住自己的情绪了。

那天孩子很晚也没回来，我很着急，请教维尼老师该怎么办，维尼老师让我先去理解孩子，他也许有事才耽搁了。孩子最终半夜回来，我没责备他，他看我还没睡而是在等他，就主动道歉，解释是因为朋友发生点事情帮助解决，所以才耽误了时间。我听了气也就消了，原来确实是有原因的，所以就宽容了他。

从那天开始，孩子渐渐什么事情都基本不隐瞒我，和我商量着来。

他心情不好的时候，我问他也不说，他选择听音乐或是看电视来转移自己的注意力。有时我真想给他些建议，可想起维尼老师说的：我们烦躁的时候，有时只想找一个非常静的地方，希望谁也别来打扰自己。这样一想，我就不去说什么了，等待他自己平复情绪。换位思考真的是太重要了！

在经过换位思考、理解接纳孩子、调整好心态后，处理事情就轻松多了。虽然还有些不安，但比以前少了焦虑。当孩子和我大声喊时，我保持冷静，不和他喊，用平稳的口气说。若是以前我肯定做不到，马上会火冒三丈地同样对他喊：这么辛苦养活你，你有什么权力和我喊！每当我要对孩子生气的时候，就想起维尼老师的那句话：孩子的行为总是有原因的，要去尝试理解行为背后真正的原因。我的情绪现在比以前好多了，矛盾也就不激化了，亲子关系越来越好。

关系好了之后，儿子慢慢在变化。租房子之后他知道了节俭，当我忘记关灯的时候，提醒我赶紧关灯，别浪费电。按照维尼老师的理念，我也及时地夸奖了他；而且零用钱也不轻易和我多要；我不在的期间孩子留宿过男同学，也都事先和我商量，而且还主动向我介绍情况。相信孩子，孩子也就主动和我说实话了，睡觉时间也比以前要早些。当孩子提出要求时，我也像维尼老师说的那样适当满足,他也不提过分要求。沟通时当我"先理解肯定再提出自己的意见"之后,孩子对我说话的态度也比以前好多了,不像以前那样马上就反驳我。

开始我的精神压力很大,生怕出什么事情。维尼老师向我推荐一个理念:"做你能做的事情,其他的顺其自然、听天由命",遇到事情我总这样想,结果对孩子的担心也就少多了,压力和焦虑真的减轻不少,精神上轻松多了。我也用老师的三种思维来应对发生的事情,也感觉挺管用,心情平和多了。

虽然也许以后会有新的事情发生,但我不会像以前那样马上脑子一片空白。现在首先学会了镇静,事情既然已经发生了,那就只能接纳这个现实,然后逐渐和孩子一起想办法解决。我以前虽然是从心底爱孩子的,但是由于教育方式不当,孩子感受到的也许是恨。维尼老师在我最无助的时候帮助了我,让我学会了和孩子相处的方法,也让孩子从心底里感受到了我的爱。

实例:尖子、浪子、金不换

一个初三孩子,初一全国获奖,后来叛逆,成了浪子。在妈妈改变自己之后,孩子有了很大的转变。

我家孩子今年初三,他初一时全国性、学校的奖状证书获得了 13 张,可初二时却叛逆、不听课、弃考、打架,年少轻狂,做了好多不应做的事,成绩逐渐下滑,由班级第一到了三十名。老师和我都很为他担心、痛心、着急,但给他做思想工作、谈心,都无济于事。他与我更是无话可说,要么顶嘴,要么什么也不说。

一个多月前,我看到了维尼老师的博文,从中学到许多好的理念和方法,开始反思自己,学着改善和孩子的关系。每周回家我不再强调他学习,而是问他有啥计划,学着与孩子交流,学着理解接纳孩子,不再只关注他的成绩,而关注他的心理感受,了解他的需要和想法,和他平等交流。

第一次谈心,孩子有点激动,说不相信我那么在意他的心理感受,原以为我对他已失望。渐渐地孩子就把自己的心里话都说了出来,我表示理解他,不过告诉他,小时候犯错不可避免,只要知错,找出问题,改正就好。人无完人,每个人都有过错,成大事的人都有过挫折,你现在经历的就是一笔财富。孩子听完我的话,说妈妈我知道了,你看我的行动吧。

以后的一个月里,他上课积极回答问题,不懂就问,下课及时复习,就连生病的日子里，中午都在学习。班主任高兴地说，孩子变得特别用功，勤学好问，浪子回头啦！现在我明白他以前的问题可能大部分与父母有关：亲子关系差、与孩子交流不平等、只关注孩子成绩、不理解孩子感受。以前我们不懂得如何爱孩子。

期末考试后妈妈给我留言：维尼老师，您还记得那个叛逆的浪子吗？他的成绩揭晓啦，靠一个月的突击，前进了200名。过去老师眼中的浪子现在是老师眼中潜能无穷的金不换。现在他信心十足！看来您说的亲子关系的确重要啊，关系好了，孩子考虑我的感受了，就知道去努力了。

维尼：不是每一位妈妈都是如此幸运，很多孩子的改变还是很艰难的。最好是早早改变自己，不要让我们和孩子陷入青春期逆反的泥潭。

用慢慢等待融化孩子心中的坚冰

有时青春期逆反是很难处理的，所谓冰冻三尺非一日之寒，长期压抑强制孩子，孩子逆反，关系糟糕，又有网瘾和不良朋友等问题……有的孩子死活不肯上学；有的孩子会把门锁上，一个星期都不出门只是玩游戏……孩子心中已经有厚厚的坚冰，油盐不进！此时父母叫苦不迭，拿孩子毫无办法。好好说不听，以前的强硬方法失效了，真是“豆腐掉灰里，打不得，拍不得”。

逆反的僵局让我们痛苦，也让孩子痛苦，但是我坚信僵局是可以打破的，因为孩子都想和父母相亲相爱，都想“好”不想“糟”！只要父母真正改变了，肯慢慢等待，孩子的改变还是可以期望的。首要的是抛开一切纠结，把亲子关系的改善放在第一位，别去在很多事情上较真，慢慢等待孩子心中的坚冰融化。

1. 打破自我封闭的僵局

一位男孩上初中，由于家长从小高标准严要求，不关注孩子的心理健康、性格培养，不注重学习兴趣的培养，到了初中与老师和同学多次发生冲突有些厌学，他会把自己房间门锁上，谁也不见，妈妈不得不翻窗户进房间跟他谈心。后来玩PSP掌上电脑变得不喜欢与人交往，整天沉浸在那虚拟的世界里，最后他不上学了，还将房门反锁了，谁都进不了，饭菜只能放在房间门外等他自己取。

我建议妈妈此时不要逼他上学，不硬性限制他玩游戏，先改善亲子关系，等孩子愿意交流了，再慢慢帮他缓解内心的压力，想办法帮助他。妈妈采纳了我的建议，放低期望，放松心态，先和孩子处理好关系。9 月份妈妈打来了电话，告诉我经过半年的耐心等待，孩子终于上学去了。

2. 挽救于混乱的边缘

有个孩子小学学习优秀，但由于父母过于严厉，不考虑孩子的感受，再加上学校风气不好等原因，近两年非常叛逆。初三和辍学的孩子来往密切，到了高中打架、干坏事。妈妈苦恼极了，她甚至不想见孩子了，提起孩子就愤恨难平。我告诉妈妈，孩子本来是个好孩子，他成为现在的样子，妈妈的许多错误做法负有不可推卸的责任。她恍然大悟，不再怨恨孩子了。我建议先放低对孩子的要求，对很多事情不去较真儿，先多顺应孩子的心理，着力处理好亲子关系。过一段时间，妈妈说："这段时间我和孩子的关系有了较大的改善，之前敌对戒备的情绪消退了，我慢慢也不那么较真了，亲子关系好多了。孩子也愿意和我说话，比较懂事了。

3. 等待孩子的醒悟

一位孩子上高中，半年前妈妈在我这里做咨询。当时孩子逆反，上课不听课，回家不做作业。我的建议主要是处理好亲子关系，顺着孩子来，等待孩子自己醒悟。在这之后，家里就不大争吵了，亲子关系越来越好，但是孩子一直在玩。半年过去了，孩子突然醒悟，主动提出要找老师补课，暑假期间一直参加补习班。以前从来不背书包，现在要买书包，他自己挑了一个很朴素的，说这个才是好学生背的。文理分班，他也很庆幸没有和几个很能玩的同学分在一起。总之，他自己要开始努力好好学习了。浪子回头金不换，有时只能等待孩子自己醒悟。

给孩子一个不走歪路的理由

到了青春期，如果孩子逆反得厉害的话，家长是毫无办法的。眼睁睁看着孩子不上学、不听课、玩游戏、混社会，甚至走上歪路、邪路，一点招数也没有。不管，看着孩子这样很痛心；管，孩子可能反感，甚至变本加厉。

几年前有一个高中孩子的家庭在我这里咨询。孩子当初的情况很糟糕，简单地说，就是你所有能想到不好的事情，他大概都经历过了。我也没什么好办法，只给妈妈一个建议：先放下其他的东西，多顺着孩子，理解和尊重孩子，保持好的亲子关系，让孩子感受到父母的爱，这样当孩子要走歪路的时候，想想父母的爱，知道父母对自己的要求，可能会有所自制。

父母按照我的建议去做了，保持了好的亲子关系和良好的沟通，去相信孩子，去关心爱孩子，尽管孩子一直在出问题，也没有过多地责备他。

两年过去了，孩子曾经假装上学而整天在校外游荡，也因为一些社会上的瓜葛被迫躲到外地，在那里打工，后来还是回到本地，又同意上学。因为一两年没有上过学，开始在课堂完全听不进去。后来慢慢坚持下来，虽然现在还有些问题，但基本每节课都能听懂。这个孩子给爸爸写过一封信，他说："这些年，也经历过不少事情，自问现在做得真的没有什么对不起父母了。已经两年没听课了，现在每节课都能听，主要是因为不想让父母难过伤心。这些年也经历过一些诱惑和事情，但是能让我把持住的，决心不去碰那些东西的就是因为想到父母。"

当什么招数都不管用的时候，也许好的关系，孩子能够感受到父母的爱，才是唯一有用的。

给孩子一个不走歪路的理由，当他犹豫徘徊的时候！

第八篇

顺应学生心理，教育更顺利

顺应心理的理念同样适合于学校老师。如果老师能去理解孩子，从而调节好自己的情绪，学会顺应学生的心理，注重建立良好的师生关系，那么，亲其师信其道，学生会合作，反过来也会促进教学。

亲其师，信其道

所谓“亲其师，信其道”，它的意思是学生只有和老师亲近了，才会信任老师，相信老师所说的，接受老师的教育。所以，学校教育首先要关注师生关系，有了好的关系很多事情就简单了。

如何建立良好的师生关系呢？这需要考虑孩子的感受，顺应孩子的心理，适当灵活，有弹性。这样，孩子会把老师当作“自己人”，愿意合作，成绩自然不会差。

要做到这一点，首先需要学会理解学生，改变自己的认知，这样就能调节好自己的情绪，也就控制住了局面。

教育现状就在那里，我们改变不了多少，与其一味去批判，不如接纳现实，静下心来考虑如何让学生多些兴趣，多些幸福，少些痛苦。

这和家庭教育的道理是相似的。

幼儿教育也需要理解和接纳

广西忻城明德幼儿园　秦潘茉莉

我是一名幼儿教师，维尼老师的育儿理念不仅用在儿子身上有效，在幼儿园也适用。

那天我和李老师带领班上40个“小不点”，排着整齐的队伍去音体室练新操。练习时队伍中不时传来几个幼儿说悄悄话的声音。我心里想：小孩嘛，说点话很正常，于是就没有去管他们。练完操，我让小朋友们坐在自己的圆点上休息一下。可才坐了两三分钟，孩子们就不由自主地起身离开圆点三三两两地自己玩起来。这时李老师想用铃鼓组织他们安静下来，我向李老师摆摆手，示意她别管孩子，让他们自由玩耍。因为我理解，3岁的孩子能安静地练15分钟的早操已经很不简单了，他们不想安静地坐下来休息，叽叽喳喳，想自由活动一下很正常。所以，我选择顺应孩子们的心理，让他们痛痛快快地玩耍。20分钟后，我用钢琴弹了一首《坐好来》，孩子们一听到优美轻快的琴声，快速地回到自己的圆点上坐好，整个音体室瞬间安静下来。

最近，妮妮总是频繁去喝水。一次我发现她不是喝水，而是在水桶边玩水。她不断地放开水，然后喝一口全倒掉了。我正想发火，脑子里突然闪过维尼老师的话：先理解孩子行为的原因，再去改变她。于是，我转过身去深呼吸一口气，平静一下，然后再转过身并蹲下来，温和地问妮妮："你是不是很喜欢水，所以玩水？""是的。"其他小朋友也马上说："我也喜欢！""我也喜欢水！"看着可爱的孩子们，我决定顺应他们想玩水的心理，明天抽个时间让他们痛快地玩。于是我笑眯眯地对他们说："那好，我们明天到卫生间去玩水，怎么样？""好！"孩子们一下子欢呼起来。第二天，我和生活老师商量，洗手吃饭时，让大家玩一下水再洗手。孩子们围着放满水的水盆，有的将塑料积木放进盆里，有的拿杯子在不停地舀水，有的将塑料小动物、小娃娃放入水中洗澡，还有的索性拍水，玩得很畅快。回到教室，我看到个个孩子的脸上都露出愉悦痛快的表情。此后妮妮再也没有发生过利用喝水而玩水的事情了。

维尼：理解孩子，接纳孩子，改变自己的认知，知道哪些事情是很正常的，就会减少自己的火气，控制住情绪，再顺应心理去引导孩子，幼儿教学就成了一件愉快的事情。

有了好的师生关系，管理就容易了

河北省黄骅市实验小学　申智兰

十年前我做过一次班主任，但是心理焦虑加上用嗓过度，最后失声，不得不卸下班主任的担子。今年我当一年级班主任，在分班的时候，我心里惴惴不安，不断祈祷能分到听话好管理的班级，因为实在是累怕了。但是学生入学没几天，一位幼儿园老师说，他们全园著名的三员大将都在我班里。幸好此时接触了维尼老师，慢慢我把老师的育儿理念用到了孩子们身上。一学期下来，我觉得这是教师生涯最充实、最快乐的一段时光。

看到学生上蹿下跳，我理解——这是孩子天性，不皮不闹才奇怪。孩子们记不住作业，能理解——刚离开家长怀抱呢！我建了个家长群，每天把作业发给家长，让家长对照一下。孩子有屁大的事都来找我：老师，我手上长肉刺好疼；

老师，我掉牙了；老师，我肚子疼。好吧，肉刺是很疼呢，老师也长过，多吃蔬菜会好些；掉牙是好事啊，说明你长大了；肚子很疼吗？早饭吃的啥？用热水袋暖一下。孩子找老师，有时确实有自己解决不了的事情，有时只是寻求心理安慰。无论多小的事情，都认真地给孩子一个回应，这样久了，就会建立起互相信任和尊重的关系了。

维尼：建立互相信任尊重的师生关系，会有效促进教学。

有了信任和尊重，管理起来就会事半功倍。就拿我们班卫生管理来说，刚入学，孩子们没有卫生意识，到处乱丢垃圾废纸，一天一大桶。我天天提醒，并且用理解的心情和语气来解释。不大吵大闹，孩子反而更容易接受，慢慢就养成习惯了。沟通要像维尼老师说的那样，先理解肯定，再提出自己的意见：“某某同学，会自己削铅笔，这真不错！不过，同学们也可以晚上在家里削好铅笔，也可以下课上垃圾桶这儿来削，不要弄一地铅笔屑哦！”用这种方式孩子们都爱听。

班里有两个顽固的皮小子。其他方面不说，单说上课，他们的花样就让人应接不暇，简直是孙大圣啊！小学生守则学了多少天，对他们两个根本不起作用。如果找家长“告状加抱怨”，效果可想而知。我受维尼老师启发，考虑和家长相处也要顾及心理感受。我在班级群里和家长多沟通，知道了每个学生背后都有一个不同的成长环境，我尽自己努力去影响他们，结果顺其自然。心里有了理解，会挤走浮躁、气愤、纠结等很多负面情绪，心灵平和宁静，做事更加从容。我还给家长们分享维尼老师的教育理念，家长们看到我的诚意，都特别配合我的工作。那两个孙大圣，我尽量去发现他们的优点，去向家长报告，这样他们慢慢有了进步。

维尼：调节好情绪，也就控制好了局面。

维尼老师说规则执行要灵活变通。就拿一年级学生写字来说，孩子的发育水平不一样，对某些孩子就要适度放宽要求，不能太严格。有些学生小肌肉群还没发育好，字写得歪歪扭扭，这很正常，理解加鼓励帮助，慢慢孩子们也就写得越来越好了。我教一二年级生字时，用圈苹果的方法挑出孩子写得好的字，鼓励孩子。孩子们一发下作业本就赶紧数得了几个苹果，字写得就很认真。而一味严格要求会让孩子丧失信心。我朋友的孩子也上一年级，有一阵子跟我诉苦，老师要求孩子按田字格写生字，每一笔位置都不能错，错了就要重新写。那孩子写的字本来算不错了,后来发展到一说占格就不敢下笔,小手就发抖。孩子是各不相同的,我们要顺应孩子的心理、生理特点,宽严有度,让孩子跳一跳就能摘到果子。

师生关系融洽,班里各项工作都很顺利。同年级的小孟老师常常问我,为什么你们班升旗的时候那么安静,做操的时候那么整齐啊?你教教我方法。我觉得很难具体说出方法来,管理学生,方法固然重要,然而更重要的是理解、关爱在先,有了融洽和谐的师生关系,管理自然容易了。

归纳起来就是,因为理解,所以宽容,因为宽容,所以亲近,因为亲近,所以在乎,因为在乎,所以改变。

如何让教育不成为一场盛大的暗恋

烟台十二中　胡爱英

最初接触维尼老师的理念,是因为自己的儿子。一年前儿子疯狂地迷恋上了玄幻小说,面对我和老公的死看硬守,他采取了等我们入睡后再悄悄爬起来看的策略,所以上课经常打瞌睡,成绩一落千丈。那段时间我简直就要疯掉了。后来我接触到维尼老师的博文,一篇一篇地看下去,终于找到了自己的问题所在。

以前一旦孩子出现问题,我总是无法控制住自己的情绪,现在知道这是因为认知不合理。现在我去理解孩子,发现真的是"很正常,没什么",我当年不也曾迷恋过琼瑶金庸的小说吗?我尝试和儿子沟通,和他讨论《斗罗大陆》里面的人物,我惊奇地发现我们的关系不再是水火不容了,他开始慢慢地接受我,也开始跟我说一些心里话。原来是因为他觉得达不到我的要求,内心很痛苦,只好通过玄幻小说排解苦闷。他说在书中会觉得自己无所不能,不再是那个惹妈妈伤心落泪的孩子。理解了儿子的感受,当儿子写完作业要求看一会儿小说,玩一会儿游戏的时候,我不再绷着脸了,儿子也会在我提醒之后主动去复习功课。更让我惊奇的是,他竟然不怎么看玄幻小说了。

这也让我反思教学中能否用到维尼老师的理念。

"教书是一场盛大的暗恋,你费尽心思去爱一群人,最后却只感动了自己,真是学生虐我千百遍,我待学生如初恋。"为什么我们老师感动不了学生?

我们总抱怨学生怎么这样简单的问题都听不懂，这么容易的测试都不过关，于是我们火冒三丈，在这种所谓的“一切为了学生好”的借口中将自己的职业幸福感化为灰烬。所以，首先要去理解学生，改变认知，情绪调节好了，很多事情就简单了。

维尼：老师的思维习惯和家长何其相似啊！

我尝试着把“很正常，没什么”运用到教学中去，当学生测试不好的时候，我说服自己：有的学生测试不好是正常的，甚至是一件好事，测试的目的不就是为了发现问题、解决问题么？这样想，我就能心平气和地帮助学生查找学习的问题所在，反思自己日常备课授课的问题了。

课堂上学生提出不同的想法也不再让我觉得懊恼：老师只是学生学习生活的一个引领者，学生能提出不同的见解很正常，这说明他们在认真思考呀！

有人会质疑：顺应学生？还不无法无天了？教学成绩岂不是会一落千丈？其实不是这样的，你要想学生进步，就要学会化解学生的消极情绪。有一次蒋同学对默写有抵触情绪，公开说默写烦人，我知道后，理解学生有时不想默写是正常的，所以没有生气，没去教训他，而是在班上用和他调侃、开玩笑的方式，委婉地表达了我的看法，也和他拉近了关系，他就乖乖地合作了。

如果我能在课堂上平复学生消极的情绪，教学效果自然好。有一次，正在和学生热火朝天讨论着问题的我，眼瞅着前面的小毛头偷偷从书桌里拿出了漫画书。我记得上第一节课的时候，这个家伙竟然一个字都没写，那天我狠狠地批评了他，但是他不仅没有改变，反而有些变本加厉了。这次我想了想，到他跟前温柔地看着他，说：“你看着我，看着我的眼睛。”开始他还满不在乎地和我对眼，后来慢慢眼睛有些躲闪，再然后，他悄悄地把漫画书放到了桌洞里。我笑了，摸摸他的头，拍拍他的小肚子，幽幽地说：“老师就知道你明白该怎么做。”接下来的时间，我发现他的小腰板挺得很直，那节课学得非常认真。

有一次，有位学习不错的女生在课堂上看起了课外书，我也理解，因为我的教学更多地照顾了中下游的学生，她对我讲的内容已经掌握了，所以也算正常。我很快平复了自己的情绪，到办公室，我温和地和她沟通，拉近了距离，赢得了她的好感，她愉快地答应以后不再这样做了。

现在我很少生气上火了，当我试着去顺应学生的时候，我发现赢得了学生的心，我的教学工作已不单单成了我的暗恋，学生在生活、情感、学习上都主动寻求与我的互动。亲其师，信其道，适当、恰当的顺应又一次让我见证了改善师生关系的奇迹。

如何让捣蛋鬼变得合作

广东汕头澄海澄华小学　许育红

维尼老师：

您好！我是一名小学教师，同时也是一位孩子的母亲。您的文章教会了我如何与孩子相处，如何与学生相处，在生活和工作中，您的理念使我受益多多。

我想和您分享的是作为一名班主任，在开展班队工作时，应用您的理念后所收获的一丝喜悦。

一、理解孩子，调整心态，顺应学生心理，化被动为主动

9月，我刚接手这个班级，在第一节班会课上，正当孩子们认真听我讲解学生仪表仪容的要求时，一个异样的声音打破了教室里的和谐。我几乎每说一句话，他就跟着在下边小声重复着，原来是早有耳闻的“捣蛋鬼”小杰。我压住自己的怒火，提醒自己：师生关系是很重要的，如果我发火了，就会使孩子产生对立情绪，就破坏了师生关系。所以，我先去理解他：孩子此刻的表现不正说明他希望引起他人的关注吗？我微笑着，顺应小杰的心理，把他请到讲台上，借着他这个免费的模特给全班同学上了一课：站姿、坐姿、个人卫生、仪表仪容……

坏事变好事，调整好心态之后，我的行为就理智了，就能顺势而为，这样其他孩子听得有趣味，小杰也有了深刻的体会。

二、利用“自己人效应”，让孩子“爱屋及乌”

“爱屋及乌”的心理较常见，而“恨屋及乌”的心理也存在。在与学生相处的过程中，既有“亲其师，信其道”的积极的情感迁移，也有“恨其师，厌其道”消极情感迁移。所以，为了让孩子“信其道”，就要像维尼老师说的，让孩子把老师当作自己人，爱屋及乌。

我们班的小杰同学是众多老师的心病。我和他相处没几天，他的种种行为就给我带来了烦恼——不写作业不听讲；不守纪律爱搞恶作剧……他“破罐子破摔”，我也对他“置之不理”。可孩子终究是孩子，有一天，他拿张小纸条来到我身边，问我的QQ号。本来我是不给学生QQ号的，小杰更不想给，可看他一脸真诚的样子，我心中的坚冰一瞬间融化了，是呀，他不过是孩子，怎能和他较真？如果加他的QQ，或许会产生“亲其师，信其道”的效应呢。

事实证明，的确如此。每天我只要稍微花点时间关注一下小杰的说说，就不难发现并掌握他的思想动向。随后，我及时对他的说说进行评论，好的方面赞一赞，不好的进行适当引导。当他发说说要收拾班里某位同学时，我就以朋友身份关切询问发生什么事，引导他。其实孩子有时候无非也就是宣泄一下，只要有人陪着聊聊，他们大多数时候还是很明事理的。现在，小杰有了不小的转变，他已把我当成自己最可信任的人，在他的心目中，我不仅是他的老师，也是他的朋友。他还帮助了我，成了我开展班队工作的“卧底”。

三、好学生是鼓励出来的

维尼老师说先理解和接纳孩子，这样心静下来，就能够去鼓励孩子了。与小杰的一番接触下来，我更多的是看到了他身上的闪光点：他热爱阅读，他聪明活泼，他有号召力……每当小杰有一丁点好的表现，我就抓住其闪光点，在班级里大肆宣扬，放大他的优点，树立正能量，效果还不错。这不，这学期小杰的作业基本能按时上交。那天英语老师拿着他的作业，用一种万分质疑的语气问我：这是小杰写的？因为小杰的作业质量的确和之前判若两人。“六一”儿童节来临，擅长电脑操作的小杰主动承担策划班级庆祝活动，他的活动方案得到了同学们的认可。放学了，可以看见小杰主动留下来帮忙打扫卫生的身影。小杰的转变是为师的幸福。

而这一切都源自于一种“期望效应”，简单说来，也就是“你认为他能做好，他就能做好；你认为他做不好，他就做不好。”这也让我想起了行知小学校长杨瑞清的花苞心态。的确，“花朵花苞，哪一朵不好？生命如水，哪一段不美？”用如此心态去倾听生命中花开的声音，那么我们的孩子都会幸福的。